산업 디지털 전환

- 이 성과는 2023년도 정부(산업통상자원부)의 재원으로 한국산업기술진흥원의 지원을 받아 수행된 연구임(P0020632, 2023년 산업혁신인재성장지원사업)

- This work was supported by Korea Institute for Advancement of Technology (KIAT) grant funded by the Korea Government (MOTIE) (P0020632, HRD Program for Industrial Innovation)

산업 디지털 전환

Industrial

DX

대전환 시대의 성공 요건

배유석 주영섭 김은 책임편집
배유석 주영섭 김대홍 김성렬 김용진 김준연
김형택 박정윤 옥희동 정대영 최성현 지음

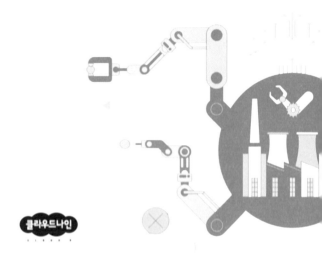

클라우드나인

서문

　새로운 기술의 활용은 산업 구도를 재편하고 경쟁 규칙을 바꾼다. 산업 디지털 전환은 조직 내부 업무처리 절차의 변화는 물론 새로운 제품과 서비스가 출현하고, 새로운 비즈니스 모델이 나타나고, 비전과 전략을 포함한 조직 운영방식의 변화가 예상된다.

　디지털 전환 논의는 국제적으로는 2010년대 초반부터 시작됐고 국내에서는 2010년대 중반부터 폭넓게 확대되고 있다. 관련하여 국내에서는 정부 차원에서 산업 디지털 전환 촉진법이 2022년 1월 4일에 제정되고 2023년 7월 5일부터 발효되고 있다. 산업 디지털 전환 촉진법 2조 4항에 따르면 산업 디지털 전환이란 산업 데이터와 「지능정보화 기본법」 제2조 제4호에 따른 지능정보 기술을 산업에 적용하여 산업 활동 과정을 효율화하고 새로운 부가가치를 창출하여 나가는 일련의 행위를 말한다.

　산업 데이터와 지능정보기술을 산업에 적용하여 나타나는 효과에 대해서는 이미 다양하게 논의됐다. 그러나 산업 디지털 전환의 기본개념, 추진 방법, 특히 산업 디지털 전환의 주요 특징 가운데 하나인 비즈니스 모델의 변화에 대해 심도 있게 다루고 다양한 산업별 디지털 전환 사례가 포괄적으로 제공되는 경우는 보기 힘들다.

이 책의 저자들은 학계와 업계에서 활동하며 산업 디지털 전환과 관련된 전문적인 내용을 요약하고 정리해주고 있다. 과중한 업무에 시달리면서도 시간을 내 학술적으로 집약되고 실무에 실제로 적용되는 산업 디지털 전환 관련 내용을 전달해주신 저자들께 이 이 자리를 빌려 다시 한번 감사를 드린다.

이 책은 크게 3개의 블록으로 구성되어 있다. 첫 번째 블록인 1~5장에서는 산업 디지털 전환의 기본 개념, 추진 방법, 주요 구성 요소 등에 대해 논한다. 두 번째 블록인 6~7장에서는 산업 디지털 전환 관련 주요 기술을 산업 디지털 전환에 이용하는 방식을 설명한다. 세 번째 블록인 8~12장에서는 산업별 디지털 전환 추진 방법에 관한 사례를 소개한다.

1장에서는 디지털 전환의 의미와 방향에 대해 살펴본다. 디지털 기술을 활용하여 기업이 가치를 창출하는 방법, 고객과 비즈니스 파트너와 상호작용하는 방법, 경쟁의 방법을 바꾸는 혁신을 통해 어떻게 운영 효율성을 개선하면서 비즈니스 모델을 혁신해가야 하는지를 다룬다. 디지털 전환과 전사적 자원관리ERP 간의 관계, 디지털 전환을 위한 양수 접근 전략을 사례와 함께 설명하고 디지털 전환에서 고객경험 개선을 반드시 중심에 두어야 함을 강조하면서 대표적인 전환 방향인 맞춤 제품과 서비스에 대해 다룬다. 마지막으로 개별 기업의 디지털 전환을 넘어 생태계의 경쟁력 강화를 위해 자동차산업의 카테나-XCatena-X와 같은 산업 디지털 전환이 필요함을 설명한다.

2장에서는 산업 디지털 전환을 실행하기 위한 방법론에 대해 다룬다. 디지털 전환을 기업 혁신 활동의 하나로 보고 총 5단계의 실행 방안을 제시한다. 1단계인 현황 분석 단계는 현재 기업이 어떤 환경에 직면해 있는지와 내부 역량은 어떤지를 종합적으로 분석하는 단계다. 2단계 디지털 전환 비전과 전략 수립 단계는 기업이 어떤 방향으로 나아가야 하고 그 전략은 어떤 것인지 규정하는 단계다. 3단계 디지털 전환 과제 수립 단계에서는 영역별 디지털 전환 과제를 수립하고 과제 수행을 위해 필요한 디지털 기술과 솔루션까지 검토하고 확정한다. 4단계 과제 추진 로드맵 수립에서는 과제별 세부계획과 예산을 반영하고 추진 일정 계획을 수립한다. 마지막으로 과제 실행과 고도화까지 구체적인 실행 템플릿과 방법론을 제시한다.

3장에서는 산업 디지털 전환에서 비즈니스 모델이 갖는 의미와 실행 방법에 대해 살펴본다. 비즈니스 모델의 의미, 비즈니스 모델 구성요소, 고객 가치제안, 이익 모델, 핵심 자원과 프로세스 등 각 구성요소에 대해 상세히 설명하고 고객 가치제안의 핵심인 고객에 대한 이해와 고객 문제에 대한 이해를 위해 상세한 설명을 덧붙인다. 비즈니스 모델을 구현하는 데 꼭 필요한 디지털 전환의 개념, 디지털 전환이 가능하게 하는 디지털 기술, 그리고 디지털 기술이 비즈니스 모델의 혁신에 미치는 영향과 비즈니스 모델 혁신 방법에 관해 설명하고 다양한 사례를 들어 관계를 다룬다. 마지막으로는 비즈니스 모델 혁신에 있어 균형 잡힌 시각을 제공하기 위해 비즈니스 모델 혁신의 장애 요소를 설명한다.

4장에서는 산업의 디지털 전환 과정에서 출현하는 새로운 비즈니스 생태계로서 디지털 플랫폼에 대한 개념과 구성을 살펴본다.

디지털 플랫폼은 플랫폼 운영자, 보완자, 고객이 그 생태계에서 상호작용하며 가치를 창출한다. 플랫폼 생태계를 더욱 풍부하게 보완할 수 있도록 참여자의 혁신을 유도하고 다양한 서비스 모듈을 제공하면서 상호 시너지를 창출한다. 플랫폼화는 산업의 경계를 융합시키며 진화한다. 이를 위해서 정부는 산업의 데이터 활용 역량을 제고하고 디지털 전환을 가로막는 규제를 철폐하는 것이 필요하다. 기업도 진입→성장→확대와 같은 선형적 전략을 탈피해서 업의 경계를 종횡무진으로 활동하며 다양한 외부 참여자와의 협업도 촉진할 수 있는 전략 구사가 중요함을 설명한다.

5장에서는 초 변화 대전환 시대의 디지털 전환 기반 기업 혁신 전략과 비즈니스 모델 혁신 방향을 살펴본다. 기업과 비즈니스 모델 혁신을 위해서는 시대의 흐름을 이해해야 한다. 기술, 세계 경제환경, 세대·사람, 자본주의와 정부 정책, 경영 철학 등의 총체적 대변화와 함께 코로나 팬데믹, 기후 위기, 신냉전 시대 등 전대미문의 문명사적 초 변화가 진전되고 있다. 초 변화 시대에 대응하기 위해서는 디지털·그린·문명의 3대 대전환이 필수적이다. 우리 기업의 미래 명운이 달린 이 3대 대전환에 대응하는 기업혁신으로 비즈니스 모델, 기업 시스템, 기술, 인재, 시장의 5대 혁신 방향을 제시한다. 그중에서도 가장 중요한 비즈니스 모델 혁신에 대하여 디지털 전환 기반, ESG 기반, 협력 기반의 3대 비즈니스 모델 혁신 방향을 설명한다.

6장에서는 산업 디지털 전환에서 인공지능과 데이터의 의한과 앞으로 동향에 대해 살펴본다. 4차 산업혁명 이전과 이후의 인공지능과 데이터의 중요성, 관련 기술들의 활용과 그에 따른 디지털 전환의 혁신에 대해 각각 설명하고 이러한 과정의 경제적 가치에 대해 부가적으로 설명한다. 다음은 가장 활발하고 중요한 산업 디지털 전환 분야인 제조업에서의 인공지능과 데이터 활용에 대해 스마트 제조, 제조업 맞춤형 인공지능 활용 동향, 제조 영역별 인공지능 기술, 스마트 제조 기술 분야별 인공지능 적용 사례, 제조업계의 인공지능 활용 사례 등의 순서로 설명하고 이들의 관계에 관해 설명을 덧붙인다. 마지막으로 인공지능과 데이터의 미래 활용이 어떠한 방식으로 이루어질 것인가에 대한 내용으로 설명할 수 있는 인공지능, 미래 빅데이터와 인공지능, 위드with 인공지능에 관해 설명한다.

7장에서는 산업계의 디지털 전환 동향과 적용 사례를 살펴본다. 디지털 전환은 적용 범위가 방대하나 여기서는 산업계 기술 혁신의 가장 중요한 분야로 보고 있는 디지털 트윈을 주요 내용으로 한다. 디지털 트윈은 과거부터 산업계와 접목하면서 지속적인 발전과 변화를 거듭하고 있다. 이 장에서는 디지털 트윈의 개념, 구성 요소, 적용 사례를 정리한다.

8장에서는 제조업의 디지털 전환의 방향과 사례를 살펴본다. 제조업을 중요 산업에서 제조업이 큰 포지셔닝을 하는 국가와 글로벌 제조기업들이 왜 디지털 전환을 하고 어떻게 진행하고 있는지를 다룬다. 제조업의 특성상 특정 기업이 아닌 완제품 제조업, 부품 제조업, 고객까지 다양한 기업, 사람, 이해관계자들이 거대한 생태계를 형성하고 운영되는 산업이다. 그러므로 제조업의 디지털 전환은 특징이 다양한 많은 기업, 고객, 이해관계자들이 동시에 참여해야 하는 어려움이 있다. 제조업 내에서도 복잡하고 다양한 제품, 공장, 서비스 등 디지털 전환이 필요한 요소가 많다. 이런 어려움에도 불구하고 새로운 가치와 경쟁력 확보를 위해 선도적으로 디지털 전환을 활용하는 기업과 국가가 많다. 이들이 추진하는 사례를 통해 한국의 제조업의 디지털 전환에 필요한 것들을 설명한다.

9장에서는 디지털 혁신 기술을 활용하여 장비산업의 경쟁력을 확보하는 방법을 다룬다. 장비산업의 트렌드와 고객 요구사항을 분석하고 산업 분야별 장비 솔루션의 특성과 차이점을 설명한다. 또한 고객 중심의 맞춤화 개인화된 제품과 서비스를 제공하기 위해서는 맞춤형 기계가 필요하고 효율적으로 구현할 수 있는 기계 설계와 디지털 혁신 기술이 융합된 엔지니어링 기술을 소개한다. 장비의 솔루션이 모듈화 표준화로 구성되고 데이터 생태계에서 연결할 수 있는 데이터 객체로 처리될 수 있는 모듈식 앱 개념을 강조한다. 마지막으로 기계 시뮬레이션의 개념, 모델링의 가치, 시뮬레이션의 가치를 강조하고 구현 사례를 소개한다.

10장에서는 물류 분야의 디지털 전환 사례와 적용 기술들에 대해 살펴본다. 물류 분야 디지털 전환을 이해하기 위해 물류 업계의 주요 비즈니스 요구사항을 먼저 확인해 본다. 물류 비즈니스 요구사항에서는 물류 영역에서 디지털 기술을 활용하여 지속적인 개선을 하는 방법, 디지털 역량을 결합하여 물류 비즈니스 모델의 변화 필요, 탄력적 물류 관리의 중요성을 다룬다. 주요 동향과 활용 기술에서는 그린물류와 통합적이고 민첩한 공급망 관리의 필요성과 공급망 내 데이터 공유를 위한 협력 체계인 자동차산업의 카테나-X 플랫폼과 미국 심부 주도의 화물 물류 최적화 작업FLOW 프로그램을 다룬다. 디지털 전환 사례에서는 디지털 전환 추진 과제 선정 시 고려사항과 물류 분야에서 로봇, 자동화, 인공지능, 물류 자율주행 차량(무인 운송 차량, 자율 이동 로봇), 사물인터넷, 블록체인 기술을 접목한 디지털 전환 적용 사례들을 다룬다. 현장에서 검증된 적용 사례들을 위주로 현장의 생생한 비즈니스 요구사항, 활용 기술, 운영 프로세스, 현장 적용 시 고려사항, 도입 효과들에 관해 설명한다.

11장에서는 고객 구매방식 변화, 이커머스로의 유통채널 진화, 디지털 기술의 발전에 따른 유통산업의 디지털 전환 추진 전략을 다룬다. 리테일 기업의 디지털 전환 추진 범위로 기존 채널의 옴니채널 강화와 D2C 판매 체계 구축을 소개하고 기존 오프라인 기반의 유통채널에서 벗어나 고객 중심으로 온오프라인 채널에서 일관된 경험을 제공하기 위한 단계별 옴니채널 접근 방안과 함께 자체 판매채널을 구축해 고객 관계 강화와 매출 증대를 위한 D2C 추진 방안을 설명한다. 더불어 월마트, 로레알, 나이키 등의 글로벌 리테일 기업들의 디지털 전환 추진 전략과 주요 추진 내용을 사례 중심으로 구성한다.

12장에서는 서비스 산업에서의 디지털 전환의 의미와 방향에 대해 살펴본다. 먼저 서비스 산업의 현황과 중요성에 관해 설명하고 서비스를 제품과 비교하여 그 특성을 논의한 후 서비스에 대해 정의하고 서비스 유형을 분류한다. 서비스 융합이라는 관점에서 서비스 산업의 변화방향을 설명하고 디지털 기술로 인한 서비스 진화 방향을 설명한다. 이를 조금 더 깊게 논의하기 위해 서비스 산업에서의 디지털 전환과 디지털 전환에 영향을 미치는 디지털 기술들에 대해 논의하고 이러한 변화로 나타나는 온디맨드 서비스에 대해 자세히 설명한다. 특히 디지털 전환이 가져오는 제품과 서비스의 융합 측면을 강조하기 위해 스마트 서비스에 대해 그 정의와 구성요소를 중심으로 상세히 설명한다.

이 책에서 다양한 제약으로 산업 디지털 전환과 관련하여 다루지 못한 내용들이 이후에 좀 더 포괄적으로 다루어지기를 기대해 본다.

마지막으로 산업 디지털 전환 촉진법이 발효된 이후 정부에서 다양한 형태의 지원 사업이 추진되고 있으며, 이 책도 산업 디지털 전환 과제의 결과 가운데 하나인 '디지털 전환 산업 데이터 전문 인력 양성 사업'의 하나로 진행되었음을 밝힌다.

책임편집

배유석, 주영섭, 김은

7장 산업 디지털 전환 적용 사례와 디지털 트윈 • 287

8장 산업 디지털 전환 적용 사례와 제조산업 · 319

9장 산업 디지털 전환 적용 사례와 장비산업 · 357

1장

산업 디지털 전환
의미와 추진 방향

정대영

SAP 코리아 제조산업(IL2) 부문장

서울대학교 산업공학과를 졸업했고 동대학원에서 석사학위와 박사학위를 받았다. 국내 기업이 디지털 기술의 활용을 통해 경쟁력을 높일 수 있도록 컨설팅과 솔루션 도입을 지원해왔다. 인더스트리 4.0, 디지털 전환, 지속가능 경영 등을 주제로 많은 사람을 만나 경험과 사례를 공유하고 강의와 기고를 해오고 있다.

주요 저서로는 『21세기 고객맞춤경영 매스 커스터마이제이션』이 있다. 공저로는 『4차 산업혁명과 제조업의 귀환』이 있다.

1.

게임의 규칙이 바뀌고 있다

디지털 전환이 기존 질서를 무너뜨린다

"변화의 시대에 가장 위험한 것은 어제의 논리로 변화에 대응하는 것이다."

경영학의 아버지 피터 드러커가 한 말이다. 불과 몇 년 사이에 내연기관자동차 대신에 전기자동차가 주목받고 있고 코로나19 이후 재택근무와 화상회의가 일반화됐다. 미국과 중국 간의 패권 경쟁은 반도체, 2차전지 등 첨단기술을 중심으로 글로벌 공급망의 재편으로 이어지고 있다.

2022년 말에 공개된 챗GPT는 전 세계인을 놀라게 했다. 기업들은 경쟁적으로 생성형 인공지능을 활용해 생산성을 높일 기회를 찾고 있으며 새로운 제품과 서비스에 응용할 방법을 모색하고 있다. 시장학적 갈등, 인플레이션, 기후변화 대응, 디지털 전환DX, Digital Transformation은 기존의 견고한 질서를 무너뜨리고 있다. 게임의 규칙과 패러다임이 바뀌면서 과거의 성공 방정식이 더는 유효하지 않게 됐다. 끊임없는 변화와 창의적인 혁신이 개인과 기업의 생존과 성공을 위한 필수 역량이 되고 있다.

사물인터넷, 인공지능, 클라우드 컴퓨팅, 빅데이터 등의 디지털 기술은 놀라운 속도로 발전하고 있다. 또한 다양한 공급자와 고객을 연결하는 디지털 플랫폼 비즈니스는 전통적 비즈니스를 무너뜨리고 있다. 아마존의 온라인 유통 비즈니스가 성장을 거듭하는 동안 토이저러스와 스포츠 오서리티 등의 오프라인 유통업체들은 파산했으며 시어스와 메이시스 같은 굴지의 유명 백화점들도 파산하거나 사업규모를 축소했다.

지금은 우리나라 전 국민이 사용하는 메신저인 카카오톡은 한 건당 10~20원을 부과하던 통신사의 단문메시지SMS를 대체한 이후 카카오게임, 카카오택시, 카카오페이를 비롯해 많은 앱과 서비스를 제공하는 거대 플랫폼으로 성장했다. 카카오는 택시와 대리운전의 생태계를 바꾸었고 은행과 보험 등 금융권을 위협하고 있다. 이처럼 게임의 법칙을 바꾸고자 하는 기업에 디지털 기술은 무한한 기회의 장으로 여겨지며 바뀐 패러다임에 적응해야 하는 다수의 기업에 디지털 기술의 활용은 선택을 넘어 생존을 위한 과제로 받아들여지고 있다.

디지털 기술이 여러 사람과 기업에 편리함을 주고 생산성을 향상하고 있지만 부작용도 함께 발생하고 있다. 아마존은 물류창고에서 근무하는 직원들에게 임금을 적게 주고 과도한 업무를 할당하는 등 노동착취를 하는 것으로 비판받았다. 카카오도 문어발식

사업 확장으로 골목상권을 침해하고 있다고 비판받았으며 카카오 택시의 콜 몰아주기가 드러나 사회적 물의를 일으키기도 했다.

디지털 플랫폼 비즈니스가 커지면서 음식배달과 운전을 비롯해 번역과 프로그래밍에 이르기까지 많은 영역에서 플랫폼 노동자들이 늘어나고 있다. 비정규직에도 포함되지 않는 제도 밖의 노동으로 불안정한 저임금, 산업재해, 감정노동 등 기본적인 보호를 제대로 받지 못하고 있다. 은행 점포가 줄어들고 식당에 무인 키오스크가 늘어나는 상황에서 고령층은 멀리 떨어진 은행을 찾아가는 데 시간을 쓰고, 모바일 뱅킹에서 제공하는 수수료 혜택도 누리지 못하고, 어떻게 주문할지를 몰라 당황하면서 뒷사람 눈치를 보고 주문을 포기한다.

산업 시설의 스마트화와 함께 IT(정보기술)와 OT(운영기술)가 결합되면서 사이버 보안 사고도 늘어났다. 많은 자료가 디지털화됨에 따라 개인정보 유출, 산업기밀 유출, 사이버 테러 등이 많이 발생한다. 이러한 디지털 역기능을 줄일 수 있도록 플랫폼 독점에 대한 규제, 인공지능 규제, 플랫폼 노동자 보호, 디지털 격차 해소 등이 필요하다. 디지털 전환뿐만 아니라 사이버 보안에도 관심을 높이고 걸맞은 체계를 갖추어야 한다.

디지털 전환은 비즈니스 모델 혁신이다

대다수 정부와 기업은 오래전부터 정보통신기술ICT의 가치를 간파하고 정보화와 지식화의 대열에 참여해왔다. 10여 년 전부터는 유럼에서 들려온 인더스트리 4.0 또는 4차 산업혁명을 어떻게 해석하고 대응할 것인지에 대해 진지한 담론을 거쳤다. 산업과 기업의 상황에 적합한 디지털 전환 전략을 세우고 기회를 찾아 실행하고 있다. 디지털 전환은 단발성 프로젝트가 아니라 오랜 기간 진행해야 하는 여정이며 진행형이다. 따라서 디지털 전환을 간단히 정의하기는 힘들다. 아울러 환경 변화와 신기술 등장에 따라 주목받는 범위와 대상이 바뀌기도 한다. 디지털 전환에서 기술은 하나의 구성요소라는 점에는 모두 공감하지만 챗GPT 돌풍 이후 생성형 인공지능은 게임 체인저로 받아들여지고 있다.

구글은 람다LaMDA를 기반으로 한 바드Bard, 메타는 라마LLaMA라는 대형언어모델LLM, Large Language Model을 기반으로 한 서비스를 경쟁적으로 출시했다. 생성형 인공지능의 적용도 빠르게 이루어지고 있다. 예를 들어 온라인 화훼 유통업체인 1-800-플라워즈는 어머니의 날에 맞춰 인공지능을 활용한 시 작성 도구를 통해 어머니에게 사랑을 표현할 수 있도록 했다. 이베이는 생성형 인공지능을 이용해 판매업체들이 상품을 잘 설명할 수 있도록 서비스를 시작했다. 여행사인 부킹홀딩스는 챗GPT를 이용한 여행 도우미 서비스를 제공하고 있다.

디지털 전환이란 '새로운 기술을 사용해 기업이 가치를 창출하는 방법, 고객 또는 비즈니스 파트너와 상호작용하는 방법, 경쟁하는 방식을 바꾸는 것이고 그 핵심은 비즈니스 모델 혁신이다.'라고 정의할 수 있다. 즉 디지털 전환은 디지털 기술을 활용해 기존의 프로세스를 혁신적으로 개선하고 비즈니스 모델을 변경하거나 새로운 비즈니스 모델을 가능하게 하는 것이다. 이를 풀어보면 반복적인 인지노동과 육체노동에 기술을 도입하고 자동화해 품질과 생산성을 높이고 예외적인 업무를 수행하되 효과적인 처리를 위해 데이터 기반의 의사결정을 지원함으로써 고객경험 개선, 신제품 또는 서비스 개발, 비즈니스 모델 혁신과 같은 고부가가치 업무에 집중할 수 있도록 하는 것이다.

그간 오랫동안 수행해온 디지털화Digitization와 디지털 전환Digital Transformation은 어떤 차이가 있을까? 아마 일본의 신칸센과 우리나라의 KTX를 비교하는 글[1]을 읽어본 독자도 있을 텐데 두 고속철의 비교를 통해 디지털 전환의 의미를 생각해보자. 일본의 신칸센 역에는 세계 최고 성능의 개찰구 기계들이 있다. 티켓을 한 장을 넣든, 여러 장을 넣든, 어떤 방향으로 넣든 정확하고 빠르게 인식한다고 한다. 그런데 개찰구 기계 한 대의 가격이 1억 원이 넘는다. 개찰구 기계의 유지보수비용은 설치비용의 30% 정도에 이르고 역마다 개찰구를 지키는 인력도 별도로 있다. 이렇게 비싼 기계와 인력을 유지하다 보니 일본 도쿄와 오사카 간 신칸센 요금은 20~30만 원에 이른다.

반면 우리나라의 KTX나 STX에는 개찰구가 없다. 승객은 휴대폰으로 좌석을 선택해 예약하고 자연스럽게 승차한다. 승무원은 단말기를 통해 예약되지 않은 좌석에 탑승한 승객이 있는지를 체크한다. 비싼 개찰구 기계도 필요 없고 개찰구를 지키는 역무원도 필요 없다. 서울과 부산 간 KTX 요금은 평균 5~6만 원 정도다. 일본과 비교해서 20~25%에 불과하다. 부정승차를 막기 위해 표를 사고 표를 검표하는 기존의 프로세스를 첨단 기계로 자동화한 신칸센은 디지털화 사례다. 반면 개찰구를 없애고 승객에게 편리를 제공하면서도 비어 있어야 할 좌석을 중간중간 점검해 부정승차를 관리한다. KTX는 근본부터 다른 디지털 전환 사례라 할 수 있다.

디지털 전환을 위해 많은 프로젝트를 진행해왔고 또 진행할 것이다. 물론 백지에서 다시 생각하고 설계하는 것은 말처럼 쉬운 일이 아니다. 근본적인 혁신을 모토로 설정하고 원대한 프로젝트를 시작하더라도 기존의 업무 방식과 별 차이가 없는 결과를 내기도 한다. 창의적 사고가 필요하다는 것은 공감하지만 수십 년 동안 받아온 학습과 수행한 업무를 통해 익숙해진 사고체계를 벗어나는 것은 어려운 일이다. 사실 주어진 문제나 정의된 문제에 대한 해결은 뛰어나지만 제대로 문제를 정의하는 경험과 훈련을 받지 못했기 때문이다. 그래서 국내외 많은 기업은 디자인 싱킹Design Thinking을 도입해 고객 중심의 문제 정의, 창의적이고 빠른 문제해결을 추진하고 있다.

혁신적인 원칙과 프로세스를 설계하고 임직원을 대상으로 교육을 반복하더라도 시스템과 거버넌스가 없다면 과거로 회귀하거나 원칙과 프로세스를 어기는 일이 발생해 지속가능하지 않게 된다. 설계 원칙과 프로세스를 디지털화해 모두가 따를 수 있도록 하고, 그 수행 내역 흔적을 축적하고 분석한다면(프로세스 마이닝) 원칙과 프로세스가 얼마나 잘 준수되는지, 리드타임이 오래 걸리는 병목은 어디에서 발생하는지 등을 파악할 수 있다. 발견된 문제와 원인 분석 결과에 맞춰 교육을 실시하거나, 시스템의 사용자 인터페이스를 개선해서 반복적인 오류를 바로잡고 자동화 기술을 적용하거나, 인원을 추가 투입하거나, 권한을 위임하는 등 병목을 개선해 생산성을 높일 수 있다. 조직이 유기체와 같은 생물인 것처럼 디지

털 전환을 위해 만든 원칙, 프로세스, 시스템도 환경에 맞춰 계속
진화해가야 한다.

2.

전사 차원의 관통형 혁신을 해야 한다

디지털 전환의 목적은 비즈니스 모델을 혁신하는 것이다. 비즈니스 모델이란 어떤 제품과 서비스를 고객에게 제공해 어떻게 수익을 창출할 것인가?이다. 이번 장의 시작 부분에서 피터 드러커의 말을 인용했듯이 환경 변화가 크기 때문에 어제의 성공 방정식은 오늘과 내일은 더는 유효하지 않을 수 있다. 『하버드 비즈니스 리뷰』에서 비즈니스 모델에 대해 읽어보아야 할 10개의 논문 중 하나로 선정된 「비즈니스 모델 혁신Reinventing Your Business Model」의 저자들은 '번창하는 비즈니스를 유지하는 비결 중 하나는 근본적인 변화가 필요한 시점을 인식하는 것이다.'라고 했다. 즉 지금까지 성공적이었던 비즈니스 모델이라 하더라도 변화된 환경에서 지속될 수 있을지를 평가하고 변화를 주어야 한다. 성공적인 비즈니스 모델은 다음과 같은 요소로 구성된다고 한다.

디지털 경제 시대의 비즈니스 모델[6]

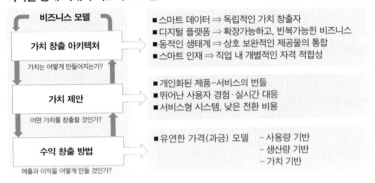

- 고객가치제안: 다른 제품이나 서비스로 해결할 수 없는 고객의 특정한 문제를 해결하는 데 도움을 주고 있는가?
- 이윤 공식: 수익모델, 비용 구조, 수익률, 재고회전 등과 같은 요소를 통해 어떻게 가치를 창출하는가?
- 핵심 자원과 프로세스: 고객가치제안을 전달하는 데 필요한 인력, 기술, 제품, 시설, 장비, 브랜드를 갖추고 있는가? 그리고 이러한 자원을 활용하기 위한 프로세스를 갖추고 있는가?

어떤 기업이 새로운 제품과 서비스를 출시해 성공적인 반향을 일으키더라도 조금만 시간이 지나면 경쟁업체들이 유사 제품과 서비스를 출시하는 모습을 볼 수 있다. 뛰어난 기술을 적용해 기능을 차별화한 제품을 출시했다 하더라도 기술의 발전과 전파 속도가 빠르기 때문에 일정 시간이 지나면 시장에는 비슷한 제품과 서비스들이 늘어나고 더 이상 차별점이 별로 없는 일반상품이 되고 만다. 일반상품이 되고 나면 기능과 품질의 차이에 따른 프리미엄이 사라지고 가격이 중요한 경쟁요소가 되면서 레드오션에 빠지게 된다.

인더스트리 4.0의 주창자인 헤닝 카거만 박사는 디지털 기술을 이용한 비즈니스 모델의 혁신 필요성을 오래전부터 강조해왔다.[8] 디지털 경제 시대에는 사물인터넷 등의 기술을 적용하여 제품의 설계부터 폐기에 이르는 단계까지 전 생애주기에 걸쳐 데이터를 확보할 수 있다. 또한 자사와 타사의 데이터를 클라우드 플랫폼상에 저장하거나 연계분석할 수 있는 기반을 토대로 고급 분석, 인공지능, 블록체인 등의 기술을 적용해 데이터를 분석하고 새로운 서비스를 제공할 수 있다. 이러한 가치 창출 기반을 토대로 고객경험을 개선할 수 있는 개인화, 맞춤화, 제품의 서비스화 등 새로운 가치제안을 할 수 있으며 과금 방법도 사용량 기반, 생산량 기반, 가치 기반과 같이 혁신할 수 있다는 것이다.

개인화, 맞춤화, 제품의 서비스화 등 가치제안은 특정 기능부서 LOB, Line of Business만 변화한다고 해서 가능하지 않고 전사 차원의 관통형E2E, End to End 혁신을 해야 하는 것이 일반적이다. 예를 들어 인터넷으로 맞춤 제품을 주문받아 배송하는 비즈니스를 생각해보면 주문, 설계, 생산·조립, 물류, 서비스 등의 부서가 관여하며 기존의 전통적인 대량생산, 대량공급 프로세스와는 큰 차이가 있음을 알 수 있다. 신규 비즈니스의 규모가 작을 때는 비효율을 감수하고 수작업으로 대응할 수 있다.

하지만 규모가 일정 수준을 넘어서면 기존의 조직 구조, 규칙, 프로세스, 시스템이 신규 비즈니스를 제대로 지원하지 못하는 것이 문제가 될 수 있다. 심지어 신규 비즈니스의 성장에 장애가 될 수 있다. 이에 디지털 전환을 추진하는 많은 기업이 새로운 고객가치를 제대로 제안하거나 실행할 수 있는 기반을 만들기 위해 전사적

자원관리ERP, Enterprise Resource Planning 등 내부 시스템 정비를 서
두르고 있다.

전사적 자원관리를 개선하고 재구축해야 한다

전사적 자원관리는 구매, 생산, 물류, 영업, 회계 등 기업 운영에
필요한 핵심 운영 프로세스를 지원하는 IT 시스템으로 운영 과정
의 트랜잭션 데이터를 담고 있다. 기업 시스템 중에서도 가장 높은
중요도를 갖는 중추(백본) 시스템이다. 디지털 전환을 위해 핵심 프
로세스를 혁신하고 자동화 기술을 적용해 생산성을 높이고자 한
다면 전사적 자원관리를 빼고 논의할 수 없다. 기업의 중요 마스터
데이터를 관리하기 때문에 다른 비즈니스 앱과 연계하거나 데이터
를 통합할 때도 핵심적인 역할을 한다. 그래서 많은 국내외 기업들
이 디지털 전환을 하는 데 전사적 자원관리를 개선하거나 재구축
하는 작업을 하고 있다.

이미 경쟁구도는 기업 간 경쟁이 아니라 가치사슬과 생태계 간
경쟁으로 넓어졌다. 과거에도 부품 업체, 설비 업체, 외주생산 업
체, 물류 업체, 서비스 업체 등 많은 업체와 협업을 해왔지만 앞으
로 협력 범위는 더욱 넓어질 것이고 디지털 기술을 기반으로 협
력 방법도 고도화해야 한다. 전화나 이메일이 아니라 IT 시스템 간
에 연계하여 데이터를 주고받고 주간이나 일간 등의 주기가 아니
라 이벤트를 기준으로 실시간으로 데이터를 공유하고 협력해야 한
다. 코로나19 확산기에 전 세계에서 벌어진 공급망 붕괴를 통해 교

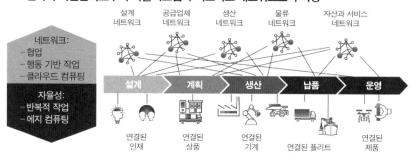

전사적 자원관리로부터 자율시스템과 비즈니스 네트워크로의 확장

훈을 얻은 것처럼 공급망의 회복탄력성을 강화하기 위해서는 기업 간 연결성을 강화해야 한다. 탄소발자국 관리, 탄소배출량 감축, 순환경제 대응 등 지속가능성을 개선하기 위한 노력도 단일 기업 간이 아니라 생태계 간에 협력하여 이루어져야 한다.

전사적 자원관리는 다음 그림과 같이 디지털 전환을 위한 새로운 비즈니스 프로세스를 가능하게 하고, 내·외부 데이터의 통합분석을 위한 플랫폼 역할을 하고, 파트너사와 협업하는 데 기반이 되는 핵심적인 역할을 담당한다. 특히 전사적 자원관리가 기계학습, 생성형 인공지능 같은 신기술이 적용되고 외부 업체와의 협력 또는 외부 시스템과의 연계가 더 편리한 클라우드 환경에서 운영되면서 디지털 혁신을 위한 역할은 더욱 커지고 있다.

한국의 대표 기업이자 글로벌 IT 선도 업체인 삼성전자는 2022년 4월 '차세대 N-ERP'의 글로벌 도입을 완료했다고 발표했다.[3] 내용을 찬찬히 읽어보면 경영환경의 변화, 디지털 혁신의 방향, 이를 지원하기 위한 변화의 내용, 신기술, 시스템 등을 이해할 수 있다.

삼성전자, 차세대 'N-ERP' 글로벌 도입 완료

삼성전자가 미래 경영환경에 대응하기 위한 디지털 혁신 비즈니스 플랫폼인 차세대 'N-ERP' 시스템 구축 프로젝트를 최종적으로 완료했다.

삼성전자는 2018년 10월 'N-ERP' 프로젝트에 착수해 지난해 4월 동남아·서남아·중국 등을 시작으로 올해 1월 1일 국내 사업장까지 순차적으로 적용했으며, 올 1분기 결산까지 안정적으로 완료해 'N-ERP' 구축 프로젝트를 성공적으로 마무리했다.

삼성전자는 신규 비즈니스의 등장과 융복합화 등 경영환경이 변화하는 가운데 생산, 판매, 경영관리 전반에서 사업 혁신을 효율적으로 지원할 수 있도록 글로벌 ERP 기업인 SAP, 삼성SDS와 함께 3년간 차세대 비즈니스 플랫폼을 개발해왔다.

삼성전자 'N-ERP'는 새로운 비즈니스 대응을 위한 시스템 통합과 전문 솔루션 도입, 데이터 기반 의사결정을 위한 시스템 성능 향상, 인공지능을 통한 의사결정 지원과 업무 자동화 등 신기술 적용을 특징으로 한다.

□ 인공지능 등 혁신 기능 접목해 신규 비즈니스도 신속하게 적용

'N-ERP'는 새로운 비즈니스 대응을 위해 판매관리 등 분야별 시스템을 통합하고 프로세스를 효율화했다. D2CDirect to Consumer, 온·오프라인 쇼핑 경험을 통합하는 옴니 채널 등 융복합 사업도 신속하고 유연하게 시스템을 이용할 수 있다.

그리고 SAP의 전문 솔루션을 도입해 혁신 기능을 신속히 접목할 수 있도록 했다.

납기약속 관리aATP, advanced Available To Promise, 창고관리EWM, Extended Warehouse Management, 배송관리TM, Transportation Management 등의 솔루션을 통해 물류 다변화 등 다양한 공급망 환경에서도 협력사들과의 효율적인 협업을 지원한다.

'N-ERP'는 데이터 기반 의사결정을 위해 데이터 처리 시스템 성능도 향상했다. 온라인 주문 현황, 공급망 현황 등 대용량 데이터를 실시간 분석해 경영 시뮬레이션과 리스크 센싱이 가능하도록 함으로써 임직원들이 더욱 합리적인 의사결정을 할 수 있도록 지원한다.

데이터 보관과 연산을 통합 처리하는 '인-메모리 데이터베이스In-Memory Database'를 적용해 데이터 처리 속도를 높였고, 데이터베이스를 병렬로 연결한 고성능·고용량 체계를 구축해 급속한 데이터 증가에도 안정적으로 대응할 수 있다.

또한 인공지능을 활용한 의사결정 지원과 업무 자동화 기술도 적용해 편의성을 높였다. 의사결정을 지원하는 머신러닝, 데이터 작업이나 반복적 업무를 자동화하는 광학적 문자 판독OCR, Optical Character Recognition, 로봇 업무 자동화 RPA, Robotic Process Automation 기술을 활용해 임직원들이 핵심 업무에 집중할 수 있도록 했다.

□ 운영 결과 업무 처리 속도와 생산성 크게 높아져

N-ERP를 전 세계 법인에 적용한 후 3개월간 운영하고 분기 결산까지 완료한 결과 실제 업무 처리 속도가 빨라지고 업무 생산성도 높아진 것으로 나타났다.

예를 들면 시장환경 변화에 따라 새로운 공급 계획을 시뮬레이션할 때 필요한 자재가 수급될 수 있는지를 알아보려면 기존에는 1시간 이상이 걸렸으나 N-ERP로는 10분 이내에 가능해졌다. 그 결과 다양하고 정밀한 시뮬레이션을 할 수 있어 공급 계획을 더 정확하게 수립할 수 있게 됐다.

또한 D2C 확대로 급격히 증가하고 있는 소비자 직접 주문의 현황 파악도 기존에는 20분 이상이 걸렸으나 3~4분 이내로 단축됐다. 고객이 직접 주문한 수량을 더 빠르게 파악하고 정확하게 대응할 수 있게 된 것이다.

삼성전자 경영혁신센터 문성우 부사장은 "N-ERP는 비즈니스 민첩성과 생산성을 강화할 수 있는 차세대 플랫폼"이라며 "삼성전자의 디지털 혁신을 지원하는 중추적 역할을 수행할 것"이라고 말했다.

(출처: 삼성뉴스룸, 2022. 4. 10)

3.

양손을 다 쓰는 접근 전략이 필요하다

디지털 전환은 궁극적으로 비즈니스 모델의 혁신을 목적으로 한다. 어떻게 환경 변화에 대응해 보완하면서 운영을 최적화하는 활동과 게임의 규칙을 바꿀 수 있는 비즈니스 모델을 준비하고 만들어가는 혁신을 동시에 준비할 수 있을까?

과거에 신규 디지털 비즈니스 모델을 추진할 때는 전통적 비즈니스 모델과 이해 충돌이 불가피해서 독립적인 조직, 자원, 운영 프로세스가 필요하다고 생각했다. 예를 들어 오프라인 유통과 온라인 유통은 병립하기 힘들다. 그래서 온라인 유통을 하기 위해서는 독립적인 자원과 운영 프로세스가 필요하다는 것이다. 그러나 지금은 고객경험을 극대화하기 위해서는 온·오프라인의 모든 채널에 걸쳐 일관된 경험을 제공할 수 있어야 한다. 그러기 위해서는 각 채널을 운영하는 시스템이 실시간으로 연계되고 고객 정보가 공통으로 활용되고 각 채널을 아우르는 통합적인 운영전략이 필요

디지털 비즈니스 모델을 위한 전통적 접근 방법과 양손잡이 접근 방법

1단계: 현재 비즈니스 모델의 결함 파악	2단계: 결함 있는 비즈니스 모델의 재활성화	3단계: 현재 비즈니스 모델과 신규 비즈니스 모델의 병행	4단계: 과거 비즈니스 모델의 주 변화

1단계: 디지털 전환 기회 파악	2단계: 신규 비즈니스 모델의 분리 코어 비즈니스를 보완할 수 있도록 비즈니스 모델의 디지털 전환 – 고객경험 – 연결성 – 앱 – 제품의 서비스화 – 플랫폼 과거 비즈니스 모델의 주변화

(출처: 플랫폼 인더스트리 4.0)

하다고 믿는다.

모바일 앱으로 오프라인 서점에 있는 책의 재고와 위치를 검색하고 온라인으로 주문, 결제, 마일리지 적립을 한 후 직접 방문하여 찾아가는 쇼핑 프로세스를 생각해보면 쉽게 이해할 수 있다. 고객은 서점에 방문하지 않고 순수하게 모든 쇼핑 과정을 온라인으로 마칠 수도 있고 모바일 앱을 사용하지 않고 서점에서 키오스크를 활용하여 쇼핑을 마칠 수도 있다. 서적 유통업체는 모바일 앱을 통해 서적뿐만 아니라 이북을 비롯한 온라인 콘텐츠를 판매할 수도 있고 아마존처럼 카테고리를 넓혀서 유통 영역을 확대할 수도 있다. 이처럼 디지털 전환에서 기존 비즈니스 모델과 신규 비즈니스 모델은 완전히 독립적이기보다는 상호보완하면서 발전해갈 가능성을 갖추고 있다.

플랫폼 인더스트리 4.0도 위의 그림과 같이 디지털 비즈니스 모델에 대한 과거의 접근 방법과 현대의 양손잡이ambidextrous 접근 방법을 비교한 바 있다. 물론 신규 비즈니스 모델을 집중적으로 기획하고 실행할 수 있는 인력은 확보돼야 하며 성장 단계에 따라 적절한 형태로 조직화돼야 한다. 하지만 기존 비즈니스 모델의 운영 효율 최대화와 신규 비즈니스 모델의 혁신은 동시에 진행할 수 있다. 그리고 각 비즈니스 모델을 지원하는 시스템은 앞서 설명한 전사적 자원관리와 같이 공통으로 활용할 수 있는 플랫폼을 중심으로 만들어간다면 중복투자를 줄이고 시너지를 높일 수 있다.

독일의 보쉬그룹은 새로운 기술을 개발해 자사의 비즈니스 모델을 최적화하는 데 적용하고 검증하고 이러한 성과를 신제품과 서비스로 외부 기업에 공급해 사업을 성장시키는 대표적인 디지털 전환의 리더다.[2] 보쉬는 넥시드Nexeed라는 제조와 물류 영역의 솔루션을 갖고 있다. 전 세계 270개 이상의 공장과 700개 이상의 물류창고에 적용해 생산성을 향상한 성과와 경험이 있다.[10] 자체 공장과 물류창고에 적용하는 과정에서 현장의 니즈에 맞게 솔루션을 개선하는 과정을 거쳤고 실제로 운영되는 사례가 있어서 마케팅을 쉽게 할 수 있다.

보쉬그룹은 지속가능경영에서 모범적인 업체로 평가받는데 기후변화 대응에서도 양손잡이 전략을 잘 구사하고 있다. 전 세계 400개 이상의 사업장에서 기후중립(범위 1과 2)을 달성했으며 범위 3의 탄소배출량을 2030년까지 2018년 대비 15% 감축한다는 목표를 갖고 있다. 보쉬는 기후중립을 위해 네 가지 전략을 세우고 많은 프로그램을 진개해왔다. 첫째, 에너지 효율성을 높인다. 둘째, 재생 가능 에너지원에서 직접 발전한다. 셋째, 재생 가능 에너지원에서 전력을 구매한다. 넷째, 남은 이산화탄소 배출량을 상세하기 위해 탄소 크레디트를 사용한다. 에너지 효율성을 높이기 위해 2019년 이후 4,000개 이상의 프로젝트를 시작했고 2022년에만 약 1,000개의 신규 프로젝트를 착수했다. 에너지 효율 개선 활동을 통해 805기가와트를 절감할 수 있다고 한다. 이와 같은 경험을 바탕으로 보쉬 기후 솔루션Bosch Climate Solutions이라는 조직을 만들고 외부 기업들이 탄소배출 량을 측정하고 감축할 수 있도록 지원하는 서비스를 제공하고 있다.[5]

4.

고객경험이 중요한 경험 경제 시대다

경험 경제Experience Economy는 1990년대 말에 조지프 파인이 논문과 책을 통해 세상에 알린 새로운 경제 개념이다. 기술의 발달로 제품 간에 차이가 없어지다 보니 고객은 차별화된 경험과 서비스에 가치를 부여한다는 것이다. 조지프 파인의 저서 『경험 경제』[13] 1장에는 커피에 관한 예가 나온다.

커피 원두는 1파운드 분량이 약 75센트 정도에 거래된다. 커피한 잔에 들어가는 양으로 계산하면 1센트 또는 2센트 정도의 비용이다. 커피 원두를 로스팅하고 곱게 갈아서 포장하면 가치가 높아져 커피 한 잔당 5~25센트 정도가 된다. 편의점에서는 커피 한 잔을 50센트에서 1달러에 판매하며 유사한 식당이나 스타벅스와 같은 커피 전문점에서는 한 잔당 2~5달러로 가격이 오른다. 이런 가격 차이는 바로 경험과 서비스의 차이에 기인한다는 것이다. 비즈니스 모델 중에서 '가치제안은 어떻게 차별화할 것인가?'의 핵심

경험 경제와 커피

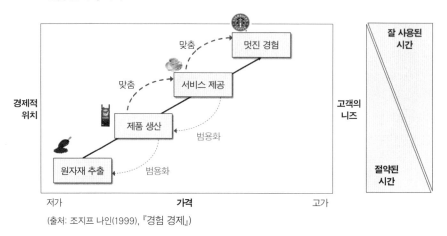

(출처: 조지프 나인(1999), 『경험 경제』)

중 하나가 바로 고객경험이다.

고객경험을 개선하기 위해서는 고객과 기업 간 상호작용이 언제 어떤 방법으로 이루어지고 고객이 각 상호작용에 대해 어떻게 느끼는지를 파악할 수 있어야 한다. 일반적으로 제품 또는 서비스의 구매와 사용 과정은 인식, 평가, 선택, 구매, 사용 등의 단계로 이루어진다. 전체 단계에 걸쳐 고객 행동, 접점, 느낌 등을 정리해 고객여정지도Customer Journey Map를 만들면 고객경험을 더 체계적으로 개선할 수 있다.

고객경험의 우수 사례로 꼽히는 스타벅스도 과도한 양적 성장을 추구하며 차별화된 경험이 사라지면서 위기에 빠지기도 했다. 그때 고객여정지도를 기반으로 고객경험을 분석하고 개선했다. 주문을 위한 긴 대기 줄, 종이 쿠폰, 커피를 받을 때까지 기다리는 시간, 인터넷이 안 되는 불편함 등이 불만족 요인으로 분석되어 개선 방법으로 스타벅스 앱에서 사이렌 오더를 통해 음료를 주문하고 받아 갈 수 있도록 했다. 또한 종이 쿠폰 대신 앱을 통해 구매 이력을 관리하고 와이파이를 매장에 설치함으로써 고객 불편을 해소해 고객경험을 개선한 바 있다.

컨설팅 업체인 베인앤드컴퍼니에서 362개 업체의 경영진을 대상으로 조사한 결과에 따르면 경영진의 95%가 고객 중심 경영을 하고 있고, 80%는 고객들에게 뛰어난 경험을 제공하고 있다고 응답했다. 그러나 고객들은 단 8%만이 그렇다고 답변했다. 경영진의 생각과 고객들의 생각에 큰 차이가 존재한다. 이를 경험 간극Experience Gap이라고 부른다. 이렇게 큰 차이가 나는 이유는 무엇일까?

첫 번째는 기업의 성장 중심 정책이 충성도와 수익성이 높은 핵심 고객에게 악영향을 끼친다는 것이다. 즉 매출을 높이기 위해 가격을 높이거나 새로운 고객을 확보하기 위해 집중하는 사이에 기존 핵심 고객을 소홀히 대한다는 것이다. 두 번째는 좋은 고객관계를 맺고 유지하기가 힘들다는 것이다. 고객이 진정 무엇을 원하는지 파악하는 것은 정말 어렵고 고객과의 약속을 지키기도 쉽지 않은데다 고객 니즈도 변하기 때문이다.

악플보다 무서운 것이 무플이다. 불만족한 고객은 직접 항의하거나 주위에 험담을 할 것 같지만 정작 대다수 고객은 침묵한다. 기업 입장에서는 문제가 무엇인지를 알아야 문제 재발도 막고 더 커지는 것을 막을 수 있다. 고객의 쓴소리는 약이 될 수 있다. 우리가 온라인 쇼핑몰에서 물건을 사거나 음식을 시킬 때 눈여겨보는 것은 다른 고객의 평가다. 먼저 주문해서 사용해보거나 먹어본 고객이 남긴 별 하나부터 별 다섯 개까지의 평가와 후기는 구매 의사결정에 큰 영향을 미친다. 별 다섯 개와 칭찬에도 눈길이 가지만

별 한두 개와 불만의 글은 고객경험 개선을 위한 보고다. 별 한두 개와 함께 달린 후기를 읽어보면 배송이 늦다, 설치가 어렵다, 고장이 잦다, 서비스가 느리다 등 부정적 경험을 일으킬 원인들이 담겨 있다. 이를 통해 제품, 배송, 서비스 등을 개선하는 아이디어를 얻을 수 있지 않을까?

휴대폰 액세서리, 가정용 충전기, 스마트 스위치 등으로 유명한 미국의 벨킨Belkin은 고객 평가를 분석해 제품을 개선함으로써 고객 평가가 개선되어 온라인 매출을 올린 적이 있다. 벨킨은 위모WeMo라는 사물인터넷 기반의 스마트 스위치 제품군을 갖고 있다. 그런데 초기 제품에 대한 평가가 좋지 않았다. 아마존을 비롯한 온라인 유통사이트에 올라온 고객 평가와 설문 결과를 모아 분석해보니 새로운 펌웨어의 설치가 어렵다, 특정 제품군에서 시그널 저하가 자주 발생한다는 등의 문제를 찾아냈다. 이러한 분석 결과를 이용해 제품을 개선했다. 이를 통해 아마존의 고객 평가가 2.8점에서 4.7점으로 개선됐고 해당 카테고리에서 1위 추천 제품이 되는 성과를 거두었다. 약 960억 원의 매출이 증가했고 제품 지원을 위한 전화 통화 서비스도 전년 대비 5%가 줄었다고 한다.

영업, 마케팅, 서비스는 대표적으로 고객과 직접적인 접촉이 많아서 고객경험에 직접으로 많은 영향을 미친다. 고객이 무엇을 찾고 있는지를 이해하고 제품과 서비스에 대한 해박한 지식을 바탕으로 친절하고 빠르게 응대한다면 고객경험이 좋아질 것이다. 제품을 판매한 이후 사용 방법에 대해 문의할 때나 수리 또는 반품을 위해 문의할 때도 오래 기다리게 하지 않고 바로 문제를 해결해준다면 고객경험이 높아질 것이다.

하지만 고객경험은 영업, 마케팅, 서비스 조직만의 책임이 아니다. 고객경험에 영향을 주는 요소는 많지만 가장 기본이 되는 것은 제품과 서비스의 성능과 품질이다. 이 외에 가격도 합리적이야 하고, 납기를 잘 지켜야 하고, 주문 후 공급까지 리드타임도 빨라야 한다. 즉 고객경험은 영업, 서비스 등 고객 접점 부서만의 책임이 아니라 연구개발, 구매, 생산, 품질, 물류, 재무, IT 등 모든 부서의 책임이다.

결론적으로 좋은 고객경험을 제공하기 위해서는 운영 시스템이 뒷받침돼야 한다. 고객이 A 제품을 100개 구입하고자 영업 담당자에게 문의한다고 하자. 영업 담당자는 재고가 있는지 확인하고 재고가 없으면 언제쯤 납품할 수 있는지, 또는 고객이 제시한 납기 내에 공급할 수 있는지를 점검해야 한다. 주문생산으로 운영되는 기업은 주문을 받으면 매번 생산계획에 반영하는 것이 아니라 주 또는 월 단위로 주문을 모아서 생산계획을 수립한다. 생산계획이 수립되고 어떤 운송 수단을 이용할지 결정하면 언제 납품할 수 있는지를 알 수 있다.

납기를 빠르게 확인해야 하는 고객이라면 며칠 또는 몇 시간을 기다리는 것조차 불만족한 것이다. 납기를 약속하고 나서 자재 수급에 문제가 생기거나 생산설비 또는 작업자의 문제로 생산에 차질이 발생해 납기를 지키지 못한다면 고객은 불만을 터뜨릴 것이다. 반대로 가능한 한 납기를 빠르게 회신하고, 정시에 정량을 납품하고, 고객의 사정에 따라 주문량이 늘어나거나 줄어드는 상황에서 유연하게 처리한다면 고객 만족도와 신뢰도가 높아질 것이다. 즉 모든 부서가 고객경험과 관련돼 있고 더 나은 고객경험을 제공하려면 보다 뛰어난 운영이 뒷받침돼야 한다. 디지털 전환은 체계적으로 고객경험을 모니터링하고 개선할 수 있도록 하는 데 초점을 두어야 한다.

5.

디지털 경험은 승패를 좌우하는 요소다

2023년 통계청 발표에 따르면 우리나라의 2022년 온라인 쇼핑 거래액은 206조 원을 넘겼다. 2001년에 3조 2,000억 원이었으니 약 20년 만에 약 60배가 넘는 엄청난 성장을 한 것이다. 2022년 온라인 쇼핑 거래액은 전체 소매유통의 27% 정도를 차지했고, 모바일 쇼핑은 온라인 쇼핑 거래액의 약 74%를 점유했다. 유통 시장의 변화는 가히 상전벽해桑田碧海라 한 수 있다. 온라인 쇼핑은 대세이면서 경쟁 또한 치열하다.

쿠팡, 이베이, 11번가, 위메프, 티몬, 마켓컬리 등 온라인 쇼핑으로 출발한 업체를 비롯해 롯데, 신세계, 현대백화점그룹 등 기존 유통업체도 온라인 쇼핑 시장의 주도권을 잡기 위해 경쟁하고 있다. 이 외에 카테고리 전문업체를 비롯해 통계청에서 조사대상으로 삼고 있는 온라인 쇼핑 업체만도 1,100여 개에 이른다. 무한경쟁 환경에서 디지털 경험은 승패를 좌우하는 요소다. 인터넷을 검색해보면 흥미로운 조사결과를 많이 찾아볼 수 있다.

- 웹사이트를 처음 방문하고 0.05초면 좋아할지 아닐지, 더 머무를지 떠날지가 결정난다.
- 85%의 성인은 모바일로 접속했을 때 데스크톱 웹사이트만큼 또는 그보다 더 나은 경험을 기대한다.
- 38%의 고객은 웹사이트의 콘텐츠 또는 레이아웃이 좋지 않으면 떠난다.
- 88%의 고객은 디지털 경험이 좋지 않으면 떠난 이후에 돌아오지 않는다.

디지털 환경에 익숙해진 고객은 얼굴을 보고 이야기하거나 전화를 걸어 상담하는 것조차 싫어한다. 75%의 고객 서비스 이슈를 해결하는 방법으로 셀프서비스를 선호하고 67%는 회사 담당자에게 연락하기보다는 셀프서비스를 선호한다고 한다. 91%는 궁금한 점이 생기면 FAQ 등 온라인 지식을 먼저 찾아보고 40%는 콜센터에 전화를 걸기 전에 셀프서비스 방법으로 답을 찾아본다고 한다.

기업 간 거래 모습도 코로나 팬데믹 이후에 급격히 바뀌었다. 전통적 영업이라면 마케팅 행사를 통해 회사와 제품을 알리고, 행사 참석자 또는 부스 방문객을 통해 잠재 고객을 찾고, 전화 또는 방문 미팅을 통해 고객의 문제를 이해하고 제품을 소개하고 시연하고 가격을 협상하고 주문을 받았다. 코로나19로 인해 오프라인 행사와 대면 미팅이 제약을 받으면서 출장이 막히고 재택근무가 일상화되면서 화상회의가 보편화된 것처럼 기업 간 거래에서도 셀프

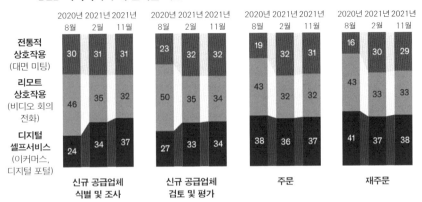

B2B 바이어의 구매 단계별 채널

	신규 공급업체 식별 및 조사			신규 공급업체 검토 및 평가			주문			재주문		
	2020년 8월	2021년 2월	2021년 11월	2020년 8월	2021년 2월	2021년 11월	2020년 8월	2021년 2월	2021년 11월	2020년 8월	2021년 2월	2021년 11월
전통적 상호작용 (대면 미팅)	30	31	31	23	32	32	19	32	31	16	30	29
리모트 상호작용 (비디오 회의, 전화)	46	35	32	50	35	34	43	32	32	43	33	33
디지털 셀프서비스 (이커머스, 디지털 포털)	24	34	37	27	33	34	38	36	37	41	37	38

(출처: McKinsey & Company, "B2B sales: Omnichannel everywhere, every time", 2021. 12)

서비스와 가상회의를 통한 디지털 영업이 보편화됐다.

맥킨지의 조사[7]에 따르면 B2B 바이어는 신규 공급업체의 조사, 평가, 주문, 재주문 등 전 단계에 걸쳐 셀프서비스 또는 원격 상호 작용(비디오 회의, 전화)을 활용하는 비중이 거의 3분의 2를 차지하고 있다. 밀러하이만그룹의 2018년 조사에 따르면 70%의 기업 고객은 영업 대표를 접촉하기 이전에 스스로 니즈를 정의하고 50%의 고객은 어떤 솔루션이 필요한지를 찾아놓는다고 한다. 다만 새롭고 복잡하고 위험한 상황에서는 90%에 가까운 고객이 구매 프로세스의 초기 단계부터 영업 대표와의 만남을 환영한다고 한다.

'작은 차이가 명품을 만듭니다.'라는 필립스의 광고 카피가 떠오른다. 작은 휴대폰 화면 안에서 작동되는 모바일 앱은 대표적으로 작은 경험 차이가 어떤 결과를 만드는지를 보여준다. 고객은 디지털 경험이 좋지 않으면 가차 없이 떠난다. 기업은 더 나은 디지털 경험을 제공하기 위해 지속적으로 개선해야 한다. 이미 고객의 기

래 이력을 이용해 맞춤상품을 추천하고 챗봇을 통해 상담하는 서
비스는 보편화됐다. 이를 뛰어넘는 서비스와 가치제안이 필요하다.

6.

맞춤 제품과 맞춤 서비스 시대가 온다

라이프 사이클 전체에 맞춤이 제공된다

괜찮은 품질의 제품을 적절한 가격으로 제공하는 것만으로 성공할 수 있는 시대는 끝났다. 고객은 자신의 니즈를 얼마나 잘 충족시키는가에 따라 제품과 서비스 가치를 평가한다. 맞춤 제품, 맞춤 서비스는 인터넷이 확산되기 시작한 1990년대부터 주목을 받았다. 특히 사물인터넷, 클라우드, 데이터 시각화, 인공지능, 3D 프린팅 등 관련 기술의 발전과 함께 디지털 경제를 대표하는 비즈니스 모델로 관심을 받고 있다.

대량 맞춤은 '개별 고객의 니즈를 충족시켜주는 제품과 서비스를 대량생산에 필적하는 효율성으로 제공하는 기술과 시스템'으로 정의된다.[11] 대량 맞춤을 성공적으로 구현한 기원은 델컴퓨터에서 찾아볼 수 있다. 당시 개인용 컴퓨터PC는 제조업체가 생산한 후에 유통업체를 거쳐 판매되고 있었다. 델은 인터넷을 이용해 비즈니스 모델을 획기적으로 변혁했다. 즉 고객이 PC의 프로세서, 메모리, 하드디스크 등의 사양을 정하면 이에 맞춰 조립하고 직접 배송하는 모델을 도입한 것이다.

기술 발전에 따라 부품 가격이 급격히 하락하고 과거 모델이 빠르게 진부화되는 PC 산업에서 고객의 주문을 받아 조립해 배송하는 주문생산BTO, Build to Order 비즈니스 모델을 통해 고객의 맞춤 요구를 충족시킨 것은 물론이고 재고 유지비용을 획기적으로 줄이고 뛰어난 현금흐름을 창출할 수 있었다. 델컴퓨터의 사례는 닷컴 열풍 속에서 대다수 제조기업이 인터넷을 어떻게 비즈니스에 접목할지 고민하는 시점에 마치 구글이 검색 광고라는 비즈니스 모델을 찾아내 인터넷 포털 업체들을 구해낸 것과 같은 혁명적 사건이었다.[4, 12] 이어 의류·신발, 자동차, 식품 업체들이 속속 델컴퓨터의 비즈니스 모델을 응용해 맞춤 제품 사업을 시작했다. 고객이 니즈를 더 잘 표현하고 고객이 선택한 것을 쉽게 확인할 수 있도록 하는 구성Configuration 기술이 발전된다. 고객이 말 또는 글로 표현할 수 있는 니즈는 5%에 지나지 않기 때문이다.

그 후 애플은 디자인 맞춤과 제한된 기능 맞춤을 넘어 콘텐츠와 서비스 맞춤으로 패러다임을 바꾸었다. 애플은 여러 가지 디자인의 피처폰들이 춘추전국 시대처럼 경쟁하는 상황에서 스마트폰이라는 새로운 콘셉트를 시장에 내놓았다. 뛰어난 디자인의 하드웨어와 편리한 사용자 인터페이스UI도 뛰어났지만 앱스토어와 아이튠즈를 통해 제공되는 앱과 콘텐츠를 고객이 선택할 수 있게 하여 스마트폰의 용도를 개인 맞춤으로 바꾸었고, 개발자 생태계를 통

사물인터넷 기반의 맞춤 서비스

해 앱과 콘텐츠를 공급할 수 있게 하여 플랫폼 비즈니스의 시대를 열었다. 아마존은 고객의 구매 이력을 바탕으로 적합한 상품을 추천하는 서비스를 통해 개인화 영역을 선도적으로 개척했다. 넷플릭스는 애플의 아이폰이 출시되던 2007년에 기존 영화 추천 알고리즘을 개선하기 위해 100만 달러의 상금을 걸고 경진대회를 시작했다.

과거 오프라인 채널에 의존하는 시대에는 기업이 가진 고객 정보가 제한적이었다. 하지만 고객과의 접촉이 온라인에서 이루어짐에 따라 많은 정보를 확보하고 분석할 수 있게 됐다. 아울러 사물인터넷 기술의 발전과 함께 기업이 판매한 제품이 어떤 환경에서 어떻게 사용되는지를 알 수 있다. 그러면서 라이프 사이클 전체에 걸친 맞춤 경험을 제공할 수 있게 됐다.

사무용 프린터를 예로 들어보자. 근래에는 프린터를 구입하기보다는 프린트 양에 따라 비용을 지불하는 구독이 대세다. 이런 프린터들은 대부분 인터넷에 연결돼 있다. 인터넷에 연결되기 때문에 토너가 얼마나 남았는지, 용지는 얼마나 남았는지, 샘에 걸려 있는

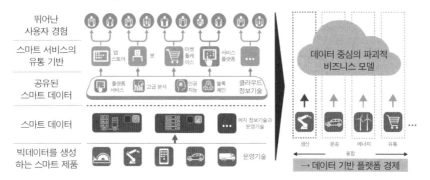

스마트 서비스 세상

뛰어난 사용자 경험

스마트 서비스의 유통 기반

공유된 스마트 데이터

스마트 데이터

빅데이터를 생성하는 스마트 제품

데이터 중심의 파괴적 비즈니스 모델

생산　운송　에너지　유통

융합

→ 데이터 기반 플랫폼 경제

지, 몇 매나 프린트했는지, 고장이 났는지 등을 실시간으로 알 수 있다. 프린터가 실시간으로 상태를 알려주기(피드백) 때문에 프린터 공급업체와 관리업체는 토너가 떨어지기 전에 토너를 교체하고, 용지를 채우고, 고장이 나지 않도록 관리할 수 있다.

이제는 자동차Connected Car, 냉장고, 세탁기, 전자레인지, 에어컨을 비롯해서 굴삭기와 지게차 등 산업용 차량, 컴프레서, 절삭 공구, 전등, 엔진에 이르기까지 실시간으로 상태를 모니터링하고 교체용 부품을 공급하거나 사용자 교육, 교체를 위한 제안 등 맞춤 서비스를 제공할 수 있게 됐다.

제품과 설비에 사물인터넷 기술을 적용해 스마트화하고, 스마트 제품과 설비에서 데이터를 모으고, 다른 IT 또는 OT 데이터와 연계해 고급 분석, 인공지능, 블록체인 등의 기술을 적용해 서비스를 제공하는 것은 디지털 비즈니스 모델에서 공통으로 찾아볼 수 있다.

사무용 프린터처럼 제품 또는 설비를 공급하는 특정 기업의 주도하에 이와 같은 기술 환경을 구축하고 서비스를 제공하면서 필요에 따라 참여 기업을 늘리거나 제한하는 경우가 일반적이다. 그러나 산업계의 공동 문제를 해결할 수 있도록 이해관계를 함께하는 생태계를 구성하는 업체를 비롯해 경쟁 업체까지 참여하는 비즈니스 모델도 가능하다.

7.

산업 디지털 전환은 생태계 간 경쟁이다

디지털 전환은 기업의 업종과 규모와 상관없이 경쟁력을 유지하고 강화하기 위해 반드시 필요한 생존 조건이다. 개별 기업의 경쟁력도 중요하지만 기업 간 경쟁이 아니라 생태계 간 경쟁으로 경쟁 구도가 바뀐 상황을 고려하면 생태계를 구성하는 기업들의 경쟁력이 같이 높아져야 한다. 아울러 탄소배출량 감축이나 순환경제와 같은 시대적 요구사항을 충족하기 위해서는 경쟁 업체와도 협력해야 한다. 개별 기업들이 소유한 데이터를 공유하고 협업할 수 있다면 디지털 전환은 새로운 단계로 질적 도약을 할 수 있을 것이다.

자동차 산업에서는 산업 데이터 공유 플랫폼인 카테나-X가 전 세계의 주목을 받고 있다. 탄소배출량 감축, 자동차 부품 재사용과 소재 재활용 등 순환경제 달성, 공급망 전체에 걸친 품질 추적 관리, 유휴 생산능력의 활용을 위한 제조형 서비스MaaS, Manufacturing as a Service, 공급망 회복탄력성을 증대하기 위한 수요·공급 능력 관리 등을 비롯해 자동차 산업계가 당면한 과제를 데이터 공유와 협력을 통해 해결하고자 하고 있으며 자동차 주문자 상표 부착 생산 OEM 업체를 비롯해서 부품 업체, 소재 업체, IT 업체들이 참여하고 있다.

기업의 디지털 전환을 촉진하고 산업 데이터를 산업 내, 산업 간 공유하고 활용하고 협력할 수 있도록 「산업 디지털 전환 촉진법」이 여야 합의로 발의됐고 2022년 7월부터 시행됐다. 모쪼록 우리나라 산업의 경쟁력을 높일 뿐만 아니라 카테나-X처럼 국제 협력으로 이어져 세계가 당면한 과제 해결에도 기여하기를 바란다.

2장

산업 디지털 전환
실전 실행 방법

최성현

한국생산성본부 iDX 협업지원센터 DX추진팀장

한양대학교 산업공학과를 졸업했다. 동대학원에서 석사학위를 받았고 기술경영 박사과정을 수료했다. 현대경제연구원 선임연구원으로 산업 정책, 산업 디지털 전환, 벤처·스타트업 등에 대해 연구했다. 현재 한국 생산성본부에서 iDX 협업지원센터 DX추진팀장을 역임하며 기업의 생 산성 향상과 디지털 비즈니스 발굴을 지원하고 있다.

1.

디지털 기술을 전략적으로 활용하라

경영 전반을 아우르는 혁신이 필요하다

산업은 끊임없이 변화하며 혁신해왔다. 생산성을 지속적으로 향상하는 점진적인 혁신 활동뿐만 아니라 세상에 없던 새로운 제품으로 급진적인 혁신을 이루기도 했다. 오늘도 기업들은 경쟁사보다 우수한 품질과 가격 우위를 점하기 위해 노력하고 매일 새로운 제품과 서비스를 출시하고 있다.

"세상을 바꿀 수 있다고 생각하는, 제대로 정신 나간 사람들이 이 세상을 변화시킨다."
-스티브 잡스, 애플 창업자

"기업가 정신이란 절벽에서 떨어지는 동안 비행기를 만드는 것과 같은 일이다."
-리드 호프만, 링크드인 창업자

"성공의 정점에서 사업을 재정비하라."
-에드 잰더, 전 모토로라 CEO

"마누라, 자식 빼고 다 바꿔라."
– 이건희, 전 삼성전자 회장

　어제는 생각조차 하지 못했던 경쟁자가 등장하고 새로운 비즈니스 모델이 시장을 잠식한다. 불과 10여 년 전에 자본금 30억 원으로 시작한 쿠팡이 대기업을 모두 제치고 국내 이커머스 시장 1위를 기록할지 누가 알 수 있었겠는가? 가히 혁신하지 않으면 생존할 수 없는 시대다.

　세계 굴지의 기업들과 연구자들은 자신들의 경영혁신 방법론을 체계화했다. 적시생산방식Just In Time으로 대표되는 도요타생산방식TPS, Toyota Production System, 품질경영기법인 6 시그마 방법론, 창조적 문제해결 이론TRIZ, 디자인 싱킹, 제약경영이론TOC 등이 그것이다. 여러 혁신 방법론은 조직의 운영 프로세스를 재구축했고 전사적 자원관리ERP, 고객관계관리CRM, 공급망관리SCM 시스템 등 각종 IT 기술로 가속화됐다. 이는 지난 산업 혁신의 역사다.

　혁신이란 무엇인가? 사전적으로는 '묵은 풍속, 관습, 조직, 방법 따위를 완전히 바꾸어서 새롭게 함'이라고 정의한다. 기업 경영에서 혁신의 범위를 명확히 정의하기란 어렵다. 1990년대에 이르러

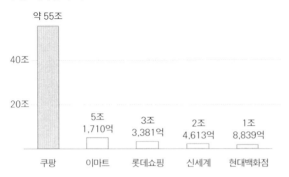

쿠팡 시가총액 비교(2021년 기준)

약 55조 / 쿠팡

40조

20조

쿠팡	이마트	롯데쇼핑	신세계	현대백화점
약 55조	5조 1,710억	3조 3,381억	2조 4,613억	1조 8,839억

(출처: 아주경제, 2021. 2. 18.)

온라인 쇼핑몰 선호도

쿠팡	37.7%
네이버쇼핑	27.2%
G마켓	6.8%
11번가	5.5%
옥션	3.0%
기타	19.8%

(출처: 오픈서베이, 2023.6. 온라인 쇼핑 트렌드 리포트 2023)

서야 경제협력개발기구(OECD)에서는 혁신을 정의하고 측정하기 위해 「오슬로 매뉴얼Oslo manual」[1]을 제정했다. 오슬로 매뉴얼은 초기에 제조업 기술 혁신을 강조했던 것과 달리 최근 제4판(2018)에서는 '제품, 서비스, 경영 프로세스[2]를 기존보다 획기적으로 출시하거나 활용하는 것'으로 더 폭넓게 정의하고 있다. 하지만 제품 혁신, 공정 혁신을 넘어 혁신 경영 시스템, 조직 혁신, 비즈니스 모델 혁신 등 경영 전반의 체질과 역량 강화를 중시한다. 오슬로 매뉴얼

(2018) 제4판과 제3판을 비교해 특별히 변경하고 강조한 점은 바로 디지털과 데이터다. 그만큼 최신 기업 혁신의 대안으로 떠오른 디지털 전환의 물결이 거세기 때문이다.

디지털 전환DX, Digital Transformation에 대해서는 통일된 정의는 없으나 「산업 디지털 전환 촉진법」(2022년 7월 5일 시행)에서는 '산업 데이터와 「지능정보화 기본법」 제2조 제4호에 따른 지능정보기술을 산업에 적용해 산업활동 과정을 효율화하고 새로운 부가가치를 창출해 나가는 일련의 행위를 말한다.'라고 정의했다. 즉 기존의 기업 혁신 활동(대상)을 빅데이터, 인공지능, 사물인터넷 등 최신의 디지털 기술(수단)을 활용해 바꾸는 것이다. 단순하게 생각한다면 기존의 기업 경영 활동에 디지털 기술을 활용하기만 하면 되는 것으로 생각할 수 있다. 하지만 기업 혁신 활동에 초점을 맞춘다면 이는 절대 간단하지 않다. 현대 기업 혁신은 '혁신 시스템을 갖추는 것'으로 개념이 확장됐고 전사적인 참여를 통한 혁신을 추구하기 때문이다.

최고경영자부터 기업 전략, 조직문화, 혁신을 지속적으로 수행하는 체계 구축까지 경영 전반을 아우르는 혁신이 필요하다. 디지털 전환을 디지털 탈바꿈, 디지털 혁신 관점에서 이해하지 않으면 실패한다. 무턱대고 도입한 스마트 팩토리의 수많은 실패 사례가 이를 뒷받침한다. 세계 최고의 디지털 기술력을 보유한 노키아가 스마트폰 시장에서 도태된 것도, 기존 자동차 업계가 후발주자인 테슬라에게 최고의 자리를 내준 것도 디지털 기술이 없었던 것이 아니라 전략적으로 활용하지 못했기 때문이다.

디지털 전환은 혁신의 동력으로 디지털 기술을 활용해 기업의 근본적인 변혁을 추구하는 것이다. 그리고 전사적인 디지털 혁신 체계를 갖추고 지속적이면서 보다 파괴적인 혁신을 도모해야 한다. 그렇다면 구체적으로 어떻게 실행할 것인가?

2.

디지털 전환을 5단계로 실행하라

디지털 전환의 실행은 중장기 전략 기반의 톱다운 방식을 지향한다. 디지털 전환과 혁신 활동은 조직원들의 불만과 경영진에 대한 불신을 수반하므로 강력한 리더십과 의지에 따라 성공 여부가 결정되기 때문이다.

디지털 전환은 관련 프로젝트 단위로 실행된다. 이 프로젝트들은 기업 전략 방향과 잘 정렬돼야 한다. 기업 전략은 현재 상황과 외부 요인, 경쟁관계 등을 종합적으로 판단해 수립된다. 각 프로젝트(과제)의 성공은 기업 전략의 성공과 같다. 따라서 기업 전략을 수립한 이후 과제를 발굴하고 실행하는 일련의 체계하에 디지털 전환을 실행해야 한다.

디지털 전환의 실행 단계를 5단계로 구분해 각각 살펴보자.

• 1단계는 현황 분석이다. 이 단계는 디지털 전환을 넘어 기업

이 어떤 환경에 직면해 있는지와 내부 역량은 어떤지를 종합적으로 분석하는 단계다.

- 2단계는 디지털 전환 비전과 전략 수립이다. 기업이 어떤 방향으로 나아가야 하고 그 전략은 어떤 것인지 규정하는 단계다.
- 3단계는 디지털 전환 과제 수립이다. 영역별 디지털 전환 과제를 수립한다. 과제 수행을 위해 필요한 디지털 기술과 솔루션까지 검토하고 확정한다.
- 4단계는 과제 추진 로드맵 수립이다. 과제별 세부계획과 예산을 반영하고 추진 일정 계획을 수립하는 단계다.
- 5단계는 과제 실행과 고도화다. 과제 실행을 점검하고 결과를 피드백하여 추가 개선사항과 보완사항을 반영해나가는 단계다.

1단계: 현황 분석

우리 기업이 어떤 환경에 직면해 있는지와 내부 역량은 어떤지를 종합적으로 분석하는 단계이다. 궁극적으로 디지털 전환을 위한 기회를 포착한다. 외부환경을 분석할 때 중요한 것은 디지털 환경에 국한되지 말아야 한다는 것이다. 디지털 기술은 수단이지 목적이 아니다. 외부환경에 대해 경쟁력을 갖기 위한 도구로서 디지털 기술을 활용한다.

외부환경을 분석하는 도구로서 거시환경 분석PEST, 산업환경 분석5-force, 제품(서비스) 수명주기 분석 등이 활용된다. 각 분석 도구에 관한 설명은 본서의 범위를 벗어나므로 다루지는 않겠지만 분석의 시사점을 모아서 우리의 외부환경에 대해 다음의 양식에 작성해보자.

구분	주요 내용	시사점
시장		
고객		
경쟁사		
공급자		
기술		
인력		

　외부환경 분석이 끝났다면 내부 역량을 파악해야 한다. 내부 역량을 파악하는 방법에는 여러 가지가 있다. 우선 경쟁사와 비교해 우리 기업의 강점과 약점을 명확히 하는 것부터 시작한다. 기업은 필연적으로 강점을 기회로 삼아야 하고 약점을 보완해나가야 한다. 이때는 경쟁사 대비 강점과 약점임에 유의해야 한다. 아무리 품질이 높더라도 경쟁사와 비교해 평균 수준을 유지한다면 그 기업의 강점이 아니고 품질이 많이 떨어지더라도 경쟁사보다 높다면 약점이 아닌 것이다.

　그다음은 디지털 전환 역량을 진단해야 한다. 한국생산성본부의 디지털 역량 진단 모형을 활용해 디지털 역량을 파악하기로 한다. 한국생산성본부의 디지털 역량 진단 모형은 상세 진단 모형과 간이 진단 모형으로 나뉜다. 그중 간이 진단 모형에 대해서만 다루겠다. 디지털 전환에 성공하기 위해서는 리더십부터 조직문화에 이르기까지 일련의 체계가 디지털 지향적으로 구성돼 있어야 하고 실제 디지털 기술과 솔루션을 활용한 생산성 향상까지 종합적으로 평가되어야 한다. 한국생산성본부는 이 역량요소를 다섯 가지로 나누었다.

첫째, 디지털 비전과 리더십은 디지털 혁신의 비전, 목표, 지향점을 분명히 하고 조직의 변화를 끌어낼 수 있는 역량이다. 둘째, 디지털 전략 과제 추진은 디지털 비전과 목표 달성에 필요한 전략적 방향성과 과제를 체계화하고 과제 실행력을 높일 수 있는 역량이다. 셋째, 디지털 혁신 영역은 디지털 혁신이 일어나는 주요 범주에서 디지털 전환이 실행되는지를 평가하는 것이다. 넷째, 디지털 기술과 솔루션은 디지털 혁신에 적용되는 요소로서 디지털 기술을 얼마나 이해하고 적용하는지를 기술 관점[3]에서 평가한다. 다섯째, 인적 역량과 조직문화는 디지털 혁신을 위해 인적 역량을 강화하고 조직문화를 개선하는 정도이다.

특히 디지털 기술과 솔루션 영역 중 디지털 기술과 솔루션 활용 부문을 특정 업무 프로세스에 적용할 때의 기회와 현재 상태를 동시에 평가하게 함으로써 디지털 기술을 통한 개선 기회를 탐색할 수 있도록 했다. 간이 진단 모형의 전체 문항은 역량을 도출하기 위한 104개 문항, 현재와 기회의 차이Gap를 분석하기 위한 44개 문항을 합쳐 총 148개 문항으로 구성됐다.

1 디지털 비전과 리더십	디지털 비전과 목표 디지털 리더십
2 디지털 전략과제 추진	전략과제 체계화 및 우선순위 전략과제 추진 실행력
3 디지털 혁신 영역	비즈니스 모델 혁신 운영프로세스 혁신 고객경험 증대 협업과 정보관리
4 디지털 기술과 솔루션	디지털 기술과 솔루션 이해도 디지털 기술과 솔루션 활용
5 인적 역량과 조직문화	인적 역량 조직문화

디지털 전환 역량 모델은 5개 영역별로 각 12개 세부항목의 정성평가를 실시한다. 세부항목에 따라 문항별 평균 점수를 계산하고 다시 5개 영역의 평균으로 계산하는 방식이 합리적이다.[4] 세부항목별 정성평가에 따른 해석과 총 점수에 대한 단계별 해석은 다음의 방식을 따르도록 한다.

단계		내용
미흡 단계 (1~2점)	디지털 비전과 리더십	경영진이 디지털 변화에 관심이 없고 이해도가 낮으며 비전이나 목표가 없는 단계
	디지털 전략과제 추진	디지털 전략체계와 추진 실행력이 모두 미흡하고 준비가 안 된 단계
	디지털 혁신 영역	디지털 기술을 활용한 디지털 혁신의 방향성과 모델이 미정립된 단계
	디지털 기술과 솔루션	디지털 기술과 솔루션에 대한 이해도가 매우 낮고 활용성이 낮은 단계
	인적역량과 조직문화	디지털 인재육성 방안이 없고 조직문화가 보수적이고 협업, 참여, 개방이 부족한 단계

초기 단계 (2~3점)	디지털 비전과 리더십	경영진이 디지털 변화에 관심과 이해도가 증가하지만 비전과 목표의 완전한 공식화가 미흡한 단계
	디지털 전략과제 추진	전략과제에 대한 관심이 증가하지만 과제가 체계화되지 못하고 실행 준비가 미흡한 단계
	디지털 혁신 영역	디지털 기술을 활용한 혁신의 방향과 모델 정의에 관한 논의가 시작되나 구체화가 미흡한 단계
	디지털 기술과 솔루션	디지털 기술과 솔루션에 대한 이해도가 증가하며 활용성에 대한 관심이 증가하는 단계
	인적역량과 조직문화	디지털 관련 인재육성에 대한 인식이 증가하지만 조직문화가 디지털 혁신을 위한 준비가 미흡한 단계
기반 구축 단계 (3~3.7점)	디지털 비전과 리더십	경영진의 디지털 변화 이해도가 높고 비전과 목표가 명확하고 내재화되는 단계
	디지털 전략과제 추진	전략과제와 우선순위가 체계화되고 예산, 제도, 담당 등 실행체계가 준비된 단계
	디지털 혁신 영역	디지털 기술을 활용한 혁신의 방향과 모델이 구체화되고 디지털 과제를 수행하는 단계
	디지털 기술과 솔루션	조직 전반에 디지털 기술과 솔루션에 대한 이해도와 활용성이 높고 과제에 따른 적용성이 높아지는 단계
	인적역량과 조직문화	디지털 관련 인재 영입 및 육성이 강화되고 개방, 도전, 협업, 참여 등 조직문화의 변화를 추구하는 단계
강화 단계 (3.7 ~4.4점)	디지털 비전과 리더십	경영진이 디지털 변화에 강력한 리더십을 발휘하고 비전이 과제수행을 통해 실현되는 단계
	디지털 전략과제 추진	전략과제가 우선순위에 따라 수행되고 성과평가와 보상이 수반되는 단계
	디지털 혁신 영역	디지털 기술을 활용한 디지털 과제가 충실히 수행되고 성과가 가시화되는 단계
	디지털 기술과 솔루션	디지털 기술과 솔루션에 대한 이해도와 활용성이 높고 학습과 경험 효과가 증대돼 노하우가 축적되는 단계
	인적역량과 조직문화	전 구성원의 디지털 역량이 강화되고 개방, 도전, 협업, 참여 등 디지털 혁신 문화가 조직에 내재화되는 단계

고도화 단계 (4.4~5점)	디지털 비전과 리더십	디지털 비전의 성과가 구체화되고 더 혁신적인 디지털 비전이 제시되는 단계
	디지털 전략과제 추진	디지털 전략이 연차별로 수행되고 업데이트되고 과제의 성과목표가 달성되는 단계
	디지털 기술과 솔루션	시장을 이끌 만한 도전적인 디지털 과제가 제시 되고 고도화되는 단계
	디지털 기술과 솔루션	시장을 선도할만한 새로운 기술과 솔루션을 시도 하고 고도화되는 단계
	인적역량과 조직문화	디지털 역량이 업계 선도 수준이고 디지털 혁신 을 통해 생각, 행동, 일하는 방식이 고도화되는 단계

(1단계) 미흡 단계	(1~2점)	디지털 혁신을 시작하지 않았거나 관심이 미흡한 단계
(2단계) 초기 단계	(2~3점)	디지털 혁신에 관심을 보이고 과제를 탐색하나, 체계 적인 계획이 미흡한 단계
(3단계) 기반 구축 단계	(3~3.7점)	디지털 혁신에 대한 계획을 수립하고, 여러 시도를 하며 활동이 이루어지는 단계
(4단계) 강화 단계	(3.7~4.4점)	디지털 혁신 과제에 대한 실행이 안정화되고, 특 정 부문에서 성과가 가시화되는 단계
(5단계) 고도화 단계	(4.4~5점)	높은 수준의 시장선도형 디지털 혁신이 이루어지 고, 성과 향상이 가속화되는 단계

총 148개 문항 중 디지털 전환 역량을 측정하는 104개 문항을 제외한 44개 문항은 기회와 현재 수준을 측정하는 문항으로 구성돼 있다. 이는 '디지털 혁신 영역'과 '디지털 기술과 솔루션'에 해당되는데 각 점수의 차이를 계산함으로써 평가된다. 평가 결과는 디지털 혁신이 필요한 가장 중요한 영역과 접목 가능한 디지털 기술의 우선순위를 의미한다.

디지털 역량진단 모형의 자세한 문항은 한국생산성본부의 디지털 역량진단 시스템(www.idxconsulting.kr)에서 확인하기 바란다.

> **우리의 비전**
>
> 현대자동차는 모든 사람에게 제한 없는 이동의 자유를 제공하기 위해 선도적인 모빌리티 서비스 업체와 긴밀하게 협력하고 모빌리티 서비스에 투자하며 스마트 모빌리티 솔루션 프로바이더Smart Mobility Service Provider로 역할을 확장하고 있습니다. 또한 현대자동차는 수소를 에너지 자원으로 활용해 지구의 청정에너지 시대를 여는 데 중추적인 역할을 할 것입니다.

(출처: 현대자동차 홈페이지, 2023. 7)

2단계: 디지털 전환 비전과 전략 수립

비전은 조직이 구체적으로 달성하고자 하는 중장기 미래 모습이다. 비전은 근본적인 변화가 요구되거나 변화가 진행 중일 때 조직 구성원을 일깨우고 조직의 방향을 재설정하거나 완전히 새롭게 변신할 수 있도록 하는 데 꼭 필요하다. 디지털 전환에서 디지털 비전의 수립과 공유는 가장 중요한 요소가 된다.

비전 수립은 조직원이 하나의 방향성을 갖게 한다는 목적에 따라 누구나 이해할 수 있도록 명료하게 수립돼야 한다. 또한 중장기적으로 가급적 위대하게 수립돼야 한다. 조직의 방향도 정확하게 설정돼야 하며 행동 강령이 되도록 명확하게 수립돼야 한다.

디지털 전환이 시대의 화두가 되면서 국내 주요 기업들의 비전도 새롭게 수립됐다. 몇 가지 사례를 살펴보자. 현대차는 기존 자동차 제조업체를 넘어 스마트 모빌리티를 선도하겠다는 비전을 발표했다.

풀무원은 창사 39주년을 맞아 디지털 비전을 수립했다. 풀무원

(출처: 풀무원 홈페이지, 2023. 7)

의 디지털 전환DX 비전은 '혁신적 디지털 경험으로 새로운 일상을 열어주는 기업'이다. 풀무원은 디지털 기술과 데이터를 활용한 디지털 전환 추진을 기업의 생존 문제이자 지속 가능한 성장을 위한 필수 요소로 인식하고 디지털 전환 비전을 중심으로 고객의 일상과 조직 구성원의 일하는 문화를 변화시켜 새로운 가치를 창출하는 것을 목표로 하고 있다.

기업마다 디지털 비전은 그 방향성이 다를 수 있다. 어떤 기업은 운영 효율성을 높이는 측면에서 비전을 수립할 수 있다. 현대자동차그룹의 사례처럼 비즈니스 모델의 혁신을 추구하는 측면에서 비전을 수립할 수도 있다. 또한 풀무원의 사례처럼 고객경험 증대에 초점을 맞출 수도 있다. 조직 구성원의 적극적인 참여로서 비전을 기술하고 다음의 비전 수립 원칙에 따라 비전 수립이 적절히 됐는지를 평가해보자.

디지털 비전이 수립된 이후에는 비전을 달성하기 위한 전략이 수

1. 디지털 비전이 운영 프로세스 혁신, 고객경험 증대, 비즈니스 모델 혁신을 어떻게 이루어나갈 것인지에 대한 가치를 내포했는가?
2. 디지털 비전을 달성하기 위한 수단, 방법(미래의 기술, 제품, 서비스 등)이 명확히 표현되었는가?
3. 디지털 비전이 지향하는 고객이 명확히 정의되었는가?
4. 디지털 비전이 궁극적으로 달성할 목표와 비전 이미지가 명확히 표현되었는가?
5. 전문용어나 기술용어가 아니라 쉬운 용어를 사용했는가?
6. 비전 달성한 이미지를 생생하게 느낄 수 있도록 기술되었는가?
7. 조직 구성원이 공감할 수 있는 내용인가?
8. 디지털 비전의 지향점이 명확한가?
9. 너무 일반적인 내용의 기술이나 모호한 내용의 기술을 피했는가?
10. 경영진의 의지와 조직 구성원의 공감대가 조화를 이루었는가?

반돼야 한다. 비전을 수립할 때는 사전 현황 분석에서 도출한 우리 기업이 직면한 대내외적인 환경을 충분히 고려해 수립했을 것이다. 따라서 이를 활용하거나 악조건을 타개하는 방식이 유효하다.

이때 경영전략 수립을 위해 널리 활용되는 스왓SWOT 분석을 유용하게 활용할 수 있다. 스왓SWOT 분석은 강점Strengths, 약점Weaknesses, 기회Opportunities, 위협Threats으로 이루어져 있는데 이를 적절히 조합해 전략을 도출하는 분석 방식이다. 앞선 현황 분석 단계에서는 시장, 고객, 경쟁사, 공급자, 기술, 인력에 대한 시사점을 도출했다. 이는 우리 기업을 둘러싼 외부환경에 따른 시사점으로 기회와 위협이 되는 요소를 반긴해야 하는 것이다. 또한 경쟁사 또는 시장 환경 내에서 우리 기업의 강점과 약점 요소를 기술해야 한다. 주로 활용하는 양식은 다음과 같다.

SWOT 분석	강점Strengths	약점Weaknesses
	○강점1 ○강점2 :	○약점1 ○약점2 :
기회Opportunities	SO전략	WO전략
○기회1 ○기회2 :	강점을 살려 기회를 잡다	약점을 보완해 기회를 잡다
위협Threats	ST전략	WT전략
○위협1 ○위협2 :	강점을 살려 위기를 극복하다	약점을 보완해 위기를 돌파하다

　여기서 음영처리된 부분을 통칭 스왓 믹스SWOT MIX라고 한다. SO전략, ST전략, WO전략, WT전략을 도출할 수 있다. SO전략은 강점을 살려 기회를 잡는 전략이다. ST전략은 강점을 살려 위기를 극복하는 전략이다. WO전략은 약점을 보완해 기회를 잡는 전략이고 WT전략은 약점을 보완해 위기를 돌파하는 전략이다. 모든 요소를 고려할 필요는 없다. 구성원의 창의적 아이디어를 통해 전략을 마련하는 것이 중요하다. 각 전략을 전략목표와 전략과제로 나누어 기술한다. 전략 개수는 너무 많아도 또 너무 적어도 좋지 않다. 통상 3~5개 전략을 도출하는 것이 바람직하다. 그 양식은 다음과 같다.

구분	디지털 전략목표	전략과제
전략 1		
전략 2		
전략 3		
전략 4		

전략목표를 수립하더라도 전략과제를 수립하는 것은 녹록지 않다. 다음 단계에서는 디지털 전환 과제를 수립하는 방법에 대해 다룰 것이다. 이 단계를 거친 후 최종적인 디지털 전환 과제 정의서를 완성하면 된다.

3단계: 디지털 전환 과제 수립

디지털 전환 과제 수립 단계는 디지털 기술을 활용한 혁신 방향을 재검토하고 과제화한다. 디지털 전환을 통한 혁신 영역은 디지털 전환 역량 모델의 디지털 혁신 영역을 따른다. 이는 비즈니스 모델 혁신, 운영 프로세스 혁신, 고객경험 혁신, 협업과 정보 관리 혁신의 네 영역으로 구분된다. 각 영역은 경영진, 전략기획 담당부서, 태스크포스팀TFT을 구성해 과제를 도출하고 전파하는 톱다운 방식과 관련 부서의 아이디어를 모아서 구체화하는 바텀업 방식 모두 유용하다. 특히 가장 많은 기업이 선택하는 태스크포스팀을 구성하는 방식은 적절한 인력이 배치될 수 있도록 신경써야 한다.

비즈니스 모델 혁신 과제 도출

비즈니스 모델이란 간단히 말해서 기업이 이윤을 창출하는 방식이다. 디지털 비즈니스 모델 혁신은 디지털 기술을 활용한 또는 디지털 시대에 유용한 비즈니스 모델을 창출하는 것이다.

비즈니스 모델은 매우 총체적이면서도 모호한 개념으로 명확히 표현하거나 유형화하는 것이 어려운 것이 사실이다. 우리는 제품을 생산해 고객에게 판매하는 기업, 플랫폼 비즈니스를 영위하는 기업, 기본 서비스를 무상으로 제공한 후 프리미엄 서비스를 유상으로 제공하는 기업, 구독서비스를 제공하는 기업 등 다양한 비즈니스 모델의 유형을 접하고 있다.[5] 경영학에서는 이를 유형화하기 위해 다양한 노력이 있었다. 최근에는 고객에게 가치를 전달하는 일련의 체계를 비즈니스 모델로 정의하면서 비즈니스 모델 캔버스 Business Model Canvas[6]를 널리 활용하고 있다.

비즈니스 모델 캔버스는 다음과 같은 방식으로 도식화한다. 9개의 블록에 대해 스토리텔링이 가능하도록 블록명 앞에 숫자로 표기한 순서에 따라 작성해보자.

⑧ 핵심 파트너	⑦ 핵심 활동	② 가치제안	④ 고객관계	① 고객 세그먼트
핵심 파트너는 누구인가? 파트너가 실행하는 주요 활동은 무엇인가?	가치제안을 위해 필요로 하는 핵심 활동은 무엇인가?	우리가 전달하고자 하는 가치는 무엇인가? 우리가 만족시키는 고객 요구는 무엇인가?	어떤 유형의 고객관계를 형성하고 유지하는가?	우리가 창출하는 가치는 누구를 위한 것인가? 우리에게 가장 중요한 고객은 누구인가?
	⑥ 핵심 자원 가치제안을 위해 필요로 하는 핵심 자원은 무엇인가?		**③ 채널** 세분화된 고객별로 어떤 채널을 통해 가치를 전달하는가?	

⑨ 비용구조	⑤ 수익원
우리 비즈니스 모델에서는 어떤 비용이 발생하는가?	고객이 기꺼이 지불할 만한 가치는 무엇인가? 현재 고객이 지불하고 있는 것은 무엇인가?

우선 현재의 비즈니스 모델을 비즈니스 모델 캔버스를 활용해 도식화한다. 이후 새로운 비즈니스 모델을 구상하여 새로운 비즈니스 모델 캔버스를 작성하는 방식으로 양식을 활용한다. 비즈니스 모델은 총체적인 의미이기 때문에 9개의 블록 하나하나를 수정하고 보완한다기보다는 새로운 아이디어를 도출해 비즈니스 모델 캔버스로 형상화한다는 표현이 더 적합하다고 하겠다. 디지털 시대의 비즈니스 모델 혁신 유형은 다양하게 나타날 수 있다.

기존 슈퍼마켓을 판매채널로 하는 유통산업이 쿠팡과 네이버쇼핑 등으로 급속하게 재편됐던 것처럼 온라인 플랫폼 비즈니스 모델은 디지털 전환 시대에 가장 대표적인 비즈니스 모델 혁신 유형이다. 기존 제품에 디지털 기술을 접목해 새로운 서비스를 제공할 수도 있다. 당뇨 측정기기에 각종 센서와 IT 플랫폼을 접목해 실시간 건강 관리가 가능하도록 하는 사례 등이 포함된다. 또한 월정액 방식의 수익구조를 개편해 사용량만큼 과금하는 구독서비스 형태로 바꿀 수도 있다.

비즈니스 모델 혁신을 위해 중요한 것 중 하나는 제품 또는 서비스 혁신에 관한 내용이다. 비즈니스 모델을 새롭게 정의하는 것과 새로운 제품 또는 서비스를 창출한 것은 매우 밀접한 관계에 있다. 새로운 비즈니스 모델에서 기업 고객에게 주는 가치가 결국에는 제품 또는 서비스로 귀결되기 때문이다. 때로는 비즈니스 모델 자체가 서비스 모델이 되기도 한다. 가전제품을 사물인터넷IoT 기술과 결합해 원격으로 제어할 수 있는 새로운 제품을 개발하거나 인공지능 기술을 접목해 기존에 할 수 없었던 새로운 기능을 추가하는 것 등은 모두 제품의 디지털 혁신에 관한 것이다. 스마트폰 앱을 통해 맛집이나 여행지를 추천받는 것 등은 디지털 기술을 활용한 서비스 고도화에 해당한다.

운영 프로세스 혁신 과제 도출

기업 활동은 조직 구성원 또는 업무에 대한 일련의 프로세스로 구성된다. 어떤 제품이 고객에게 인도될 때까지 또는 인도된 이후 서비스를 제공하는 것까지의 활동은 일련의 프로세스로 연결돼 있다. 연구개발을 통해 제품을 기획·설계하고, 제조에 필요한 부품들을 구매·조달하여 창고에 보관하고, 제조 과정을 통해 제품을 만들어 물류·유통을 통해 고객에게 전달하고, 애프터서비스를 제공하

지원활동	기업 하부 구조					이윤
	인적 자원관리					
	기술 개발					
	조달 활동					
본원적 활동	내부 물류	제조·생산	외부 물류	마케팅·영업	서비스	이윤

는 것은 순차적이거나 병렬적인 프로세스로 도식화할 수 있다. 이런 프로세스를 보다 효율적으로 개선하는 것을 운영 프로세스 혁신이라고 한다. 프로세스는 곧 가치를 창출하는 과정이라는 관점에서 가치사슬이라는 표현을 쓰기도 한다. 현대 전략 분야의 아버지라는 별명을 가진 마이클 포터 교수는 가치사슬 모형을 제시했다.

우리 기업의 가치사슬을 도식화하고 도식화한 가치사슬의 세부 프로세스를 정의할 필요가 있다. 하나의 가치사슬에서(또는 전체 가치사슬에서) 세부 프로세스가 서로 유기적으로 연결돼 있다 보니 개선하고자 하는 문제 또한 여러 프로세스에 걸칠 수 있다. 과제는 어떤 특정 범위로 한정해야 하기 때문에 가치사슬을 한 단위로 해서 분석하는 것이 편리하다. 대부분의 기능별 조직은 가치사슬 단위로 구분되고 전문화돼 있어서 분석하는 데 편리할 수 있다.

먼저 가치사슬별로 디지털 기술의 영향도를 분석해야 한다. 일반적인 사례를 바탕으로 한 양식은 다음과 같다. 업계의 트렌드와 경쟁사 모니터링 등을 통해 해당 산업에서 디지털 심화 혁신 사례를 조사해 기입한다.

가치사슬	디지털 영향*	디지털 기술의 활용**
연구개발		
마케팅·영업		
구매·조달		
생산·품질		
설비		
물류·유통		
서비스		

* 가치사슬별로 산업계의 디지털 전환 수준, 현황, 트렌드를 말한다.
** 주로 활용하는 디지털 기술과 적용 형태를 말한다.

앞의 분석 결과를 바탕으로 우리 기업에 맞는 가치사슬별 프로세스 개선 포인트를 도출한다. 가치사슬별 세부 프로세스를 정의하고 아이디어 회의, 전문 컨설팅 등을 통해 개선과제를 도출한다.

가치사슬	세부 프로세스	수준*	개선과제
연구개발			

가치사슬	세부 프로세스	수준*	개선과제
마케팅·영업			
구매·조달			
생산·품질			
설비			
물류·유통			
서비스			

* 역량진단 시 분석한 가치사슬이라면 수준 점수를 기입한다.
  아닐 시 새롭게 수준 점수를 산출하거나 상, 중, 하로 기입한다.

가치사슬	세부 프로세스
연구개발	• 설계·기획, 디자인, 개발, 시제품 개발, 연구보안관리, 생애주기관리
마케팅·영업·주문	• 마케팅 기획, 마케팅 실행, 마케팅 성과, 기준정보관리, 주문(판매)계획관리, 요청·견적, 주문(판매)관리, 출하관리, 매출마감, 분석

가치사슬	세부 프로세스
구매조달	• 구매기준관리, 구매계획관리, 구매요청, 공급사 선정, 계약·발주관리, 검수·입고관리, 정산관리, 수입관리, 구매통계분석
생산·품질·설비	• 생산기준정보, 생산계획관리, 생산·공정관리, 외주관리, 생산통계분석, 품질계획, 품질검사, 품질분석, 설비기준정보, 작업요청, 작업계획, 일정수립 및 작업자 할당, 작업실시, 분석
물류	• 재과관리, 입고관리, 출고관리, 운송관리, 분석
서비스	• 서비스 계획, 서비스 실행, 서비스 성과, 그밖에 다양한 서비스
재무회계	• 일반회계관리, 채무관리, 채권관리, 자산관리, 자금관리, 세무관리, 재무보고 및 분석
관리회계	• 분석모델설계, 원가·수익성 항목 정의, 원가대상 정의, 배부규칙 정의 및 수행, 분석
인사·급여	• 인사관리, 근태관리, 급여관리, 평가관리, 연말정산, 복리후생, 인사정보 분석

고객경험 증대 과제 도출

고객경험CX, Customer eXperience이란 구매 전, 소비, 구매 후 단계를 포함한 모든 단계의 소비 과정 중에 고객이 반응하는 인식, 정동, 감각 처리, 행동의 총체다. 이전에는 고객만족CS, Customer Satisfaction이라는 명칭으로 고객 접점에서 판매 또는 판매 이후의 대응 전략에 초점을 맞추었다. 지금은 고객경험은 기업과 고객 간의 모든 상호작용을 관리하는 개념으로 확장되었다. 제품을 구매하기 전 브랜드 평판, 구매한 이후의 사용성 등 모든 측면이 관리 포인트가 된다. 기존의 고객만족 활동이라고 여기던 것들을 고객 중심으로 제거하기도 한다.

사용자 경험UX, User eXperience과도 차이가 있다. 어떻게 보면 고객경험이 더 상위 개념에 가깝다. 사용자 경험은 주로 단일 제품이나 서비스에 관련된 설계 또는 사용 편의성 제고 활동에 가깝다. 하지만 고객경험은 총체적인 고객의 느낌이나 인상에 해당되며 기업과 고객의 상호작용으로 그 개념과 범위가 넓다.

고객경험이 증대되는 것은 기업에 대한 충성도가 높아지는 것이다. 즉 고객경험 관리는 기업의 성장 또는 생존과 직결된다. 특히 디지털 시대는 기업, 제품, 서비스에 대한 정보 접근이 쉬워지고 고객 간 소통도 활발하기 때문에 체계적인 관리는 필수가 됐다.

고객경험을 증대하기 위한 과제를 발굴하는 것은 고객이 기업의 제품 또는 서비스를 통해 어떤 경험을 하는가에 관한 파악이 선행돼야 한다. 고객여정지도Customer Journey Map는 이런 분석을 위해 유용한 도구로 고객이 어떤 단계들을 거쳐서 의사결정을 내리는지를 한눈에 파악할 수 있도록 해준다.[7] 이를 제대로 파악한다는 것은 기업이 고객에게 어떤 어필을 해야 하는지 결정할 수 있다는 의미다. 고객이 어떤 과정으로 의사결정을 내리는지에 관해 상세하게 분석해야 한다. 대부분의 고객여정지도는 기업마다 비슷할 수도 있고 다를 수도 있다. 작은 과자를 구매할 때와 값비싼 가방을 구매할 때는 의사결정 과정에 많은 차이가 있을 수 있음을 대략 짐작할 수 있다.

고객여정지도는 다음과 같은 순서로 작성하게 된다. 통일된 양식으로 만들 필요 없이 자유로운 양식으로 작성하면 된다. 중요한 것은 어떤 개선 포인트가 있는지 발견하고 해결하는 것이다. 정해진 양식은 불필요하다. 다음의 양식은 많은 기업에서 활용하는 사례를 제시한 것이다.

고객여정지도 작성 순서
1. 모든 활동 목록을 작성하고 분류한다.
2. 활동 클러스터를 교점으로 표시한다.
3. 문제점과 불편한 점을 표시한다.
4. 자료를 추가해서 지도를 확장한다.
5. 인사이트를 찾는다.
6. 결과를 요약하고 공유한다.

단계 정의							
고객 감정							
고객 행동							
터치 포인트							
강점							
약점							
기회							

　이때 고객감정은 긍정적인 감정을 상단으로 하고 부정적인 감정을 하단으로 하는 일종의 그래프로 나타내는 것이 일반적이다. 터치 포인트는 고객과의 접점을 나타낸다. 터치 포인트별로 강점과 약점을 분석하고 기회를 발견해 과제화한다.

　디지털 전환을 통해 고객에게 새로운 경험을 선사하는 것은 매우 중요한 영역이다. 다양한 신기술은 기존에 경험하지 못한 새로움을 제공하기 때문에 현재 시점에서 디지털 고객경험을 증대하는 것은 매우 유효할 수 있다. 홈페이지 고객 상담을 인공지능 챗봇이 대신한다든지, 맞춤형 추천 시스템을 통해 검색 시간을 획기적으로 줄인다든지 하는 서비스 개선 경험은 이미 일반적이 됐다. 그 밖에 가상현실VR 공간에서 생동감 있는 경험을 제공하거나 스마트폰 앱을 통해 건강 관리 서비스를 받는다든지 하는 경험 또한 가능하다. 고객여정에서 개선 포인트를 발견하는 것은 그 시작점이고 궁극적으로는 비즈니스 모델 혁신까지 고객 지향적으로 변화할 필요가 있다.

협업과 정보 관리 과제 도출

협업은 각 이해관계자가 소통과 협력을 통해 공동의 목표를 달성하고 성과를 창출하는 행동이다. 과거 분업화와 전문화 시대에는 자신의 특정 영역에 집중하는 것이 중요했다. 디지털 시대에는 각 분야를 연결하여 새로운 가치를 창출하는 것이 중요해졌다. 따라서 구성원의 협업은 매우 중요하며 협업의 연결성을 부여하는 것이 바로 데이터다.

특히 코로나 팬데믹 이후의 협업은 디지털 세상으로 빠르게 옮겨갔다. 한 공간에 모일 수 없었던 많은 사람이 온라인 공간에서의 협업을 요구함에 따라 줌과 같은 화상회의 서비스, 메타버스 서비스 등이 속속 등장했다. 이 서비스는 코로나 팬데믹 이후에도 활발히 활용되고 있다.

그룹웨어와 같은 솔루션은 협업이 가능한 기능을 제공한다. 그렇지 못한 시스템을 활용하는 경우에는 기존 시스템을 업그레이드하거나 새로운 솔루션을 구축하는 방법이 과제가 될 수 있다. 협업

디지털 전환 과제 정의서

과제명			
과제 요약		과제 담당자	
영역 구분		과제 스폰서	
추진 배경		주요 과업	
과업 목표		기대 효과	
디지털 기술과 솔루션		관련 조직	
전제조건 및 고려사항			

과정에서 산출된 각종 데이터는 클라우드 공간에 저장돼 누구나 쉽게 열람할 방안도 함께 마련해야 한다. 협업 과정에서 무엇보다 중요한 것은 바로 조직문화다. 아무리 좋은 시스템도 사람 간 관계와 조직문화를 넘어서지 못한다는 것을 명심하면서 과제를 기획할 필요가 있다.

지금까지 디지털 과제를 수립하는 방법에 관해 서술했다. 이 과정에서 논의하지 못한 것은 디지털 전환을 위한 내부 체제를 마련하는 것이다. 디지털 과제를 기획하거나 수행하기 위해서는 디지털 기술에 대한 일정 수준의 이해가 필요하다. 또한 혁신 활동의 동기를 부여할 수 있는 각종 캠페인이나 평가 및 보상 체계가 필요할 수 있다. 비전을 공유하기 위한 비전 선포식 개최나 과제를 이끌어갈 거버넌스 체계 구축과 같은 수많은 것이 디지털 전환 과제에 해당된다. 이렇게 도출한 과제들은 다음의 디지털 전환 과제 정의서로 기술돼야 한다.

4단계: 과제 추진 로드맵 수립

디지털 전환 과제 수립이 끝났다면 중장기적인 로드맵을 제시함으로써 실행 일정을 수립해야 한다. 모든 과제에 대해 구체적인 실행 일정과 과업을 제시할 수는 없겠으나 중장기 비전을 달성할 때까지 기업 여정을 도식화하는 것은 실행을 위한 훌륭한 이정표가 된다.

로드맵을 작성할 때는 어떤 기준이 있어야 한다. 우선으로 생각해볼 수 있는 것은 과제의 순서가 정해진 경우다. 하나의 과제가 성공적으로 완수돼야 다음 과제로 넘어갈 수 있는 충분조건의 관계가 성립한다면 과제의 순서를 정할 수 있다. 새로운 비즈니스 모델을 실행하기 위해 새로운 제품 개발이 필요하다면 제품 개발이 먼저고 비즈니스에 적용하는 것은 그다음이다. 이는 병렬식으로도 수행될 수 있다. 많은 경우에서 과제들은 상호 간 독립성이 보장되도록 구성했다는 가정에서는 과제들의 우선순위를 평가함으로써 과제의 실행 순서를 정할 수 있다. 이때는 명확한 우선순위 평가 기준이 필요할 것이다.

어떤 과제부터 실행하는 것이 좋을까? 적은 투입비용으로 높은 성과를 창출할 수 있는 과제부터 시작하는 것이 마땅하다. 이왕이면 상대적으로 낮은 성과를 창출하는 과제보다는 높은 성과를 창출하는 과제부터 실행하는 것이 좋고 실행이 어려운 과제보다는 손쉽게 실행할 수 있는 과제부터 실행하는 것이 좋다. 이 두 가지 평가 차원을 각각 전략적 중요도와 실행의 용이성으로 구분하기로 하자.

먼저 전략적 중요도는 성과 향상 기여도, 파급효과의 크기, 시급성으로 구분한다. 성과 향상 기여도는 해당 과제를 완수해 실행함으로써 얻을 수 있는 직접적인 효과를 의미한다. 불량 감소율, 고객 이탈률 감소율, 측정 정확도 향상률 등이 해당된다. 이런 성과 향상 기여도는 과제별로 측정할 수 있는 단위가 달라서 최대한 화폐단위로 바꾸어 계산하는 것이 바람직하다. 파급효과의 크기는 간접적인 효과에 대한 크기다. 불량 감소율은 고객 유지율과 밀접하게 연결되고 환경문제를 해결하는 것은 곧 법적, 규제적 이슈의 대안이 될 수 있다. 이런 파급효과의 크기를 측정해 점수화한다. 시급성은 당장 빠르게 수행해야 하는 정도를 말한다. 해당 업무가 너무 심각한 직원 이탈을 일으키거나 사회적 이슈에 대응해야 하는 상황인지 등 시급하게 수행해야 하는 정도를 측정하는 것이다.

실행의 용이성은 투자 용이성, 효과 발생 용이성, 관리 용이성으로 구분한다. 투자 용이성은 과제를 실행하기 위한 비용이나 시간이 얼마나 드는지 여부다. 효과 발생 용이성은 성과를 거두는 것이 얼마나 수월한지에 대한 평가다. 주로 과제 수행의 난이도, 정확도, 정밀도 등 달성 목표에 대한 가시성이 포함된다. 디지털 기술을 도입하더라도 그에 필요한 인력이나 프로세스가 복잡해져 오히려 안 좋은 결과가 나올 수 있다. 관리 용이성은 디지털 기술을 통해 얼마나 손쉽게 개선하고 관리할 수 있는가를 평가한다. 우선순위 평가를 위해 다음의 양식을 활용한다.

디지털 과제명	전략적 중요도				실행의 용이성				총점
	성과 향상 기여도	효과의 크기	시급성	평균 점수	투자 용이성	효과 발생 용이성	관리 용이성	평균 점수	

* 각 항목에 대해 5점 만점으로 평가
** 점수의 산정, 각 점수의 평균 점수(가중치가 있는 경우, 가중 평균 점수)로 계산
*** 총점은 전략적 중요도와 실행의 용이성 평균 점수의 합계

	기준	내용
전략적 중요도	성과향상 기여도	과제가 성과 향상에 얼만큼 기여할 수 있는가?
	파급효과의 크기	과제 수행 성과가 일으키는 파급효과는 어느 정도 인가?
	시급성	얼마나 시급한 과제인가?
실행의 용이성	투자 용이성	자원 투자가 용이한가?
	효과발생 용이성	효과가 쉽게 가시화될 수 있는가?
	관리 용이성	실행과정의 관리가 용이한가?

기준	내용
1. 즉각적 성과 과제	전략적 중요도가 높고 자원 투입이 용이한 단기적 실행과제
2. 전략기획 과제	자원투입의 부담으로 중장기적으로 실행할 과제
3. 하면 좋은 과제	반드시 해야 할 필요는 없으나 하면 좋은 과제
4. 그만둘 과제	배제해야 할 과제

당연하게도 총점이 높은 과제가 우선순위가 높다. 그럼에도 불구하고 각 과제의 특성에 따라 우선으로 실행해야 할 과제에 대한 판단이 다를 수 있다. 다음의 매트릭스는 그에 대한 기준을 제시한다.

전략적 중요도가 높고 실행의 용이성도 높은 과제는 즉각적 성과를 내는Quick Win 과제로 분류한다. 전략적 중요도가 높고 자원 투입이 쉬워서 단기적 실행과제가 된다. 전략적 중요도는 높으나

디지털 전환 전략목표	T년				T+3년				T+5년				T+5년 이후
	Q1	Q2	Q3	Q4	Q1	Q2	Q3	Q4	Q1	Q2	Q3	Q4	이후
전략목표1							과제 1			과제 2			
	과제 3												
전략목표2		과제 4											
			과제 5										
				과제 6									
전략목표3										과제 7			
											과제 8		
전략목표4						과제 9							
		과제 10											
		과제 11											

실행이 까다로운 과제는 전략기획Strategic Initiatives 과제로 분류한다. 과제의 중요성이 높아서 실행은 해야 하나 당장의 실행은 어렵기 때문에 중장기적으로 실행한다. 전략적 중요도는 비교적 낮으나 실행의 용이성이 높은 과제는 하면 좋은Nice to Have 과제로 분류한다. 실행 용이성이 높아 당장 수행해도 되나 중요도는 낮기 때문에 반드시 해야 할 필요는 없다. 다만 투자 정도가 감내할 수준이라면 실행하면 좋다. 전략적 중요도도 낮고 실행의 용이성 또한 낮은 과제는 배제해야 한다Leave for Now.

이러한 기준은 절대적이지는 않다. 때로는 실행의 용이성이 낮지만 전략적 중요도가 너무 높아서 반드시 실행해야 할 수도 있다. 또 중요도는 낮지만 쉽게 실행할 수 있어서 성과 확산을 통한 혁신문화 정착을 목표로 우선 실행할 수도 있다.

이런 고려사항을 토대로 로드맵을 작성한다. 사전에 예산과 과제 수행 기간을 확정하고 기업의 기준에 따라 우선순위화해 로드맵에 표현한다. 다음과 같은 형식의 로드맵이 주로 활용된다.

5단계: 과제 실행과 고도화

과제에 대한 일정 계획 등 마스터플랜이 완성되면 그에 따라 실행한다. 각 과제는 반드시 1~2개월 정도의 사전 준비 작업을 수행해 전체 과업범위, 투입예산, 디지털 기술과 솔루션, 기대효과 등을 정리한다. 무엇보다도 리스크 요인들을 도출해 대안을 마련해야 한다. 사전 준비 작업이 종료되면 외주일 때는 제안요청서를 작성해 프로젝트를 발주하도록 한다. 물론 과제에 따라 자체적으로 수행할 수도 있다. 그러나 대부분의 디지털 전환 과제는 외부 컨설팅사 또는 관련 전문가의 도움을 받지 않을 수 없을 것이다. 고민해야 할 것은 꼭 필요한 범위 내에서 어떻게 적절한 비용으로 최적의 파트너를 선정해 프로젝트를 수행해나갈 수 있느냐다. 디지털 전환을 지원하는 여러 기관과 대학 등의 지원을 받을 수도 있으니 적극적으로 활용할 필요가 있다.

프로젝트 계획을 수립해 승인을 받고 프로젝트를 수행하면서 모니터링을 한다. 가능하면 본 프로젝트에 디지털 전환 사전 준비 작업을 담당하던 프로젝트 관리 본부PMO가 참여하는 것이 바람직하다. 대개 전체 디지털 전환은 3~5년에 걸쳐 이루어지는 장기적인 과업이므로 안정적이고 일관적인 프로젝트 추진을 염두에 두는 것이 바람직하다. 디지털 전환은 지속적인 과정이므로 구축된 시스템을 활용하면서 지속적으로 고도화할 필요가 있다. 또한 소기에 목표로 했

던 성과들이 가시화되는지 지속적으로 모니터링하고 보완할 필요가
있다.

3장

산업 디지털 전환
비즈니스 모델 방법

김용진

서강대학교 경영대학 교수·금융위원회 비상임위원

서울대학교 경영학과를 졸업했다. 서강대학교에서 경영학 석사학위를 받았고 뉴욕주립대(버팔로 캠퍼스)에서 박사학위를 받았다. 뉴욕주립대 (빙햄튼) 조교수를 거쳤으며『계간 경영정보시스템MIS Quarterly』『ACM 커뮤니케이션즈Communications of the ACM』등 세계적인 학술지에 60여 편 의 논문을 게재했다. 스마트핀테크연구센터장, 한국경영정보학회장, 경 영학연구 편집위원장, 스마트핀테크 연구센터장, 중소기업정책심의회, 혁신금융심사위원회 민간위원, 면세점특허심사 위원장, 자동차산업학 회장, 국가과학기술심의회 첨단융합 분야 전문위원을 역임했다.

주요 관심사는 디지털 전환, 비즈니스 모델 혁신, 기업가정신, IT 가치평 가이다. 주요 저서로『온디맨드 비즈니스 혁명』『사람 중심 기업가정신』 등이 있다.

1.

비즈니스 모델 혁신이 필요하다

비즈니스 모델의 정의

디지털 전환 시대에는 모든 사물이 시간과 공간을 넘어 연결되고 지능화되는 특징을 수반한다. 이러한 특징은 이전에는 생각지도 못한 다양한 제품과 서비스를 새롭게 만들고 제공할 수 있는 기반이 된다. 이러한 변화를 기업 측면에서 보면 공급자 중심으로 제품과 서비스를 제공하는 기업보다는 고객이나 사용자가 원하는 제품과 서비스를 제공할 수 있는 역량을 갖춘 기업이 경쟁력을 가지고 지속적인 성장을 할 수 있다는 것을 의미한다. 따라서 기업이 자사 제품과 서비스를 제공하도록 설계된 비즈니스 모델 또한 이러한 시대적 변화를 수용해 만들어야 한다. 특히 기술적 변화에 취약한 소상공인의 경우에는 디지털을 활용하는 고객에 의해 배제될 가능성이 크다. 따라서 이러한 변화를 적극적으로 수용할 필요가 있다.

비즈니스 모델에 대해서는 학자들마다 조금씩 다르게 정의하고 있다. 헨리 체스브로Henry Chesbrough는 비즈니스 모델을 아이디어와 기술과 경제적 성과를 연결하는 프레임워크라고 정의했다. 알렉산더 오스터왈더와 이브 피뉴르Alexander Osterwalder & Yves Pigneur는 조직이 어떻게 가치를 창출하고 전달하고 획득하는지를 논리적으로 정리한 것이라고 했다. 조안 마그레타Joan Magretta는 비즈니스 모델을 기업의 운영 방식을 설명하는 이야기라고 정의했다. 경영학의 아버지로 불리는 피터 드러커는 고객은 누구이고 그들이 무엇을 중시하며 적절한 비용으로 어떻게 가치를 제공하는가를 설명하는 것이라고 정의했다.

다시 말해 비즈니스 모델이란 기업이 고객을 위한 가치를 어떻게 창출해 전달하고 어떤 방법으로 수익을 달성할 것인가를 설명하는 하나의 스토리다. 어떤 고객을 대상으로 어떤 자원과 프로세스를 이용해 차별화된 가치를 제공하고 수익을 창출할 것인가를 설명하는 것이다. 즉 비즈니스의 대상이 되는 고객이 가진 문제를 해결할 수 있는 독창적인 솔루션을 개발하고 효율적으로 제공할 수 있는 자원과 프로세스를 구축함으로써 차별화된 가치를 제공해 지속적인 경쟁우위를 확보하는 것이 비즈니스 모델이다.

비즈니스 모델은 한번 만들어지면 변화하지 않는 것이 아니라 기업의 의사결정 과정과 비즈니스 운영 과정에서 더 강화되는 방향으로 변화한다. 카사데서스-마사넬과 리카르트Ramon Casadesus-Masanell & Joan E. Ricart에 따르면 비즈니스 모델은 선택과 그 선택의 결과로 구성된다. 기업이 선택하는 것에는 사업에 관한 정책, 자산,

거버넌스 등이 있다. 그 선택의 결과는 변동 가능한 것과 한번 선택하면 바꾸기 어려운 것이 있다. 특정 기업이 반도체 산업에 진출한다고 결정하고 생산라인을 구축하면 비즈니스 모델이 만들어지는데 이러한 선택은 매우 경직적이어서 나중에 바꾸기가 쉽지 않다. 반면 특정 기술을 직접 개발할 것인지, 아니면 외부에서 가져올 것인지 등의 선택은 조금 더 변동 가능성이 크다. 이러한 선택과 그 결과가 회사의 비즈니스 모델 전체를 특정한 형태로 구성하게 된다.

디지털 전환으로 인해 효과적인 비즈니스 모델 구축의 필요성이 더욱 요구되고 있다. 사용자는 더 이상 필요한 제품이나 서비스를 구매하기 위해 이동하거나 기다리지 않게 됐고 개개인의 취향과 필요에 맞춰 각기 다른 서비스를 탐색할 수 있게 됐기 때문이다. 이런 상황에서 기존의 공급자 중심 비즈니스 모델을 고집하는 것은 기업에 재앙과 같은 일이다. 따라서 이전의 전통적 방식의 비즈니스 모델을 사용자의 문제해결을 중심으로 하는 모델로 바꿔야 기업의 생존과 성장을 담보할 수 있다. 사용자가 원하고 필요로 하는 제품과 서비스를 효과적으로 제공하기 위해서는 경쟁자들과는 차별된 전략과 시스템이 필요하다. 이를 실행할 수 있는 효과적인 비즈니스 모델을 구축해야 한다.

성공적인 비즈니스 모델을 구축하기 위해서는 세 가지가 필요하다. 첫째, 고객가치제안을 한다. 제품이나 서비스 자체보다는 고객의 문제를 해결하고 잠재 요구를 충족시키는 손님이 세상에 초점을 두거나, 충족되지 않은 고객군을 발굴하거나, 편의성이나 저렴한 가격과 같이 잠재고객과 비고객에게 새로운 가치를 제안하는 것이다.

둘째, 효과적인 수익 메커니즘을 설계한다. 전통적인 거래 방식은 제품이나 서비스를 판매하고 거기에 따르는 대금을 회수하는 것이다. 이러한 수익의 원천인 비즈니스 활동을 바로 수익이 되는 모델이라고 부른다. 하지만 디지털 방식이 대세가 돼가는 지금의 시대에는 수익의 원천과 수익 자체가 일치하지 않는 경우도 많고, 단순한 판매만으로는 충분한 수익을 내기가 어렵다. 렌털, 리스, 쿠폰 등의 방식으로 제공되는 서비스를 발굴해 제공하고 수수료 혹은 대가를 받거나, 가입료 혹은 구독료를 받거나, 구글처럼 광고를 중심으로 서비스 이용자와 사용료 지불자를 다르게 하는 등 다양한 활동이 가능한 조직과 시스템을 갖추어야 한다. 이러한 활동 간에 시너지가 일어나 비즈니스 모델의 경쟁력을 강화할 수 있도록 필요한 자원과 프로세스를 설계하는 것이 매우 중요하다.

마지막으로 셋째, 모방불가능성Inimitability을 확보한다. 지속가능한 경쟁우위를 확보하기 위해서는 경쟁사가 쉽게 따라올 수 없도록 해야 한다. 기술과 제품이나 서비스는 물론 비즈니스 모델까지도 모방할 수 없게 해야 한다.

비즈니스 모델의 구성요소

비즈니스 모델을 성공적으로 구축하려면 고객에게 가치를 제안할 수 있어야 하고, 효과적인 수익 메커니즘을 갖추어야 하고, 다른 경쟁사들과 차별화된 고유하고 모방 불가능한 자원과 역량을

비즈니스 모델의 구성요소

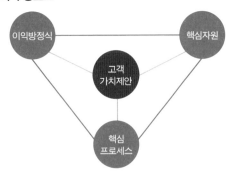

보유해야 한다. 이런 관점에서 보면 비즈니스 모델은 마크 존슨과 그 동료들Mark W. Johnson, et. al이 제안한 것처럼 고객가치제안CVP, 이익 공식profit formula, 핵심 자원, 핵심 프로세스의 네 가지 요소로 구성된다.

고객가치제안은 표적고객, 고객이 가진 문제, 솔루션으로 구성된다. 일반적으로 고객에게 중요한 것일수록, 현재의 대안에 대한 만족도가 낮을수록, 가격이 낮을수록 그 경쟁력이 강해진다. 이익 공식은 수익모델, 비용구조, 마진모델, 자원 활용 속도 등으로 구성된다. 핵심 자원은 고객가치제안을 실현하는 데 필요한 자원으로 사람, 기술 및 제품, 설비, 정보, 유통채널, 파트너십 및 협력 관계, 브랜드 등이 속한다. 핵심 프로세스는 수익성을 확보할 수 있는 솔루션을 반복하여 제공하고 확장할 수 있게 해주는 규칙, 측정 기준, 규범을 의미한다.

2.

고객가치제안을 명확히 해야 한다

고객가치제안의 정의

비즈니스 모델의 구성은 기업이 고객에게 제공하고자 하는 새로운 서비스에 대한 가치제안을 명확히 하는 데서 시작된다. 기업이 제공하고자 하는 서비스가 무엇인지를 정의하는 활동과 고객이 제공된 서비스를 어떻게 이용할지를 정의하는 활동을 포함한다. 여기서 말하는 가치란 주관적으로 판단되는 어떠한 대상의 진정한 가치를 말한다.

고객가치제안은 다음과 같은 단계를 따른다. 1단계는 가치를 창출하는 잠재적 기회를 식별하는 단계다. 고객의 관점에서 문제를 인식해야 진정으로 중요한 문제를 발굴할 수 있다. 즉 기업이 해결하고자 하는 고객의 문제가 무엇이고 얼마나 중요한지를 생각해봄으로써 가치를 창출할 수 있는 잠재적 기회를 식별하는 것이다. 2단계는 식별된 기회를 고객에게 제공할 제품 또는 서비스로 전환하는 단계다. 3단계는 제품 또는 서비스를 판매해 가치를 실현하는 단계다. 여기서 말하는 가치의 실현은 기업에 의해 일방적으로 실현하는 것이 아니라 고객과 함께 실현한다는 의미를 포함한다.

이런 차원에서 고객가치제안의 구성요소를 살펴보면 표적고객, 고객이 가진 문제, 솔루션으로 구분할 수 있다. 제품이나 서비스를 제공해야 하는 고객이 누구인지를 명확하게 정의하지 않으면 문제 역시 알아낼 방법이 없다. 새로 사업을 시작하는 스타트업이나 창업자가 가장 자주 저지르는 실수가 바로 표적고객을 명확하게 설정하지 않는 것이다. 빵 하나를 만들어 팔더라도 '누가 이 빵을 먹을 것인가?'를 명확하게 정의해야 한다. 좁은 지역, 연령대, 성별 등으로 고객을 자세히 정의하지 않으면 너무 넓은 범위를 대상으로 삼게 된다. 그렇게 되면 제품이나 서비스의 고유한 특성이 사라지고 얼마 못 가 사업은 곤경에 빠진다.

고객가치제안은 결국 표적고객을 명확하게 정의하고 그들이 가진 문제를 세심하게 분석해 가장 적합한 솔루션을 제시하는 것을 말한다.

고객 분류

기본적으로 고객은 현재 기업이 제공하는 서비스를 이용하는 집단과 아예 이용하지 않는 집단으로 나뉜다. 전자는 다시 미충족 고객과 과충족 고객으로 나눌 수 있다. 미충족 고객은 현재의 서비스에 만족하지 못하고 더 좋은 제품이나 서비스를 요구하는 집단이다. 과충족 고객은 현재 제공되는 서비스나 제품이 불필요한 요소가 너무 많아 가격이 높다고 생각하는 집단이다.

서비스를 아예 이용하지 않는 고객집단은 비사용자라고 부른다. 그들은 제품이나 서비스의 존재를 모르거나, 사용 방법을 모르거나, 돈이 없어 이용할 수 없는 고객집단이다. 비사용자 집단은 다양한 문제를 안고 있지만 숫자로는 기존 고객보다 훨씬 많으므로 솔루션을 잘 개발하면 매력적인 시장이 될 수 있다.

미충족 고객

미충족 고객Undershot Customer은 제품이나 서비스의 내용이 부족하다고 생각하는 고객이다. 그들을 분석하기 위해서는 자사 입장에서 부족한 점이 무엇인지를 찾아내는 것이 핵심이다. 그들은 기존 제품의 성능이나 서비스 개선에 얼마든지 가치를 지불하고자 하는 의지를 가진 고객으로서 자신이 사용하는 제품이나 서비스가 항상 완벽하기를 바라는 니즈를 갖고 있다. 미충족 고객은 회사에 대한 충성도는 매우 높으나 항상 어느 정도의 불만족을 품고 있으며 새로운 기능이나 서비스에 대한 개선을 요구한다. 따라서 기업은 항상 그들의 니즈를 조사해 제품에 반영하고자 노력하며 충족시킬 수 있는 제품이나 서비스를 가장 우선으로 고려하게 된다.

과거 미국의 가전업체인 RCA는 1950년대 진공관을 탑재한 탁상형 라디오를 개발했다. 고객들은 음질과 화질 개선 등 제품의 성능 개선을 지속적으로 요구했다. 이에 RCA는 탁상형 라디오에 이어 바닥형 텔레비전과 컬러텔레비전까지 신제품을 출시하게 된다.

또 다른 사례로는 인텔의 지속적인 중앙처리장치CPU 개발을 들 수 있다. 인텔에서는 동급 성능의 제품군을 용도에 따라 또는 사용처에 따라 굉장히 다양하게 출시한다. 이런 세부화로 인해 고객은 자신이 중점적으로 필요로 하는 부분에 맞춰 제품이나 서비스를 선택할 수 있다.

과충족 고객

과충족 고객Overshot Customer은 제품에 탑재된 기능을 제대로 활용하지 못하는 고객이다. 제품에 자신이 필요한 기능보다 과다한 기능이 탑재돼 있다고 생각하며 적정 정도의 상품이나 자신이 요구하는 최소의 수준만 갖춘 제품을 원한다. 이러한 과충족 고객은 최신 기술이나 첨단 방식보다는 어느 정도 일반화되고 기초적인 기능을 갖춘 저렴한 제품을 선호한다. 그러다 보니 한 제조사에 일방적으로 충성하기보다는 타사에 저렴한 제품이 출시되면 바로 사용 제품을 변경하는 유동적인 계층이다. 따라서 제품이나 서비스가 개선됐다 하더라도 이에 중점을 두고 반응하지 않는다. 또한 프리미엄 가격을 지불할 의사가 없는 고객으로 개선된 성능이나 서비스보다는 할인가격이나 제휴 제품을 더 중요하게 여긴다. 그러므로 자사 제품이나 서비스의 기능 중에서 어떠한 점이 이들에게 불필요하게 작용하는지를 찾아내는 것이 가장 중요하다.

RCA가 진공관을 소재로 한 라디오를 출시했을 때 가격에 민감한 청소년 고객들은 소니의 트랜지스터를 이용한 저렴한 포켓 라디오에 열광했다. 비록 포켓 라디오가 성능 면에서는 진공관을 소재로 한 라디오보다는 떨어지지만 청소년 고객층은 트랜지스터 방식의 라디오에 충분히 만족했기 때문에 소니의 포켓 라디오를 더 선호했던 것이다. 이는 과충족 고객의 요구사항을 반영해 적정 기술을 사용함으로써 고객의 니즈를 충족시킨 대표적인 사례라고 할 수 있다.

다른 사례로는 에어컨 시장에서 히타치의 시장 접근 전략을 들 수 있다. 히타치는 기존의 월풀이나 캐리어가 고성능의 에어컨을 가지고 경쟁하던 상황에서 기본 기능에 충실한 제품만을 원하는 과충족 고객을 상대로 틈새시장을 공략해 성공을 거두었다. 이는 최첨단 기술을 원하는 고객이 아니라 일반적인 기능만을 원하는 고객의 니즈를 정확히 파악한 사례로 적정 기술을 잘 활용하고 저가 전략을 활용한 대표적인 사례다.

비사용자

비사용자Non User는 제품이나 서비스를 사용하지 않는 고객이다. 그들이 제조사나 서비스 회사의 제품에 접근하도록 유도해야 한다. 이 고객집단은 제품의 성능이나 서비스가 너무 복잡하거나 비싸다고 생각해 제대로 이용할 수 없거나 불편하게 느끼는 고객층이다. 어느 회사에 대한 충성도가 없는 백지 상태의 고객이다. 이러한 고객을 상대로는 일단 저가 전략을 활용해 구매 진입장벽을 최소한으로 낮추는 것이 중요하다. 즉 과충족 고객을 대할 때와 같이 제품에 핵심적인 주요 기능만 탑재해 최대한 간편하고 저렴한 가격으로 고객을 설득하는 것이 효과적이다.

방글라데시의 그라민뱅크는 비사용자를 타깃으로 새로운 서비스를 만들어낸 대표적인 사례다. 금리가 높거나 신용이 불량해 은행의 대출 서비스를 이용하지 못하는 사람들을 대상으로 소액에 한해 저금리 대출을 해준다. 그들이 대출금을 사용해 사업을 할 수 있도록 함으로써 대출 손실률을 줄이고 성공을 거두었다. 또 다른 사례로는 노키아의 1달러 휴대폰이 있다. 아프리카에서 휴대폰을 이용하지 못하는 사람들에게 통화 기능만 지닌 휴대전화를 1달러라는 매우 저렴한 가격으로 대량 공급했다. 이는 피라미드의 밑단 BOP, Bottom of the Pyramid인 저소득층 시장을 잘 공략한 사례라고 볼 수 있다.

고객의 문제 이해하기

표적고객은 무엇을 불편해하고 어떤 문제들을 안고 있는지를 정확하게 이해해야 한다. 대부분은 상품개발자 혹은 공급자의 시각으로 보기 때문에 고객의 문제를 정확하게 이해하지 못하는 경우가 많다. 간혹 설문 등을 통해 고객에게 직접 물어보는데 고객 스스로가 문제를 정의해서 내놓으리라고 생각하는 건 지나친 기대다.

그렇다면 고객은 언제 가치의 창출과 실현을 실감할까? 기업이 제공한 솔루션을 통해 자신이 직면한 문제를 해결하는 데 드는 비용을 줄일 수 있거나 새로운 기회와 해결책을 창출할 수 있을 때 비로소 가치를 실감한다. 따라서 기업이 고객에게 가치를 제공하기 위해서는 고객이 가진 문제를 정확하게 이해하고 그에 따른 해결책을 제시해야 한다.

신생사가 프로젝트에 성공하기 위해 가장 중요한 것은 공사 기

고객의 미충족 욕구를 찾는 네 가지 방법

1. 고객이 회사의 제품으로 무엇을 하는지 연구하기 : 고객은 회사가 고객에게 판다고 생각하는 것을 사지 않는다.	2. 고객이 사는 회사 제품의 대체품 연구하기 : 경쟁사뿐만 아니라 대체품에 대해 광범위하게 조사한다.	3. 고객이 불만족할 때 하는 행동 관찰하기 : 고객이 가장 불만족스러워하는 기능을 찾는다.	4. 고객 불만족의 원인 설명하기 : 고객이 제품이나 서비스를 통해 달성하고자 하는 것을 고민하여 근본 원인 찾기
• 고객 행동 관찰하기 • 왜 고객은 기업이 제공하고자 하는 가치를 사지 않는가?	• 대체 제품 조사하기	• 고객이 가장 만족하지 않는 부분 찾기	• 근본 원인 찾기

간을 단축하는 것이다. 건설사는 건물을 짓기 위해 토지를 매입하고 다양한 분야의 전문기술자와 중장비 등을 모아야 한다. 여기에는 막대한 자금이 투입된다. 건설사가 제시간에 공사를 마치려면 건설장비가 잘 정비된 상태로 준비돼 있고 필요한 시점에 즉시 투입돼야 한다. 이러한 건설사의 문제를 해결하기 위해 힐티Hilti 같은 회사는 건설장비 렌털 서비스와 유지보수 서비스를 제공한다. 과거에는 건설장비를 판매했지만 이제는 건설장비를 보유하고 서비스로 제공하는 비즈니스로 변신한 것이다. 고객가치제안이라는 관점에서 보면 '고품질의 장비를 낮은 가격에 판매'하던 것에서 '고객이 필요한 시점에 건설장비를 제공하는 서비스'로 가치제안을 바꾼 것이다.

따라서 고객의 미충족 욕구를 찾는 것은 고객가치제안의 완성,

더 나아가서는 비즈니스 모델의 완성을 위해 매우 중요한 문제다. 앞서 언급한 대로 고객에게 문제가 무엇인지를 직접 물어보는 것은 가장 부적합한 방법이다. 고객의 미충족 욕구를 찾는 방법은 네 가지로 구분할 수 있다.

첫째, 고객이 자사의 제품이나 서비스를 어떻게 사용하는지를 관찰하는 것이다. 고객은 회사가 판다고 생각하는 제품이나 서비스를 회사가 생각하는 대로 사용하지 않을 가능성이 매우 크다. 자신들만의 방법으로 문제를 해결하기 위해 사용한다. 따라서 이를 잘 관찰하는 것은 미충족 욕구를 찾는 데 유용하다.

둘째, 고객이 자사 제품이나 서비스 대신 사는 제품이나 서비스를 주의 깊게 관찰하는 것이다. 유사한 것 같은데 타사 제품이나 서비스를 산다면 분명 그들이 느끼는 뭔가 다른 점이 있을 것이다. 그 차이를 발견해야 고객의 숨은 욕구를 찾아낼 수 있다.

셋째, 자사의 제품이나 서비스를 사용하는 시점에 고객이 표현하는 불만을 잘 관찰하는 것이다. 고객이 나중에는 잊어버리기 때문에 문제가 생기는 순간을 잘 관찰해야 제품이나 서비스의 문제를 파악할 수 있다.

넷째, 고객이 불만족스러워하는 근본 원인을 찾는 것이다. 피상적으로 표현되는 불만보다는 더 근원적인 문제를 찾아내야 고객의 숨겨진 욕구 혹은 미충족 욕구를 찾아내서 해결할 수 있다.

고객의 역할을 중심으로 한 문제의 이해

고객은 제품이나 서비스를 사는 단일한 개체가 아니라 가치 창출 프로세스상에서 다양한 역할을 하는 여러 개체의 집합일 수도 있다고 인식된다. 즉 하나의 제품이나 서비스를 통해 가치를 창출하는 과정에서 고객은 실제로 그러한 서비스나 제품을 이용해 가치를 창출하는 활동에 참여하기도 한다. 또 제품이나 서비스를 구매하는 과정에 참여하거나 제품이나 서비스에 대한 가격을 지불하기도 한다. 이러한 역할은 한 사람이 수행하기도 하고 여러 사람이 각각 수행하기도 한다.

유모차를 생각해보자. 유모차를 구매하기 위해 시장조사를 하고, 성능을 분석하고, 사용 위험을 판단하는 일은 주로 엄마의 몫이며 구매자의 역할이다. 그런데 시장에서 팔리는 유모차의 가격이 생각보다 비싸다면 아기의 할머니나 외할머니가 대신 지불하기도 한다. 지불자는 구매자와 달리 할머니나 외할머니가 된다. 하지만 이 유모차를 실제로 이용하는 사용자는 아기와 엄마가 된다. 물론 아기의 엄마가 돈을 지불했다면 엄마가 구매자이자 지불자인 동시에 사용자가 된다. 따라서 단순히 돈을 지불하는 사람만을 고객으로 인식한다면 실제 가치 창출 과정에 참여하는 많은 고객을 무시하는 결과를 낳을 수 있다.

역할을 중심으로 분류한 고객(구매자, 사용자, 지불자)은 고객의 문제를 이해하는 데 중요한 의미가 있다. 고객이 수행하는 역할에 따라 겪는 문제나 해결책이 다르기 때문이다. 즉 유모차를 구매할 때 가격, 성능, 위험에 대해 쉽게 분석할 수 있도록 해 의사결정을 도와주는 것은 구매자의 역할과 관련된 문제다. 결제를 일시불로 할 것인지, 할부로 할 것인지는 지불자의 역할에 관한 내용이다. 실제로 사용하면서 느끼는 불편이나 문제를 해결하는 것은 사용자에 관한 사항이다.

사용자는 제품이나 서비스를 사용하는 과정에서 가치를 창출하게 된다. 그런데 제품이나 서비스에 관한 지식의 부족, 사용하는 스킬의 부족, 시간의 부족 등 제약으로 인해 제품이나 서비스를 통해 얻을 수 있는 가치를 충분히 실현할 수 없는 경우가 있다. 이러한 문제를 잘 해결하고 새로운 서비스 시장을 창출한 예로는 펫스마트PetSmart, 로우스Lowe's 등을 들 수 있다.

펫스마트는 미국과 캐나다에서 반려동물을 위한 물품 판매, 훈련, 교배 등의 서비스를 제공하는 소매 체인점이다. 이 회사는 고객들이 반려동물을 한번 길러본 후 다시 기르려고 하지 않거나 심지어 버리기까지 하는 행동이 궁극적으로 사업에 영향을 준다는 점을 깨달았다. 이에 펫스마트는 고객들이 반려동물을 기르려고 하지 않거나 버리는 이유를 조사했다. 그 결과 여행을 가거나 회사에 출근할 때 돌보지 못한다는 이유로 기르는 것을 피하는 것으로 파악됐다. 이러한 문제를 해결하기 위해 펫스마트는 최신 시설을 갖춘 반려동물 전용 펫호텔 사업을 시작했다. 그 결과 고객들이 실제 반려동물을 기를 때의 행동을 관찰하고 고객의 문제를 해결했다. 그뿐만 아니라 기존 사업의 성장 기반을 다지고 새로운 시장을 확보하는 일거삼득의 효과를 거두었다.

전통적인 제품 기반 경제에서는 지불자가 주요 고객으로서 많은 관심을 받아왔다. 실제 많은 서비스가 지불자를 중심으로 제공되어 왔다. 기존 경제체제에서 지불자 역할에 대한 혁신은 무엇에 대해 지불하느냐보다는 어떻게 지불하느냐에 초점이 맞춰져 왔다. 다시 말해 가격을 일시불로 지불하느냐 할부로 지불하느냐, 개별 제품이나 서비스에 대해 돈을 지불하느냐, 패키지에 대해 지불하는지, 고정가격으로 지불하는지 변동가격으로 지불하는지를 중심으로 혁신이 이루어져 왔다. 하지만 고객의 문제를 더 잘 해결하기 위해서는 가치에 중점을 두고 지불자의 문제를 해결해야 한다.

넷플릭스의 DVD 대여 사례를 살펴보자. 넷플릭스는 고객들이 블록버스터 등 오프라인 매장에서 DVD를 빌릴 때 편당 지불하던 방식을 월별 회비로 대체하고 무제한으로 빌려볼 수 있도록 했다. 이 지불 방식의 혁신은 넷플릭스가 오프라인 매장들을 크게 압도하고 표준을 만들어가는 기반이 됐다.

GE의 GE90 비행기 엔진은 기존의 엔진인 CF6이나 CFM56보다 훨씬 더 효율적이고 강력한 엔진으로 보잉777기가 더 빠르고 멀리 비행할 수 있다고 주장했다. 하지만 불확실한 엔진의 유지비용으로 인해 항공사들이 도입을 꺼려 하고 그에 따라 고정가격을 청구하기가 어렵다는 한계점을 인지해 비즈니스 모델을 바꾸었다. 즉 과거 고정가격에 엔진을 팔았던 것과 달리 엔진 사용 시간에 따라 서비스 비용을 받는 형태로 비즈니스 모델을 바꾸고 고객에게 유지보수 비용을 포함해 비행시간에 따른 비용을 청구하기로 한 것이다. 이 비즈니스 모델은 GE가 GE90 엔진을 성공적으로 시장에 내놓는 것에 디딤돌이 됐다. GE는 기존 지불 방식을 혁신하는 대신 무엇에 대해 지불할 것인지를 더 진지하게 고민함으로써 고객이 추구하는 가치를 제공하기에 적합한 비즈니스 모델을 개발하고 새로운 제품으로 순조롭게 시장에 진입했다.

또 다른 예로는 그라민폰이 있다. 그라민폰은 방글라데시의 선도적인 전화 서비스 회사로서 2,000만 명 이상의 고객을 확보하고 있다. 그라민폰은 방글라데시에 GSMGlobal System for Mobile Communications 기술을 처음 도입한 회사로 고객을 지원하기 위해 24시간 콜센터도 운영하고 있다. 이 회사의 슬로건은 '고객 곁에Stay Close' 로 모든 방글라데시 국민에게 필요한 전화 서비스를 제공한다는 목표를 담고 있다. 미국 매사추세츠공과대학교MIT의 '개발과 사업가를 위한 레가텀Legatum 기업가정신 개발센터' 창립자이자 디렉터인 이크발 쿼디르Iqbal Z. Quadir는 방글라데시 서민들에게 소액 신용·대출 서비스를 해주는 그라민뱅크에서 농촌 지역에 광범위한 무선전화를 보급하는 사업을 착안했다. 그는 몇 년간 노력한 끝에 사업 자금을 마련하고 1996년 11월 방글라데시 정부로부터 무선전화 운영에 관한 사업권을 얻어 1997년부터 실질적인 서비스를 시작했다.

그라민폰의 특징적인 사업은 빌리지폰village phone이라고 불리는 시골 지역의 전화 사업이다. 그라민폰은 농촌 지역의 대학교육을 받은 똑똑한 여성들이 전화 서비스를 운영할 수 있도록 그라민뱅크와 함께 자금을 지원하고 가입자들에게 전화 이용 방법과 서비스 비용 청구 방법을 알려줬다. 즉 여러 가정이 하나의 전화를 함께 사용할 수 있는 비즈니스 모델을 개발하고 전화기를 판매하여 수익을 내는 것이 아니라 전화를 사용할 수 있도록 지원하는 데 중점을 뒀다. 그라민폰에 요금을 납부하는 고객은 가입자이지만 이 가입자가 납부하는 요금은 가입자의 전화를 사용하는 시골 가정에서 나온다. 가입자가 시골 가정으로부터 사용료를 받아 자신의 요금을 충당하거나 이익을 얻는 비즈니스 모델이다.

요약하자면 그라민폰은 서비스를 중심으로 서민을 위한을 혁신해 가난한 농촌 가정까지 저렴한 가격에 서비스를 이용할 수 있도록 지원함으로써 서로가 이익을 얻는 비즈니스 모델의 성공 사례라고 할 수 있다.

마지막은 구매자 역할과 관련해서 나타나는 문제의 이해다. 기술의 발전, 특히 인터넷의 발전과 더불어 구매자의 역할이 많이 달라졌다. 구매 프로세스를 변화시키거나 공급사슬에서 불필요한 부분을 없앰으로써 구매자의 역할을 혁신할 수 있다. 구매자의 역할은 일반적으로 구매 프로세스에서 무엇을 어떻게 살 것인가와 관련돼 있다. 여기에 해당하는 사례는 아주 많다. 이 글에서는 익스피디아Expedia의 사례를 살펴보기로 한다.

익스피디아는 처음에 마이크로소프트 사내 사업부로 설립되어 독립한 회사로 인터넷을 기반으로 한 여행사다. 미국과 그 외 15개국에서 운영되며 비행기표와 호텔 예약, 자동차 대여, 크루즈 상품, 여행 패키지 등을 판매한다. 익스피디아는 고객들의 여행 관련 구매 행위를 지원하여 폭발적인 성장을 거듭해왔다. 해외로 여행을 계획할 때 여행자는 여행지를 결정하고 타고 갈 비행기표를 예약한다. 또한 여행지에서 타고 다닐 차도 빌려야 하고 호텔도 예약해야 한다. 인터넷이 없이 이 모든 절차를 각각의 회사를 통해 따로 처리해야 한다고 가정해보자. 고객 스스로 처리해야 할 일이 얼마나 많겠는가? 지금은 인터넷으로 가볼 만한 여행지 정보를 얻고 비교할 수도 있다. 비행기표, 호텔, 렌터카 예약도 간단히 끝낼 수 있다. 또 한꺼번에 여러 가지를 예약하면 할인도 받을 수 있다. 고객들은 익스피디아를 통해 여러 군데 여행사나 각각의 회사를 직접 방문하지 않고서도 집 안에 앉아서 모든 일을 처리할 수 있다.

3.

이익구조를 새롭게 설계해야 한다

수익모델과 이익모델

이익구조란 기업이 고객에게 가치를 제공함과 동시에 자사를 위한 가치를 어떻게 창출할 것인가에 대한 청사진이다. 이익구조는 비즈니스 모델을 수치로 표현한 또 다른 모델이라고 볼 수 있다. 이익구조를 정의하기 위해서는 수익구조와 비용구조를 결정해야 한다.

먼저 수익구조는 기본적으로 판매가격에 수량을 곱해서 만들어진다. 하지만 최근에는 많은 경우, 특히 첨단기술을 중심으로 사업을 영위하는 기업들은 판매하는 서비스나 제품으로부터 직접적으로 수익을 창출하기보다는 광고 등을 통해 수익을 창출하고 있다. 이 때문에 수익구조에 대한 고민이 필요하다. 다음 표는 수익원천과 수익모델의 관계를 나타낸다.

수익원천과 수익모델의 관계

수익원천	수익모델					
	광고	판매 수수료	서비스료	이윤	생산	가입
직접적인 제품·서비스 판매		V	V	V	V	V
판매 후 서비스			V			V
간접적인 콘텐츠 판매	V					V
제품 파이낸싱		V	V			
에스크로 서비스		V				
지적재산권에 대한 로열티		V	V			V

　수익원천은 서비스 모델의 핵심이다. 제품이나 서비스를 제공하고 그에 대한 대가를 받는 것이기 때문이다. 수익원천은 제품 또는 서비스 판매, 판매 후 서비스, 콘텐츠 판매, 제품 파이낸싱, 중개 파이낸싱, 지적재산권에 대한 로열티 등으로 구성된다. 수익모델은 광고, 판매 수수료(커미션), 서비스료, 이윤, 생산, 구독료 등으로 구성된다. 하나의 수익원천에 다양한 형태의 수익 실현 방법이 조합하여 수익모델을 만들어낸다. 예를 들어 구글은 지식정보를 이용하는 개인과 기업에 서비스를 제공하지만 서비스료를 받지 않고 광고모델을 사용해 수익을 내거나 검색엔진에 대한 로열티를 받는 수익모델을 갖고 있다.

　둘째, 비용구조는 기본적으로 서비스를 제공하기 위해 사용한 자원이나 프로세스로 인해 만들어진다. 비용은 제품이나 서비스를 제공하기 위해 직접적으로 들어가는 비용과 직접적인 활동을 지원하는 간접적인 활동으로 인해 발생하는 비용으로 구분된다. 비용구조에서 경쟁력을 갖추기 위해서는 타타자동차나 힐티처럼 제공하려는 서비스에 맞게 프로세스를 효율적으로 설계하고 자원의 활용을 위한 통합된 체계를 구축하는 것이 무엇보다 중요하다. 비용구조와 관련해 고려해야 하는 중요한 이슈는 규모의 경제 이점을 누릴 수 있는가, 그렇지 않으면 범위의 경제 이점을 누릴 수 있는가 하는 부분이다. 대규모의 표준화된 서비스나 제품 생산의 경우 생산량이 증가함에 따라 발생하는 학습곡선 효과와 규모의 경제로 인해 발생하는 비용절감 효과를 누릴 수 있다. 하지만 인적 자원을 기반으로 하는 비표준화된 서비스, 예를 들어 디자인 서비스는 규모의 경제 이점보다는 범위의 경제 이점을 확보하는 것이 중요하다.

이익구조와 관련해 중요하게 고려해야 할 사항 중의 하나는 자원의 회전속도다. 자원의 회전속도는 자원 효율성과 관련된 것으로 수익구조나 비용구조에도 영향을 미쳐서 기업 전체의 이익률에 영향을 주게 된다. 기업이 제공하고자 하는 서비스의 양을 지원하고 예상되는 이익을 얻기 위해서는 자원 활용의 효율성, 즉 재고자산 회전율, 고정자산 회전율, 기타자산 회전율을 높여야 한다.

다시 타타자동차의 예로 돌아가 보자. 타타는 스쿠터를 타는 사람들에게 자동차를 판매할 수 있는 유일한 방법은 가격을 과감하게 낮추는 것이라고 생각했다. 당시 가장 싼 자동차의 절반 정도 가격(약 2,500달러)으로 과감히 낮춰 자동차를 판매하는 것은 매출 총이익의 심각한 감소를 의미했다. 이를 극복하기 위해서는 이익구조를 기존의 자동차 회사들과 다르게 설계해야 했다. 즉 비용구조를 근본적으로 바꿔야 했다. 하지만 타타자동차는 판매량이 급격하게 증가하면 낮은 판매가격에서도 이익을 낼 수 있다고 믿었고 실제로 잠재 고객군이 엄청나게 많다는 것을 파악했다. 이런 믿음을 바탕으로 타타자동차는 필요자원을 설계했고 프로세스도 완벽하게 재설계해 상당한 이익을 실현했다.

힐티도 별반 다르지 않다. 제조판매에서 리스와 서비스 계약 모델로 바꾸기 위해서는 세 가지를 해야 했다. 첫째, 기계설비를 고객의 소유에서 힐티의 자산으로 이전해야 했다. 둘째, 모든 유지보수를 책임져야 했다. 셋째, 공급 스케줄을 관리해야 했다. 고객은 월별로 서비스료만 지불하면 유지보수에 관한 고민 없이 언제든지 자신들이 원하는 기계·설비를 이용할 수 있게 됐다. 이러한 변화는 힐티의 이익구조에 중대한 변화를 가져왔다.

먼저 수익구조가 달라졌다. 기존에는 기계설비의 판매가격을 책정하고 이에 기반해 수익구조를 짰다면 이제는 서비스료를 얼마나 책정하고 어떤 형태로 서비스료를 받아야 하는지가 중요한 이슈가 됐다. 그다음은 비용구조가 달라졌다. 기존의 제조 및 재고 관리 비용에서 이제는 판매 촉진 비용, 계약 관리 비용, 유지보수 비용을 모두 고려해야 했다. 마지막으로는 회사가 떠안게 된 재고자산 회전률을 어떻게 가져가야 안정적으로 비즈니스를 운영할 수 있을지를 고민해야 했다.

가격과 이익모델

이익모델은 고객이 얼마나 지불할 것인가, 상품이나 서비스에

고객 성과와 제품 사용에 따른 가격모델 유형

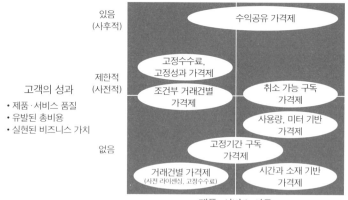

있음
(사후적)

수익공유 가격제

제한적
(사전적)

고정수수료,
고정성과 가격제

조건부 거래건별
가격제

취소 가능 구독
가격제

사용량, 미터 기반
가격제

고객의 성과
• 제품·서비스 품질
• 유발된 총비용
• 실현된 비즈니스 가치

없음

고정기간 구독
가격제

거래건별 가격제
(사전 라이센싱, 고정수수료)

시간과 소재 기반
가격제

제품·서비스 사용
• 사용량
• 사용빈도
• 사용기간

(출처: Sawhney, 2006)

얼마의 가격을 책정할 것인가, 창출된 가치를 고객, 서비스 제공 기업, 공급자 간에 얼마의 비율로 할당할 것인가에 관해 정의하는 것이다. 여기서 기업은 하나 이상의 가격 모델을 활용할 수 있다. 가격은 기업의 비즈니스 모델 성격을 가장 잘 드러내는 것으로서 제품이나 서비스의 특성에 맞도록 설계돼야 한다. 특히 가격을 제품이나 서비스의 특성에 맞도록 설계하는 것은 기업의 장기적인 성공을 좌우하기 때문에 매우 신중하고 체계적으로 접근해야 한다. 위의 그림은 가격모델의 예를 정리한 것이다.

일반적인 제품 판매 모델은 제품·서비스 품질, 총비용, 실현 가치 등 고객의 성과나 제품·서비스 사용량과 관계없이 가격을 결정하는 것이지만 최근의 경향은 고객의 성과나 제품·서비스 사용량에 따라 과금하는 방식을 택하는 쪽이 많아지고 있다. 모든 비즈니

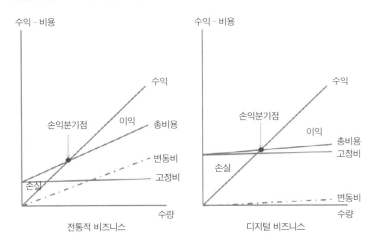

전통적 비즈니스와 디지털 비즈니스의 비용구조 차이

전통적 비즈니스

디지털 비즈니스

스의 성격이 고객의 문제를 직접적으로 해결하는 방향으로 가고 있고 고객들 또한 소유보다는 사용에 초점을 두고 있기 때문이다.

가격과 동시에 이익을 결정하는 요소는 비용구조다. 비용구조는 고객이 가진 문제를 해결하는 데 필요한 자원과 프로세스의 형태에 따라 결정된다. 기업의 비용은 크게 보면 고정비와 변동비로 구분된다. 변동비는 제품이나 서비스를 생산하면서 들어가는 비용으로 제품이나 서비스의 수량에 따라 증가하지만 고정비는 건물, 공장, 인력 등 한 번의 투자로 전체 금액이 결정되는 것을 말한다. 위의 그림은 전통적인 비즈니스에서의 수익-비용구조와 디지털 비즈니스에서의 수익-비용구조를 설명하고 있다. 모든 비즈니스에서 비용구조는 고정비와 변동비로 구분되며 비즈니스의 특성에 따라 그 구성비가 달라지는 차이가 있다. 전통적 비즈니스에서는 고정비가 적게 들고 판매량 혹은 생산량에 따라 변동비가 증가하는 특징을 가지는 반면에 디지털 비즈니스에서는 고정비가 상당히 많이 들고 변동비가 거의 0에 수렴하는 특성이 있다. 이러한 디지털 비즈니스의 비용구조로 인해 한계비용 제로의 법칙 혹은 수확체증의 법칙*이 작동하며 손익분기점이 상당히 늦게 달성되는 특징을 보인다.

* 판매량이 늘어난 수록 이익이 기하급수적으로 증가하는 현실

4.

핵심 자원과 프로세스가
기업 경쟁력이다

핵심 자원과 프로세스의 정의

고객가치제안이 결정되고 수익모델이 정해지면 달성하는 데 필요한 자원을 조달하고 운영하기 위한 프로세스를 설계해야 한다. 기존 연구들에 따르면 한 기업이 경쟁에서 성공을 유지하기 위해서는 크게 세 가지 능력을 갖춰야 한다고 말한다. 첫째는 핵심 자원에 대해 경쟁자와 다르게 접근하는 능력이다. 둘째는 경쟁자가 쉽게 모방할 수 없는 가치를 고객에게 전달하는 내부 프로세스를 창출하는 능력이다. 셋째는 시장에 대한 풍부한 경험과 미래 시장에서 자사의 비즈니스를 운영할 추진력이다.

여기에서 핵심 자원이란 고객의 문제를 해결하는 데 필요한 솔루션을 만들고 운영할 수 있는 자원들을 말한다. 특허나 소프트웨어 등 지적 재산권, 공장 건물 등 물적 자원과 개발, 운영 인력 등

인적 자원을 포함한다. 이러한 자원들은 직접 만들어낼 수도 있고 외부에서 구매할 수도 있다. 이는 회사의 정책에 따라 결정된다. 핵심 프로세스는 솔루션을 만들고 운영하며 고객에게 전달될 수 있도록 하는 절차와 방법을 말한다.

다시 건설장비 서비스 회사 힐티로 돌아가 보자. 힐티는 건설장비를 판매했을 때는 핵심 자원으로서 판매를 위한 유통채널, 신제품 개발을 위한 연구개발 부서, 인건비가 싼 지역의 공장을 보유했다. 그리고 핵심 프로세스는 판매와 연구개발 프로세스 등이었다. 하지만 비즈니스 모델을 렌털과 유지보수 서비스로 바꾼 후에는 핵심 자원으로서 고객관계관리CRM 역량, 건설사와의 협상 역량, 재고관리 역량, 유지보수를 위한 정보시스템 등을 보유하게 됐고 핵심 프로세스로서 계약 프로세스, 유지보수 프로세스, 재고관리 프로세스를 재설계했다.

비즈니스 모델을 구성하는 자원과 프로세스의 유형을 결정하는 것은 기업의 경쟁전략이다. 동일한 서비스를 제공하는 기업이라 하더라도 표적시장에서 고객의 가치를 극대화하기 위해 어떤 경쟁전략을 펼쳐나갈지에 따라 자원과 프로세스의 사용법이 달라진다. 경영전략 분야의 세계적인 권위자 마이클 포터 교수는 원가우위, 차별화, 집중화라는 기본 전략 중 하나를 기반으로 경쟁할 것을 강조했다. 하지만 최근에는 제품 기반 전략인지, 서비스 기반 전략인지가 경쟁전략에서 매우 중요해졌다. 따라서 기존의 기본 전략에 반드시 이 두 가지의 구분을 추가해야 한다.

비즈니스 모델을 성공적으로 구축하려면 이와 같은 여러 구성요소를 체계적이면서 유기적으로 인식하고 각각의 요소들이 고유한 목적에 맞게 기능하도록 해야 한다. 세계에서 가장 큰 유통회사인 월마트의 경쟁전략을 살펴보자. 월마트는 원가우위 전략을 사용한다. 이 전략을 실행하기 위해 먼저 점포를 시골이나 한적한 곳에 두었다. 또한 독특한 배송센터 시스템을 구축해 공급자가 매장에서 직접 제품 공급을 관리하도록 했고 위성 기반의 트럭운송 관리 시스템도 만들었다.

핵심 프로세스의 설계

핵심 프로세스를 설계할 때 중요한 것은 가치사슬을 고려하는 것이다. 기업이 가치제안(타깃 시장, 고객의 문제, 필요한 서비스)을 보유했다면 이를 실현하기 위한 자원과 프로세스를 정의함으로써 가치사슬을 구성할 수 있다. 가치사슬은 반드시 다음의 세 가지 목표를 충족해야 한다. 첫째, 가치사슬을 구성하는 특정한 참여자가 아니라 모든 참여자가 가치를 창출해야 한다. 둘째, 가치사슬에 참여한 참여자들이 충분한 비율의 가치를 확보할 수 있도록 보장해야 한다. 셋째, 타깃 고객에게 서비스를 생산하고 전달하는 데 필요한 많은 행위를 가치사슬로 조율할 수 있어야 한다.

이윤을 얻고자 하는 기업에 가치 창출은 필요조건이긴 하지만 충분조건은 아니다. 일단 기업이 자사의 서비스를 전달하는 데 필요한 가치사슬을 인식했다면 그다음에는 자사의 가치를 어떻게 달성할 것인가를 정의해야 한다. 마이클 포터 교수는 가치 창출 능력이 기업, 고객, 공급자, 경쟁자 간의 힘의 균형에 달려 있다고 했다.

또 다른 연구들에서는 가치 창출이 기업이 제공하는 서비스의 가치를 증가시키는 보완적 제품 혹은 서비스의 활용 가능성에 달려 있다고 했다.

기업이 고객의 문제를 해결하는 솔루션을 만들고 서비스하기 위해서는 자사의 자원과 프로세스로 구성된 직접적인 가치사슬 외에도 제삼자인 협력사와 파트너사도 포함해야 한다. 가치사슬에 협력사와 파트너사를 포함하면 가치 네트워크가 구성된다. 비즈니스 모델을 기반으로 형성된 가치 네트워크는 공급자, 고객, 제3의 파트너로 구성되며 혁신적 가치를 확보하는 데 중요한 역할을 한다.

기업은 가치 네트워크 속 구성원들과 강력한 연결고리를 형성해 자사가 제공하는 서비스의 가치를 향상시킬 기반을 마련한다. 이러한 가치 네트워크 구축에 실패하면 기업이 제공하는 서비스의 잠재적 가치가 하락할 수 있다. 따라서 서비스 경쟁을 할 때 강력한 가치 네트워크를 구축하는 것은 매우 중요하다. 다시 말해 가치 전달 프로세스에 제삼자가 가진 프로세스를 포함하고 전체를 유기적으로 연결해야 한다는 것이다.

주유소, 카센터, 부품판매점, 도로 등 자동차 주행을 위한 가치 네트워크가 없다고 생각해보자. 이런 상황에서는 자동차 제조사가 아무리 좋은 차량을 생산해도 많이 팔리지 않을 것이다. 따라서 자동차 제조사의 성공은 가치 네트워크의 형성 정도에 비례한다.

또 다른 예로는 웅진코웨이의 페이프리Pay Free 서비스를 들 수 있다. 금융위기 때 고객들이 정수기 렌탈 서비스를 더 이상 사용하지 않겠다고 했다. 이런 상황에서 웅진코웨이는 어떻게 했을까? 고객의 계약취소나 인장취소를 그냥 받아들여야 할까? 아니면 고객을 설득해 계속 사용하도록 해야 할까? 그것도 아니라면 다른 방법을 고민해야 할까? 웅진코웨이는 이러한 고객의 문제를 해결하기 위해 페이프리 서비스를 출시했다. 고객들이 더는 사용료를 지불하지 않아도 된다는 것이다. 그렇다면 웅진코웨이는 어떻게 수익을 낼까? 협력 파트너로 신용카드회사를 비즈니스 모델에 포함하고 캐시백cash back을 통해 고객 대신 정수기 사용료를 납부하도록 했다. 결과는 매우 성공적이었다. 결국 웅진코웨이는 자사와 고객이 서비스와 사용료를 교환하는 프로세스에 신용카드사를 포함하여 서비스 프로세스를 획기적으로 바꾸는 혁신을 도입함으로써 고객의 문제를 해결했다.

핵심 자원의 설계

핵심 자원은 고객가치제안에 제시된 솔루션을 만들고 제공하는 데 필요한 자원들과 고객관계관리와 채널 운영 등을 위해 필요한 자원들을 말한다. 일반적으로 비즈니스에서 자원은 물적자원, 지적자산, 인적자원, 재무자원으로 구분한다. 핵심 자원은 비즈니스의 특성에 따라 다르게 설계돼야 한다.

자동차 제조·판매 회사가 모빌리티 서비스 회사로 변신한다고 가정해보자. 자동차 제조·판매를 위해서는 디자인 인력, 연구개발 인력·설비, 제조설비, 판매채널 등을 핵심 자원으로 보유해야 한다. 하지만 모빌리티 서비스를 제공하는 기업이라면 고객의 요구를 이해하고 서비스를 만들어내는 시스템, 고객관리 시스템, 차량

추적관리 시스템, 재고관리 시스템, 과금 시스템, 주차 시스템 등 새로운 자원이 절대적으로 필요하다. 이처럼 비즈니스 모델이 달라지면 혹은 고객가치제안이 달라지면 달성하기 위한 핵심 자원도 달라져야 한다.

이러한 자원을 통해 기업은 차별화된 서비스를 제공할 수 있고 가치를 만들어낼 수 있다. 이 자원들은 타사에는 없고 모방과 대체가 어렵다는 특징이 있다.

디지털 자원

디지털 기술은 기존 기계식 기술과는 차원이 다른 특성이 있다. 기존 기술은 개발 시점부터 그 기술이 만들어내는 결과가 무엇이고 어떤 프로세스를 통해 만들어지고 사용되는지를 예측할 수 있다. 하지만 디지털 기술은 그 기술이 어떤 결과를 만들어낼지, 사람들이 어떻게 사용하게 될지 예측하기가 무척이나 어렵다.

인터넷을 보자. 인터넷은 초기에 죽지 않는 네트워크를 만들어 전쟁에 대비하자는 목적으로 만들어졌다. 하지만 그 후 학자들의 커뮤니케이션에 사용됐고 지금은 비즈니스 환경을 오프라인에서 온라인으로 바꾸는 데 사용되고 있다. 또한 디지털 기술들은 한번 프로그램된 것들을 지우고 다시 프로그램할 수 있다. 여러 기계를 결합하거나 해체할 수 있고 다양한 잠재자들을 끌어들일 수 있다. 이러한 디지털 기술의 특징은 환경변화에 대한 적응성이 강하고 창조적이면서 사람에 대한 이해가 깊은 인재를 요구한다.

디지털 자원의 형성 프로세스와 특징

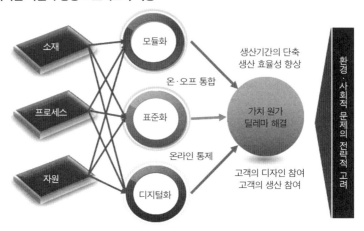

이처럼 기존 기술과는 다른 디지털 기술의 특성으로 인해 그 기술에 기반해 만들어진 자원들도 기존 자원과는 상당히 다른 특성을 갖게 된다. 디지털 자원을 만들기 위해서는 먼저 물리적 자원과 프로세스를 표준화하고 모듈화해 디지털로 전환해야 한다. 이렇게 전환된 자원들을 디지털 트윈digital twin이라고 부른다.

디지털 트윈은 물리적 자원과 유사하게 소재, 부품, 제품, 공정, 공장, 사이트 등으로 표현된다. 이러한 디지털 자원들은 각종 센서나 데이터를 통해 지능화되고 연결돼 있어 기존의 물리적 자원이 제공할 수 없었던 효율성과 유연성을 제공한다. 디지털 자원이 제공하는 효율성과 유연성을 통해 기업들은 가치-원가 딜레마를 해결하고 고객 맞춤형 생산과 서비스를 제공할 수 있는 기반을 갖추게 된다. 디지털 자원과 물리적 자원 사이에는 실시간 인터페이스가 만들어진다. 이 실시간 인터페이스는 디지털 트윈을 통해 물리적 트윈, 즉 물리적 자원을 통제할 수 있는 구조를 갖추게 된다. 위

의 그림은 디지털 자원이 생성되는 과정과 디지털 자원의 특징을
나타내고 있다.

디지털 자원을 잘 활용해 성공적으로 비즈니스를 수행하는 기업
으로는 지멘스를 들 수 있다. 고객이 주문한 제품의 99.7%를 24시
간 이내에 생산해 출고한다. 1,000가지의 변형제품을 생산하기 위
해 연간 5,000번의 생산라인 셋업set up을 바꿈에도 불구하고 탁월
한 생산성으로 많은 이익을 창출하고 있다.

5.

개인화된 고객 솔루션을 제공한다

디지털 전환이란 조직 전체 변혁이다

디지털 전환은 특히 가치-비용 딜레마의 해결이라는 측면에서 중요하다. 기업이 생존하고 성장하기 위해서는 두 가지가 필요하다. 첫 번째는 기업이 고객으로부터 받는 가격이 반드시 기업이 제품이나 서비스를 생산하기 위해 투입하는 원가보다 커야 한다(기업의 생존 법칙: 가격 > 원가). 만약 가격이 원가보다 낮다면 기업이 단기간에는 성장할 수 있지만 장기적으로는 도산하게 된다. 따라서 기업이 고객으로부터 받는 가격은 반드시 제품이나 서비스를 만들기 위해 투입한 원가보다 반드시 커야 한다. 이것을 기업의 생존 법칙이라고 한다.

두 번째는 고객이 기업의 제품이나 서비스로부터 얻는 가치가 반드시 고객이 지불하는 가격보다 커야 한다(기업의 성장 법칙: 가치 〉 가격). 만약 고객이 얻는 가치가 지불한 가치보다 낮다면 외면할 것이고 기업의 성장은 멈추게 된다. 따라서 기업이 성장하기 위해서는 고객이 기업의 제품이나 서비스로부터 얻는 가치가 반드시 자신이 지불한 가격보다 커야 한다. 이것을 기업의 성장 법칙이라고 한다. 여기서 가치는 고객이 기업이 제공하는 제품이나 서비스를 활용해 자신의 문제를 해결할 때 생긴다. 가치를 극대화하기 위해서는 개인 고객들이 처한 상황과 문제를 이해하고 개인화된 솔루션을 제공하면 된다.

하지만 전통적 산업구조에서 고객에게 개인화된 솔루션을 제공하는 것은 거의 불가능하다. 가능하다고 하더라도 개인화된 솔루션을 제공하기 위해서는 생산 프로세스를 포함한 모든 업무 프로세스를 바꿔야 하기 때문에 비용이 기하급수적으로 증가하게 된다. 즉 가치-비용 딜레마에 빠지는 것이다. 기업이 전통적 산업구조에서 이러한 문제를 해결하는 방법은 비즈니스 포트폴리오를 만드는 것이었다. 기업은 새로운 솔루션인 스타를 키우기 위해 현재 시장에서 수익성이 좋은 사업인 캐시카우cash cow로부터 벌어들인 이익을 투자한다. 캐시카우는 시장점유율은 높지만 성장성이 낮아서 대량생산으로 원가를 낮추고 경쟁우위를 확보하는 전략을 써서 가능한 한 많은 이익을 창출해야 한다. 스타는 시장점유율과 성장성은 좋으나 현재는 투자 단계라 이익을 내지 못한다.

하지만 시장의 니즈가 급격하게 변화하는 현재 상황에서는 비즈니스 포트폴리오 중심의 대응이 적절한 대안이 되기 어렵다. 디지털 전환은 전통적 비즈니스가 가지고 있는 가치-비용의 딜레마를 기술적으로 해결한다. 자원과 프로세스를 표준화하고 모듈화해 디지털로 재구조화하기 때문에 개인화된 솔루션을 낮은 가격에 제공할 수 있다.

여기서 디지털 전환의 정의를 짚고 넘어가자. 산업 분야에서는 IBM, IDC, AT커니A.T.Kearney 등이 다양하게 정의를 내려왔다(구본진 2021에서 재인용). 2011년 IBM은 디지털 전환을 '기업이 디지털과 물리적 요소들을 통합해 비즈니스 모델을 변화시키고 산업에 새로운 방향을 정립하는 전략'으로 정의했다. 2015년 IDC는 '기업이 새로운 비즈니스 모델, 제품, 서비스를 창출하기 위해 디지털 역량을 활용함으로써 고객 및 시장(외부 생태계)의 파괴적인 변화에 적응하거나 이를 추진하는 지속적인 프로세스'로 정의했다. 2016년 AT커니는 '모바일, 클라우드 컴퓨팅, 빅데이터, 인공지능, 사물인터넷 등 디지털 신기술로 촉발되는 경영 환경상의 변화 동인에 선제적으로 대응함으로써 현행 비즈니스의 경쟁력을 획기적으로 높이거나 새로운 비즈니스를 통한 신규 성장을 추구하는 기업 활동'으로 정의했다.

이들은 공통으로 기업을 디지털 전환의 주체로 보고 최신 디지털 기술을 활용해 역동적인 환경 변화에 적응하고 경쟁우위를 확보하려는 노력으로 디지털 전환을 이해하고 있다. 하지만 산업계에서 내린 디지털 전환에 대한 정의들은 아주 중요한 것을 놓치고 있다. 디지털 전환의 목적이 고객이 가진 문제를 원하는 시간에 원하는 장소에서 원하는 형태로 해결해야 한다는 것임을 간과하고 있다. 결국 디지털 전환은 기업이 고객의 문제를 고객이 요구하는 시점과 장소에서 고객이 요구하는 형태로 해결하기 위해 기업이 가진 소재, 자원, 프로세스를 표준화, 모듈화, 디지털화하고 온라인에서 오프라인을 통제할 수 있도록 조직 전체를 변혁하는 것을 말한다.

기업에서 디지털 전환은 하루아침에 일어난 것이 아니라 인터넷 등 정보통신기술ICT의 발전과 더불어 긴 기간 동안 진행돼온 진화 프로세스와 같은 것이다. 기업의 디지털 전환이 일어났던, 일어나는, 그리고 일어날 영역은 크게 제품·서비스의 디지털화, 전달 프로세스의 디지털화, 생산·운영 시스템의 디지털화, 거래의 디지털화 등 네 가지로 구분할 수 있다. 여기에 제시된 각 디지털화 유형은 서로 유기적인 관계에 있으나 반드시 순차적으로 이루어지는 것은 아니다. 개별적 변혁만으로도 고객의 문제를 해결할 수 있으며 필요에 따라 모든 부분에서 동시에 발생할 수도 있다.

핵심 기술은 AICBMM이다

기존의 연구들이 제시한 기술 중에서 디지털 전환을 위한 핵심 기술은 AICBMM(인공지능AI, 사물인터넷IoT, 클라우드 컴퓨팅Cloud Computing, 빅데이터Bigdata, 모바일Mobile, 소재Material)으로 정리할 수 있다. 첫째, 인공지능AI은 컴퓨터가 사고, 학습, 자기개발 등 인간 특유의 지능적인 행동을 모방할 수 있도록 하는 컴퓨터공학과 정보기술의 한 분야다. 인간과 비슷한 판단력과 학습 능력을 컴퓨터에 탑재하는 기술이라 하여 기계학습이라고도 불린다. 최근에 화두가 되고 있는 딥러닝(심층학습)이 그 유형 중 하나다. 사람의 뇌가 사물을 구분하는 것처럼 컴퓨터가 데이터를 사용해 사물을 분류할 수 있도록 학습시키는 것으로 뉴럴 네트워크 알고리즘을 사용한다.

2016년 프로바둑기사 이세돌 9단과 대결했던 인공지능 알파고는 프로바둑기사들의 기보를 바탕으로 학습하고 시뮬레이션하여 이길 확률이 가장 높은 수를 두었다. 이처럼 딥러닝 기술로 학습한 알파고가 우승하면서 컴퓨터가 바둑과 같이 복잡한 게임에서도 최고의 바둑기사를 이길 수 있다는 것을 보여주었다.

최근에는 우리 생활 속에서도 인공지능을 쉽게 발견할 수 있는데 인공지능 스피커, 챗GPT 등이 대표적이다. 인공지능 스피커를 통해 쇼핑, 검색, 금융, 교통, 교육, 날씨에 관한 정보를 얻을 수 있다. 인공지능 스피커에 사물인터넷을 연결하면 집 안의 가전제품뿐만 아니라 환경 자체를 통제할 수 있다. 인공지능 기술의 활성화는 기업이나 개인의 생산성과 의사결정의 효율을 높일 수 있으며 자원 배분에도 긍정적인 영향을 미칠 것이다.

둘째, 사물인터넷IoT은 상호 연결된 사물과 다양한 플랫폼을 기반으로 사물(제품, 서비스, 장소 등)과 인간, 사물과 사물 간에 실시간으로 정보를 주고받는 기술을 말한다. 사물인터넷은 사람의 개입 없이 상호 간 정보를 직접 주고받으면서 상황에 따라 정보를 해석하고 스스로 작동한다. 사물인터넷에 장착된 스마트 센서들은 제조공정, 물류, 집, 의류, 도시, 운송망, 에너지, 환경 등 다양한 분야에 활용될 수 있다. 따라서 사물은 물론 현실과 가상세계에서 정보를 상호 교환하는 개념으로 볼 수 있다. 세부 기술로는 센싱 기술, 유무선 통신 및 네트워크 인프라 기술, 사물인터넷 서비스 인터페이스 기술 등이 있다. 이와 연계된 개념으로 사이버물리시스템CPS, Cyber Physical System이 있다. 이는 로봇, 의료기기 등 물리적인 실제 세계와 소프트웨어로 만들어진 가상세계를 실시간으로 통합하는 시스템을 말한다(Lee and Seshia, 2011). 이는 기존 임베디드 시스템의 외연을 확장해 미래지향적이고 발전적인 형태로 만든 것으로 제조, 관리, 운송시스템 등의 복잡한 인프라 등에 널리 적용할 수 있다.

셋째, 클라우드 컴퓨팅Cloud Computing은 소프트웨어나 서버 등 실질적인 컴퓨팅 기반을 소유하지 않으면서도 컴퓨팅 기능을 수행할 수 있는 기술을 의미한다. 즉 컴퓨터라는 물리적 실체 없이도 컴퓨팅이라는 목적을 달성할 수 있도록 하는 서비스 기술이다. 클라우드 서비스는 작업 유형에 따라 서비스형 소프트웨어SaaS, 서비스형 플랫폼Paas, 서비스형 인프라Iaas로 구분된다.

넷째, 빅데이터Bigdata는 단순한 대량의 정보가 아니라 다양하고 복잡한 대량의 정형·비정형 데이터를 수집해 가치 있는 부분을 추출하고 결과를 분석해 활용하는 기술이다. 제조환경, 작업환경, 서비스 프로세스, 산업환경이 디지털화되면서 다양한 데이터들이 끊임없이 그리고 기하급수적으로 생성된다. 이러한 데이터들은 규모가 방대하고 생성 주기가 짧을 뿐만 아니라 업데이트가 잘돼 있다. 따라서 사람들의 행동 패턴 등을 분석해 솔루션을 찾아냄으로써 가치를 높이거나 산업 현장의 문제를 분석해 시스템을 최적화하고 효율화할 수 있다. 빅데이터는 디지털 전환이 급격하게 진전되고 모바일 기술의 활용이 일상화되면서 기하급수적으로 생성되는 데이터를 관리하고 효율적으로 이용하기 위해 필수불가결한 기술이 되고 있다.

다섯째, 모바일Mobile은 노트북이나 전화처럼 이동이 가능하면서도 온라인으로 연결된 기술을 의미한다. 과거에는 컴퓨터 기기나 전화가 온라인으로 연결돼 있지 않아 단순한 작업만 지원했다면 지금은 인터넷이 결합되고 다른 기기들과 상호작용하는 기능이 강화되면서 개인의 일상생활뿐만 아니라 비즈니스의 전 영역을 지원할 수 있게 됐다. 특히 스마트폰의 광범위한 보급은 사람들이 언제 어디서든 인터넷에 접속해 원하는 일들을 수행하거나 원하는 서비스를 요구할 수 있게 하여 온디맨드 서비스 시스템 구현에 중요한 기반을 제공하고 있다.

여섯째, 소재Material는 생산이나 제조에 쓰이는 원재료나 부품을 의미하며 화학적 공정을 통해 결합되거나 분리될 수 있다. 최근에는 나노기술의 발달로 두 개 혹은 그 이상의 물질을 결합해 본래의 각 물질보다 더 좋은 물성을 나타내는 복합소재가 많이 개발되고 있다. 특히 3D프린팅이 제조 영역을 완전하게 맞춤생산으로 변혁할 것으로 예상되면서 3D프린팅에 사용될 복합소재의 개발에 기업들이 많은 투자를 하고 있다. 온디맨드 제조를 위해서는 반드시 모듈화, 표준화, 유연 생산을 가능하게 할 소재의 개발이 필요하다. 소재 분야에서 경쟁력을 가지는 기업이 향후 디지털 전환을 주도할 것으로 예상된다.

개인맞춤형 서비스를 가능하게 한다

디지털 전환은 대량생산의 약점을 극복하고 대량 맞춤화mass cus-tomization를 넘어 개인화personalization를 가능하게 한다. 미국 기업 버드시스는 세상에 하나밖에 없는 봉제인형을 적정한 가격에 만들기 위해 패턴과 샘플 제작, 염색, 재단 등의 과정을 모두 디지털화하고 봉제만 사람이 하는 프로세스를 만들었다. 이렇게 해서 어린 아이가 그림으로 표현한 세상에 하나밖에 없는 인형을 100달러에 만들 수 있었다. 개인화된 솔루션을 제공해 가치는 극대화하고 디지털 기술을 활용해 비용은 적정선을 유지하는 혁신을 통해 가치-비용 딜레마를 해결했다. 특히 제조 영역에서 디지털 전환은 사물인터넷 기술과 블록체인을 통해 축적된 빅데이터를 클라우드 방식으로 공유하고 인공지능으로 상황을 분석하여 생산 시뮬레이션을 가동하는 생산 체계를 구축하도록 지원한다.

스마트 플랫폼이 구성되고 다양한 생산 서비스들이 디지털화돼 서비스된다면 제조 기반이 없는 기업들도 스마트 공장을 통해 맞춤형 대량생산을 할 수 있게 된다. 이를 일컬어 개방형 제조 서비스라고 표현한다. 스타트업 또는 중소기업이 인터넷을 통해 제품 제작을 의뢰하고 스마트 공장에서 제품을 생산해서 온라인 마켓플레이스를 통해 제품을 전달하는 형태로 진행된다. 이 과정에서 발생하는 정보의 기록과 개인 간, 기업 간 거래는 블록체인을 통해 관리되고 통제될 것이다.

디지털 전환은 개인화와 맞춤화를 가능하게 해 기존의 비즈니스 포트폴리오 방식의 비즈니스를 개인맞춤형 서비스로 전환하도록 한다. 개인화는 '솔루션이 특정 개인에게 잘 맞춰진 제품 차별의 진보화된 형태' '프로파일이 있는 사용자에게 범주화된 콘텐츠를 맞추어 제공하는 것' 등으로 정의된다. 맞춤화가 만들어진 제품이나 서비스를 고객의 요구에 맞춰 수정하는 것이라면 개인화는 처음부터 고객 개인의 요구대로 만들어내는 것이다. 맞춤화와 개인화는 제품과 서비스를 개개인에 맞게 조절하거나 적합한 형태로 만들어내는 것이므로 제품이나 서비스의 기능과 프로세스를 표준화하고 모듈화해야 달성할 수 있다.

산업적인 측면에서 디지털 전환을 보면 경제 패러다임을 제품 기반에서 서비스 기반으로 바꾸고 있다. 이제는 더 이상 고객이 자신의 문제를 해결하기 위해 무엇인가를 소유하기보다는 필요한 시점에 필요한 장소에서 문제를 해결할 수 있는 서비스를 사용하기를 원하기 때문이다. 이러한 온디맨드 경제는 구체적으로 공유경제, 구독경제, 무료경제 등의 형태로 나타나고 있다. 어떠한 형태로 표현되든 온디맨드 경제를 구현하는 데 디지털 전환은 필수적이다.

기업 측면에서 보면 기업들은 경영 효율성을 높일 수 있는 수단과 고객을 더 잘 이해할 수 있는 수단들을 더 많이 확보하게 돼 경쟁력을 가질 수 있다. 하지만 더 치열한 경쟁 상황에 부닥치게 된다. 기업이 만들어내는 모든 제품과 서비스는 기본적으로 컴퓨팅 기능을 핵심 기능으로 탑재하고 다양한 협력 네트워크 속에서 고객의 문제를 풀기 위해 작동한다. 이런 상황에서 기업의 핵심 경쟁력은 물리적 자원이 아니라 데이터와 알고리즘이라고 할 수 있다. 기업 간 경쟁은 개별 기업 간 경쟁에서 데이터, 앱, 인프라 등을 포괄하는 플랫폼 간 경쟁으로 변화하게 된다. 실제로 공유경제, 구독경제, 무료경제 등의 형태로 나타나는 새로운 비즈니스 모델들이 모두 플랫폼을 중심으로 경쟁하고 있다. 기술적 측면이 플랫폼에 융합되면서 기업이 해야 하는 가장 중요한 일은 고객의 문제를 이해하고 그 문제를 풀기 위한 솔루션을 만들어서 고객이 필요한 시점에 필요한 장소에서 필요한 형태로 제공하는 것이다.

결론적으로 디지털 전환은 사물과 사물의 커뮤니케이션, 정보의 실시간 축적과 분석, 제품의 서비스화와 서비스의 제품화를 통해 가치는 높이고 비용은 줄이는 혁명이다. 기업들이 생존하기 위해서는 자사의 산업영역에서 디지털 전환이 무엇인지를 이해하고 자원의 사용에서 기존에는 제품의 형태(자원의 사전적 통합만이 가능하던 형태)로만 제공하던 것을 고객이 필요로 하는 시점과 장소에서 제공할 수 있도록 서비스화(자원의 사후적 통합이 가능한 형태)하는 것이 중요하다.

6.
어떻게 비즈니스 모델을
혁신할 것인가

비즈니스 모델 혁신 방법

존슨 외(Johnson et al., 2008)는 자신들의 연구에 기초해서 새로운 시장에 진입하거나 새로운 비즈니스 모델이 필요한 경우를 다섯 가지 전략적 상황으로 제안하고 있다.

첫 번째는 수많은 고객이 현재의 솔루션이 너무 비싸거나 복잡해서 이용하지 않고 있는데 파괴적 혁신으로 욕구를 해소할 기회가 있는 경우다. 방글라데시의 그라민폰, 멕시코의 세멕스Cemex, 인도 타타자동차의 나노와 같이 신흥 경제성장 국가에서 더 많은 사람에게 싼 가격으로 접근성을 높이면서 혜택을 줄 수 있는 비즈니스 모델을 도입한 것이 대표적인 예다.

두 번째는 MP3플레이어, 스마트폰, 그리고 신기술을 활용해서 새로운 비즈니스를 만들 수 있는 기회가 있거나 군사기술의 민간

적용처럼 기존의 기술이라고 하더라도 새로운 시장에 적용할 수 있는 기술을 활용하는 경우다.

세 번째는 아직 존재하지 않는 고객의 문제를 해결할 방법을 도입할 수 있는 경우다. 대부분 기업은 제품이나 기존 고객의 문제에 초점을 맞춰 사업을 영위하지만 기존 제품을 조금씩 업그레이드하다 보면 일반 상품화되는 함정에 빠진다. 따라서 고객의 해결되지 않는 문제에 초점을 맞춰 솔루션을 만들고 새로운 비즈니스 모델을 도입하면 새로운 시장을 만들어낼 수 있다. 페덱스가 패키지 배송 비즈니스에 진입할 때 저가격이나 마케팅에 초점을 맞추지 않고 보다 빠른 서비스를 원하는 고객의 욕구를 충족시켜 단숨에 시장에서 선두가 된 것이나, 페덱스와 UPS가 경쟁이 치열해지는 패키지 배송 시장의 역량을 가지고 물류 비즈니스로 새롭게 진입한 것이 대표적이다. 이 회사들은 고객 문제해결 중심의 비즈니스 모델을 운영함으로써 핵심 프로세스를 효율적으로 통합하고 자원을 효과적으로 사용할 수 있게 됐다.

네 번째는 저가격 혁신자들이 시장을 장악하는 것을 방어해야 할 경우다. 월마트, 타타자동차의 나노, 델컴퓨터 등 저가격 혁신자들이 경쟁력을 갖게 되면 쉽게 시장을 장악해 들어올 수 있다. 이러한 침투는 기존 기업에 상당한 위협이 된다. 그런 때 기업들은 새로운 비즈니스 모델을 심각하게 고민해야 한다.

다섯 번째는 경쟁의 기본 구도가 흔들린 경우다. 기업들은 기술혁신이나 새로운 서비스 모델의 출현 혹은 저가격 경쟁자들의 침투로 기존 경쟁 규칙이 무너지고 새로운 경쟁 규칙이 정해지는 상황이 오면 자사의 비즈니스 모델을 변화시켜야 한다. 그렇지 않으면 시장에서 도태되기 때문이다.

결론적으로 기업들이 비즈니스 모델을 바꾸어야 하는 시점은 그 것이 새로운 기회를 포착하는 경우든 아니면 새로운 도전자들의 공격을 방어해야 하는 경우든 현재의 비즈니스 모델의 네 가지 핵심 요소인 고객가치 제안, 이익구조, 프로세스, 자원에서 심각한 변화가 요구될 때라고 할 수 있다. 만약 타이밍을 놓쳐 혁신에 실패한다면 그 기업은 경쟁력을 상실하고 시장에서 도태될 것이다.

그렇다면 비즈니스 모델은 어떻게 혁신하는 것이 좋을까? 아이링과 동료들(Eyring, et al., 2011)에 따르면 비즈니스 모델(4요소)의 혁신은 항상 새로운 고객가치제안으로부터 시작해서 차별화 경쟁 모델과 가격 경쟁 모델이라는 두 가지의 루트를 따라야 한다.

첫째, 차별화 경쟁 모델을 만들기 위해서는 고객가치제안을 제공하는 데 필요로 하는 자원과 절차를 확립하고 수익공식에서 요구되는 가격을 결정하는 원가구조를 수립하는 방식을 택한다. 둘째, 가격 경쟁 모델을 만들기 위해서는 물건이나 제품의 가격을 먼저 규정하고 그다음에 원가구조, 마지막으로 프로세스와 자원을 규정한다. 특히 비사용자들을 대상으로 하는 가격 경쟁 모델을 만들 때는 지불 여력과 접근성을 고려해 비즈니스 모델을 설계해야 한다. 인도의 작은 냉장고 모델인 초투쿨Chotukool이나 케냐의 핀테크 서비스인 엠페사M-Pesa가 그 대표적인 예다.

또 다른 비즈니스 모델의 혁신 방법은 인지적 추론이라는 방법론을 사용하는 것이다. 인지적 추론은 유사추론과 개념적 결합으로 구분할 수 있다. 유사 추론은 다른 영역의 비즈니스 모델을 자신의 영역에 그대로 적용하는 것을 말한다. 테슬라가 애플의 비즈니스 모델을 사용해 자동차가 아니라 스마트폰을 파는 방식으로 비즈니스 모델을 혁신한 예가 있다. 테슬라는 기존의 자동차 회사들과는 완전히 다르게 애플처럼 신제품 발표회를 하고 선주문 후 배달을 하며 영업사원이 없는 자동차 판매 비즈니스 모델을 만들었다.

개념적 결합의 대표적인 예는 스타벅스를 들 수 있다. 스포츠 바를 벤치마킹해 기존의 커피숍들에는 없던 바리스타라는 개념을 만들었다. 또한 매장도 마치 예술관처럼 설계해 커피숍 경험에 미적 요소를 가미했다.

비즈니스 모델의 혁신을 방해하는 요소

디지털 전환이 가져온 변화로 인해 모든 기업이 비즈니스 모델의 혁신을 원한다. 하지만 비즈니스 모델의 혁신은 말처럼 쉽지 않다. 혁신을 방해하는 요소는 다음 표에서처럼 재무 리스크, 역량 리스크, 시장 리스크 등 세 가지로 구분할 수 있다.

새로운 비즈니스를 도입하는 것은 조직의 역량과 구조의 변화를 수반한다. 이 과정에서 다양한 리스크가 발생한다. 첫째는 내부 역량 리스크다. 조직이 이를 받아들이는 과정이 쉽지 않다. 둘째는 시장 리스크다. 새로운 비즈니스를 설계하고 판매하는 일이 까다롭다. 셋째는 재무적 리스크다. 가치 네트워크상의 여러 이해관계자들과 협업해야 하기 때문에 시간과 비용이 증가할 수 있다. 따라서 역량 리스크를 최소화하기 위한 다양한 노력이 필요하다. 이와 같은 변화를 주도할 수 있는 별도의 조직을 두는 것도 방법이다.

비즈니스 모델의 혁신을 방해하는 요소

재무 리스크	역량 리스크	시장 리스크
• 매출액, 매출총이익	• 최종제품의 질	• 가격 설정
• 기회의 규모	• 제공자의 질	• 성능 요구
• 단위 가격과 단위 마진	• 자사공장 및 외부공장	• 제품개발 생애주기
• 손익분기점까지의	• 고객 서비스	• 종업원 보상과
시간	• 채널	인센티브
• 순현재가치	• 리드타임	• 브랜드 관리
• 고정비 투자	• 단위시간 처리량	
• 신용관리		

첫 번째 문제는 내부역량 리스크를 최소화하는 문제인데 이와 관련된 또 다른 중요한 문제는 프로세스의 시각화다. 고안된 새로운 프로세스를 시각화할 수 없다면 종업원과 판매원이 어려움을 느껴 고객에게 설명하는 것을 어려워할 것이다. 새로 도입되는 프로세스에 대한 수용률이 현저하게 떨어질 수밖에 없다.

두 번째 문제는 시장 리스크의 최소화다. 혁신적인 서비스를 제공하더라도 고객 혹은 시장이 이를 받아들이지 않으면 실패할 수밖에 없다. 시장 리스크를 최소화하기 위해서는 기존 판매조직이 새로운 서비스를 제공할 수 있는 역량을 갖춰야 한다. 대부분의 서비스는 고객 접점에서 직원들이 전달한다. 직원들이 서비스를 어떻게 전달하느냐에 따라 고객의 경험과 만족도가 달라질 수 있다. 따라서 조직의 서비스 표준을 이해하면서 업무만족도가 높고 잘 훈련된 직원들이 서비스 기업의 핵심 경쟁력이라고 할 수 있다.

세 번째 문제는 재무적 리스크의 최소화다. 새로운 비즈니스 모델이 서비스를 제공하는 것이라면 서비스 가격의 결정과 서비스 품질의 관리 등에 더해 기존의 제품 판매 매출보다 매출액이 현저하게 줄 것이기 때문에 금융기관과의 관계, 과대한 초기 고정비 투자, 손익분기점까지 걸리는 시간의 지연 등 다양한 재무적 문제에 부딪히게 된다.

이러한 세 가지 문제를 사전에 고민하고 대응 방안을 수립하는 것은 새로운 비즈니스 모델의 성공에 매우 중요한 영향을 미칠 것이다.

7.

비즈니스 모델을 다시 만들자

일반적으로 기업들은 시장에서 경쟁하기 위해 자사만의 사업목표, 사업영역, 자원과 프로세스를 가지고 있다. 디지털 경제에 적응하기 위해서 기업은 사업목표, 자원, 프로세스를 디지털화해야 한다. 이를 위해서 기업들은 기존의 제품이나 서비스가 가지는 본질적 가치가 무엇인지를 고민하고 그 가치를 중심으로 시장을 재정의하고 비즈니스 모델을 다시 만들어야 한다. 온디맨드 서비스 중 하나를 전략적으로 선택하고 그 서비스를 제공하는 데 필요한 자원과 프로세스를 설계하고 기술과 인력을 확보하는 것도 포함된다. 다만 기존에 투자된 모든 것들을 디지털로 바꾸기란 생각보다 쉽지 않기 때문에 현실적으로 가용한 기술과 장기적 전략계획을 수립하는 것이 중요하다.

시장에 대해 고민할 때 비사용자 문제를 들여다보는 것이 매우 중요하다. 대부분 회사들은 고객을 기존의 고객 또는 고객집단으로 이해한다. 그리고 기존의 고객집단을 만족시키기 위해 많은 자원과 역량을 투입하고 기존의 제품을 향상하기 위한 연구개발을 끊임없이 시도한다. 물론 현재의 고객을 만족시키고 또 만족시키기 위한 기술을 개발하는 것은 매우 중요하다. 하지만 새로운 시장은 기존의 고객 중 현재의 제품이나 서비스가 너무 많은 기능을 갖고 있어 불필요하다고 느끼는 과충족 고객이나 현재 어떤 이유로 해당 제품이나 서비스를 사용하고 있지 않은 고객들로부터 창출되는 경우가 대부분이다. 현재 자사 제품이나 서비스를 사용하지 않는 고객들이 무엇 때문에 사용하지 않는지, 그리고 그러한 문제를 해결하는 방법은 무엇인지를 이해해야만 새로운 비즈니스 모델을 개발할 수 있고 그 모델이 성공할 수 있다. 펫스마트나 GE의 GE90 엔진 서비스 모델이 바로 이러한 문제를 극명하게 보여준다.

4장
산업 디지털 전환 플랫폼 전략 방법

김준연

SW정책연구소 박사·한양대학교 국제대학원 겸임교수

한양대학교 국제학대학원에서 SW산업에서 후발국 추격과 혁신을 주제로 박사학위를 받았다. SW정책연구소 책임연구원과 한양대학교 국제학대학원 겸임교수로 근무하고 있으며 외교통상부와 행정안전부 정책자문위원을 역임했다.

주요 저서로는 『디지털 혁신으로 이루는 미래비전』『한국경제대전망』『디지털파워』『미중경쟁과 글로벌 디지털 거버넌스』『미래 산업의 전략 보고서』『중국과 인도의 혁신과 추격』등이 있고 해외 학술지에 디지털 혁신 분야 논문을 다수 발표했다.

1.

새로운 비즈니스 생태계가 만들어진다

디지털 전환이란 기업이 디지털과 물리적 요소들을 통합해 비즈니스 모델을 변화하고 산업에 새로운 방향을 정립하는 것으로 정의된다(IBM 2011). 그리고 더 나아가 자산의 디지털화와 조직의 생각하고 일하는 방식을 바꾸는 프로세스 전환과 신규 비즈니스 모델의 창출 그리고 이해관계자, 고객, 직원 등의 경험을 향상하기 위한 기술의 활용까지도 포괄한다.[1]

디지털 전환은 생태계 차원의 전환이다

이렇게 볼 때 디지털 전환은 디지털 기술의 개발과 사용 차원을 넘어 주문에서부터 개발, 생산, 배달, 재활용, 고객 서비스에 이르기까지 전 과정에 걸쳐 산업별로 존재하는 관행과 질서를 바꾸고 그 결과로 해당 산업에 속한 기업 간에 시장 위상까지도 결정하는 일종의 생태계 차원의 전환으로 이해된다. 디지털 기술에 의한 생태계의 변화를 크게 디지타이제이션digitization, 디지털라이제이션 digitalization, 디지털 트랜스포메이션digital transformation의 과정으로 본다면 플랫폼은 이러한 디지털 패러다임의 기술적 진화 과정에서 출현한 일종의 새로운 비즈니스 생태계다.

딜로이트(2018), KPMG(2019), 브레스넌과 그린스타인(Bresnahan & Greenstein 1999), 가우어와 쿠수마노(Gawer & Cusumano 2014) 등 다수의 연구에서 디지털 플랫폼은 다수의 생산자와 고객이 상호작용하며 가치를 창출하는 개방된 기업 생태계로 설명된다. 이때 플랫폼은 수요와 공급을 연결하기 때문에 연결과 개방성을 핵심 가치로 해 참여자들의 상호작용을 중개함으로써 네트워크 효과를 창출하는 것을 본질로 하고 있다.

디지털 플랫폼은 확장된 조직 형태다

플랫폼의 선도적 연구자인 에반스와 가우어(Evans & Gawer 2016)는 플랫폼의 유형을 거래 플랫폼, 혁신 플랫폼, 통합 플랫폼으로 구분하기도 했다. 거래 플랫폼은 당사자들을 더 쉽게 연결해 비용을 줄이고 거래 프로세스에서 발생할 마찰을 줄일 수 있다. 혁신 플랫폼은 다른 서비스나 제품을 개발하는 데 사용되는 기술 빌딩 블록이다. 통합 플랫폼은 앞서 언급한 두 가지 측면을 모두 포함하는 것으로 애플, 구글, 아마존과 같은 디지털 플랫폼을 통칭하기도 한다. 또한 최근에는 디지털 플랫폼을 일종의 확장된 기업 조직 형태로 보는 견해도 있다. 플랫폼은 참여자 간 인센티브 부여와 플랫폼 내 경쟁을 통제하는 메타 조직 형태로 작동된다.[2]

예컨대 최근 현대·기아가 자동차를 소프트웨어 중심 자동차SDV, software-defined vehicle로 표현하는 바와 같이 최근의 혁신은 프로세스 자동화와 제품 혁신의 수준을 넘어 디지털 플랫폼 기반의 산업 융복합 생태계가 부상하고 새로운 가치 창출 모델들이 소개되면서 새로운 트렌드에서 주목받는 것이 바로 디지털 플랫폼이다. 산업 디지털 전환의 성패는 디지털 재화의 단순 투입이 아니고 디지털 플랫폼으로의 형성과 성장을 어떻게 효과적으로 달성하는가에 달려 있다.

이 장은 2절에서 산업의 디지털 전환 과정에서 출현하는 새로운 비즈니스 생태계로서 디지털 플랫폼에 대한 개념과 구성을 소개하고 3절에서 디지털 플랫폼의 작동원리를 설명한다. 4절에서 디지털 플랫폼의 경제적 특성을, 5절에서 산업의 융합 패러다임과 디지털 플랫폼을 다루고, 6절에서 산업 디지털 전환과 플랫폼으로의 전환을 결론으로 소개하며 몇 가지 정책적 시사점을 제시하도록 한다.

2.

디지털 플랫폼은 대체 경제를
촉진한다

구글, 아마존, 페이스북(현 메타), 애플 등 GAFA로 대변되는 디지털 플랫폼[3]에 대해서는 서비스와 시장의 영역과 범위가 넓고 다양해 명확한 정의를 내리기는 어렵다. 그렇긴 해도 디지털 플랫폼은 일반적으로 인터넷을 통해 서비스를 제공하고 양면·다면 시장의 형태로 여러 이용자 그룹이 플랫폼에 참여하거나 서비스를 이용할 수 있다. 이러한 특성으로 인해 네트워크 효과가 발생하는 서비스로 정의하고 있다.[4]

플랫폼의 본질은 네트워크 효과 창출이다

볼드윈과 클라크(Baldwin & Clark 2000)[5]에 의하면 디지털 플랫폼은 안정적인 코어 또는 다양한 보완적 구성요소와 상호작용하며 파생 상품과 서비스의 흐름을 생성하기 위한 생태계로 정의된다. 딜로이트, KPMG 등 컨설팅 기업들은 산업과 비즈니스 측면에서 플랫폼이 다수의 생산자와 고객이 연결돼 상호작용하며 가치를 창출하는 개방된 기업과 산업 생태계로 정의하기도 하고 연결과 개방성을 핵심 가치로 하여 참여자들의 상호작용을 중개함으로써 네트워크 효과를 창출하는 것이 플랫폼의 본질이라고 정의하기도 한다.

경제협력개발기구OECD(2019)는 온라인 플랫폼을 '인터넷을 통한 서비스에서 상호의존적이며 독립적인 복수의 사용자(개인이나 법인) 그룹 간의 상호작용을 촉진하는 디지털 서비스'로 정의하고 있다. 이 글에서는 디지털 플랫폼과 온라인 플랫폼을 구분하지 않고 같은 개념으로 사용한다.

다양한 참여자가 플랫폼 생태계에서 상호작용하며 기술과 서비스를 결합하고 가치를 창출한다는 측면에서 보완적 참여자, 플랫폼 소유자, 그리고 이들 간의 상호작용이 디지털 플랫폼의 핵심 구성요인이라고 할 수 있다. 플랫폼 참여자는 일종의 수혜자로서 이러한 서비스에 대한 대가를 받게 된다. 반면에 플랫폼 소유자는 플랫폼 참여자와의 상호작용을 통해 기존 서비스의 품질을 높이고 새로운 시장을 개척할 수 있다는 것이다(Eisenmann et al. 2011).

디지털 플랫폼은 네트워크 외부성(Schilling 2002; Katz & Shapiro 1986)이 작동하는 상태에서 한쪽에 행위자 수가 증가함에 따라 다른 시장의 가치도 증가하면서 성장하고 있다. 이때 플랫폼 참여자와 소유자 혹은 사용자 측이 상호보완적인 관계가 돼야 안정적인 성장을 할 수 있다(Caillaud and Jullien 2003).

한편 주와 뮤(Zhu & Liu 2018)의 연구에서는 디지털 플랫폼의 성

디지털 플랫폼의 다양한 정의

구분	내용	개념
딜로이트 컨설팅[6]	작업을 하거나 대상에 접근하기 위한 구조물, 다양한 상품을 생산하고 판매하기 위해 공통적으로 사용하는 기본 구조, 상품 거래나 응용프로그램을 개발할 수 있는 인프라, 다양한 관계자들이 참여하는 하나의 장 등으로 의미가 점차 확대됨	기본 구조
KPMG[7]	다수의 생산자와 고객이 연결돼 상호작용하며 가치를 창출하는 기업과 산업 생태계 기반의 장으로 정의	상호작용, 가치 창출
브레나한과 그린스타인 Bresnahan & Greenstein[8]	서로 다른 최신 기술들을 조합해 판매자와 구매자가 연결된 시장을 형성하는 기기로 정의*	조합, 연결된 시장
아우어와 쿠수마노Gawer & Cusumano[9]	다른 기업이 함께 참여해 혁신을 창출할 수 있는 제품, 서비스, 기술의 조합을 가리키며 개방성과 비즈니스 생태계를 강조**	개방성

* IBM, 매킨토시, 윈텔 등 퍼스널 컴퓨터 플랫폼을 주로 지칭함
** MS 윈도·애플 iOS·구글 안드로이드와 같은 운영체제, 구글과 같은 검색포털, 페이스북·링크드인과 같은 SNS, 앱스토어 등을 지칭함

장에서 보조금 지급, 정보 우위 등을 통해 내부 보완적 참여자를 통제하거나 새로운 시장을 개척하는 데 유리한 측면을 강조했다. 마이크로소프트와 구글이 바로 플랫폼의 내부 거래와 승자독식 효과를 통해 독점의 범위를 확장하고 있는 대표적인 사례다(Iacobucci & Ducci 2019; Schmalensee 2000).

플랫폼은 기술적으로 모듈의 조합이다

한편 기술적 관점을 강조하는 티와나 외(Tiwana et al. 2010)와 틸

손 외(Tilson et al. 2010)의 연구에서는 플랫폼을 모듈의 조합으로 인식하며 확장 가능한 코드베이스의 집합으로 이해한다. 플랫폼이 모듈의 결합으로 구성돼 기능을 확장할 수 있는 소프트웨어 시스템(Baldwin & Woodard, 2009)이라고 한다면 플랫폼 소유자의 핵심적 역할은 플랫폼 생태계에 참가하는 보완적 참여자에게 응용 프로그래밍 인터페이스API와 같은 표준화된 인터페이스를 제공하는 것이고 플랫폼의 발전은 이들 간의 상호작용의 결과로 이해된다 (Ghazawneh & Henfridsson 2013).

이러한 플랫폼의 모듈성과 확장성을 패럴과 살로너(Farrell & Saloner 1985), 카츠와 샤피로(Katz & Shapiro 1994)의 모듈화 개념으로 보면 디지털 플랫폼의 표준화된 통합 프로세스와 모듈식 아키텍처는 모듈 간의 상호의존성을 최소화하고 서로 다른 모듈 간의 번역 비용을 줄임으로써 네트워크 외부성을 촉진하는 주요한 변수가 된다.

이러한 모듈 기반의 확장성으로 인해 디지털 플랫폼은 규모와 범위 경제의 원천일 뿐만 아니라(Thomas et al. 2014) 대체 경제를 촉진한다(Garud & Kumaraswamy 1995). 모듈성이라는 특성으로 인해 플랫폼은 외부 보완적 참여자와 플랫폼 소유자가 안정적인 코어를 유지하면서 시스템 구성요소를 더 쉽게 대체할 수 있도록 한다. 부단한 업그레이드를 통해 양 당사자는 플랫폼의 지식 기반을 보존하며 모듈의 수축과 팽창 과정을 반복하며 작동하고 진화한다 (Foerderer et al. 2019).

3.

디지털 플랫폼은 어떻게 작동하는가

플랫폼의 주요 행위자는 참여자들에게 핵심 자원들을 제공하는 플랫폼 소유자platform owner, 제품이나 서비스를 플랫폼 생태계에 공급하는 제3의 참여기업the third-party firms 혹은 보완적 참여자complementors, 수요자 측면에서의 사용자end-users 혹은 고객customers이다.[10] 이중 특히 보완적 참여자의 경우, 플랫폼에서 제공하는 자원과 인프라 구조를 활용해서 제품이나 서비스를 제공하며 효익을 획득하는 참여자다. 앱스토어의 앱 개발사, 배달 대행 플랫폼과 같은 서비스 플랫폼에서 배달이라는 서비스를 제공하는 배달업체가 이에 해당된다.

디지털 플랫폼 생태계의 구성과 상호작용

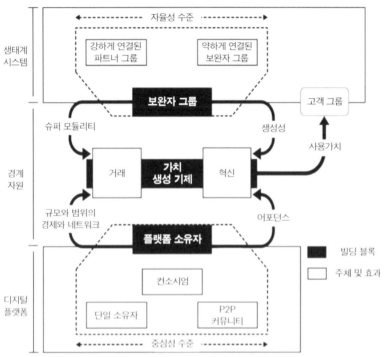

(출처: Hein, A., Schreieck, M., Riasanow, T., Setzke, D. S., Wiesche, M., Böhm, M., & Krcmar, H. (2020). Digital platform ecosystems. Electronic markets, 30, 87-98.)

어떻게 구성되고 상호작동하는가

위의 그림은 디지털 플랫폼의 구성요인 간 상호작용을 나타낸다. 이들 주요 행위자 간 상호작용은 플랫폼 소유자의 운영 역량에 따라 달라진다. 플랫폼 소유자의 운영 역량은 4가지로 들 수 있다.

첫째, 플랫폼 운영자가 참여자 혁신을 유발하도록 지원하는 부분(affordance), 둘째, 보완적 참여자가 새로운 혁신을 창조하는 부분(generativity), 셋째, 참여자가 플랫폼 생태계를 더욱 풍부하게 보완할 수 있도록 다양한 서비스 모듈을 제공하며 상호 시너지를 창출하는 부분(super-modularity), 넷째, 플랫폼 생태계가 규모의 경제를 달성해가는 부분(economy of scale and scope)으로 구분된다. 각 부분을 자세히 살펴보자.

먼저 혁신의 유발성[11]으로 해석되는 어포던스란 기존의 유사 기술과 비교해 참여하는 제3의 혁신 주체가 질적으로 더 쉽게 또는 가능하게 혁신을 만들도록 유도하는 역량과 전략을 말한다.[12] 전통적 산업에서는 기업이 상품과 서비스의 생산 주체이자 지식과 정보의 소유자였으나 디지털 플랫폼의 혁신 생태계에서는 다양한 보완자인 제3자에 의한 혁신의 유발과 생성이 중요하다. 이는 조달역량,[13] 매치메이킹,[14] 확장범위,[15] 거래관리,[16] 신뢰,[17] 집단성 장려 등으로 분류되는 전략이자 역량이다.[18]

이용자 규모가 2010년 4,700명에서 2015년 1,700만 명으로 353배나 폭발적으로 성장한 에어비앤비가 대표적이다. 이용자가 증가했음에도 이에 대응하는 비용인 한계비용이 제로이며 숙박시설도 추가로 건설해야 할 필요가 없다. 에어비앤비는 숙소를 제공하는 집주인에게 이용자를 매칭하고, 플랫폼 소유자가 데이터 등 디지털 자산을 독점하지 않도록 하고, 플랫폼에서 보완자와 사용자 간에 가치교환이 활발하게 발생하도록 거래관리의 다양한 기능과 서비스를 제공하며 신뢰를 형성한 것이 중요한 전략이 되었다. 또한 우버가 제공하는 운전자의 위치, 최종 목적지, 운전자 혹은 승객의 평점 등도 이러한 혁신의 유발성에 해당될 것이다.

이러한 혁신의 유발 성과는 매출액 혹은 수익 규모와 같은 직접적 경영 성과 외에도 사용자 기반의 규모와 범위, 아이디어의 상업화 정도, 오픈 응용 프로그램 인터페이스나 SDK 키트와 같이 혁신적 상호작용을 촉발하는 산출물의 규모와 속도 등으로 다양하게 측정될 수 있다.[19] 기존의 산업 생태계가 기업이라는 혁신 주체를 중심으로 선형적인 가치사슬을 상정하고 있다면 디지털 플랫폼에 의해서 복잡한 네트워크 형태의 가치사슬로 전환되며[20] 보완자와 사용자들이 플랫폼 생태계로부터 새로운 기술, 서비스 창출 방식, 혁신 탐색 노하우 등을 제공받으면서 창업과 상업화의 성공 경로를 다양화하고 효율화하고 있다.[21]

둘째, 혁신의 생성성은 플랫폼 참여자가 더 높은 수준의 혁신을 창출하도록 지원하는 역량이다. 다양한 작업에 필요한 기술의 활용 능력, 다양한 작업에 대한 적응성, 숙달 용이성, 접근성의 함수, 다시 말해 대규모의 다양한 대중을 주도해서 혁신적 변화를 일으키는 능력이다. 이러한 능력은 다음과 같은 다섯 가지 특징을 기반으로 발현된다(Zittrain, 2006).

특징 1은 활용성으로 플랫폼을 사용해 행위자의 성과를 향상하는 기술 능력을 의미한다. 일례로 기존 종이 지도와 비교해 디지털 지도가 제공되면 교통 상황, 길 찾기 등 더 많은 파생적 혁신이 창출된다.

특징 2는 융통성 혹은 개작 가능성이다. 마치 종이가 본래 글 쓰는 용도로 사용되지만 물건을 포장하는 데도 사용할 수 있는 것처럼 플랫폼도 기술의 다양한 추가적 용도를 발견하고 활용하도록 한다.

특징 3은 숙달의 용이성이다. 플랫폼에서 제공하는 싱게 사위이나 서비스들은 사용자가 쉽게 사용할 수 있어야 혁신 창출에 유리하다. 유튜브의 가장 중요한 업무는 다양한 크리에이터가 쉽게 동영상을 편집하고 업로드할 수 있게 지원하는 것이다. 이제 경쟁은 유튜브가 제공하는 동영상의 품질보다 유튜브가 제공하는 툴의 이용 편의성에 의해 좌우된다는 의미이기도 하다.

특징 4는 접근성의 보장이다. 기술과 지식에 대한 접근성은 초기 사용에 대한 장벽이 얼마나 낮은지 또는 일반 사용자가 얼마나 쉽게 사용할 수 있는지를 의미한다. 일례로 종이비행기를 만들기는 쉽지만 비행기를 운전하는 것은 자동차를 운전하는 것보다도 접근성의 난도가 높아서 일반 대중에 의한 혁신을 기대하기란 불가능하다.

특징 5는 전파 가능성으로 기술 사용자 간에 기술의 변화가 쉽게 이전되는 것을 의미한다. 예를 들어 깃허브 플랫폼에서 공유되는 오픈소스 소프트웨어가 상용 소프트웨어 제품보다 공유하고 이전할 가능성이 더 커 혁신 창출에 유리하다는 것이다.

셋째, 플랫폼의 슈퍼모듈성super-modularity이다. 제품과 서비스를 제공하는 기능과 역할의 일부를 참여자, 사용자 또는 파트너가 담당하도록 구조를 기획하고 인터페이스를 정하는 활동을 모듈화 과정이라고 한다. 일례로 애플 아이폰의 운영체제와 핵심 소프트웨어에 대해서 앱App은 외부에서 개발되어 앱스토어에서 응용 프로그램 인터페이스에 의해 공유되는 모듈이라고 할 수 있는 것이다. 디지털 플랫폼의 경쟁력은 바로 이러한 외부에서 제공되는 다양한 모듈에 의해 결정된다고 할 수 있다. 따라서 디지털 플랫폼이 전체 거버넌스의 틀을 깨지 않고 향상된 가치를 제공하도록 다양한 모듈이 일정한 정책policy과 규칙rules을 따르도록 하는 것이 디지털 플랫폼 전략의 핵심이 된다.

넷째, 플랫폼 생태계가 규모와 범위의 경제를 달성해가는 부분 economy of scale and scope이다. 플랫폼 기반의 비즈니스에서는 참여자가 많을수록 플랫폼의 가치는 더 커진다. 또한 큰 가치를 제공하는 플랫폼에는 사용자가 더 몰려드는 선순환이 발생해서 규모와 범위가 눈깜짝할 사이에 커진다. 구글, 애플, 국내의 카카오와 네이버가 산업화 시대의 전통기업이 성장하는 속도보다 빠르게 성장한 것이 대표적이다.

이상의 내용을 정리하자면 디지털 플랫폼은 주요 행위자인 플랫폼 소유자, 제품 혹은 서비스를 플랫폼 생태계에 공급하는 제3의 참여기업 혹은 보완적 참여자, 수요자 측면에서의 사용자 혹은 고객이 상호작용을 이루면서 혁신을 창출하고 규모의 경제를 실현한다. 이때 혁신의 유발과 생성을 지원하는 역량이 핵심으로 작동하는 디지털 기술의 총체적 생태계인 것이다.

플랫폼의 경계가 산업과 융합되고 있다

가장 최근의 플랫폼 연구(Gawer, 2020)[22]는 플랫폼의 경계가 점차 산업과 융합하는 추세를 반영해 플랫폼, 인터페이스, 기업의 범위를 기준으로 거래형 플랫폼과 혁신형 플랫폼으로 유형화하고 플랫폼의 성장을 진입 단계와 성숙 단계로 나누어 특징을 분석했다. 롱 외(Rong et al, 2015)[23]는 비즈니스의 생애주기에 따라 플랫폼 기업의 전략을 매칭했다. 플랫폼 역량에 관해서는 티스(Teece,

플랫폼의 성장단계와 사례

단계 구분	1단계(틈새 진입)	2단계(규모 성장)	3단계(범위 확대)
	시장 진입	연계 및 시너지	융합 및 신 경로창출
전략 모델	비용절감, 공유서비스형	시너지 창출형	경로 창출형
목표와 전략	기회 포착 역량으로서 틈새시장 포착과 재빠른 시장 진입과 안착	교차보조를 통한 네트워크 성장과 부문별 임계치 도달	인센티브, 거버넌스 관리를 통한 네트워크 효과 발휘와 규모의 경제 실현
타깃시장	단면시장, 틈새시장	부문별 시장	융합시장
사례 — 아마존	이북, 비디오 등 제품 다양화	전자상거래	물류, 데이터, 제조 등을 융복합한 통합 플랫폼
사례 — 알리바바	전자상거래	금융(즈푸바오)	교통, 데이터 등을 융복합한 통합 플랫폼
사례 — 우버	승차공유	우버이츠(음식배달), 플레이트(화물) 등	–
사례 — 네이버	검색	밴드, B2B클라우드	커머스, 금융 서비스

2017)[24]가 플랫폼의 탄생, 확대, 리더십, 자기갱신의 4단계로 구분해 동태적 역량을 매칭해 플랫폼의 생애주기를 구분했다.

사실 조직 관점에서 보면 플랫폼은 참여자에 대한 인센티브 부여와 플랫폼 내 경쟁을 통제하는 메타조직(조직의 조직) 형태로 작동되기 때문에 참여자 간 연결은 시장에서 더 밀접하며 타 플랫폼과의 시장경쟁을 통해 진입→성장→도약의 3단계로 진화[25]하지 않으면 도태되기 쉽다. 또한 경쟁 관점에서 보면 기존 산업별 경쟁을 넘어 산업 간 경계를 허물고 복수 부문에서 획득한 독특한 보완적 자산을 활용하고 기존 산업의 경쟁력을 무력화하고 시장에서 우위를 차지하는 범위파괴형 경쟁이 등장하기도 한다.

플랫폼 성장 단계를 산업융합의 관점에서 1단계(틈새 진입), 2단계(규모 성장), 3단계(범위 확대)로 구분해 각각의 특징을 살펴보겠다.

1단계는 틈새시장 포착을 통한 틈새 진입 단계다. 틈새시장 포착은 시장에 이미 강력한 경쟁자들이 있는 상황에서 새로운 기회를 찾고 빠르게 진입하는 것을 말한다. 이 단계에서는 핵심 기능을 가진 제품이나 서비스를 제공하고 외부에서 쉽게 접근할 수 있고 확장할 수 있는 플랫폼이 형성된다. 초기 단계에서는 디지털 자산인 데이터 등을 어떻게 축적하느냐가 향후 플랫폼의 영역 확장을 결정한다. 틈새시장 포착을 통해 시장에 진입한 기업들은 단순한 서비스 플랫폼 기업으로 시작하게 된다. 예를 들어 초기에는 우버나 에어비앤비와 같은 기업들이 이러한 틈새시장 포착을 계기로 시장에 진입했다.

2단계는 시너지 창출을 통한 규모 성장 단계다. 플랫폼 참여자들에게 인센티브를 제공하고 교차보조를 통해 시장을 확장하는 단계다. 이 단계에서는 다양한 외부 기회를 포착하고 빠르게 틈새시장에 진입한다. 플랫폼은 모바일, 공유경제, 데이터, 제도 변화, 인공지능 등 다양한 영역에서 기회를 찾는다. 이 과정에서 온라인과 오프라인 자산을 연계하고 확장함으로써 금융+쇼핑, 물류+음식, 제조+디지털 등 다양한 시장을 공략한다. 이 시기 플랫폼은 단순한 요소 기반의 플랫폼에서 제품과 서비스, 금융, 광고, 중개 수수료 등을 제공하는 플랫폼 기업으로 진화한다.

3단계는 새로운 경로 개척을 통한 확대기다. 확대기는 플랫폼이 네트워크 효과를 발휘하며 새로운 성장 경로를 개척하는 단계다. 이 단계에서는 플랫폼이 직접적이거나 간접적으로 네트워크 효과를 극대화할 수 있는 새로운 성장 경로를 찾는다. 플랫폼은 임계 규모에 도달하면 수요와 공급을 균형 있게 공략하며 양면시장을 기반으로 새로운 가치를 창출하는 지그재그형 도약을 이룬다. 또한 축적한 자산을 활용해 새로운 제품과 서비스를 개발하고 플랫폼 간의 통합과 신규 경로를 창출해 복합 플랫폼으로 진화한다.

4.

새로운 경쟁 패러다임을
파악해야 한다

생산성에 대한 두 가지 중요한 경제학적 개념이 바로 수확체감의 법칙decreasing returns to scale과 수확체증의 법칙increasing returns to scale이다. 수확체감의 법칙이란 한 단위 투입에 대한 산출이 점점 줄어든다는 의미다. 즉 계속 생산량을 늘리면 늘릴수록 생산에 투입되는 비용이 점점 증가한다는 것이다. 기존 경제학에서 가장 근본이 되는 법칙이다. 수식으로는 생산량을 Q, 노동량을 L, 자본량을 K라고 하면 Q=f(L, K)로 표현된다. 여기서 노동과 자본을 a배 늘렸을 때 생산량도 a배 늘어나는 경우가 수확체증이고 a배보다 작게 늘어나는 경우가 수확체감이다. 흔히 이야기하는 제조업은 제품 설계·개발 부품 조립 생산 배송 유통으로 이어지는 가치사슬 모델에서는 수확체감의 법칙이 작동한다.[26]

반면 소위 FAANG 기업들은 디지털 기술을 기반으로 20세기에는 재현하지 못했던 수확체증의 법칙을 실현해냄으로써 엄청난 이

다양한 플랫폼의 유형

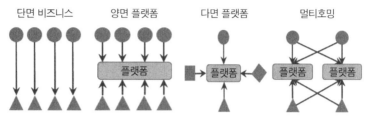

(출처: 홍기영, 2020, 『플랫폼 승자의 법칙』의 내용을 저자가 수정)

익을 얻고 있다. 이들 기업은 모두 플랫폼 기업이라는 공통점이 있다. 이들이 운영하는 네트워크에서는 링크가 많은 노드를 선택해서 다른 노드가 달라붙는 선호적 연결의 법칙이 작용하고 링크가 많은 노드가 다른 노드를 제치고 더 많은 링크를 포획하는 부익부 현상과 승자독식의 결과로 연결된다. 형성의 토대와 과정에 따라 분산형 혹은 집중형으로 구분할 수 있다. 시장참여자 간의 연결 유형에 따라 양면, 다면, 멀티호밍으로 유형화할 수 있다. 다음 그림은 다양한 플랫폼 유형과 플랫폼 네트워크의 가치를 나타낸다.

가치사슬은 가치 컨스텔레이션 개념으로 재편됐다

이제까지의 전통적인 경제 영역에서 가치사슬이라는 개념은 플랫폼 시대에 가치 컨스텔레이션constellation이라는 새로운 개념으로 재편된 것으로 전망된다. 1910년대 포드의 대량생산 체제가 확립되면서 대기업이 출현했고 이러한 포드의 대량생산 체제와 테일러의 과학적 관리법이 맞물려 관리 시대의 경영학이 출현했다. 경

다양한 플랫폼 네트워크의 가치 비교

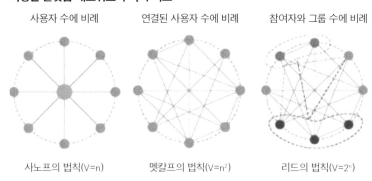

사용자 수에 비례	연결된 사용자 수에 비례	참여자와 그룹 수에 비례
사노프의 법칙($V=n$)	멧칼프의 법칙($V=n^2$)	리드의 법칙($V=2^n$)

(출처: 투이컨설팅, https://www.2e.co.kr/news/articleView.html?idxno=175818)

영은 생산관리뿐만 아니라 인사·조직관리, 마케팅관리, 기획관리 등으로 분화되면서 전략경영 시대로 접어들었다. 전략경영 시대의 핵심은 기업이 산업 내에서 경쟁우위를 갖는 것이었는데 가치사슬은 바로 이러한 경쟁우위을 대변하는 모델이었다.

그러나 빅데이터와 인공지능과 같은 4차 산업혁명 시대의 디지털 기술이 등장하면서 시장에서 가치에 대한 해석과 가치를 창출하는 방식과 경로에 기존과는 다른 새로운 길을 열고 있다(Norman & Ramirez, 1993; Soosay et al., 2012). 이제 개별기업이 생산과 판매 단계별로 부가가치를 창출하는 것을 넘어 기업들간에 공동으로 가치를 생성하고 교환하면서 새로운 생태계를 재창조한다. 이들의 전략적 과업은 주체들 간의 형성된 새로운 질서 내에서 역할과 관계를 재구성해서 새로운 경제주체들이 새로운 가치를 생성하는 것이다. 이제 가치는 더 이상 선형적 사슬에서 생성되는 것이 아니라 복잡한 컨스텔레이션에서 생성된다.

가치 컨스텔레이션에 의한 창출 생태계는 다음과 같은 특징이

전통 경제와 플랫폼 경제의 가치모델 비교

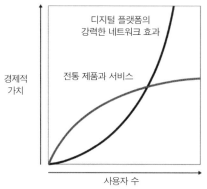

(출처: Marco Iansiti and Karim R. Lakhani, 2017)

디지털 신경제의 연결된 가치 창출 기제

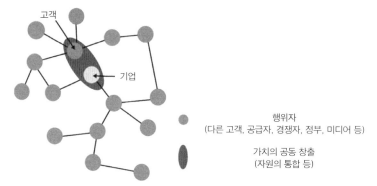

(출처: Vincenzo Musumeci, The value constellation model applied to the digital market)

있다. 첫째, 비용경쟁보다 가치경쟁이 중시된다. 예를 들어 인공지능 여행 비서는 각각의 사용자별 특수한 경험에 맞춰 현지 날씨, 맛집, 관광지, 환율 정보 등을 사용자의 취향에 따라 맞춤형으로 조합한다. 인공지능 비서가 검색한 정보의 양을 현실적으로 비교하거나 검증하는 것은 불가능하기 때문에 정말 적당한 가격의 서비스인지 판단하기 어렵다. 다만 사용자는 그 가치를 수용할 만한 것인가를 결정하면 되는 것이다. 이러한 가치 생태계에서는 비용경쟁보다 고객이 수용할 만한 가치로 정보를 재조합해서 제공할 수 있느냐가 핵심 경쟁력이 될 것이다.

둘째, 다양한 유휴 자원들이 연결되고 재조합되거나 재활용돼 새로운 가치로 탄생되는 일종의 자투리 경제의 특성이 있다. 일례로 중고차 매매 지원 서비스인 카바조는 차량 정비 기사들의 자투리 시간을 활용해서 중고차 점검, 수리, 매매를 지원하는 서비스로 성장하고 있다.

셋째, 플랫폼 사회로의 전환이 가속화될 수 있다. 2017년 미국 보험사인 유나이티드 헬스케어는 운동량과 생활습관 등을 측정할 수 있는 특수 제작 기기를 착용하면 최대 1,460달러(약 165만 원)를 적립금 형태로 가입자에게 지급했다. 온라인 보험사인 오스카도 스마트 기기인 미스핏으로 수집된 보험 가입자의 정보를 활용해 운동량을 체크해 온라인 쇼핑몰 상품권을 제공한다. 디지털 가치의 융합으로 보험 가입자가 건강한 생활습관을 몸에 익히면 병에 덜 걸리고 치료비 등의 보험금을 덜 지급할 가능성이 커지기 때문에 사회적으로 지불 비용이 감소할 수 있다. 이러한 가치 창출은 혁신적인 사회로의 전환을 촉진하는 일종의 사회적 경쟁력으로도 인식되고 있다. 사회적 가치 연결의 활동은 쓰레기, 자동차 배기가스, 생활 폐수, 전기 사용 절약 등 여러 분야에서 혁신적으로 시도되고 있다. 개별 산업 혹은 기업 차원에서 가치사슬 최적화로는 달성하기 쉽지 않았던 사회적 혁신이 가치 컨스털레이션 생태계에서는 가능하게 될 것이다.

경계를 허물고 빅블러를 만든다

앞서 설명했듯이 디지털 플랫폼은 디지털 기술을 활용한 비즈니스 모델과 전략의 총체로서 이종 산업과 영역 간에 비즈니스의 경계 파괴, 양면시장, 승자독식 구조 등으로 시장에서의 위상을 표출한다.

디지털 비즈니스에서 종종 목격되는 특성으로 참여자 증가는 해당 플랫폼의 매력도 증가로 이어지고 다시 참여자 증가로 연결되는 선순환 구조가 형성된다. 플랫폼의 시장 지배력과 영향력이 더욱 굳건해지면서 기존 사용자의 록인Lock-in 현상이 나타난다. 따라서 플랫폼 비즈니스에서는 초기에 사용자를 임계점까지 확보하는 것이 지상 최대의 과제이자 경쟁의 성패를 좌우한다. 일본의 전자상거래 플랫폼 기업인 라쿠텐은 이러한 선순환 구조의 형성으로 인터넷 쇼핑몰에서 출발했지만 신용카드, 증권, 은행 등 금융·핀테크와 함께 여행 산업에까지 진출하며 업종을 넘어서는 경계 파괴형 혁신을 창출한 사례다. 다만 플랫폼 비즈니스가 워낙 독점성이 강하다 보니 정책적으로 독점 규제와 같은 장벽에 직면하기도 한다.

아마존 사례가 대표적이다. 10년간의 제로 수익 전략을 구사하며 전자상거래에서 클라우드 서비스까지 진출하고 있다. 하지만 미국 연방정부 기관인 연방거래위원회FTC 리나 칸 위원장이 자신의 논문 「아마존의 반독점 역설」에서 지적했듯이 아마존은 더는 전통적 독점론에서 주장하는 고객에 대한 약탈적 가격[27]을 통해 독점적 지위를 누리지 않으나 고객을 제외한 거의 모든 시장 참여자에게 부담을 안겨주며 오로지 성장을 추구하는 비즈니스 모델로서 존재하기 때문에 규제해야 한다는 것이다. 현재 연방거래위원회는 아마존의 클라우드 사업에 대한 독점 여부를 조사 중이다.

플랫폼의 독과점 지향성은 네트워크 효과에 기반하고 있다. 흔히 파이프라인이라고 불리는 가치사슬이라는 개념은 원자재의 구매와 가공을 거쳐 완제품을 생산하고 고객에게 판매하는 선형적 모델이다. 이 과정에서 각 단계에 투입되는 비용을 최소화하는 것이 전략이었다면 플랫폼은 둘 이상의 상호보완적인 그룹 간에 재화와 용역의 교환 활동을 통해 새로운 가치를 창출하는 비즈니스다(Rysman, 2009).

이때 창출되는 것이 네트워크 효과다. 제품이나 서비스의 가치가 플랫폼 사용자의 수에 비례해서 증가한다(Shapiro and Varian, 2013). 플랫폼에 참여하는 기업 간에는 위계적 질서나 선형적 관계가 덜하고 단계별 비용 최소화보다는 플랫폼에 의한 다양한 조합으로 인한 새로운 가치 창출을 중시한다. 최근 비대면, 무인화, 비언어적 소통 등 코로나 팬데믹으로 인해 등장한 새로운 요구에 전통 개념의 비즈니스가 주춤하고 있다. 반면 참여 그룹 간의 상호작용을 자동화한 플랫폼 기반의 서비스는 진가를 발휘하고 있다.

네이버와 카카오는 대표적 플랫폼 기업이다. 최근 코로나 팬데믹에 대응하기 위해 자사 플랫폼에 금융-결제-쇼핑-엔터테인먼트-뉴스 등의 콘텐츠로 이어지는 생태계를 구축하고 있다(네트워크 효과는 그림 참조). 먼저 네이버는 이용자들의 자산을 묶어둘 수 있는 네이버통장을 출시하고 연동된 결제 플랫폼 내에서 쇼핑·콘텐츠 등의 소비를 창출하고 있다. 특히 최근 '홈쿡'족의 증가 추세에 따라 20여 개가 넘는 유통·물류 업체와 협력해서 실시간 상품을 소개하는 네이버 라이브 커머스를 출시했고 게임·웹툰 등 엔터테인먼트의 경우 주로 북미와 일본 등 해외에서 이용이 증가하는 추세다. 카카오도 마찬가지로 카카오톡, 카카오뱅크, 카카오페이를 일종의 콘텐츠 소비와 결제 플랫폼으로 통합하고 카톡 선물하기, 톡스토어, 메이커스 등 카카오커머스와 연계하면서 플랫폼 생태계를 확장하고 있다.

생태계 경쟁이 시작됐다

비즈니스 모델 측면에서 디지털 플랫폼은 적어도 두 가지 측면에서 신선하다고 할 수 있다. 첫째, 전통 기업론에서는 기업이 비용최소화에 유리하기 때문에 존재한다고 보았다. 하지만 이들 공유경제와 플랫폼 기업들은 비용을 줄이려 등장했다기보다 외부 자원과의 연결과 새로운 가치 때문에 등장했다. 비용최소화론의 관점에서는 기업의 규모가 커지면 언젠가 비용이 증가하는 시기가 온다고 본다. 하지만 플랫폼의 경우 참여기업의 관리와 커뮤니케이션이 자동화되면서 규모가 커지면 오히려 창의적 조합과 가치 창출에 유리하다고 본다. 또한 플랫폼을 활용한 1인 기업은 기업이 개인보다 비용절감 효과 있다는 기존의 관점을 무색하게 만들기도 한다.

둘째, 전통 기업론에서는 기업이 성장하는 동기를 내적 자원의 활용에서 찾았다. 그런데 디지털 플랫폼 기업은 내적 자원이라 할 것이 별로 없다. 오히려 핵심 자원과 서비스가 외부에 있다. 이들과의 연계와 통합이 성장의 핵심으로 이해된다. 플랫폼에 기반해서 새롭게 등장한 비즈니스는 참여기업 간에 더 수평적인 협력관계를 지향하고 개인까지도 포함하는 다양한 일자리를 창출한다는 측면에서 전통 산업의 경쟁력 회복, 대기업과 중소기업 간의 상생, 새로운 일자리 창출을 목표로 하는 미래 신경제의 대안으로 검토할 만하다.

한편 디지털 플랫폼은 네트워크와 연결성에 기반해 기존 업의 경계를 넘는 빅블러big blur를 지향하며 새로운 경쟁의 법칙을 작동시킨다. 모바일로 무장한 플랫폼이 이미 우리 삶의 깊숙한 곳까지 들어오면서 온라인과 오프라인 사이의 담은 진작 무너졌다. 지금 세상은 판매와 유통 등 업종 간 결합 또는 산업 간 연결이 순식간에 이루어서 업의 경계 자체가 모호해졌다. 동종업계라는 말이 무색할 정도로 산업 간에 구분이 흐릿해지다 보니 산업별 가치사슬이라는 개념조차 이제는 옛말이 되고 있다. BMW와 벤츠의 경쟁상대는 차를 한 대도 만들어보지 않은 우버이고, 이마트와 동네 슈퍼마켓의 경쟁상대는 포털 업체인 네이버라는 말이 이러한 트렌드를 방증한다. 사실 은행 대신 핀테크 앱으로 송금하고 하다못해 점심을 먹을 때도 음식점이 아니고 배달 앱으로 해결하는 일상이 낯설지 않다. 이들은 모두 디지털 플랫폼 기업이다.

이 기업들은 기존 비즈니스에 플랫폼을 결합하는 방식으로 다양한 가치를 얹어 새로운 가치로 산업의 경계를 허물며 압도적인 경쟁력으로 시장을 선점한다. 또한 빅데이터, 사물인터넷, 인공지능과 블록체인 기술로 공급과 수요의 가치사슬 전반을 관리할 수 있

(예시) 선형적 가치사슬(좌)에서 가치 네트워크(우)로 전환 중인 모빌리티

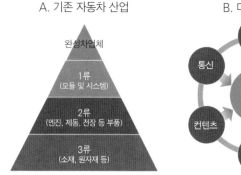

A. 기존 자동차 산업
B. 미래차 산업

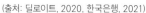

(출처: 딜로이트, 2020, 한국은행, 2021)

게 되면서 선형적 가치사슬은 네트워크 형태로 진화하고 있다. 전통 제조업인 자동차 산업이 전기차, 자율주행, 카셰어링, 커넥티드카 등 스마트 모빌리티 형태의 플랫폼과 네트워크형 가치체계로 전환된 것이 대표적이다. 스타벅스는 미국에서만 2,340만 명 이상이 20억 달러(한화 약 2조 4,000억 원)도 넘게 충전해서 모바일 결제 시스템인 사이렌 오더를 이용한다. 웬만한 미국 중소은행보다 많은 현금 보유액이다. 스타벅스는 이 예치금으로 실제 오프라인 은행지점을 개설해서 글로벌 핀테크 비즈니스에 뛰어들었다. 전통적인 업의 경계는 이렇게 플랫폼에 의해 허물어지고 업의 경계를 넘는 혁신이 주도하는 세상, 즉 빅블러의 새로운 국면으로 전환되고 있다.

기존에 경쟁이라 하면 가격, 품질, 서비스 경쟁이 주된 내용이었다. 그러나 이제는 싼 제품을 시장에 들이미는 형태의 대량생산 시대의 경쟁은 가고 플랫폼 기반의 새로운 경쟁을 펼치고 있다. 이 게임은 경계 밖에서 넘어온 경쟁자들과 경쟁해야 하며 고객에게 다양한 형태로 가치를 전달하는 경쟁이 주가 된다. 이 경쟁은 개별 제품과 서비스의 경쟁을 넘어 생태계 차원의 경쟁이다. 기업과 경영관리 차원을 넘어 플랫폼 경쟁이자 새로운 가치의 구성 경쟁이다. 이것이 지금 우리 산업과 경제가 직면한 새로운 경쟁의 패러다임이다.

5.

디지털 플랫폼 생태계로
전환되고 있다

산업 디지털 전환이 심화되면서 디지털 플랫폼으로의 생태계 전환이 가속화될 것으로 전망된다. 일찍이 세계경제포럼WEF은 향후 10년간 새로운 가치의 60~70%가 데이터와 플랫폼에서 창출될 것으로 예측한 바 있다. 디지털 전환이 가속화되면서 엑손모빌, GE 등 전통 강자들이 주도하던 에너지, 금융과 같은 개별 산업의 리더십은 이제 디지털 플랫폼으로 무장한 새로운 생태계로 재편되고 있다.

플랫폼으로 무장해 업의 경계와 범위를 재편하는 대표적인 사례가 바로 테슬라와 샤오미다. 이 두 기업은 모두 초기에 좁고 제한적인 시장에 진입해 더 많은 사용자 그룹을 확보하는 전형적인 플랫폼의 성장 경로를 따라서 성장한 사례다. 이러한 성장 과정에서 정부는 플랫폼의 특성에 맞는 정책으로 지원하고 개입했다. 테슬라에 전기차 보조금은 신모델의 진입과 확산에 도움이 됐고, 태양

광에너지 설비에 대한 세제 지원도 플랫폼 전환과 초기 확산에 큰 도움이 됐다.

샤오미도 자국 통신표준과 외산 소프트웨어에 대한 배타적 규제로 자국 시장에서 외산 플랫폼의 진입과 확산이 차단되었다. 또한 정부의 창업 정책으로 인건비가 저렴한 외주형 제조 인프라가 형성되어 단품 위주의 생산에서 중저가 다품종 생산 체제로 전환하는 데 있어 도움이 됐다. 현재 테슬라는 전기차와 에너지, 우주항공 영역으로 확장하고 있다. 샤오미는 핸드폰을 넘어 가전과 생활을 융합한 복합 플랫폼으로 성장한 상황이다. 이 기업들은 모두 기존 영역을 파괴하는 범위 확장과 규모 확대를 통해 산업 간 범위를 허물거나 경계를 연결하며 성장하는 디지털 플랫폼의 성공 사례에 해당한다.

시너지 추구 모델로 가치 창출 기제가 바뀐다

한편 전략적 측면에서 보면 이종 산업 간 혹은 동종 산업 내 멀티서비스의 트렌드가 심화될수록 인프라 조성, 범위, 규모 확대를 지원하는 것은 매우 중요하다. 테슬라는 더 싼 자동차를 생산하는 비용전략이 아니라 전기차에서 모빌리티 서비스MaaS와 에너지 발신으로 전환하며 모빌리티+에너지를 포함하는 생태계의 플랫폼 리더십을 추구하는 전략이 주효했다. 샤오미의 e가전 전략은 다품종 중저가 전략의 기반 위에 하나로 연결된 가전 네트워크를 구현하려는 플랫폼 시너지 전략으로 플랫폼 생태계 조성에 중요하게

산업융합플랫폼의 개념도

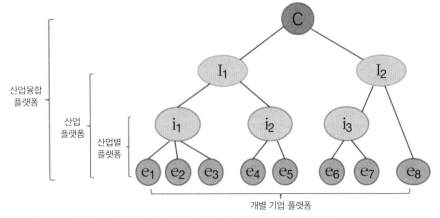

주: ej는 기업, ij는 개별 산업, Ij는 대분류 산업, C는 산업융합플랫폼을 말함(j=1, 2, …)
출처: 국회입법조사처(2018. 11. 29.), 산업융합플랫폼의 현황 및 개선방안

기능했다.

　이처럼 디지털과 산업이 융합한 플랫폼 생태계는 기존 산업의 선형적 가치사슬과 비용절감형 혁신 모델에서 다양한 자원(특히 데이터)의 융합에 기반한 가치 네트워크가 작동하면서 융합과 네트워크 효과 기반의 시너지 추구 모델로 가치 창출 기제가 전환되는 것이 핵심이다.

　기존의 산업별 플랫폼이 자동차, 조선, 가전 등 개별 산업 내 생산자, 유통자, 사용자들이 서로 연결돼 부가가치를 창출할 수 있도록 형성한 업종별 플랫폼이라면 산업 융합 플랫폼은 복수의 산업 플랫폼이 연결돼 새로운 가치를 창출하는 산업 간 융합 플랫폼으로 이해할 수 있다. 공장에 제조 관련 데이터와 에너지 수급 데이터를 결합해 절약한 에너지를 거래하는 신산업을 창출하는 DR 사업도 이종 산업 간 융합 플랫폼에 해당할 것이다.

그렇다면 이종 산업 간에 데이터는 왜 공유할 수 있는 것인가? 산업별 플랫폼은 동종 산업 내 기업의 경쟁관계로 인해 데이터 공유와 활용 범위가 제한적일 가능성이 있다. 반면 이종 산업 간에 데이터 융합으로 창출되는 융합 서비스는 어느 산업 영역에도 속하지 않을 가능성이 커서 기존 시장침해형 혁신이 아니고, 이렇게 창출된 신제품·서비스의 가치성(수익성, 유망성)이 참여하는 이종 산업의 기업 간에 공유되는 것은 일종의 경제적 유인이 될 수 있어서 자발적으로 데이터를 공유할 수 있는 것이다. 자사 주력 제품과 보완재적 성격을 지닌 이종 기업들을 자사 플랫폼 내 공급자로 유입시켜 혁신 생태계를 확대하고 네트워크 효과를 극대화하는 사례는 전자제품 제조 기업인 애플의 앱스토어 플랫폼에 앱(응용프로그램)을 제공하는 수많은 보완자 그룹(제3자 기업)에서 쉽게 찾아볼 수 있다.

6.

왜 국내 산업의 디지털 전환은
지체되는가

　플랫폼과 메타버스와 같은 새로운 디지털 생태계로의 전환이 가속화되는 상황에서 디지털 전환은 이제 선택이 아니고 필수다. 즉 죽느냐 사느냐를 결정하는 생존 전략 그 자체다. 그러나 우리 산업의 디지털 전환을 돌아보면 아직 갈 길이 멀어 보인다. 예컨대 제조 현장에서 산업의 스마트화에 편승하고자 디지털 공장의 도입을 서두르고는 있다. 하지만 최근 산업통상자원부가 국내 10대 업종, 500개 기업을 대상으로 디지털 전환의 성숙도를 조사한 자료(2021년 2월)를 보면 유통 등 극히 일부 업종을 제외하면 대부분은 아직 준비, 도입 등 초기 단계에 머무는 것으로 나타났다.

　국내 산업의 디지털 전환이 지체되는 주요 원인으로 지적되는 것은 세 가지다. 첫째, 역량 부족 문제다. 제조공장을 스마트화하고 싶어도 중소기업은 디지털 인재 수급이 어렵고 일회성 외주 용역으로 구축하면 추후 시스템 유지보수가 어려워진다. 중소기업

CEO 인터뷰에 의하면 "스마트 공장은 사후관리가 중요한데 대부분 하청으로 개발한다. 하청업체가 없어지면 다시 돈을 들여 개발해야 했다. (중략) 솔루션 업체 중 1년 하고 없어지는 업체도 많다. (중략) 스마트 공장을 한 소기업 가운데 60~70%는 (솔루션) 사후관리가 없다."라고 토로한다.[28] 정부는 주로 디지털 공장의 도입 비용을 지원하거나 스마트 공장 수요 기업과 공급 기업에 인공지능 기술을 중계하고 있지만 특정 공정의 부분 최적화 수준에 머물고 있다. 국내 중소기업의 디지털 역량을 끌어올리는 전략이 시급하다.

둘째, 효율성 중심의 디지털 전환이 문제다. 2014년 이래로 지원된 스마트 공장 대부분이 공정효율과 불량률 감축 등의 스마트화에 초점을 두고 있어 업의 경계를 넘는 과감한 융합형 전환과는 거리가 있다.[29] 대·중견기업 49개사, 중소기업 1,296개사를 대상으로 조사한 자료(한국산업기술진흥원, 2020)에 의하면 스마트화 추진 기업인 9.7% 중 2.1%만이 디지털 전담 조직을 보유했다. 스스로 고도화할 수 있는 역량이 턱없이 부족하다는 의미다. 스마트화가 공정의 효율성 제고만을 타깃으로 진행되면 산업 융합을 위한 데이터의 공유와 활용에 제한적일 수밖에 없다. 최근 정부가 지원하는 제조업의 데이터 수집 및 분석 플랫폼(예: KAMP), 데이터 바우처 사업, 빅데이터 기반 서비스 연구개발R&D 지원 등은 융합형 혁신을 견인한다기보다 개별 기업과 산업 차원의 데이터 수집에 더 가깝다. 디지털 전환으로 공정의 스마트화를 넘어 새로운 비즈니스와 가치의 창출까지 나아가야 빅블러 시대의 진정한 경쟁력을 담보할 수 있을 것이다.

셋째, 융합의 꽃인 산업 데이터의 활용이 저조한 것도 문제다. 공공

데이터포털(data.go.kr)의 데이터세트 9,048건 중 35.4%만이 10건 이상 이용되는 상황이다.[30] 인공지능이나 공간 데이터 등 신산업 육성에 핵심적인 데이터는 주요국보다 개방 수준이 낮고 공공 데이터의 활용도 저조한 상황이다. 그 기저에는 데이터 활용의 인센티브 기제가 작동하지 않기 때문이다. 이에 해당하는 사례가 진료정보교류사업(마이차트)이다. 6,477곳의 병원에 전자의무기록EMR을 구축했으나 의료보험 수가 가산 등 데이터를 활용함으로써 받을 수 있는 인센티브가 없다 보니 실제 산업 현장에서 이용이 극히 저조한 것은 어쩌면 당연하다.[31]

종적 횡적 혁신을 병행해야 한다

디지털 변혁의 트렌드를 기회의 창으로 활용하기 위해서는 기존의 규제와 가치의 전제가 되는 업의 개념과 범위를 유연하게 확장하고 업과 업의 경계를 넘나드는 디지털 혁신, 즉 종적(산업 내) 혁신과 횡적(산업 간) 혁신을 병행하는 종횡무진형 디지털 전환이 필요하다. 검색, 금융, 쇼핑, 증권이 연결되면서 확장하는 네이버의 서비스, 소액송금에서 출발해 금융과 부동산과 유통을 연결하는 비바리퍼블리카의 토스, 전자상거래와 유통에서 출발해 넷플릭스와 같이 콘텐츠 플랫폼으로 도약하는 쿠팡이 융합형 플랫폼으로 성장하는 좋은 사례일 것이다.

한편 융합의 꽃은 데이터다. 산업의 경계를 종적, 횡적으로 연결하는 핵심 자산인 데이터의 수집, 공유, 거래의 생태계를 조성하기 위해 관리 감독하는 신뢰할 수 있는 기구도 필요하다. 여러 은행계좌를 한번에 조회하고 결제와 송금 등을 간편하게 할 수 있는 금융결제원의 오픈뱅킹이 좋은 사례다. 이 서비스는 정부가 2019년 12월부터 시행한 「금융결제 인프라 혁신방안」의 하나로 기업과 은행이 표준 응용 프로그램 인터페이스API 방식으로 자금 이체, 조회 기능을 제공하도록 하면서 가능해진 서비스다. 누구나 은행 데이터를 이용할 수 있게 되면서 사용자가 여러 은행에 갈 필요가 없어졌고 수수료가 10분의 1로 떨어졌다. 무엇보다 핀테크의 다양한 서비스가 창출된 점에서 데이터의 개방과 활용으로 혁신을 창출한 사례라 할 수 있다.

또한 민간이 기술을 제공하고 공공이 인프라를 제공해서 데이터가 축적되고 활용되면 그 자체가 훌륭한 융합플랫폼이 돼 새로운 비즈니스와 일자리를 창출할 수 있다. 대중교통 수단과 금융이 연결된 서울시 교통카드가 좋은 사례다. 서울시는 교통 인프라를 제공하고 민간기업들은 특수목적법인을 만들어 기술을 제공함으로써 2021년 기준 약 34개국 60개 도시와 기관에 8,000억 원 규모의 85개 사업을 수출하기도 했다. 이런 방식으로 의료, 환경, 복지, 행정 등 다양한 분야에서 민관협력형 공공플랫폼이 탄생할 수 있을 것이다.

규제와 제도 역시 개선의 대상이다. 산업별로 형성된 제도와 규제를 개선하기 위해서는 업의 경계를 넘는 횡적 융합의 사업별로 규제화하는 방향으로 개선해야 한다. 예를 들어 공유 모빌리티인 타다와 플릭스는 데이터 비즈니스로 운송 이외에 다양한 비즈니스가 창출되는 형태인데도 기존의 택시와 같다고 「여객자동차운수

사업법」으로 규제해 실패한 측면이 있다. 반면에 온라인뱅킹은 정부가 기존 「은행법」과 다른 「인터넷전문은행법」을 신설했기 때문에 카카오뱅킹 등 다양한 온라인뱅킹 관련 서비스가 등장하게 된 것이 대표적이다. 최근 금융권은 카카오나 토스처럼 부동산, 결제, 커머스 등 다양한 혁신 기업의 진입으로 경쟁이 치열해졌다. 기존 금융권은 금융업에 특화된 규제에 묶여 혁신이 어려운 실정이다. 따라서 포지티브 대 네거티브 규제 논의에서 벗어나서 새로운 비즈니스에 걸맞은 적절한 규제를 신속하게 만드는 것이 기존 사업자도 디지털 전환을 할 수 있고 신규사업자도 새로운 서비스에 도전하게 하는 방안이 될 수 있다.

지역 균형발전 차원에서 전국에 흩어져 있는 클러스터형 산업단지와 공업단지도 디지털 전환과 플랫폼화의 좋은 토대다. 다만 그간 개별 공장의 디지털 공장 도입 시에 비용을 직접 지원했거나 적용의 범위를 공정자동화에만 치중했다면 이제는 디지털 공급 전문 기업을 중심으로 공장과 공장, 산단과 산단을 디지털과 데이터로 엮어 가치를 창출하는 데 방점을 두어야 할 것이다. 정수기 청소와 필터 교환을 전문 코디네이터가 하는 것처럼 제조 현장이 디지털 공급 기업에서 전문 서비스를 받을 수 있어야 사후관리 문제를 해결할 수 있다. 한편 산단과 공단의 공통 서비스도 디지털 혁신의 좋은 대상이다. 공단의 전력 관리를 스마트화해서 남는 전기를 참여기업과 공유하는 디지털 서비스가 좋은 사례다. 공통 부품의 제조, 물품의 구매와 발주, 회계와 인사 등의 영역으로 확장할 수도 있을 것이다. 사실 산단과 공단의 스마트화는 해외로 나간 우리 기업들의 리쇼어링도 촉진할 수 있어 국내 일자리 창출에도 기여할 수 있을 것이다.

기존 선형적 성장전략을 바꿔야 한다

한편 기업도 기존의 선형적 성장전략을 바꿔야 한다. 전통적 성장은 특정 시장을 목표로 삼고 진입→성장→확대하는 선형적 모델이다. 빅블러를 지향하는 기업은 다양한 산업의 영역에 씨앗(투자)을 파종하고 사업이 가시화되는 상황에 맞춰 사업 간 재조합과 심지어 기업의 지배구조까지도 재편하면서 기회를 발굴하는 전략을 구사한다. 구글과 아마존은 물론이고 네이버가 불모의 웹툰에 투자해서 최근 세계적으로 인기를 끌고 있는 사례가 대표적이다. 이는 역으로 기존 영역(업)에만 천착해 선형적 성장 전략을 고집하면 디지털 대전환과 빅블러로의 생태계 변화에서 도태될 수 있음을 시사한다.

그리고 조직 운영도 기존과 다르게 해야 한다. 중앙통제가 가능한 전통 기업과 달리 플랫폼은 운영자(드라이버)와 참여와 이탈이 자유로운 파트너(모듈러)로 구성된 느슨한 협업 구조다. 이렇게 수많은 파트너와 플랫폼으로 비즈니스하기 위해서는 철새 무리가 부딪치지 않고 비행하며 일사불란하게 방향을 바꾸며 추는 군무의 작동원리나 규칙 같은 것이 필요하다. 규칙은 매우 명쾌하고 간명해야 한다. 전통적인 숙박기업인 힐튼호텔은 한 권의 두꺼운 책으로 된 운영과 통제의 가이드로 작동한다. 반면 플랫폼 기업인 에어비앤비는 집주인 얼굴을 공개할 것, 지역주민만 집주인이 가능한 것, 항상 새 비누를 준비할 것과 같은 간단한 규칙만으로 수많은 파트너가 하나의 플랫폼에서 효율적으로 작동한다. 카카오의 수많은 이모티콘도 복잡한 심사와 평가를 거치는 것이 아니라 외부 창작자들이 스스로 매우 단순하고 정형화된 원칙에 따라 제작해서 게재한다. 플랫폼과 빅블러를 지향하기 위해서는 이제 복잡하고 정교한 가이드보다 간명한 원칙과 운영 역량이 더 중요해지고 있다.

5장
산업 디지털 전환
기업 혁신 전략 방법

주영섭

서울대학교 특임교수

서울대학교 기계공학과를 졸업했고 한국과학원에서 생산공학 석사학위를 받았고 미국 펜실베이니아주립대학교에서 산업공학 박사학위를 받았다. 기업에서 대우전자 정보통신사업부장, 경영기획본부장을 거쳐 GE써모메트릭스 코리아 대표이사 및 아태담당 사장, 현대차그룹의 현대오토넷 및 본텍 대표이사 사장을 지냈다. 지식경제부 R&D전략기획단의 주력산업총괄 MD(차관급)로 국가 R&D 전략 및 예산을 담당했다. 14대 중소기업청장을 역임하며 중소중견기업 및 창업벤처기업육성 정책의 패러다임 전환에 기여했다.

서울대학교 초빙교수, 고려대학교 석좌교수를 거쳐 현재 서울대학교 특임교수로 재직 중이다. 한국디지털혁신협회 회장, 한국공학한림원 회원, 국가과학기술연구회 융합연구위원회 위원장, 산업디지털 전환위원회 민간위원, 태재미래전략연구원 미래산업위원장으로도 활동하고 있다.

1.

기업 혁신의 방향 설정이 중요하다

세계는 지금 전대미문의 초변화 대전환 시대를 맞고 있다. 변화의 크기, 범위, 속도 면에서 전에 겪어보지 못한 퍼펙트 스톰급 초변화다. 우선 기술의 변화가 광속으로 진전되며 기술 패권이 세계 산업은 물론 국가 판도까지 결정하고 있다. 인공지능AI, 데이터, 사물인터넷IoT, 로봇 등 기술 변화가 기업과 산업의 모든 비즈니스 모델을 혁명적으로 바꿈에 따라 이제 기술에 대한 경쟁력 없이는 어떠한 기업도 국가도 생존할 수 없는 시대가 되었다.

3대 대전환이 필요하다

세계 경제환경이 급변하고 있다. 기술 혁신이 촉발한 4차 산업혁명이 산업은 물론 우리의 생활과 사회를 바꾸고 있다. 세대가 바뀌며 사람이 바뀌고 있다. 기성세대와 전혀 다르게 생각하고 행동하는 MZ세대라 불리는 밀레니얼 세대와 Z세대가 고객과 조직 구성원의 주류가 되고 있다. 세계경제의 근간인 자본주의는 사회 양극화에 직면하여 변화하고 있고 이에 따라 정부 정책도 달라진다. 사회가 기대하는 기업의 역할이 바뀌면서 경영철학도 바뀌고 있다. 경제적 가치와 사회적 가치를 동시에 추구하는 ESG(환경·사회·지배구조) 경영이 새로운 경영 규범으로 자리잡고 있다. 3년 전 지구촌을 뒤흔든 코로나19로 인해 우리 생활은 물론 사회와 산업 전반에 미증유의 변화가 일어나고 있다. 기후 위기에 대한 세계의 경각심이 커지며 각국의 탄소중립 정책도 기업과 사회 전반에 큰 변화를 예고하고 있다. 무역전쟁에서 기술 및 자원 전쟁으로 치닫고 있는 미국과 중국의 세계 패권경쟁 속에 러시아-우크라이나 전쟁이 발발하며 평화 시대를 구가하던 세계는 신냉전 시대로 접어들며 글로벌 공급망 및 경제의 불안은 물론 총체적 긴장감을 더하고 있다. 실로 우리는 초변화 시대에 살고 있는 것이다.

초변화 시대에 살아남고 발전하기 위해서는 디지털 대전환, 그린 대전환, 문명 대전환이라는 3대 대전환이 필수적이다. 우리 경제는 물론 국가 전체적으로 명운이 달려 있는 디지털·그린·문명의 3대 대전환을 성공적으로 완수하기 위해서는 기본의 충실이 무엇보다 중요하다. 먼저 시급한 디지털 대전환도 그 정의와 의미의 올바른 이해부터 시작해야 한다. 디지털 대전환의 핵심은 데이터다. 데이터는 모든 사람과 사물 간의 연결에서 나온다. 4차 산업혁명으로 모든 것이 인터넷으로 연결되는 초연결 사회가 되면서 실시간 빅데이터가 생성, 수집되고 이를 인공지능 등 첨단 기술을 분석하여 새로운 부가가치와 성장동력을 만드는 것이다.

디지털 대전환의 1단계는 디지털 데이터화 단계다. 숫자 중심의 정형 데이터는 물론 이미지, 사운드 등 비정형 데이터도 모두 디지털 데이터화 대상이다. 제조현장에서 제조공정 데이터, 제품 검사 데이터, 원가 데이터 등이 사례다. 2단계는 수집된 디지털 데이터를 인공지능이나 수학적 기법으로 분석하여 제반 프로세스를 혁신하는 디지털 혁신 단계다. 제조현장에서 각종 데이터를 분석하여 품질, 원가, 납기, 성능을 혁신하는 것이 사례다. 3단계는 고객, 협력사, 이해관계자와의 연결Connectivity를 통하여 수집된 디지털 데이터를 기반으로 기업 전략이나 비즈니스 모델을 획기적으로 전환하는 단계다. 최근 고객의 디지털 경로, 디지털 흔적 등 각종 고객 데이터를 기반으로 디지털 대전환 기술을 적용하여 종래의 대량생산·소비 기반의 비즈니스 모델을 고객 맞춤형 제품과 서비스와 같은 새로운 비즈니스 모델로 바꾸고 있는 것이 좋은 사례다.

그린 대전환도 그 핵심인 탄소중립과 ESG 경영을 올바르게 이해하고 기본에 충실하도록 하는 것이 중요하다. 2050년까지 반드시 달성해야 하는 탄소중립은 이산화탄소의 배출을 없애거나 배출한 만큼 흡수하여 순배출량을 제로화하는 것으로 넷제로Net Zero라고 불린다. 이를 달성하지 못하면 무역 및 환경 규제로 수출이 어려워서 제조업과 수출 비중이 높은 우리 경제로서는 핵폭탄급 충격을 받게 된다. 그러나 중차대한 이슈임에도 국민적 관심은 아직 높지 않다. 30년도 채 남지 않은 시점에서 지금 바로 시작해도 이르지 않다. 탄소중립과 에너지 전환을 위한 막대한 비용과 에너지 사용 실제 등에 대한 국민적 공감대와 합의가 바로 기본이다. 탄소중립은 전 국민과 전 기업의 각고의 에너지 절감 노력과 함께 에너지·환경 기술, 순환경제, 수소경제 등 첨단기술 혁신에 국가적 역량을 쏟아 넣어야 가능한 목표다.

ESG 경영은 그린 대전환의 핵심 동력으로 올바른 이해와 기본이 중요하다. 이를 위해서는 ESG에 대한 세계적 열풍의 배경과 원인을 이해해야 한다. 물론 블랙록과 같은 투자자들이 촉발한 면도 있으나 근본적 원인은 고객의 의식 변화에 있다. 디지털 네이티브로 정보화에 능하여 친환경과 사회 공정성에 매우 민감한 MZ세대(15~40세)가 고객의 주류에 진입하고 자신은 물론 기성세대의 구매 성향도 주도하면서 ESG 열풍이 확산되고 있다. 주주만이 아니라 고객, 직원, 지역사회를 포함하는 포용적 이해관계자 자본주의가 부상하고 탄소중립이 새로운 국제 규범으로 자리잡으면서 더욱 탄력을 받고 있다. ESG의 기본은 결국 MZ세대 등 고객의 마음을 얻는 것이다. 전 직원의 참여와 기술 혁신을 통한 진정성 있는 고객 감동 노력이 성공의 기본이다.

코로나19와 신냉전 시대가 촉발한 문명 대전환은 전자상거래, 원격 근무, 원격 교육, 원격 의료 등 온라인 비대면 경제 확산과 함께 디지털 대전환의 가속을 요구하고 있다. 아울러 신냉전 시대에 따른 글로벌 공급망 재편 등 새로운 질서에 대한 위기 대응과 회복력 기반의 새로운 전략이 긴요하다.

기업 혁신이 중요하다

이상과 같은 초변화 대전환 시대에 대응하려면 기업 혁신이 중요하다. 가장 중요하고 선행되어야 할 기업 혁신의 방향도 다섯 가지다.

첫 번째 방향은 비즈니스 모델 혁신이다. 비즈니스 모델 혁신은 고객, 제품·서비스, 운영모델, 수익모델 등 네 가지 요소 관점에서 이루어져야 한다. 이 과정에서 디지털 대전환의 핵심인 연결과 데이터가 매우 중요한 역할을 한다. 사물인터넷, 인공지능, 5G 등 디지털 대전환 기술을 이용하여 고객과 실시간 연결을 통한 고객 취향 등 데이터 확보로 고객 개개인을 만족시키는 개인화와 맞춤화가 가능해진다. 제품을 개발·생산·판매하는 운영모델도 디지털 대전환을 통해 시장 판도를 바꿀 전망이다. 디지털 트윈, 메타버스 기술을 통해 사전에 제품 개발·생산·판매를 최적화하여 시간과 비용을 혁신적으로 줄일 수 있고 온라인 플랫폼화도 가능해진다. 수익을 창출하는 수익모델도 구독 모델, 사용 기반 지불 모델 등 제품과 서비스의 융합을 통한 수익 다양화와 확대가 가능해진다. 아울러 ESG 기반의 비즈니스 모델 혁신도 중요한 방향이다.

두 번째 방향은 비즈니스 모델 혁신과 연계된 기업 시스템 혁신이다. 우리 정부가 중심 추진하고 있는 스마트 제조 혁신도 현재의 비즈니스 모델이 아니라 혁신된 새 비즈니스 모델에 적합한 제조 시스템으로 스마트 공장을 구축하는 것이다.

세 번째 방향은 기술 혁신이다. 비즈니스 모델 혁신과 기업 시스템 혁신이 모두 기술 기반이어서 디지털·AI 대전환 관련 기술 등에 대한 개방적 혁신과 협력 기반의 기술 확보가 시급하다.

네 번째 방향은 사람 혁신이다. 3대 대전환 시대가 요구하는 새로운 인재 육성의 중요성은 아무리 강조해도 지나치지 않다.

마지막으로 다섯 번째 방향은 시장 혁신이다. 작금의 탈중국화 추세는 우리에게 글로벌화 확대를 위한 절호의 기회다. 점증하는 보호무역주의에 대응하여 현지 기업과 협력하는 글로벌 동반 성장 모델도 효과적인 글로벌화 전략이 될 것이다.

2.

초변화 대전환 시대는
어떤 변화를 가져오는가

초변화 대전환 시대를 이끄는 주요 요소를 정확하게 분석하여 효과적인 대응에 성공하는 기업과 국가가 바로 이 시대의 승자가 될 것이다. 초변화 대전환 시대의 각 주요 요소 변화의 핵심을 정리하고 이에 대한 대응 방향을 제시한다.

모든 기업이 테크 기업이 된다

기술의 변화가 광속으로 진전되고 있다. 4차 산업혁명과 같은 의미로 통용되는 디지털 대전환을 견인하는 인공지능, 데이터, 클라우드, 5G통신, 로봇, 메타버스, 블록체인 등 기술 혁신이 급진전되면서 모든 산업과 기업의 비즈니스 모델을 혁명적으로 바꿔가고 있다. 2020년 1월 미국 라스베이거스에서 열린 세계 최대 기술 전시회인 세계가전전시회CES, Consumer Electronics Show에서 향후 10년은 데이터의 시대라고 규정한 바 있다. 현재 인터넷을 통한 사물 간 연결인 사물인터넷IoT이 5G통신으로 사물 간 초연결로 발전하고 초연결에서 나오는 엄청난 규모의 데이터를 인공지능과 같은 초지능이 분석하고 판단하여 새로운 부가가치와 성장동력을 창출하는 소위 사물지능Intelligence of Things이 '데이터의 시대'에서 성공요건이 될 것이라고 전망했다. 연결과 데이터가 핵심인 디지털 대전환이 견인하고 있는 4차 산업혁명도 이와 같은 맥락이다.

사물지능의 핵심은 인공지능과 데이터다. 데이터 기반의 인공지능이 모든 제품에 적용되기 시작했다. 음성·사물·안면 인식을 넘어 첨단 성능 구현과 실시간 데이터 분석과 예측 등 새로운 가치 창출로 산업 전반은 물론 모빌리티, 헬스케어, 금융, 미디어, 스마트홈 등 우리 생활 전반에 대변혁을 가져올 전망이다. 인공지능과 데이터 기반의 사물지능 역량을 확보하는 것이 미래 성공요건이 될 것이다. 스마트폰 등 소비자 기술 중심으로 시작된 5G통신이 향후 산업, 의료, 공공 등 기업 및 기관 기술 중심으로 대폭 확산되고 그 산업 사물인터넷의 초연결성이 만드는 엄청난 데이터를 보관하고 처리할 클라우드 인프라도 대폭 확충될 전망이다. 이 추세는 인공지능 활용을 전 산업으로 확산함으로써 디지털 경제를 가속할 것이다.

이제 '모든 기업의 테크기업화'라는 화두는 기업 차원을 넘어 '모든 국가의 테크국가화'라는 국가 차원의 화두가 되고 있다. 인공지능 활용의 전면적 확산과 데이터 모델링 및 체계 구축 등 사물지능 역량 확보를 통한 데이터 시대 대비가 더욱 중요해지고 있다. 정보통신기술ICT이 만드는 신산업만이 아니라 전통 제조업과 서비스업도 모든 기업의 테크기업화, 즉 디지털 대전환을 통한 비즈니스 모델 혁명이 시급하다.

한국형 비즈니스 모델 혁신이 필요하다

2011년 독일에서 인더스트리 4.0을 주창하며 시작된 4차 산업혁명은 2016년 세계경제포럼에서 논의되면서 세계 각국의 주목을 받게 되었다. 인공지능, 데이터, 사물인터넷, 5G통신, 로봇 등 기술 혁신이 촉발한 4차 산업혁명은 디지털 대전환을 중심으로 모든 산업과 기업은 물론 의료, 금융, 행정, 일반 생활까지도 대변혁하고 있다. 4차 산업혁명이 산업과 기업에 주는 가장 큰 영향은 기술 혁신 그 자체보다도 기술 혁신이 만드는 비즈니스 모델 혁신이 중요하다.

미국과 함께 4차 산업혁명을 선도하는 독일이 국가적 산업 혁신 전략으로 중점 추진하는 인더스트리 4.0도 요체는 비즈니스 모델 혁명이다. 2000년대에 접어들며 독일은 대량생산 체제로는 원가경쟁력 측면에서 중국을 이길 수 없다고 판단하여 시장의 경쟁력을 대량생산·소비 체제에서 개인화Personalization와 맞춤화Customization 생산·소비 체제로 바꿈으로써 시장지배력을 확보하려는 국가경쟁력 제고 계획에 착수했다. 즉 4차 산업혁명의 기술 혁신을 통해 고객의 다양한 개인적 니즈를 만족시키되 원가는 대량생산 수준으로 유지하는 비즈니스 모델 혁명이 인더스트리 4.0의 기본 정신이자 목표다. 거대한 내수시장을 바탕으로 한 대량생산의 효율성으로 무장한 중국을 이기기 위해서는 시장의 다양성 요구를 만족시키면서 기술 혁신으로 다양성과 효율성이라는 두 마리 토끼를 다 잡겠다는 비즈니스 모델 혁명인 것이다.

우리나라도 글로벌 시장에서 경쟁구도를 고려하면 산업별로 정도의 차이는 있으나 기존의 대량생산 기반의 비즈니스 모델을 다품종 소량의 개인화와 맞춤화 비즈니스 모델로 혁신해야 하는 것은 독일과 같은 입장이다. 다양성과 효율성을 공동으로 추구한다는 면에서는 같은 맥락이나 우리의 산업 특성과 기업 유형, 강점과 약점, 기회와 위협 등을 고려하여 우리 여건에 맞는 비즈니스 모델로 혁신하는 것이 시급한 상황이다.

세대 변화는 사람 변화를 만든다

세대 변화는 바로 사람의 변화를 의미한다. 그러므로 기업은 물론 국가적으로도 경제, 정치, 사회 전반적으로 가장 중요한 변화이자 모든 변화의 시작일 수 있다. 세대의 변화는 늘 있어왔다. 하지만 최근 세대의 변화는 과거 대비 극명하게 빠르고 커지고 있다. 태어나면서부터 디지털 환경에서 자란 20대 후반에서 30대의 밀레니얼 세대와 10대 후반에서 20대 전반의 Z세대는 사고, 행동, 가치관 측면에서 아날로그 환경에서 자란 60대의 베이비부머 세대와는 물론이고 4050의 X세대와도 확연히 다르다.

MZ세대라 불리는 밀레니얼 세대와 Z세대가 이제 사회 주역으로 진입함에 따라 기업 입장에서는 고객, 직원, 이해관계자 등 사람이 다 바뀌고 있는 것이기에 그 영향은 지대하다. MZ세대가 고객의 주류로 부상함에 따라 기성세대와 다른 MZ세대 취향에 맞춰 비즈니스 모델 혁신은 물론 마케팅과 영업 전략을 전면 재조정해야 한다. 특히 개인화와 맞춤화에 대한 관심이 많아지고 친환경이나 공정성 등 환경과 사회 문제에 민감한 MZ세대 고객의 마음을 얻을 수 있는 전략이 중요하다.

내부적으로도 MZ세대가 직원의 주류로 부상하면서 기존 세대와 많이 다른 MZ세대 직원들의 사고와 성향에 맞도록 인사관리 전략을 전면 개편해야 하는 등 기업 경영전략 전반에 대한 총체적 혁신이 요구된다. 문자 그대로 기업의 모든 것을 다 바꿔야 한다는 의식 전환이 시급하다. 과거의 성공이 오히려 미래의 실패의 원인이 되기 쉬운 시대다. 특히 조직의 리더일수록 이러한 세대 변화를 직시하여 과거의 경험에만 의존하지 말고 비즈니스 모델 혁신을 비롯한 모든 경영 전략을 혁신해야 한다. 이는 기업뿐만 아니라 국가 경영을 비롯한 모든 조직 경영에 다 적용되어야 하는 시대적 변화다.

자본주의 변화는 정부 정책의 변화를 이끈다

세계 경제체제의 근간이 되어온 자본주의가 변화하고 있다. 세계 경제가 금융위기를 겪으며 저성장 기조의 뉴노멀 시대에 접어든 2010년 영국의 경제학자 아나톨 칼레츠키Anatole Kaletsky는 저서 『자본주의 4.0』에서 정부와 시장의 유기적 상호작용을 강조한

따뜻한 자본주의, 포용적 자본주의를 주창했다. 즉 정부가 시장에 개입하지 않는 자유방임주의의 자본주의 1.0이 1930년대 대공황을 맞으며 정부가 시장에 적극 개입하는 수정자본주의의 자본주의 2.0으로 바뀌고, 위기 극복 이후 다시 시장 중심 신자유주의의 자본주의 3.0으로 바뀌게 된다. 세계 경제가 금융위기 이후 지속 가능한 경제가 되기 위해서는 승자독식이 아니라 포용적 자본주의로 전환해야 한다는 논리가 설득력을 얻게 되어 다시 정부의 시장 개입이 커지는 자본주의 4.0이 세계적 화두가 되고 있다.

2020년 세계경제포럼에서도 기존의 주주 중심의 자본주의Shareholder Capitalism에서 주주 외에도 소비자, 직원, 파트너, 지역사회 등 이해관계자 중심의 자본주의Stakeholder Capitalism로 변화하고 발전해야 한다고 천명한 것도 같은 맥락이다. 우리 정부가 혁신 성장과 함께 포용 성장을 경제 기조로 삼고 있는 것도 정부 정책의 세계적인 변화와 궤를 같이하고 있다.

이제 기업은 자본주의의 변화에 따른 정부 정책의 변화를 기업 경영전략에 감안해야 한다. 정부 입장에서는 기업의 혁신을 촉진하면서 동시에 이에 따른 승자독식으로 사회 불균형과 양극화가 심화되는 것도 막아야 함을 이해해야 한다. 우리나라만이 아니라 세계적 현상인 자본주의의 변화와 이에 따른 정부 정책의 변화에 발맞춰 경영전략과 비즈니스 모델을 혁신하는 것이 중요한 시대다.

경영철학이 변화하고 ESG가 부상한다

기업 경영철학의 기조가 변화하고 있다. 사회가 바라보는 기업의 역할과 명분이 변화하고 있기 때문이다. 특히 포용적 자본주의가 시대정신으로 부상하고 코로나 팬데믹과 함께 국제사회 전반적으로 기후 위기, 사회 양극화, 공정성 등 환경과 사회 문제에 대한 인식이 높아짐에 따라 ESG 열풍이 급속도로 확산되고 있다. 아울러 20대 후반과 30대를 의미하는 밀레니얼 세대, 10대 후반과 20대 전반을 지칭하는 Z세대를 아우르는 MZ세대가 소비자와 기업 구성원의 주류로 진입했다. 그들은 민감하게 주목하는 환경과 사회, 공정성 이슈를 잘 다루는 기업에 열광하고 있다. 기업에 새로운 역할과 명분을 기대하며 ESG 열풍을 한층 더 가속하는 것이다.

코로나 팬데믹이 바꾼 변화가 계속된다

2020년 초 시작된 코로나 팬데믹은 산업은 물론 사회와 생활 전반에 엄청난 변화를 일으키고 그 변화를 가속하고 있다. 먼저 4차 산업혁명의 디지털 대전환이 급속도로 가속되고 있다. 코로나 팬데믹 이전부터 진행되고 있던 온라인화, 플랫폼화가 급속히 진행되면서 소위 비대면 경제가 대폭 활성화됐다. 전자상거래, 배달 서비스, 스트리밍 서비스, 원격 의료, 원격 근무, 원격 교육 등 팬데믹이 아니었으면 10년이 걸렸을 수도 있는 온라인 디지털 서비스의 보편화가 불과 1, 2년 만에 전 세계적으로 확산된 것이다.

다음으로 글로벌 공급망이 급속도로 재편되고 있다. 미중 갈등과 코로나 팬데믹 여파로 그동안 세계의 공장이라는 표현이 과언이 아닐 정도로 글로벌 공급망의 핵심이었던 중국에서 미국 본국이나 아세안, 대만, 한국 등 주변국으로 생산기지나 구매선을 이전하는 소위 미중 디커플링 전략이 진행되었는데 최근 디리스킹de-risking 전략으로 발전하고 있다. 차이나 엑소더스라고 불릴 만큼 확산되고 있는 미중 디커플링 내지 디리스킹 추세는 우리 경제로서는 절호의 기회이자 위협이다. 미국과 유럽 등 서방국의 탈중국과 자국 유턴 추세를 우리는 글로벌화 확대의 절호의 기회로 삼아야 한다. 결국 코로나 팬데믹도 우리 산업과 기업의 비즈니스 모델을 획기적으로 혁신해야 한다는 변화의 시급성을 제시하고 있다.

기후 위기에 대비해야 한다

기후 변화에 따른 우려가 기후 위기로 격상되고 있다. 기후 위기가 현실로 닥칠 경우 코로나 팬데믹과는 비교할 수 없는 대재앙이 지구에 닥칠 수 있다는 점에서 세계인의 경각심이 커지고 있다. 2016년 발효된 파리협정 이후 121개국이 2050 탄소중립 목표 기후동맹에 가입하면서 미국, 유럽연합, 한국, 일본 등 주요국이 앞다퉈 2050 탄소중립을 선언했고 중국도 2060 탄소중립 선언으로 뒤따른 바 있다. 탄소중립은 이산화탄소 배출을 줄이거나 이산화탄소를 흡수하여 배출되는 탄소량과 흡수되는 탄소량을 같게 해 순배출이 제로가 되게 하는 것으로 넷제로Net-Zero라고 부르기도 한다.

탄소배출 면에서 가장 큰 분야는 제조로 전체의 31%이며 그다음은 발전 27%, 사육·재배 19%, 교통·운송 16%, 냉난방 7% 순이다. 따라서 탄소중립 정책이 환경 규제, 무역 규제 등으로 확대될 경우 제조업 의존도가 높은 우리나라와 중국은 많은 어려움을 겪을 것으로 예상된다. 기후 위기 대응을 위한 탄소중립 정책도 저탄소화를 위한 우리나라 산업과 기업의 비즈니스 모델을 총체적으로 혁신할 것을 요구하고 있다.

3.

비즈니스 모델의 총체적
대혁신이 필요하다

　모든 면에서 과거에 경험하지 못한 엄청난 변화가 광속으로 전개되는 초변화 대전환 시대에는 기업 경영은 물론 국가 경영까지도 그 여파가 지대하여 과거의 경험이 통하지 않는다. 그러므로 전면 재검토하는 총체적 대혁신이 필요한 시대다. 초변화 대전환 시대에 대응하는 기업 혁신으로 디지털·그린·문명 대전환에 기반한 비즈니스 모델, 기업 시스템, 기술, 인재, 시장 등의 총체적 혁신이 필수적이다. 그중에서도 가장 중요하게 제시된 혁신이 바로 비즈니스 모델 혁신이다. 가히 단순한 점진적 혁신이 아니라 혁명적 혁신이 필요하다.

　따라서 이제 세계는 비즈니스 모델 혁명 시대이기도 하다. 국내에서도 기업의 비즈니스 모델이 급변하고 있다. 이 변화의 방향에 대응하지 못하면 기업이 몰락하고 결국 국가도 쇠락하게 될 것이다. 과거의 비즈니스 모델 혁신은 제품과 서비스 혁신 중심으로 성능, 품질, 가격, 납기 등이 주요 대상이었던 반면에 초변화 시대에는 제품과 서비스는 물론 고객, 프로세스, 수익모델 등 비즈니스 모델의 요소 전체가 혁신 대상이 되고 있기 때문이다. 예를 들면 자동차 산업의 경우도 과거 성능, 품질, 가격, 납기 중심으로 혁신이 이루어졌으나 이제는 전기차, 스마트카, 자율주행차 등이 부상하면서 정보통신, 서비스, 에너지 등 타 산업과의 융합이 확대되고 모빌리티 서비스MaaS, 클라우드 서비스, 구독모델 등 새로운 수익모델이 급부상하는 등 과거와는 차원이 다른 비즈니스 모델 혁명이 이루어지고 있다.

2021년 4월 온라인으로 열린 하노버산업박람회에서 소개된 부품당 지불Pay-per-part 모델은 공작기계 등 제조장비 시장의 경쟁구도를 바꿀 혁명적인 비즈니스 모델 혁신으로 보인다. 고가의 공작기계를 살 때 대금을 전액 또는 분할 지불하는 것이 아니라 그 기계로 생산한 부품만큼 지불하는 방식이다. 만일 주문량이 많아 계약된 수량의 2배를 생산하면 계약 대금의 2배를 내고 주문이 없어 생산하지 않으면 한 푼도 안 낸다. 제조기업 입장에서는 고정비 부담이 큰 시설 투자를 부품 생산에 따른 변동비로 완전히 바꿀 수 있어 부담이 대폭 줄게 된다. 이러한 혁신적 비즈니스 모델을 채용하는 기업을 그렇지 않은 기업이 이길 수 없게 되는 것이다.

먼저 비즈니스 모델 혁명에 대한 올바른 이해가 시급하다. 기업 경쟁에서 승패를 가를 요소로 중요한 비즈니스 모델 혁명을 이해하려면 먼저 제대로 된 이해가 중요하다. 비즈니스 모델에 대한 정의는 국내외적으로 다양하여 오해의 소지가 다분하다. 기업인이나 경영학자 사이에도 각자 해석이 분분한지라 정부나 일반 국민에게

비즈니스 모델의 개요 및 핵심 4요소

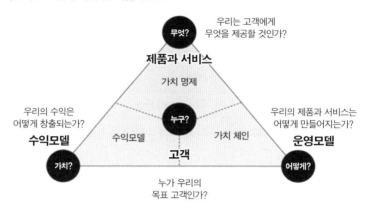

(출처: Gassmann et al. (2014))

는 더욱 그렇다. 단순히 기업이 돈을 버는 방법이나 비즈니스 전략으로 이해되는 경우가 많다. 하지만 비즈니스 모델의 정의는 그보다 훨씬 복합적이고 구조적이다.

비즈니스 모델은 기업 경영활동에서 핵심 요소의 집합체로 고객, 제품과 서비스, 운영모델, 수익모델이 그 핵심 요소다. 즉 목표고객이 누구인지, 목표고객을 만족시킬 수 있는 가치를 제시하는 제품과 서비스가 있는지, 제품과 서비스의 개발·생산·판매 등 운영모델이 어떠한지, 수익을 창출하는 수익모델이 무엇인지 등을 의미한다. 비즈니스 모델은 모든 기업의 성패를 좌우하는 기반으로 지속적으로 분석하고 혁신해야 하는 핵심이다.

비즈니스 모델 혁명의 추진 방향을 제시해보면 다음의 세 가지 방향으로 정리될 수 있다. 첫째, 데이터 기반의 디지털 대전환을 통한 비즈니스 모델 혁명이다. 둘째, ESG 기반의 비즈니스 모델 혁명이다. 셋째, 협력 기반의 비즈니스 모델 혁명이다. 이 세 가지 추진 방향과 함께 주요 제품이나 기술을 사례로 제시하고자 한다.

디지털 대전환 기반 비즈니스 모델 혁명

디지털 대전환 기반의 비즈니스 모델 혁명은 4차 산업혁명이 가져온 기업의 비즈니스 모델 혁명과 일맥상통한다. 4차 산업혁명의 핵심인 연결과 데이터 기반의 디지털 대전환이 비즈니스 모델의 네 가지 핵심 요소인 고객, 제품과 서비스, 운영모델, 수익모델에 가져올 혁신적 변화에 주목해야 한다. 즉 현재의 고객, 제품과 서비스, 운영모델, 수익모델을 데이터 중심으로 분석하여 디지털 대전환을 적용한 새로운 고객, 제품과 서비스, 운영모델, 수익모델의 조합으로 혁신해야 한다.

목표고객 측면의 혁신

먼저 목표고객 측면에서의 전면적 혁신이 시작점이다. 4차 산업혁명의 디지털 대전환 결과로 비즈니스 모델이 대량생산·소비 중심에서 개인화와 맞춤화 생산·소비 중심으로 바뀌고 있다. 독일의 4차 산업혁명인 인더스트리 4.0도 이에 대응하는 비즈니스 모델 혁명이다. 과거 대량생산·소비 시대에는 불특정 다수의 고객을 대상으로 했으나 초변화 대전환 시대에는 개인화와 맞춤화 추세에 따른 시장세분화로 목표고객의 명확한 설정과 고객 성향에 대한 정확한 이해가 필수적이다. 인공지능과 데이터 중심의 디지털 대전환이 이를 가능하게 하는 것이다. 마케팅의 핵심인 STP(세분화

Segmentation, 목표설정Targeting, 포지셔닝Positioning) 전략에서도 S(고객세분화)와 T(목표고객 설정)가 중요한데, 디지털 대전환을 통해 목표고객의 데이터 확보 및 분석으로 이 과정을 획기적으로 혁신하고 있다.

우리 기업의 일반적인 상황을 보면, 기업이 고객인 B2B 기업의 경우 목표고객에 대한 데이터를 어느 정도 보유하고 있으나 여전히 목표고객의 만족되지 않은 니즈Unmet Needs나 숨은 니즈Hidden Needs에 대한 데이터가 충분하지 않은 경우가 많다. 기업 고객의 니즈는 물론이고 기업 고객의 고객인 일반 고객의 니즈에 대한 관심과 이해도 필요하다. 일반 고객이 고객인 B2C 기업의 경우 대다수 우리 기업은 여전히 대량생산·소비 사고에 머물러 있는 실정이다. 그러다 보니 고객 세분화를 통한 목표고객 설정과 원하는 가치 제공에 필수적인 데이터 확보와 분석 역량이 해외 선진 기업 대비 많이 부족하다. 이에 대한 혁신이 시급하다. 데이터에 기반한 목표고객 혁신은 아무리 강조해도 지나치지 않다.

제품과 서비스 측면의 혁신

둘째, 제품과 서비스 측면에서 목표고객이 원하는 가치를 제공할 수 있도록 혁신해야 한다. 디지털 대전환의 진전으로 고객의 구매 성향, 패턴, 경로 등을 쉽게 파악할 수 있게 되고 고객과 직·간접 소통이 활발해지고 있다. 이렇게 데이터 기반으로 파악한 목표고객의 니즈를 제품과 서비스의 개발과 운영에 반영하는 프로세스의 혁신이 중요하다. STP 전략 중 P(포지셔닝)의 시작이다. 우리 제품과 서비스가 데이터를 기반으로 목표고객이 원하는 가치를 제공하고 있는지 지속적으로 분석하고 혁신해야 한다.

최근 세계적으로 완연히 강해지고 있는 개인화와 맞춤화 추세에 주목할 필요가 있다. 2020년 세계가전전시회SES에서 선보인 로레알의 개인화 화장품 페르소Perso 등 많은 주목을 받았던 개인화와 맞춤화 추세는 이제 고객 취향에 관한 데이터와 인공지능을 기반으로 사실상 모든 제품과 서비스 분야로 확산되고 있다. 아울러 환경과 사회 문제 등에 민감한 MZ세대가 고객의 주류로 진입함에 따라 이들의 취향을 만족시키는 동시에 세계적 열풍처럼 불고 있는 ESG에 대응하는 제품과 서비스 혁신이 시급하다. 세계 양대 기술 전시회인 세계가전전시회와 하노버산업박람회 모두 ESG가 핵심 기조로 부각되고 있다.

운영모델 측면의 혁신

셋째, 목표고객이 원하는 가치를 제공하는 제품과 서비스를 구현하기 위한 기획, 개발, 생산, 판매, 서비스 등 운영모델을 디지털 대전환으로 전면 혁신해야 한다. 전체 가치사슬의 최적화 및 효율화를 통한 성능, 품질, 가격, 납기 혁신은 기본이다. 역시 데이터와 인공지능 중심의 디지털 대전환이 운영모델의 전반적인 혁신을 이끌고 있다.

오프라인 중심의 판매 채널을 가진 기업은 온라인 진환이 시급하다. 수요자와 공급자를 연결하는 디지털 온라인 플랫폼이 대세가 되고 있는 추세에서 글로벌 플랫폼 기업과의 협력과 경쟁이 동시에 요구되고 있다. GAFAM이라 불리는 구글, 아마존, 페이스북(현 메타), 애플, 마이크로소프트 등 세계적 플랫폼 기업들의 시장 지배력이 날로 커지고 있는 상황에서 우리 기업들의 현명한 대응책이 시급하다. 세계가전전시회SES와 같은 세계적 기술 전시회에서 우리 한국 기업들의 보이는 존재감보다 글로벌 플랫폼 기업들의 보이지 않는 존재감이 더 강력함을 깨닫고 대응책을 마련할 수 있어야 한다. 이것이 바로 비즈니스 모델 혁명의 힘이다.

독일의 인더스트리 4.0, 우리나라의 스마트 제조혁신 등 생산·제조 분야의 혁신도 큰 주목을 받고 있다. 제조 분야가 인공지능과 데이터 기반의 디지털 대전환이 가장 효과적으로 적용될 수 있는 대표적인 분야다. 2022년 세계가전전시회SES에서 현대자동차는 미국의 3D 콘텐츠 개발 플랫폼 기업인 유니티와 협력하여 디지털 트윈 및 메타버스 기반의 메타팩토리를 싱가포르에 구축한다고 발표했다. 국내에서 해외 공장을 실시간으로 원격 운영하고 관리할 수 있고 계획 단계에서 시뮬레이션을 통해 획기적으로 사전 검증, 오류 방지, 원가 절감을 구현할 수 있다.

가치사슬 전반적으로 디지털 대전환과 함께 글로벌화 혁신도 여전히 중요한 과제다. 미중 갈등과 코로나 팬데믹의 결과로 완연해지는 탈세계화가 사실상 탈중국화로 이루어지고 글로벌 공급망GVC 재편으로 이어지면서 우리 기업에는 오히려 절호의 글로벌화 확대 기회가 되고 있다. 세계 공장 역할을 하던 중국에서 미국, 유럽 등 서방국의 제조공장 이전이나 구매선의 변경이 중국 밖으로 추진되면서 우리 제조기업에 큰 기회가 오고 있는 것이다. 아울러 자국우선주의와 보호무역주의가 확산되면서 대외무역 의존도가 큰 우리나라로서는 큰 위기가 되고 있으나 이에 대한 대응으로 독식 구조의 수출 일변도 전략을 현지 기업과의 동반성장을 추구하는 글로벌 분업 및 동반성장 모델로 전환하면 오히려 글로벌 시장 지배력을 획기적으로 확대할 수 있을 것으로 전망한다.

수익모델 측면의 혁신

넷째, 수익을 창출하는 수익모델도 디지털 대전환 기반으로 다양한 혁신이 필요하다. 기존의 제품 판매 중심의 수익모델에 그치지 않고 제품 판매 수익과 함께 제품 전 주기 사용 단계의 서비스로 확대하여 지속적인 수익을 창출하는 제품의 서비스화XaaS가 대표적 사례다. 사지 않고 일정기간 정액 사용료를 내고 쓰는 구독모델, 사용한 만큼 지불하는 사용당 지불Pay-per-use, 부품당 지불Pay-per-part 등 다양한 수익모델이 도입되고 확산되고 있다. 디지털 대전환의 연결과 데이터를 통해 과거에는 상상하지 못했던 새로운 수익모델이 창출되고 있는 것이다. 우리 기업들도 종래의 수익모델 중심에서 속히 탈피하여 해외 성공 모델 도입은 물론 새로운 수익모델의 개발이 시급하다. 이를 위해서는 사물인터넷, 5G, 데이터, 인공지능 등 디지털 대전환 기술은 물론 선진 금융기법 등 타 산업과의 융합이 필수적이다.

최근 전 세계적으로 전시와 콘퍼런스를 통해 수익모델 혁신에 대한 많은 사례가 제시되고 있다. 현대자동차, GM 등 자동차 회사들이 기존의 자동차 판매 중심의 수익모델에서 탈피하여 모빌리티 서비스를 통한 수익모델 혁신이 좋은 사례다. GM은 전기차 플랫폼인 얼티엄Ultium을 기반으로 한 전기차를 확충하고 여기에 종합적인 서비스 플랫폼인 얼티파이Ultifi를 연결하여 제품과 서비스 융합을 통한 수익모델 혁신 계획을 발표했다. LG전자의 수익모델 혁신 사례로 냉장고 등 가전제품의 판매 이후 고장 예측 및 사전 서비스 등을 제공하는 프로액티브 서비스Proactive Care Service를 선보였다.

이상과 같은 목표고객, 제품과 서비스, 운영모델, 수익모델의 네 가지 비즈니스 모델 요소별로 제시된 디지털 대전환 기반의 비즈니스 모델 혁명의 전개 방향으로 혁신 계획을 수립하고 신속히 실행해야 한다. 이 비즈니스 모델 혁신은 기업의 사활이 걸려 있는 가장 시급한 과제다. 최고경영자가 직접 지휘하고 전 직원이 참여하여 실행돼야 한다. 비즈니스 모델 혁신 방향은 모든 기업과 산업에 일률적으로 적용되는 것이 아니라 각자의 특성을 감안하여 추진해야 함은 이론의 여지가 없다.

ESG 기반의 비즈니스 모델 혁명

디지털 대전환 기반의 비즈니스 모델 혁명과 함께 ESG 기반의 비즈니스 모델 혁명이 전 세계적으로 급부상하고 있다. ESG는 환경Environment, 사회Social, 지배구조Governance를 의미하는 약어이다. ESG 경영, ESG 투자 등 기업 경영뿐만 아니라 투자 전반을 넘어 국가 경영에 이르기까지 적용이 확대되면서 일반인도 꼭 이해해야 하는 시대정신이 되고 있다. 당초 ESG는 환경적·사회적·지배구조적 측면을 기업 경영의 핵심에 두고 경영하는 기업이 그렇지 않은 기업보다 경영 성과와 지속가능성이 높다는 가설에서 시작되었다. 이제 ESG를 기업 경영의 핵심에 두는 ESG 경영은 'ESG 경영이 우수한 기업에 투자하겠다'는 ESG 투자와 함께 상승 작용을 일으키며 ESG 열풍을 일으키고 있다.

2021년 미국 바이든 정부의 출범과 함께 기후변화 대응을 위한 파리협정 복귀를 발표하면서 전 세계적으로 탄소중립 등 친환경 정책이 강력히 대두되고 있는 것도 ESG 열풍의 주요 동인이다. 미국, 유럽 등 선진국을 중심으로 환경 규제가 강화되고 있고 글로벌 기업들도 제품 구매 시 ESG 측면을 고려하기 시작하면서 수출의 존도가 큰 우리 경제와 기업이 시급히 대응해야 할 발등의 불이 되고 있다.

세계 양대 기술전시회 중 하나인 세계가전전시회에서도 ESG를 전시회 전체를 관통하는 키워드로 제시했다. 해를 거듭하며 ESG가 개념이나 비전 제시에 그치지 않고 제품과 서비스에 직접 반영한 결과와 향후 구체적 계획을 제시하는 기업이 많아졌다. 삼성전자, GM, 현대차, SK, 퀄컴 등 각 분야 주요 기업이 이구동성으로 탄소중립, 소셜 임팩트 등 ESG 경영의 구체적 로드맵을 제시했다. 세계가전전시회와 함께 세계 양대 기술전시회인 하노버산업박람회도 ESG가 단연 돋보이는 키워드였다. 소비자 기술은 물론 산업 기술에서도 순환경제, 탄소중립 등 환경과 지속가능 발전이 크게 부각되면서 ESG가 이제 세계적 시대정신으로 자리잡고 있다는 것을 보여주었다. 따라서 ESG는 단순히 개념적이거나 보여주기 식이 되어서는 안 된다. 모든 직원의 기업 활동의 기준이 되는 ESG 기반의 비즈니스 모델 혁명으로 발전해야 한다.

ESG에 대한 올바른 이해와 대응

현 상황에서 우리 기업과 금융 기관은 물론 정부, 학계, 언론계 등 전체 경제 생태계의 ESG에 대한 올바른 이해와 대응이 매우 시급하고 중요하다. 그러나 우리의 기업 현장은 물론 경제계 전반의 현실은 유감스럽게도 아직 ESG에 대한 정확한 이해와 공감대가 미흡하여 다소 혼란스러운 상황이다. 4차 산업혁명, 기술혁명, 코로나 팬데믹, 탄소중립 등 급변하는 대내외 경영환경에 대응하기도 힘겨운 기업인들은 ESG를 또 다른 부담으로 인식하고 있다. 또한 왜 갑자기 ESG 열풍인가, ESG 경영은 어떻게 해야 하는가, 중소기업도 ESG 경영이 가능한가, ESG 지표는 적절한가, 정부는 ESG에 어떻게 대응해야 하나 등 많은 질문을 쏟아내고 있다.

이와 함께 미중 갈등과 러시아-우크라이나 전쟁으로 인해 에너지, 자원, 식량 등 글로벌 공급망 교란이 본격화되어 ESG 환경이 급속도로 어려워지면서 ESG에 대한 논란은 더욱 뜨거워지고 있다. 이산화탄소 순배출의 제로화, 즉 넷제로를 목표로 하는 탄소중립을 위해 대폭 감축 내지 제로화해야 하는 석유, 석탄, 천연가스 등 화석연료가 오히려 수요가 급증하고 가격이 상승하며 글로벌 에너지 기업의 화석연료 관련 이익이 증가하고 있다. 일시적 현상으로 보이나 그럼에도 글로벌 투자 심리가 요동치며 블랙록 등 ESG 투자를 주도했던 투자사가 다소 유보적 입장을 보이는 등 ESG 추동력이 약화될까 우려하고 있다.

국내에서도 이제 ESG가 한물간 것 아니냐는 회의론이 대두되며 일시적 유행으로 그칠 것인지, 기업 경영과 투자의 새로운 규범으로 공고히 뿌리내릴 것인지에 대한 논란으로 발전하고 있다. ESG에 대한 이러한 논란은 우리 기업인들에게 큰 혼란이 아닐 수 없다. 반드시 따라야 할 대세인지 아닌지가 확신이 서지 않는다는 애

기다. 대외 의존도가 큰 우리나라로서는 ESG의 글로벌 흐름에 무작정 따라가기보다 그 배경과 본질을 정확히 이해하고 선제적으로 대처하는 지혜가 필요해 보인다.

그러나 ESG가 세계적 열풍과 함께 새로운 규범으로 급부상한 배경과 원인을 이해하면 결국 지나가는 유행이 아니라 기업은 물론 국가의 생존 요건이자 성공 요건이고 시대정신의 필연적 대세임이 자명하다. ESG를 주도하는 동인이나 원동력으로는 먼저 투자자가 직접적 동인이라는 시각이 있다. 블랙록 CEO 래리 핑크가 ESG 열풍을 촉발하고 글로벌 투자 펀드들이 가세하며 확산되었기 때문에 투자자가 동인이라는 주장이 타당할 수 있다. 투자자에게 투자받거나 금융기관에서 대출받기 위해서는 ESG 경영이 필수로 요구되기 때문에 기업 입장에서는 따르지 않을 수 없다.

둘째로 ESG 경영·투자·정보 공개 등의 기준이 되는 ESG 지표가 동인이 될 수 있다. 미국과 유럽연합EU을 중심으로 투자자 보호 목적으로 ESG 정보 공시 의무화가 추진되고 있고 우리나라도 세계 추세를 지켜보며 추진할 것으로 보인다.

셋째로 고객 성향과 선택이 동인이 되고 있다. 기성세대보다 훨씬 더 환경, 사회, 공정성 문제에 민감한 10대 중반부터 30대까지인 MZ세대가 고객의 중심으로 진입하면서 제품과 서비스 구매 시 ESG를 선택 기준으로 삼기 시작했기 때문이다. 기성세대는 본인 살아생전에 지구가 잘못될 것이라는 걱정을 하지 않지만 살아갈 날이 많은 MZ세대는 지구 환경에 매우 민감하고 우려가 많다. 막연히 환경 보호를 외치기보다 환경 친화적 기업의 제품과 서비스는 구매하고 그렇지 않은 기업은 배척한다. 사회에 기여하는 기업,

공정한 기업도 마찬가지로 MZ세대가 선택하고 있다. 결론적으로 단기적으로는 투자자와 지표가 ESG의 중요한 동인이 될 수 있으나 궁극적으로는 고객 성향과 행동 변화가 가장 중요한 동인이 될 것이라는 시각이 중요하다. 투자자와 지표는 최근의 ESG 논란에서 볼 수 있는 바와 같이 외부 상황에 따라 유동적으로 바뀔 수 있으나 고객 성향과 행동 변화는 기업 입장에서는 반드시 따라야 할 대세이기 때문이다.

투자자, 정부, 고객의 요구라는 ESG 열풍의 3대 촉발 요인 관점에서 최근의 관련 국내외 ESG 동향을 살펴보면 ESG 회의론이나 논란은 기우에 불과함을 알 수 있다. 논란이 된 투자자 요인은 일시적 조정을 겪을 수 있으나 ESG 공시 의무 확대, 탄소국경조정제도 CBAM 시범 운영 등 각국 정부의 제도적 요인과 함께 MZ세대를 중심으로 한 글로벌 고객 신 주류층의 친환경 구매 추세 등 고객 행동 요인은 더욱 강화되고 있기 때문이다. 대외의존도가 큰 한국 기업에 정부와 고객 측면의 이 두 ESG 요인은 국내는 물론 해외 매출과 수익에 직결되어 명운을 좌우하는 핵심 요소다. 우리 기업, 투자자, 정부 등 관련 주체는 회의론과 같은 불필요한 논란에 시간을 낭비하는 일 없이 ESG 전환을 위한 근본적 대응에 주력해야 한다.

이러한 맥락에서 고객 성향과 행동 변화를 ESG의 가장 중요한 동인으로 보는 시각으로 경영과 투자 방향을 정하고 ESG 지표를 개선해나가야 한다. 먼저 앞서 강조했던 바와 같이 ESG 경영의 핵심은 고객의 마음을 얻는 것임을 명심해야 한다. ESG 경영을 단순히 환경 보호, 사회적 책임, 투명경영 등 기업이 의무적으로 해야 한다는 수동적 책임이 아니라 고객 주류로 부상한 MZ세대 등이 원하는 친환경 제품이나 서비스, 사회적 가치를 제공함으로써 마음을 얻고 고객 감동을 끌어내어 사회적 가치와 경제적 가치를 동시에 얻는 능동적 기회 창출로 보는 시각이 중요하다. 그러기 위해서는 의지나 아이디어는 기본이고 획기적 기술 혁신이 필요하다. 최고경영자만이 아니라 전 직원이 참여하고 기술 혁신이 주도하는 ESG 기반의 비즈니스 모델 혁명이 되어야 한다.

겉보다 속, 보이는 것보다 보이지 않는 것, 결과보다 과정에 집중하는 것이 우리가 지향하는 선도자First Mover가 되는 길이다. ESG 선도국이 되려면 정확한 인식과 함께 앞서 강조한 궁극적 목적을 추구하는 방향으로 선제적으로 제도와 정책을 만들어가야 한다.

ESG 기반의 비즈니스 모델 혁명의 추진 방향

ESG 열풍의 배경과 원인을 살펴보면 결국 ESG 경영의 핵심은 기업 입장에서는 고객의 마음을, 국가 입장에서는 국민의 마음을 얻는 것이라 할 수 있다. 즉 기업은 환경, 사회, 지배구조 측면을 경영의 핵심에 두는 ESG 경영으로 고객의 감동을 끌어내는 것이 중요하다. 기업이 목표인 고객 만족을 넘어 고객 감동에 이르고 더 나아가 소위 팬덤이 형성되면 기업의 매출과 수익성은 저절로 얻게 되는 것은 자명한 사실이다. ESG를 통해 기업, 국민, 국가가 공동으로 발전하는 포용 성장이 가능해지는 것이다.

따라서 기업은 포용적 자본주의의 주체로서 주주만이 아니라 고객, 직원, 지역사회 등 이해관계자를 배려하고, MZ세대 등 고객이 원하는 친환경과 사회적 가치를 추구함으로써 사회적 가치와 경제적 가치를 동시에 얻어야 한다. ESG 기반의 비즈니스 모델 혁명이

ESG 경영의 개념 및 철학

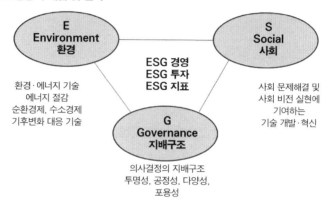

먼저 E(환경) 측면에서는 세 가지 관점에서 경영이 이루어질 필
요가 있다. 첫째, 탄소 및 환경 유해물질 배출 관점이다. 에너지와
자원 절감을 포함하여 탄소, 온실가스, 오염물질 배출을 계량화하
고 최소화하는 일이다. 현재 대부분의 ESG 지표 등 관련 제도와
정책이 여기에 집중되어 있다.

둘째, 기술 혁신 관점이다. 탄소중립을 위한 다양한 환경 및 에너
지 기술, 에너지 절감 기술, 순환경제 및 수소경제 기술 등 기술 혁
신이 목적이다. 지구 환경 측면에서 첫째 관점보다 임팩트가 훨씬
크나 현재 ESG 지표나 경영은 이에 대한 고려가 아직 미흡하다.

셋째, 비즈니스 모델 관점이다. 과거의 대량생산·소비 모델에
서는 과잉 생산과 과다 잉여가 필연적이다. 그런데 4차 산업혁명
과 디지털 대전환을 통해 맞춤형 생산·소비 모델로 전환하면 이
를 방지함으로써 탄소중립에 근본적으로 기여할 수 있다. 탄소 및
오염물질 배출의 주범인 대도시화를 강소도시 클러스터로 전환하

ESG를 통해 추구하는 사회, 국가, 인류의 비전

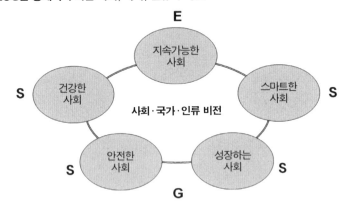

는 것도 좋은 예다. 지구 환경 측면에서 앞의 두 관점 대비 보다 근본적 대응이나 이 역시 현 ESG 체제에서 고려가 아직 미흡하다. ESG 선도국이 되려면 첫째 관점은 기본이고 둘째와 셋째 관점으로 ESG 지표 등 제도 및 정책을 고도화해야 한다.

다음으로 S(사회) 측면에서도 역시 세 가지 관점의 ESG 경영이 필요하다. 첫째, 사회공동체로서의 기본 인식 관점이다. 근로조건, 인권, 다양성, 안전과 보건, 협력사와 지역사회 동반성장 등의 지속적 개선을 목표로 하고 현재 대부분의 ESG 지표나 ESG 경영이 이 수준에 머물러 있다.

둘째, 기술 혁신 관점이다. 기술 혁신을 통해 사회공동체가 겪고 있는 문제Pain Point를 해결하거나 사회공동체가 추구하는 비전을 달성하는 것이 목적이다. 사회공동체의 5대 비전이라 불리는 지속가능, 건강, 스마트, 안전, 성장에 기여하는 기술 혁신은 사회 측면에서 첫 번째 관점보다 훨씬 파급력이 크나 현재 ESG 체제에서는 이에 대한 고려가 역시 미흡하다.

셋째, 비즈니스 모델 관점이다. 앞서 강조한 대로 맞춤형 생산·소비, 강소도시 클러스터 등 디지털·그린·문명 대전환에 따른 사회공동체의 변화를 비즈니스 모델 혁신으로 대응하면 사회적 파급력이 지대할 것으로 보인다. S(사회) 측면 역시 첫째 관점은 기본이고 둘째와 셋째 관점으로 고도화하는 것이 중요하다.

마지막으로 G(지배구조) 측면에서도 E와 S와 같이 기본 개념, 기술 혁신, 비즈니스 모델 관점 모두 고려해야 한다. 여기서는 특히 기본 개념이 매우 중요하다. 그중에서도 지배구조란 의사결정의 지배구조를 의미한다는 인식이 핵심이다. 현 ESG 체제에서는 소유의 지배구조에 집중되어 있어 이의 개선이 시급하다. 물론 소유 구조가 현실적으로 기업의 의사결정에 가장 큰 영향을 준다는 건 사실이나 소유 외에도 젠더, 나이, 인종 등 기업의 의사결정에 영향을 주는 인자의 지배구조도 반드시 고려되어야 한다. 예를 들어 화장품 등 여성이 주 고객인 기업의 경우, 이사회, 임원진 등 리더 그룹의 여성 비율이 높아야 여성 고객의 마음을 잘 이해하고 올바른 의사결정을 내릴 수 있다는 인식이다.

착한 기업보다 현명한 기업이 되어야 한다. 우리 기업과 정부가 ESG에 대한 올바른 이해를 바탕으로 경영과 정책을 통해 ESG의 지속가능성은 물론 수익성과 경제성장을 동시에 추구하고, 경제적 가치와 사회적 가치도 동시에 추구하고, 기업과 사회의 동반 성장이라는 두 마리 토끼를 잡는 것을 비즈니스 모델에 내재하여 추구해야 한다.

협력 기반의 비즈니스 모델 혁명

협력Collaboration 기반의 비즈니스 모델 혁명은 광속으로 진행되는 기술 혁명과 시장 변화의 속도에 대응하기 위해서 필연적으로 나타나는 추세다. 모든 면에서 과거와 비교할 수 없는 변화가 일어나고 있다. 작금의 초변화 대전환 시대에는 기업은 물론 국가도 단독으로는 대응하기 어렵다. 기업도 산학 연관 협력은 물론이고 동종 및 이종 기업 간 협력에서 더 나아가 국내외 기업 생태계 협력을 통한 비즈니스 모델 혁신을 추진해야 한다. 중소기업 간 협력, 대기업 간 협력, 대·중·소기업 협력, 산학 연관 협력 등 다양한 기업 생태계가 협력해야 한다.

대·중·소기업이 컨소시엄을 구성하여 기업 규모별로 장점을 살린 협력이 중요하다. 제품 개발, 생산, 판매에 혁신 중소중견기업이나 스타트업의 속도, 혁신 경쟁력을 대기업의 사업화 역량, 자원과 결합해 효과성과 효율성을 극대화할 수 있다. 대기업 간 협력도 이종 기업은 물론 동종 기업 간에도 과거에는 상상하기 어려운 합종연횡이 이루어지고 있다. 중소기업 간 네트워크화와 집단화를 통한 협업도 시급하고 효과적인 대안이다. 마케팅, 연구개발R&D, 생산, 구매, 관리 등 기업 가치사슬에 중소기업 간 공동 협업 사업 추진이 대표적 사례다. 실행하기 쉬운 공동 구매부터 시작하여 공동 생산, 공동 연구개발로 확대하고 공동 브랜드 등 공동 마케팅까지 단계적으로 추진하는 것이 바람직하다.

과거 사례를 분석해볼 때 공동 협업 사업은 기업 간 신뢰를 구축하는 노력이 가장 중요하다. 이를 지원하는 우대제도 등 정부의 세도적 뒷받침이 필요하다. 독일과 스위스의 연삭기 기업, 호주 골드 코스트 요트 기업 등 국내외로 수많은 공동 협업 성공 사례를 참조 하여 중소기업중앙회 등 주요 민간 협단체 중심으로 성공 사례를 만들어가면 확산할 수 있을 것이다.

4.

이것이 비즈니스 모델 혁명의
주요 유형이다

비즈니스 모델 혁명에 대한 정확한 이해를 바탕으로 시장 니즈와 트렌드, 기술 트렌드, 기업 및 산업 특성을 고려하여 다양한 비즈니스 모델을 개발하는 데 주력해야 한다. 비즈니스 모델의 주요 혁신 사례는 제품과 서비스 혁신(P/S), 제품과 서비스의 융합(P+S), 플랫폼화(X'P), 제품과 금융의 융합(P+F) 등이 있다. 이 외에도 데이터 기반 비즈니스 모델, O2O·O4O 비즈니스 모델, 특허 등 지적재산권 기반 비즈니스 모델 등 다양한 비즈니스 모델이 개발되어 적용되고 있다. 초변화 대전환 시대에 디지털 혁신을 통한 경쟁력 있는 비즈니스 모델을 개발하고 적용하는 것에 기업과 더 나아가 국가의 성패가 달려 있다고 해도 지나치지 않다. 주요 비즈니스 모델 추진 사례를 정리하면 다음과 같다.

제품과 서비스 혁신(P/S)

비즈니스 모델 혁명이 다양한 방향으로 전개된다 해도 기본은 제품과 서비스 혁신이다. 제조 기업은 제품 혁신이 기본이고 서비스 기업은 서비스 혁신이 기본이다. 앞서 강조했던 바와 같이 디지털 대전환을 통해 목표고객을 설정하고 원하는 가치와 니즈를 파악하여 그것을 만족시키는 제품과 서비스를 고객에게 제공하는 것이 혁신의 기본이다. 과거 대량생산·소비 시대에는 불특정 다수 고객에게 공통적인 제품과 서비스를 제공했다. 그러나 이제는 데이터와 인공지능 기반의 디지털 대전환을 통해 특정 소수의 고객 또는 개인 고객별로 맞춤형 제품과 서비스 제공이 가능해진다. 고객의 신상, 기호, 성향, 구매·사용 이력 등 목표고객 데이터 확보가 경쟁력의 핵심이 된다.

우리 기업이 해외시장에서 중국 기업과 힘겹게 경쟁하는 현황을 감안하면 산업별로 정도의 차이는 있으나 독일의 인더스트리 4.0의 전략적 방향과 같이 대량생산 기반의 비즈니스 모델로는 어렵고 다품종 소량의 맞춤화와 개인화 비즈니스 모델로 혁신해야 한다. 기존의 효율성 중심에서 디지털 대전환 기반으로 다양성과 효율성을 동시에 추구하는 것으로 전환하되 우리의 강점과 약점, 기회와 위협 등 우리 여건에 맞고 산업 특성과 기업 유형, 시장별로 차별화된 제품과 서비스 혁신 전략을 수립하는 것이 시급하다. 다음 그림은 산업 유형을 일관 생산의 장치산업Process Industries과 개별 생산의 조립가공산업Discrete Industries으로 나누고 기업 유형을 기업이 고객인 B2B 산업과 일반 고객이 고객인 B2C 산업으로 나

비즈니스 모델 혁신 - 제품과 서비스 혁신

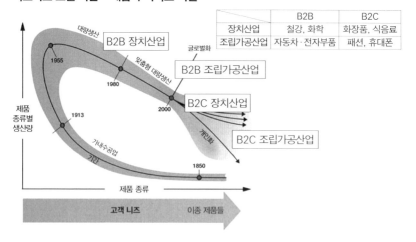

	B2B	B2C
장치산업	철강, 화학	화장품, 식음료
조립가공산업	자동차·전자부품	패션, 휴대폰

(출처: Koren (2010) 주영섭 수정)

누었다. 그렇게 하여 전 산업을 B2B 장치산업(철강, 화학 등), B2B 조립가공산업(자동차부품, 전자부품 등), B2C 장치산업(화장품, 식음료 등), B2C 조립가공산업(휴대폰, 패션의류 등)의 4개 유형으로 분류하고 각 유형의 제품 혁신의 방향을 제시하고 있다. 즉 B2C 조립가공산업은 개인화와 맞춤화 추세가 매우 강하고, B2B 장치산업은 아직도 대량생산 범주에 있으나 일부 맞춤화가 진행되고 있다. B2C 장치산업과 B2B 조립가공산업은 중품종 중량 생산 수준의 맞춤화가 진행되고 있다. 우리 기업들은 제품은 물론 서비스, 의료, 교육, 관광 등 모든 제품과 서비스의 개인화와 맞춤화 추세를 감안하여 혁신 전략을 수립할 필요가 있다. 고객의 취향과 소비 성향에 대한 데이터인 디지털 흔적Digital Footprint과 인공지능을 통한 개인 맞춤형 제품과 서비스가 대세로 자리잡고 있다.

아울러 고객의 주류로 부상하고 있는 밀레니얼 세대와 Z세대를 아우르는 MZ세대의 취향에 맞는 제품과 서비스 혁신도 중요하다. 밀레니얼 세대와 Z세대는 서로 다르고 독특한 취향과 소비 성향을 보이고 있어 정확한 이해와 분석이 필요하다. MZ세대의 공통적 특성은 디지털과 정보화에 능하여 환경, 사회 문제, 공정성 등에 민감하다. 이들의 마음을 잡을 수 있는 친환경 등 ESG 측면을 잘 반영한 제품과 서비스 혁신이 중요하다.

또한 코로나 팬데믹에 따른 소비자들의 건강에 대한 관심이 높아지고 달라진 라이프 스타일에 대응하는 디지털 헬스케어와 스마트홈이 크게 부상했다. 홈코노미Homeconomy라는 신조어가 나올 정도로 전 세계적으로 재조명되고 부각된 집 중심의 경제활동에 대응하는 홈 엔터테인먼트, 스트리밍, 홈 트레이닝, 수면테크 SleepTech, 홈 헬스케어 등에서도 제품과 서비스 혁신을 주목하는 추세다.

제품과 서비스의 융합(P+S)

제품과 서비스의 융합이 중요한 비즈니스 모델로 부상하고 있다. 비즈니스 모델이 단순히 제품 판매에 그치고 않고 제품 판매와 함께 제품의 전 주기 사용 단계에서의 서비스로 확대되는 제품의 서비스화XaaS, Everything as a Service는 세계적 추세여서 대응이 시급하다. 이 역시 제품의 전 주기 사용 데이터를 통해 새로운 부가가치와 성장동력을 창출할 수 있게 됐다. 다음 그림과 같이 자동차 산업이 자동차 중심에서 탈피하여 자동차는 물론 자동차 관련 제

비즈니스 모델 혁신 – 제품과 서비스 융합(자동차 산업 사례)

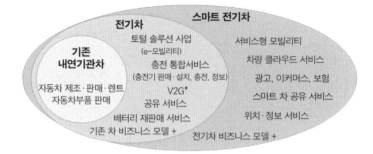

반 서비스를 망라하는 대규모의 모빌리티 산업으로 발전하는 것이 좋은 사례다.

플랫폼화(2P)

플랫폼화는 글로벌 기업들이 지속적으로 추진해온 핵심 비즈니스 모델이다. 특히 온라인 디지털 플랫폼화는 4차 산업혁명의 디지털 대전환에 따라 시장 지배력의 대세로 자리잡아왔다. 그 결과로 GAFAM(구글, 아마존, 페이스북(현 메타, 애플, 마이크로소프트) 또는 FAANG(페이스북, 애플, 아마존, 넷플릭스, 구글)이라 불리는 세계적 플랫폼 기업들의 글로벌 시장 지배력이 날로 커지고 있다. 코로나 팬데믹으로 온라인 디지털 플랫폼화는 더욱 가속되고 있어 신규 플랫폼 기업의 출현도 예상되나 소비자(고객)와 공급자(협력사)에 대

* Vehicle to Grid. 전기차의 남은 전력을 건물에 공급하거나 되파는 기술

한 데이터 확보 면에서 앞서 있는 기존 글로벌 플랫폼 기업의 시장 지배력은 더욱 커질 전망이다.

플랫폼은 여러 형태가 있을 수 있다. 그중 특히 디지털 플랫폼은 소비자와 공급자를 연결하는 강력한 비즈니스 모델로서 향후 디지털 플랫폼의 주도권이 기업은 물론 국가의 미래를 좌우할 것으로 보인다. 현재 구글, 아마존, 애플 등 미국의 플랫폼 기업이 선도하고 있는 디지털 플랫폼 비즈니스 모델에서 우리 기업의 미래 대응 방안을 수립하는 것이 시급하다.

플랫폼화 모델은 모든 빅테크 기업에서 추구하고 있다. 구글, 아마존, 메타, 애플 등 글로벌 플랫폼 기업은 멀티모달Multimodal 기반의 생성형 인공지능이나 사용자 인터페이스UI, 클라우드, 증강현실AR·가상현실VR 등 자사의 솔루션을 바탕으로 많은 파트너사나 협력사들과 함께 개발한 다양한 제품과 서비스를 제시하고 있다. 플랫폼화를 통해 직간접적으로 여전히 강한 지배력을 보여주고 있다. 초거대 인공지능 솔루션인 하이퍼클로버X를 출시한 네이버가 오픈AI와 마이크로소프트의 챗GPT, GPT-4, 구글의 바드에 대항하여 한국 시장을 지키고 글로벌 시장에 진출할 가능성을 보여주는 것은 반가운 일이다. 아울러 메타버스가 플랫폼화의 새로운 핵심 기술과 수단으로 부상할 수 있다는 가능성도 제시되고 있다. 메타는 물론 최근 미국 게임 대기업 블리자드 인수로 부상하고 있는 마이크로소프트 등 글로벌 플랫폼 기업 간의 메타버스 전쟁도 향후 주목해야 할 대목이다.

제품과 금융의 융합(P+F)

제품과 금융의 융합은 새로운 비즈니스 모델 창출을 위해 매우 중요하다. 제품과 금융을 융합함으로써 구매하지 않고 매월 사용료를 내는 구독모델, 사용한 만큼 이용료를 내는 사용당 지불Pay-per-use, 생산한 부품 수만큼 이용료를 내는 부품당 지불Pay-per-part 등 고객에게 큰 가치를 제공하는 다양한 비즈니스 모델 혁신이 가능하다. 앞서 제시한 수익모델의 혁신이나 제품의 서비스화 혁신을 확산하기 위해서는 금융의 역할이 필수적이다. 구독모델은 많은 가전제품이나 스마트홈 분야에서 중요한 비즈니스 모델로 자리잡고 있다. 특히 정수기, 공기청정기, 프린터 등 유지보수가 필요한 제품부터 적용하기 시작하여 많은 분야로 확대되고 있다. 사용당 지불Pay-per-use이나 부품당 지불Pay-per-part과 같이 사용한 만큼 대금을 지급하는 비즈니스 모델도 확산되고 있다.

이 외에도 데이터가 자산이 되는 데이터 경제 모델, 특허 등 지적재산권 기반의 비즈니스 모델 등 다양한 비즈니스 모델을 발굴하고 개발해야 한다.

6장

산업 디지털 전환
인공지능과 데이터 활용 방법

배유석

한국공학대학교 컴퓨터공학부 교수

서울대학교 전기공학과를 졸업했고 동대학원에서 석사학위를 받았다. KAIST 전기 및 전자공학과에서 인공지능으로 박사학위를 받았다. 미국 국립표준연구원NIST에서 연구원으로 보안 인공지능에 관한 연구를 하였다. 그후 삼성전자 DM연구소에 영상처리에 관한 연구를 진행했고, 벤처기업인 휴노테크놀로지 연구소장을 지냈다. 산업통상자원부의 경기 스마트산단 사업단장을 역임하고 산업통상자원부, 과학기술부, 중소벤처기업부의 정책기획과 사업기획에 참여하고 있다.

현재 과학기술부 그랜드 ICT 센터장, 한국공학대학교 첨단제조혁신원 원장 및 컴퓨터공학부 교수로 재직 중이다.

1.

인공지능과 데이터 활용이 관건이다

인공지능과 데이터가 핵심요소가 된다

4차 산업혁명이 발생함에 따라 인공지능AI, 사물인터넷IoT, 로봇, 자율주행, 증강현실·가상현실, 가상물리시스템 등의 데이터 기반 기술을 보유한 기업이 전 세계 시장을 주도하고 있다.

또한 데이터를 기반으로 신산업이 창출됨에 따라서 4차 산업혁명은 기존 산업혁명에 비해 더욱 넓고 빠르게 산업에 영향을 미칠 것으로 예상된다. 이후 최근 언급되고 있는 5차 산업혁명은 예측하기 어렵고 인간이 아니라 기계가 주도할 것으로 예상하고 있다. 전 산업에서 이에 대비하고자 하는 노력이 나타나고 있다. 4차 산업혁명은 코로나19를 계기로 비대면 문화가 확산됨에 따라 디지털 전환이 가속화되어 데이터가 산업과 일상생활의 핵심 요소로 자리잡게 되었다. 이로 인해 인공지능과 빅데이터 기술 등을 기반

IT 관리의 진화

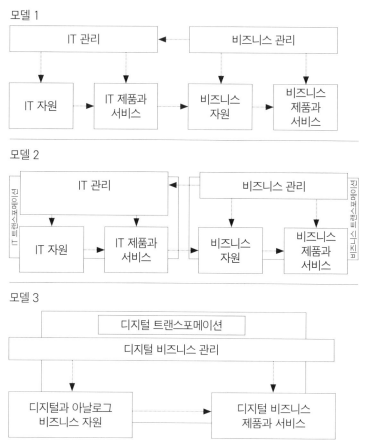

모델 1

| IT 관리 | 비즈니스 관리 |

IT 자원 → IT 제품과 서비스 → 비즈니스 자원 → 비즈니스 제품과 서비스

모델 2

디지털 트랜스포메이션 / IT 관리 / 비즈니스 관리 / 디지털 트랜스포메이션

IT 자원 → IT 제품과 서비스 → 비즈니스 자원 → 비즈니스 제품과 서비스

모델 3

디지털 트랜스포메이션
디지털 비즈니스 관리

디지털과 아날로그 비즈니스 자원 → 디지털 비즈니스 제품과 서비스

으로 한 디지털 전환Digital Transformation이 가속화되었다.

4차 산업혁명으로 인공지능, 빅데이터 기술과 더불어 메타버스 기술도 발전하게 되어 다양한 산업에 적용되고 있다. 메타버스 기술의 발전으로 디지털 공간의 중요도가 현실과 동등하거나 그 이상이 되는 디지털 황금시대를 메타버스 시대라 표현하기도 한다.

주요 속성별 메타버스와 인터넷 시대의 차이점

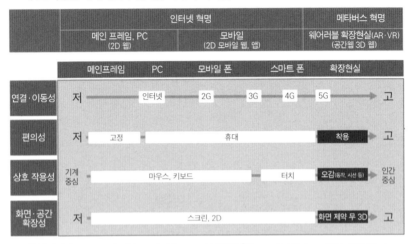

(출처: Deloitte center for Integrated Research(2020), "The spatial Web and Web 3.0, What business leaders should know about the next era of computing"; Acceleration Studies Foundation (2006), "Metaverse Roadmap, Pathway to the 3D Web" 기반 SPRi Analysis)

메타버스 시대는 실제 세계와 평행한 완전히 새로운 세계를 추구하며 이후 기술의 발달과 인식의 변화에 따라 현실 세계를 대체하게 될 것으로 예상된다. 새로운 메타버스 세계에서는 인공지능, 사물인터넷, 5G, 클라우드 등의 기술을 기반으로 한 새로운 시스템이 요구될 것으로 예상된다.

인공지능과 디지털 혁신

4차 산업혁명 이전의 방식과는 다르게 현재는 대규모의 데이터를 수집하는 기술이 발전하여 수동 작업 영역을 대부분 대체하고 있으며 의사소통 방식, 상호작용 방식, 조직 운영 방식이 변화하고

디지털 전환과 데이터

(출처: Enaohwo, owen Mcgab. (2022, March 27). Your Complete Guide to Achieving Digital Transformation. SweetProcess. https://www.sweetprocess.com/digital-transformation/)

있다. 실제 세계와 평행한 완전히 새로운 세계이다. 단편적인 예시인 메타버스, 디지털 트윈Digital Twin과 같은 방식으로 진정한 의미의 디지털 전환 시대가 되면 모든 분야에서 이루어질 것이다.

이러한 첨단 정보통신기술ICT을 기반으로 플랫폼 경제로 나아가는 방향으로 시장도 변화하고 있다. 간단한 예로 메타버스를 기반으로 하는 가상세계의 부동산 시장을 볼 수 있다. 이러한 소비의 주축이 기성세대가 아니라 MZ세대로 전환되어 시장의 소비문화와 라이프 스타일도 크게 변화하고 있다. 이러한 변화는 빅데이터, 클라우드, 인공지능, 로봇, 블록체인, 3D 등의 첨단 정보통신기술을 통해 수집되는 데이터를 기반으로 나타나고 있다.

디지털 역사의 발전 과정만 보아도 가정용 데스크톱인 PC와 휴대전화가 이렇게까지 발전할 것이라고 예측하지 못했다. 인공지능

디지털 생태계의 경제적 가치

경제적 제공	상품	재화	서비스들	경험들
경제	농업	산업	서비스	경험
경제적 기능	추출	생산하다	운송	단계
제공의 본질	대체가능한	실재하는	무형의	기억할 만한
주요 속성	자연	표준화	맞춤의	개인적인
공급 방법	대량 저장	생산 후 재고	주문에 따라 배달된	장기간에 걸쳐 드러난
판매자	무역업자	제조사	제공자	전문가
구매자	시장	사용자	고객	손님
수요 요인	특성	특징	이익	감각

(출처: Pine ii, J. B., & Gilmore, J. H. (1998, July). Welcome to the Experience Economy. Harvard Business Review. https://hbr.org/1998/07/welcome-to-the-experience-economy)

역시 인간의 삶에 들어와 몸으로 느낄 수 있으리라 생각하는 사람들도 역시 많지 않았다. 하지만 지금은 인공지능이 다양한 플랫폼과 상품에 적용되며 산업 전반에 빠르게 변화하고 있고 일반인들의 일상에도 영향을 미치고 있다.

이러한 디지털 기술을 기반으로 이루어진 디지털 생태계가 지속되기 위해서는 기술을 통합해야 한다. 이 기술들 중에 단연 가장 중요한 핵심 요소는 인공지능 기술이 될 것이다. 비즈니스 구조와 의사소통 방식 등 프로세스가 전반적으로 변화하면서 인공지능의 도입도 더욱 가속화되고 있다.

인공지능은 대규모 데이터로 학습된 모델들을 통해 의사결정을 한다. 그러다 보니 인간이 직접 보는 데이터의 경우의 수를 학습하고 의사결정하는 것이 불가능한 한계의 벽을 뛰어넘게 한다. 실제로 인간과 인공지능의 대결에서도 인공지능이 거의 모든 분야에서 압도적인 승률을 보여주고 있고 많은 기업이 앞다투어 인공지능을 기반으로 한 지능형 경험 경제에 진입하고 있어 실제 비즈니스 세계에 많은 변화가 생기고 있다.

실제 비즈니스에서도 경제적 가치를 생성하는 아이템들을 보면 무인 자동차, 가상현실, 3D 프린팅, 로봇 등의 신기술이 발전하고 있다. 사람이 직접 하던 일들을 인공지능이 대신하게 됨으로써 특정 문제에 국한되지 않고 주어진 모든 상황에서 인간보다 뛰어난 생각과 학습, 창작이 가능한 범용 인공지능AGI, Artificial General Intelligence에 대비해야 한다고 우려하는 목소리도 있다.

최근 인공지능은 두 가지 모델로 나누어볼 수 있다. 하나는 개인용 인공지능Front AI으로 음성 비서와 같이 일상에서 개인이 사용하는 인공지능 모델이고 또 하나는 산업용 인공지능Industrial AI으로 비즈니스, 제조, 상담, 의료 등 기업에서 활용하고 제공하는 인공지능 모델이다.

디지털 전환으로 기술, 서비스, 제품, 비즈니스 모델이 변화하고 있다. 이러한 변화는 더 나은 가치를 제공하기 위해 기존 기업도 더 나은 가치를 제공하기 위해 디지털 플랫폼 기반의 테크기업으로 전환을 시도하고 있고 모든 산업이 디지털 플랫폼을 중심으로 재편되는 플랫폼화Platformization가 이루어지고 있다.

코로나19로 인한 흐름을 타며 관련된 다양한 서비스가 제공되며 새로운 소비시장이 만들어지게 되었다. 이러한 디지털 콘텐츠 시장은 무한한 수요를 요구하며 계속하여 확장되고 있다. 고객이 원하는 시간대에 자기주도적으로 콘텐츠 소비를 할 수 있는 디지

디지털 플랫폼 비즈니스 모델

(출처: Al-khouri, A. (n.d.). Building the Arab Digital Economy - A Strategy Blueprint. Dubai Policy Review. https://dubaipolicyreview.ae/building-the-arab-digital-economy-a-strategy-blueprint/)

메타버스의 디지털 콘텐츠

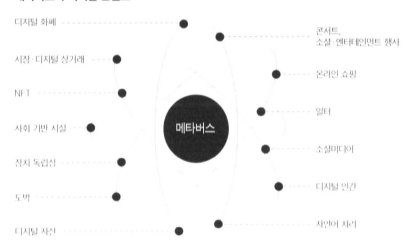

(출처: We Could Be Spending an Hour a Day in the Metaverse by 2026. But What Will We Be Doing There? (2022. 3). World Economic Forum. https://www.weforum.org/agenda/2022/03/hour-a-day-in-metaverse-by-2026-says-gartner/)

인공지능 사용 사례 유형

凡例: ○ 해당없음　◔ 낮음　◐ 중간　◕ 높음　● 매우 높음

	비즈니스 가치				실현 가능성		
	소득·현금 개선[1]	효율성[2]	보고·예측 정확도[3]	감사·준수[4]	기술적 실현 가능성[5]	데이터 실현 가능성[6]	조직화 가능성[7]
❶ 수요·수익 예측	◕	●	●	○	◕	●	◕
❷ 변칙과 오류 탐지	◔	●	◐	●	◕	●	●
❸ 의사결정 지원	●	●	●	◕	◕	◐	◐
❹ POC 수익 예측	◔	●	●	◕	◕	●	●
❺ 현금 징수	●	◕	◐	○	◕	◐	◕

- Income/Cash Improvement – Increases revenue, increases cash or decreses expenses.
- Efficiency – Decreses effort or increses output.
- Reporting/Forecasting Accuracy – Improves the accuracy of reported actuals or forecasted values.
- Audit/Compliance – Increses adherence to auditing requirements or other compliance structures.
- Technival Feasibility – Reflects the availability of skills, tools or techniques to implement a process.
- Data Feasibility – Assesses the ability to gather necessary data.
- Organizational Feasibility – Estimates to willingness of the organization to trust, adapt to or use processes. Also reflects any social or regulatory challenges that may exist.

(출처: Gartner Identifies 5 Top Use Cases for AI in Corporate Finance. (2022, Spring 10). CIO AXIS. https://www.cioaxis.com/just-in/gartner-identifies-5-top-use-cases-for-ai-in-corporate-finance)

털 콘텐츠들은 메타버스 경제 생태계의 핵심이기도 한다. 메타버스와 같은 가상 평행세계도 NFT처럼 작품의 유일성을 통해 수익화가 가능해 또 하나의 시장으로 커지고 있다.

　디지털 시대에서 고객은 자신이 사용하는 디지털 콘텐츠가 활성화된 스트리밍 플랫폼에서도 인공지능을 쉽게 접할 수 있다. 사용자가 소비하는 콘텐츠의 스타일이나 주제를 학습한 인공지능이 고객의 니즈를 파악하여 비슷한 주제의 새로운 콘텐츠를 끊임없이 제공하도록 이러한 플랫폼에 맞춤형 인공지능이 도입되어 있기 때문이다.

　인공지능의 발전으로 이커머스 시장에도 변화가 일어나고 있다. 과거 고객이 직접 매장에 방문하여 상품을 구매하던 싱글 채널

이커머스 시장의 변화

옴니 채널 소매 방식

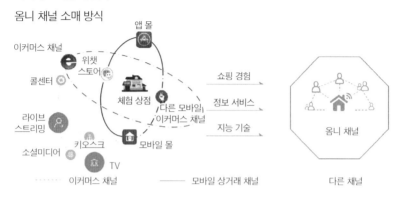

체험 상점

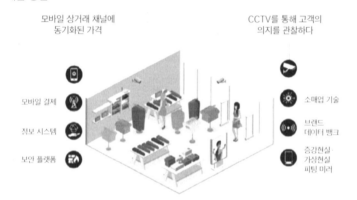

Single Channel 형태에서 현재는 온오프라인과 무관하게 어떠한 채널에서든 고객이 상품을 구매할 수 있는 옴니 채널Omni Channel 형태로 상거래 시장이 운영되고 있다. 또한 이커머스 시장의 변화로 인해 고객이 온라인에서 구매한 상품을 냉장고에 수납까지 해주는 집안 배송In-home Delivery 서비스 형태로 새롭게 등장했다. 이러

신뢰 가능한 인공지능

설계를 통한 데이터와
개인정보보호

투명성과 편견을
감지하고
모니터링하는
도구

건전한 대화를
위한 툴

공표된 정책

관리 위원회

인간의 오버라이드로
감시되는 견고한 공학

인간 친화적 자동화

다양하고
포괄적인 팀

조직 교육

인공지능·공학

문화·디자인

관리

신뢰 가능한
인공지능

(출처: Srivastava, S., Singh, R., Nagarajan, R., Tauckoor, H., Vonikakis, V., Yi, L., & Chang.
(2022 3). Trustworthy AI with MLOps on AWS. IBM Developer. https://developer.ibm.com/
articles/trustworthy-ai-with-mlops-on-aws/)

한 옴니 채널 상거래는 고객 맞춤 서비스를 제공함으로써 고객 만
족도, 수익, 브랜드 인지도, 가시성 등이 향상되어 서비스 측면에서
장점이 확대되었다.

디지털 시대에는 인공지능이 고객이나 사용자의 선택을 학습하
는 것처럼 비즈니스 플랫폼도 비즈니스의 환경과 목표를 반영하기
위해 의사결정자의 정보와 목표를 학습하여 신뢰성과 공정성 있게
의사결정을 내릴 수 있도록 인간의 관점에서 설계되어야 한다. 인
공지능의 의사결정은 데이터에 기반한 접근 방식으로 신뢰할 수
있는 근거를 확보하고, 투명하게 결정을 내리고, 결정의 이유를 제

인공지능 기반 디지털 전환

고급 딥러닝 인공지능 기술은 기존의 분석과 함께 산업 전반에 걸쳐 적용될 수 있다.

기술 관련성 산업별 히트맵   사용빈도 낮음 ◖◗ 높음

	보고의 촛점					Traditional analytics techniques				
	피드포워드 네트워크	순환 신경망	컨볼루션 신경망	생성적 적대 관계망	강화 학습	트리 기반 앙상블 학습	분류기	근접성	회귀 분석	통계적 추론
첨단 전자·반도체										
항공 우주와 국방										
농업										
자동 조립										
은행업										
기본 재료										
화학물질										
소비자 포장 상품										
의료 시스템과 서비스										
하이테크										
보험										
미디어와 엔터테인먼트										
오일과 가스										
제약과 의료 제품										
공공 부문과 사회 부문										
소매										
신기 통신										
운송과 물류										
여행										

(출처: Sethi, B. K. (2022, Summer 2). How AI and ML Will Shift Digital Customer Experience to the next Level? KELLTON. https://www.kellton.com/kellton-tech-blog/how-ai-and-ml-will-shift-digital-customer-experience)

시할 수 있어야 한다.

미래의 인공지능은 기업이나 조직에 최적화된 방향을 제시하여 고객 만족도를 달성하고 기업 비즈니스 강화와 브랜드 가치 향상을 목표로 한 것이다. 이러한 성과를 이루기 위해선 빅데이터와 인공지능 기술을 활용하여 방대한 양의 데이터를 분석해야 할 것이다.

2.

인공지능과 데이터는 어떻게
활용되는가

스마트 팩토리란 무엇인가

스마트 제조의 정의

스마트 제조는 설계, 공급, 생산, 유통, 판매를 포함한 모든 제조 영역의 디지털화를 의미한다. 제조업의 전략적인 혁신을 위해 기술, 정보, 인간을 융합하고 다양한 정보통신기술을 적용한다. 특히 고객 요구에 따른 개인별 맞춤형 생산을 구현하고 스스로 학습하는 디지털 개발 방식을 적용한다. 스마트 제조에서는 오류를 자가 진단하고 경고하는 지능형 로봇 혹은 기계가 특징인 4차 산업혁명 기술을 활용한다. 기업은 스마트 제조를 도입함으로써 프로세스를 간소화하고 생산성을 향상할 수 있다.

스마트 팩토리의 정의

스마트 팩토리는 전통 제조업에 정보통신기술을 적용하고 결합하여 생산에서 자율 최적화를 구현하려는 전략이다. 이를 통해 다양한 상황에서도 시행착오나 낭비가 없는 효율적인 제조 최적화를 실현할 수 있다. 즉 제조 현장에 정보통신기술을 결합함으로써 공정과 설비가 지능화되어 네트워크로 연결되고 데이터와 정보가 실시간 활용되기 때문에 공장이 효율적으로 자율 운영된다.

스마트 팩토리의 목적은 자율적이고 효율적이며 유연한 지능형 운영과 지능형 설계이다. 이는 전사적 정보 통합, 지능형 생산 자동화, 효율적이고 유연한 생산 시스템을 이루어내는 것이다. 이러한 목적을 위해 행동Actuation, 판단Decision & Control, 인지Sensor가 자율적이고 능동적으로 수행하고 이를 통해 설비, 제품, 공정, 공장이 통합되어 상호적으로 연계된다. 따라서 제조의 전반적인 과정에서 효율적이고 유연한 자율 운영이 이뤄지는 스마트 팩토리가 구현된다.

또한 스마트 팩토리는 디지털 기술을 이용하여 공장이 디지털 전환된 상태다. 다시 말해 스마트 팩토리는 사물통신M2M과 사물인터넷을 활용하여 기기를 인터넷에 연결하고 각 디바이스를 자동으로 원격 제어할 수 있다. 생산성을 높이기 위해 기계로부터 얻은 정보를 바탕으로 인공지능을 사용하여 분석하고 최적화를 위해 개선한다.

스마트 팩토리의 구조

스마트 팩토리는 정보통신기술의 활용도와 역량 등에 따라 공장의 혁신 단계를 정보통신기술 미적용, 기초, 중간 1, 중간 2, 고도의 5

단계로 나눈다. 이러한 혁신 단계를 거치며 기업은 생산 시스템을 점진적으로 발전시키며 생산성을 향상하고 경쟁력을 강화할 수 있다.

1단계인 정보통신기술 미적용 단계는 정보통신기술을 활용하지 않는 전통적인 생산 방식을 나타낸다. 수작업이 주를 이루며 자동화나 데이터 분석 등의 기술은 사용되지 않는다. 그렇기 때문에 생산 과정에서 유연성이 제한되며 효율성이 떨어질 수 있다.

2단계인 기초 단계는 주로 자동화 기술이 도입되어 간단한 작업이나 공정이 자동화된다. 기본적인 생산 데이터가 수집되고 생산 과정의 일부가 자동화되지만 전체적인 통합과 최적화는 이루어지지 않는다.

3단계인 중간 1단계는 생산 과정의 일부분이 더욱 체계적으로 자동화되고 데이터 수집과 모니터링이 강화된다. 생산라인 간의 연결성이 개선되고 데이터 분석을 통해 생산량 예측과 유지보수 계획이 개선될 수 있다.

4단계인 중간 2단계는 생산 전반에 걸쳐 고급 자동화 기술과 데이터 분석 기술이 통합되어 적용된다. 생산 데이터의 실시간 모니터링과 분석을 통해 생산 과정을 최적화하고 유연하게 대응할 수 있다. 또한 생산 과정의 상세한 시뮬레이션과 최적화를 통해 생산 효율을 극대화할 수 있다.

5단계인 고도 단계에서는 첨단 정보통신기술이 광범위하게 활용되며 빅데이터 분석, 사물인터넷, 인공지능 등의 기술이 통합된다. 공장 내의 모든 생산 단계가 자동화되고 실시간 데이터 분석을 기반으로 미래 예측과 의사결정이 이루어진다. 생산라인의 유연성과 반응성이 뛰어나며 고객의 맞춤 요구사항에 신속하게 대응할

단계별로 본 스마트 팩토리

구분	현장자동화	공장운영	기업자원관리	제품개발	공급사술관리
고도	사물인터넷/IoS 기반의 사이버 물류 시스템화				인터넷 공간상의 비즈니스 사이버 물류 시스템 네트워크 협업
	사물인터넷·IoS화	사물인터넷/IoS(모듈)화 빅데이터 기반의 진단 및 운영			
중간2	설비제어 자동화	실시간 공장제어	공장운영 통합	시뮬레이션과 일괄 프로세스 자동화	다품종 개발 창업
중간1	설비데이터 자동집계	실시간의사결정	기능 간 통합	기술 정보 생성 자동화와 협업	다품종 생산 창업
기초	실적집계 자동화	공정물류 관리 (POP)	관리 기능 중심 기능 개별 운용	서버를 통한 기술/납기 관리	단일 모기업 의존
정보통신기술 미적용	수작업	수작업	수작업	수작업	전화와 이메일 협업

(출처: 스마트 팩토리 시장 동향과 전망에 따른 시사점. (n.d.). Dali Works. https://www.daliworks.net/insights-blog/smart-factory-market-trends-in-2023/)

수 있다.

제조업 맞춤형 인공지능 활용 동향

제조 분야 인공지능 적용 현황

언론 기사, 2020년 PwC 디지털 공장 보고서, 2021년 스탠퍼드 대학교 인공지능 보고서 등을 보면 인공지능은 아직 주요한 분야에 쓰이지 않고 있다. 그러나 프로세스 최적화, 결함 탐지, 품질 관리 등의 분야에서 데이터를 기반으로 하여 결정할 수 있도록 적용되고 있다. 또한 5년 이내에 데이터 기반 자원 최적화, 예측식 유지보수, 프로세스 최적화등의 분야에서 도입률이 60% 이상 될 것으로 예상한다. 이러한 분야들은 데이터를 기반으로 최적화와 자동화가 이루어진다는 공통점이 있다.

산업별, 사업 기능별 인공지능 도입률

산업	인사	제조	마케팅, 영업	제품/서비스 개발	위험관리	서비스 운영	전략, 재무	공급망 관리
전사업	8%	12%	15%	21%	10%	21%	7%	9%

(출처: Standford(2021), 2021 AI Index Report, McKinsey&Company, 2020 재인용)

표준 사업 절차별 탑재된 인공지능 역량

산업	자율 주행	컴퓨터 비전	대화형 인터페이스	딥러닝	자연어 생성	음성 해석	텍스트 해석	기타 기계학습	물리 로봇	로봇 처리 자동화
전사업	7%	18%	15%	16%	11%	12%	13%	23%	13%	22%
자동차·조립	20%	33%	16%	19%	12%	14%	19%	27%	31%	33%

(출처: Standford(2021), 2021 AI Index Report, McKinsey&Company, 2020 재인용)

스마트 팩토리의 시장 동향

제조 공정에서 스마트 제조가 스마트 팩토리 형태로 확산됨에 따라 기존 방식이 개선되고 있다. 기존에는 기계가 데이터를 생산하고 이 데이터를 기반으로 사람이 대응했다. 그러나 기기가 고도화되면서 도입된 사물인터넷, 인공지능, 빅데이터 등과 같은 정보통신기술을 생산 과정에서 활용하면서 공장을 자동화했다. 즉 데이터를 통해 기계를 통제할 수 있는 스마트 팩토리가 탄생된 것이다. 이로써 최소 비용과 시간으로 고객별 맞춤형 제품을 생산할 수 있게 되었고 제조 과정의 효율성을 증진하여 공장의 능력이 비약적으로 발전되고 있다.

제조 분야 인공지능의 현재와 미래

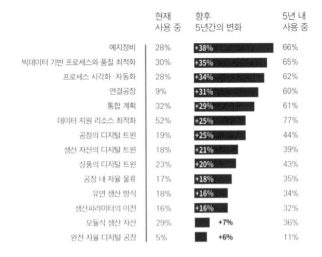

	현재 사용 중	향후 5년간의 변화	5년 내 사용 중
예지정비	28%	+38%	66%
빅데이터 기반 프로세스와 품질 최적화	30%	+35%	65%
프로세스 시각화·자동화	28%	+34%	62%
연결공장	9%	+31%	60%
통합 계획	32%	+29%	61%
데이터 지원 리소스 최적화	52%	+25%	77%
공장의 디지털 트윈	19%	+25%	44%
생산 자산의 디지털 트윈	18%	+21%	39%
상품의 디지털 트윈	23%	+20%	43%
공장 내 자율 물류	17%	+18%	35%
유연 생산 방식	18%	+16%	34%
생산파라미터의 이전	16%	+16%	32%
모듈식 생산 자산	29%	+7%	36%
완전 자율 디지털 공장	5%	+6%	11%

(출처: PWC(2020), Digital Factories 2020 Shaping the future of manufac)

제조 영역별 인공지능 기술

제품 디자인 및 설계 영역

제너러티브 디자인 기술

제품과 디자인을 사용자의 요구사항에 맞춰 자동으로 생산하고 추천한다. 제품을 설계하기 전 주기의 자동화, 지능화를 통해 설계 시간과 비용을 절감한다. 제너레이티브 디자인Generative Design 기술은 위상 최적화를 위해 문제 정의를 다양화하고 효율화해야 한다. 이를 위해 딥러닝 기술인 변량 자동 인코더VAE, 생성적 대립 신경망GAN 기술 등과 융합되어 인공지능 기반의 지능화 기술로 발전하고 있다. 궁극적으로 인공지능이 스스로 설계 대안을 만들고 사람은 생성된 대안에서 의사결정만 하는 미래의 스마트 팩토리와

산업 현장에서 인간과 로봇의 작업 특성

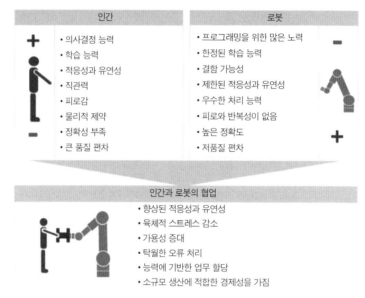

(출처: E. S. Lee, A. Barthelmey, T. Reckelkamm, H. C. Kang, J. Y. Son, "A Study on Human-Robot Collaboration based Hybrid Assembly System for Flexible Manufacturing," in Proc. Conf. IEEE Ind. Electron. Soc. (ECON), Lisbon, Portugal, Oct. 2019, pp. 4057-4062.)

관련된 기술이다.

작업 환경 영역

스마트 작업대 기술

스마트 작업대Smart Workbench 기술은 안전한 작업 환경을 제공하고 작업자에게 맞춘 최적의 작업을 계획하고 할당한다. 또한 인간과 로봇의 협업을 통해 생산성을 향상하고 노동 피로도를 감소할 수 있다. 제조 현장에서 인간만이 작업을 할 경우 유연성은 높아지지만 생산성은 떨어진다. 특히 제품이 변경될 경우 셋업과 설비 교육에 소모하는 시간이 많아져 효율이 떨어질 수 있다. 그렇기 때문에 인간과 로봇의 협업은 유연성과 생산성을 확보할 수 있다. 미래에는 고객의 요구사항이 빠르게 변화되고 다양해지면서 공장에서는 유연한 생산 시스템과 고도의 혼류 생산 시스템의 활용을 작업자에게 요구하게 될 것이다.

지능형 실감 인터랙션 가이드 기술

지능형 실감 인터랙션 가이드Real-sense Interaction Guide 기술은 실시간 반응과 구동이 가능한 소프트웨어와 하드웨어 기술을 의미한다. 기술의 범위는 오감을 받는 하드웨어(디스플레이)와 이를 구현하는 소프트웨어(햅틱, 증강현실 등) 기술이 해당된다. 가상현실VR과 증강현실AR 기술을 적용하여 장비 점검, 물류 관리 등의 추가 서비스를 제공할 수 있고, 데이터를 즉각 확인하여 제조 공정을 제어할 수 있어 효율적인 설계가 가능하다.

최근에는 영상 인식 기술과 다양한 센서를 이용하여 사용자 의도를 파악하고 이에 맞게 대응하는 방향으로 진화하고 있다. 이때 활용되는 인공지능 기술로 모션 트래킹 기술, 자이로 센서를 활용한 움직임 예측 기술, 패턴 인식을 위한 강화학습 등과 같은 딥러닝을 기반으로 한 기술이 있다.

품질 관리 영역
이상 탐지 기술

이상 탐지 기술Anomaly Detection은 평균적인 범위에서 벗어나 공정 과정에서 이상 상황이 발생하거나 품질을 떨어뜨릴 수 있는 요인을 탐지한다. 이를 위해 정상적인 데이터를 분석하여 이상 상황을 탐지한다. 사물인터넷이 적용된 현장에서는 재료 특성 예측, 불량품 감지, 예방 정비에 기계학습을 활용하여 이상 탐지 기술을 적용할 수 있다. 이때 수집된 데이터로부터 비정상적인 데이터를 검출하여 비용과 시간을 절감한다. 그러나 정상 데이터의 수보다 이상 데이터의 수가 적은 경우가 많고 비정상적인 패턴과 다른 패턴이거나 정상 패턴과 유사한 패턴이 발생하는 경우가 있다.

이러한 문제 상황을 해결하기 위해 정상 패턴의 데이터로부터 학습한 특징과 구분되는 비정상적인 패턴의 데이터의 특징을 추출하는 모델과 알고리즘이 필요하다. 사람이 수집한 데이터로 이상 유무의 클래스를 라벨링한다면 큰 노력과 오랜 시간이 필요하다. 이를 줄이기 위해 설비가 고유 기능을 수행할 때 정상적인 패턴의 데이터에 기반한 실시간 이상 탐지 기술이 필요하다. 따라서 비정상적인 패턴의 데이터를 확보하기 어려운 환경에서 정상적인 패턴의 데이터를 수집하고 분석하는 인공지능 기반의 이상 탐지 연구가 진행되고 있다. 향후 설비 이상 탐지에 대한 다차원적인 데이터 관계와 분석 등이 필요하다.

설비 운용 영역
지능형 설비 기술

지능형 설비 기술Intelligent Manufacturing Facility은 생산 현장에서 일어나는 다양한 상황에 대해 신속하게 자율 대응한다. 제조 라인 자율 구성, 공정 자동 계획, 미션 인지 등 자율적이고 분산적으로 협업한다. 지능형 설비 기술은 분산 자율 제조의 핵심 기술로 제어 명령의 단계를 높여 최소의 제어 데이터를 활용해 학습한 지식을

선행방식 프로그래밍 탑재 로봇

(출처: https://www.flickr.com/photos/77662096@N06/37630663012/[CC BY 2.0])

바탕으로 자율적으로 업무를 수행한다. 현장에 활용되는 기기는 경량화 협동 로봇으로 하중제어force control 기술과 선행방식 프로그래밍lead-through programming 기술을 이용해 기존 방식보다 셋업 시간을 줄였다.

스마트 제조 기술 분야별 인공지능 적용 사례

머신 비전
머신 비전의 정의

머신 비전Machine Vision은 기계학습 기술을 이용하여 조명과 고성능 카메라 등을 통해 제품의 영상을 수집하여 부품의 종류, 위

머신 비전의 작동 단계

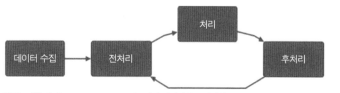

(출처: 케빈 쉬. (2022, February 21). 머신 비전이란 무엇인가? ADLINK. https://blog.adlinktech.
com/kr/2022/02/21/머신비전이란/)

치, 불량 요소를 검사하고 추출하는 기술이다. 일반적으로 결함 감지와 시각 검사, 제품 식별, 부품의 위치 지정, 측정의 용도로 사용된다. 머신 비전 시스템을 구성하는 소프트웨어와 하드웨어가 조명 기술, 인공지능, 딥러닝과 융합되며 정확하고 빠르게 불량을 잡아낼 수 있다.

머신 비전의 작동 방식

머신 비전 시스템이 기기가 수행하는 작업을 확인하기 위해서 캡처(데이터 수집) – 전처리 – 처리 – 행동(후처리)의 단계를 거치도록 설계한다. 머신 비전 시스템은 카메라 혹은 센서 등의 장치에서 밝기, 색상 등의 데이터를 수집하고 실세계에서 보는 정보를 디지털로 만든다.

그다음 단계에서는 전처리를 할 수 있도록 영상 또는 이미지 형식의 데이터의 크기를 변경하거나 특정 기능을 추출하는 등 이미지 기능을 변경한다. 데이터 형식이 적절하여 올바르게 수행되었다면 처리 단계에서 장면의 세부 사항, 데이터 내의 개체, 프레임 간 이동과 같은 패턴을 식별하고 이를 기반으로 세부 사항을 분류한다.

마지막으로 머신 비전은 처리된 데이터를 이용하여 조치를 취하거나 결정을 내릴 수 있다. 예를 들어 더 많은 처리가 필요하다고 결정하거나 올바르게 조립되지 않은 부품이 다음 생산 단계로 넘어가 에러를 일으킬 수 있는 경우 생산을 멈출 수 있다.

예지 정비

예지 정비의 정의

예지 정비Predictive Maintenance는 제조 과정에서 일어날 수 있는 문제를 방지하는 스마트 팩토리의 고도화 기술이다. 자산 관리 측면에서 이상을 예측해 미리 보수함으로써 비용을 절감하고 효율성을 극대화할 수 있다. 예방 정비Preventive Maintenance의 경우 고장 주기와 정비 주기가 존재해 제한적인 반면에 예지 정비는 데이터를 기반으로 실제 결함 데이터와 증상을 수치화하고 모델링하여 예측 모형을 만들어 대응한다. 따라서 예지 정비를 활용하여 고장의 원인을 찾는 것이 중요하다. 예지 정비에 많이 활용되는 센서는 진동 센서이다. 일반적으로 설비의 센서 데이터는 기계학습을 통해 고장 유형을 학습한다. 현재 주목받는 학습 방식은 실시간 기계학습을 적용하는 것이다. 이 방법을 적용하면 센서 데이터가 실시간 상태 데이터를 가시화함으로써 고장이 발생하는 순간 즉각적으로 해결할 수 있다.

예지 정비 도입 효과

제품의 고장 시기나 정비 시기를 예측하여 효율적인 대처 방안을 실행한다. 또한 부품 교체 요구 비용을 예상하여 가동 시간과

사이버물리시스템과 스마트 팩토리 설계, 운영 개념

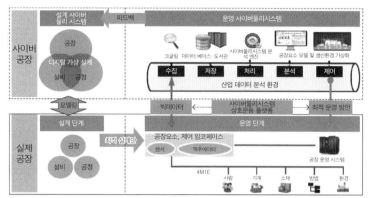

(출처: 노상도. (n.d.). 03-사이버물리시스템(Cyber Physical System). 기술과 혁신. http://webzine.koita.or.kr/201803-specialissue/03-사이버물리시스템Cyber Physical System)

사용 수명을 극대화한다. 그리고 교체가 필요한 부품을 찾아 정밀한 정비를 지원한다. 기계학습을 기반으로 한 예지 정비 시스템은 데이터가 많이 쌓일수록 정확도가 높아져 더 정교한 서비스로 거듭날 수 있다. 이러한 시스템은 공정 정보와 다수의 센서를 융합하고 기계학습 모델링을 통해 인지 불가능한 데이터의 변화와 패턴을 검출한다.

가상 시운전

가상 시운전의 정의

장치와 장비에 대한 사이버물리시스템CPS, Cyber Physical System을 구축하여 실험적인 문제와 관련된 오류와 비용을 줄이며 운영 최적화 방법을 도출하는 기술이다. 이는 운영 단계에서 발생할 수 있는 다양한 문제를 시뮬레이션을 통해 예측하고 모델링한다. 이를 통해 문제의 원인을 파악하고 해결책을 탐색함으로써 시행착오에

사이버물리시스템 기반 지능형 스마트 팩토리 설계와 운영

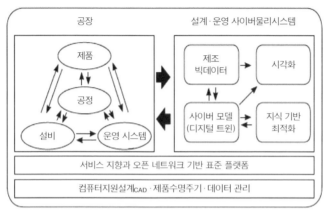

스마트 팩토리

(출처: 노상도. (n.d.). 03-사이버물리시스템(Cyber Physical System). 기술과 혁신. http://webzine.koita.or.kr/201803-specialissue/03-사이버물리시스템Cyber Physical System)

따른 오류와 그로 인한 비용을 줄일 수 있다. 예를 들어 실시간으로 데이터를 수집하여 생산량, 에너지 소비, 자원 사용 등을 분석하고 이를 기반으로 운영 방안을 조정함으로써 최적의 운영 상태에 도달할 수 있다. 즉 현재 기업이 효율적으로 운영되고 지속적인 성장을 이루기 위해서는 기기와 설비에 대한 사이버물리시스템을 구축하여 오류와 비용을 줄이고 운영 최적화 방안을 도출해야 한다.

사이버물리시스템의 정의

사이버물리시스템은 일반적으로 개방형 서비스를 기반으로 가상세계의 디지털 모델에 연결하고 활용하는 컴퓨터 기반의 구성요소와 시스템이다. 즉 가상세계의 디지털 모델을 기반으로 실세계의 데이터를 수집하고 정보를 연결하며 사물인터넷을 활용하여 다양한 정보와 데이터를 체계적으로 교환하고 처리한다. 이러한 사이버물리시스템 기술을 제조 산업에 적용하면 기존의 생산 정보가 갖고 있던 수직적인 네트워크와 한정적인 정보 교환 등의 문제를 극복할 수 있다. 또한 다양한 생산 정보를 유연하게 설정할 수 있어 효율적으로 운영과 관리를 할 수 있다.

스마트 팩토리에서 사이버물리시스템은 적용 대상에 따라 제품 사이버물리시스템과 생산 사이버물리시스템으로 나뉜다. 제품 사이버물리시스템은 기능들이 모듈화되어 제품에 탑재되고 네트워크를 통해 정보를 교환하여 서비스를 생성한다. 생산 사이버물리시스템은 공장의 디지털 모델에 기반하여 만들어진 실제 세계와 가상세계를 통합한 시스템이다. 즉 가상세계의 디지털 모델을 만든 후 시뮬레이션을 통해 수행된 최적의 생산 계획과 공정 설계를 실제 세계에 적용하고 각종 센서로 변화를 인지하여 실시간 동기화한다. 또한 센서와 통신하여 얻은 정보를 분석하고 결정하여 최적의 해결책을 찾는다.

스마트 팩토리에서는 공정, 제품, 다양한 기기들과 각종 시스템들이 상호 연계된다. 또한, 클라우드를 기반으로 제조 빅데이터를 분석하고 관리하여 실제 세계와 동기화된 사이버 모델이 시각화와 운영에 이용되어 이를 기반으로 최적화와 지식 관리가 실현된다. 즉 제품의 수명을 주기적으로 관리PLM하는 시스템 기반의 엔지니어링 정보와 산업 사물인터넷 기반의 제조 빅데이터를 통해 최적화와 자율 운영이 이행된다. 이를 위해서는 다양한 기술들이 계층별로 융화돼야 한다. 특히 사이버물리시스템을 적용하고 이용한 시스템을 개발하기 위해서는 연구개발 외에도 타 기술과의 상호작용, 지원 시스템과 통합 기술이 필수적이며 단계별 적용 전략과 기술 개발도 필요하다. 사이버물리시스템의 핵심 기술들로는 클라우드를 기반으로 하는 상호 운용 플랫폼, 산업 데이터 애널리틱스, 센서 네트워크를 이용한 데이터 수집 및 수집 데이터 분석 및 정제, 인공지능 기반의 최적화 등이 있다.

정리하자면 스마트 팩토리는 전통 제조업에 정보통신기술을 적용하고 결합하여 생산에서 자율 최적화를 달성한다. 이를 통해 다양한 상황에서도 시행착오나 낭비가 없는 효율적인 최적화를 실현한다. 사이버물리시스템은 생산 과정 전반에서 모든 개체들을 감시하고 연결하며, 수집된 빅데이터를 분석하고 정제하고 관리하고 실시간 동기화하여 실제 세계와 일치하는 사이버 모델을 생성하여 활용함으로써 최적화를 실현하고자 한다.

디지털 트윈의 정의

디지털 트윈Digital Twin은 실제 세계에 존재하는 시스템, 환경, 사물 등을 소프트웨어 시스템의 가상 공간에 동일하게 현실화함으로써 실물 객체와 시스템의 결과 변화와 동적 운동 특성을 소프트웨어 시스템에서 시뮬레이션할 수 있도록 하는 기술이다. 시뮬레이션 결과에 따른 최적화된 상태를 실물 시스템에 사용할 뿐만 아니라 실물 시스템의 변화를 가상 시스템에 전달함으로써 연속적인 최적화 체계와 순환 적응을 구현한다. 디지털 트윈으로 디지털 전환의 가시화가 가능해진다.

디지털 전환은 사업과 업무의 수행 체계수립, 정보화, 자율 동작 등을 통해 사고 진화을 촉진하는 것이다. 디지털 트윈은 이러한 변화를 사용자에게 드러내는 수단으로서 활용될 수 있다. 또한 제품

디지털 트윈 개념도

과 서비스가 어떻게 이용되고 관리되는지 추적하고 직관적으로 품질 향상을 강구할 수 있게 하고 시뮬레이션을 통해 방법을 찾을 수 있도록 지원한다.

사이버물리시스템과 디지털 트윈의 비교

두 기술 모두 고유한 기술은 아니라 개념적인 기술이며 여러 기술과 결합해 만든 솔루션 기술이다. 또한 기술 규격이 없기 때문에 옳고 그름을 가릴 수 없다. 따라서 두 기술은 본질적으로 같은 목적, 내용, 결과를 생성하고자 하는 같은 기술이라고 할 수 있다. 즉 사이버물리시스템과 디지털 트윈은 같은 개념을 가지고 있기 때문에 같은 개념의 다른 이름이라고 정의하는 것이 가장 합리적이다.

인공지능과 데이터 활용 사례

지멘스

지멘스Siemens는 디지털 변화를 위해 디지털 엔터프라이즈Digital Enterprise 전략을 사용하여 인더스트리 4.0을 지원한다. 디지털 엔터프라이즈는 다음 그림과 같이 4대 요소로 구성된다. 지멘스는 암베르크 지역을 중심으로 제품 설계, 개발, 생산, 서비스, 물류까

디지털 엔터프라이즈의 4대 요소

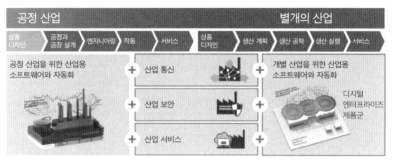

(출처: 박동진.(2018).디지털 엔터프라이즈: 지멘스가 바라본 Industry 4.0 전략.기계저널,58(5),30-34.)

지 지속적으로 전체적인 가치 사슬을 최적화하고 있다. 지멘스의 암베르크 공장은 가상 세계와 현실 세계의 통합을 이뤄냈기 때문에 스마트 팩토리의 대표적인 사례로 꼽힌다. 엔지니어링에서 생산된 데이터는 생산라인으로 보내지고, 생산라인에서 만들어진 정보는 다시 엔지니어링으로 보내져 생산 공정 최적화 혹은 제품 개발에 사용된다. 예를 들어 생산라인의 특정 부분에서 문제가 일어나면 직접 해결할 수 있다. 즉 디지털 트윈을 수행하는 것이다. 따라서 디지털에 저장된 정보를 실시간 분석해 생성된 인사이트를 생산 과정이나 제품 개발에 즉각적으로 반영할 수 있다.

마인드스피어

마인드스피어MindSphere는 서비스형 플랫폼PaaS, Platform as a Service 형태로 클라우드를 기반으로 한 개방형 사물인터넷 운영 시스템이다. 마인드스피어의 주요 기능은 마인드앱스MindApps, 마인드스피어MindSphere, 마인드커넥트MindConnect 세 가지다. 마인드스피어는 지멘스의 앱뿐만 아니라 지멘스의 개발자들이 공정에 필요한 데이터를 가공해서 분석 가능한 앱을 만들었다. 또한 마인드스피어는 고객 맞춤형 앱을 만들 수 있도록 오픈 인터페이스를 제공한다. 오픈 스탠다드도 지원하며 별도 도구 없이 서드파티의 제품과 지멘스가 연결된다.

마인드스피어의 비즈니스 형태는 플랫폼 운영, 데이터 분석 툴 제공, 데이터 기반 컨설팅 서비스다. 먼저 플랫폼을 제공하여 데이터를 마인드스피어에 저장하여 관리하도록 공장과 마인드스피어를 연결하는 형태를 띠고 있다. 그리고 데이터를 기반으로 공정에서 생성된 데이터를 분석해 정보와 컨설팅 서비스를 제공한다.

GE애비에이션, 아마존, 토요타

GE애비에이션은 항공기와 산업용 기계를 제조하는 다국적 기업이다. 기술 혁신과 엔지니어링 분야에서 선도적인 역할을 하고 인공지능과 데이터 관련 기술을 채택하여 제조업을 혁신하고 있다. 공기나 엔진 등의 물리적인 장비를 디지털 플랫폼상에 구현하여 가상의 복제품인 디지털 트윈을 생성한다. 이를 통해 실제 장비의 상태를 실시간으로 모니터링하고 시뮬레이션을 통해 여러 시나리오를 테스트할 수 있다.

아마존은 온라인 서점으로 시작하여 현재 다양한 분야에서 다국적 기업으로 성장했다. 그중에서도 제조업 분야에서 인공지능과 데이터를 적극적으로 활용하고 있다. 아마존은 인공지능을 활용하여 제품 디자인을 최적화하고 제조 과정을 향상한다. 컴퓨터 모델링과 시뮬레이션을 통해 제품 설계를 지능화하고 품질을 향상한다. 또한 제조업 분야에서 인공지능과 데이터를 활용하여 생산성을 높이고 효율성을 개선하며 개인화된 제품과 서비스를 제공한다.

토요타는 일본의 대표적인 자동차 제조업체로 인공지능과 데이터를 활용하여 생산성을 높이고 제품 개발과 운영을 혁신하는 데 주력하고 있다. 자동차의 자율주행 기술 개발에 인공지능과 데이터를 활용한다. 센서 데이터와 인공지능 알고리즘을 조합하여 운전 환경을 분석하고 자동차가 안전하게 주행할 수 있는 기술을 연구하고 개발한다. 그리고 자동차와 연결된 사물인터넷 기술을 통합하여 운전자와 차량 간의 데이터 흐름을 관리하고 차량의 성능을 모니터링하고 원격 진단을 실시한다.

3.

인공지능과 데이터는 어디까지
진화하는가

설명 가능한 인공지능은 무엇인가

설명 가능한 인공지능의 정의

현재 사회에서는 다양한 분야에 걸쳐 인공지능을 사용하여 인간의 많은 일을 간소화하거나 심지어는 대체하여 기존에 인간이 하던 것보다 더 나은 결과를 내기도 한다. 이렇게 널리 사용되고 있는 인공지능 중 많은 수는 딥러닝 기반의 인공지능인데 치명적인 단점이 있다. 딥러닝으로 학습된 모델이 블랙박스 형태라는 점이 그것이다. 딥뉴럴 네트워크를 실제 문제에 적용했을 때 정확한 답을 얻는 것은 무엇보다 중요하지만 경우에 따라 네트워크가 그런 결과를 도출하게 된 근거를 찾는 것도 그에 못지않게 중요할 수 있다.

예를 들어 의사가 여러 검사 결과를 바탕으로 질환을 예측하고 환자에게 이를 전달하는 경우를 생각해보자. 의사의 소견과 딥러닝에 의해 학습된 모델이 예측한 결과가 다르거나 의사 스스로 적절한 근거를 찾을 수 없는 경우 무작정 모델의 예측 결과를 환자에게 아무런 설명 없이 통보하는 것은 바람직하지 않을 것이다. 따라서 우리 생활에 더 밀접한 도움이 되기 위해서는 이러한 단점을 극복한 인공지능을 개발하는 것이 중요한 과제다.

설명 가능한 인공지능XAI, eXplainable Artificial Intelligence이란 딥러닝 기반의 인공지능에서 한 단계 발전한 형태다. 작동 원리를 명확하게 분석할 수 없는 복잡한 인공신경망의 한계를 극복하여 인공지능에 설명 능력을 부여함으로써 인간이 인공지능의 작용 과정을 훨씬 더 쉽게 이해할 수 있도록 하는 인공지능이다. 예를 들어 기존의 인공지능은 입력된 이미지가 고양이인지의 여부만 판단한다면 설명 가능한 인공지능은 털, 수염, 발톱 등 고양이의 특징을 기반으로 판단하여 그 근거를 제공한다.

기대 효과

설명 가능한 인공지능이 등장함으로써 기존 인공지능이 가졌던 여러 한계를 극복하여 우리의 생활에 도움을 줄 것이라 기대할 수 있다. 국방, 의료, 금융, 제조, 자율주행차 등 인간의 생명과 재산권 등의 기본권과 직결되고 정확성, 신뢰성, 책임성 등이 요구되는 의사결정 영역에서도 인공지능을 활용할 수 있게 된다. 결과만 제공했던 기존의 인공지능과 달리 설명 가능한 인공지능을 도입함으로써 인공지능이 내놓은 결과에 대해 인간이 해석할 수 있게 됨에 따라 인간만이 판정할 수 있다고 생각했던 기본권과 직결된 문제까지 판별할 수 있게 되는 것이다.

또한 결론에 이르는 과정이 불투명한 특성 탓에 오류의 원인을 찾기 힘들었던 기존 인공지능 모델과 달리 설명 가능한 인공지능의 경우 해석 가능성을 기반으로 예측하지 못한 오류를 줄일 것으로 기대할 수 있다. 사소한 오류나 실수가 생명의 위험과 직결되는 자율주행 자동차의 경우 작동이나 과정을 분석하여 오류의 원인을 밝혀냄으로써 이를 수정해야 한다. 그런데 기존 모델은 그럴 수 없었다. 반면 설명 가능한 인공지능을 활용하여 신뢰성을 높여 이러한 사고를 예방할 수 있을 것으로 기대한다.

설명 가능한 인공지능의 동작 방식

현재 연구되고 있는 설명 가능한 인공지능은 동작 방식에 따라 크게 세 가지로 나눌 수 있다. 첫 번째는 심층신경망에 설명 가능성을 부여하는 방식이다. 이는 기존의 신경망에 설명을 위한 역연산 신경망을 추가하여 연산 과정을 설명하는 구조로 딥러닝 개발업체인 다윈AI가 제안한 방식이다. 기존의 네트워크 구조에 역연산을 실행하는 네트워크 구조를 추가하여 중간 과정을 인간에게 알려주는 구조다.

구체적으로 생성합성은 신경망을 사용하여 신경망을 탐색하고 이해하여 사람이 발견할 수 없는 신경망의 비효율성을 식별해 교정한 다음 여러 개의 새롭고 최적화된 버전의 신경망을 생성한다. 즉 합성곱 신경망의 결과 설명을 위해 합성곱 층에 대응하는 역합성곱 층을 추가하여 합성곱 층에서 추론된 정보를 역으로 계산하고 현재 신경망 층의 추론 상태를 나타내는 것이다. 이때 역합성곱 신경망은 기존의 합성곱 신경망의 결과를 설명하는 역할을 한다.

중요한 점은 이 과정에서 생성합성을 통해 얻은 이해를 기반으로 여러 수준의 설명 가능한 딥러닝이 가능해진다는 점이다.

두 번째는 기본 설계부터 인간이 이해할 수 있는 구조로 신경망을 만드는 방식이다. 설명 가능한 인공지능은 인공지능의 의사결정 시 어떤 근거로 결정을 내렸는지 설명함으로써 시스템의 불확실성과 불투명성을 줄이는 인공지능으로 이미 오래전부터 제안되어 왔다. 하지만 본격적으로 주목받고 연구된 것은 비교적 최근의 일이다. 2016년 이후 설명 가능한 인공지능에 대한 관심이 꾸준히 증가하면서 미국 방위고등연구계획국DARPA을 비롯한 여러 연구기관과 기업들이 설명 가능한 인공지능에 대한 연구를 진행하고 있다. 인간이 이해할 수 있는 구조의 신경망을 만드는 접근 방식은 미국 방위고등연구계획국에서 주도하는 방식으로 미국 방위고등연구계획국의 설명 가능한 인공지능 개발 전략은 설명 가능한 모델과 사용자를 위한 설명 인터페이스로 이루어진다.

설명 가능한 모델 개발은 기존의 기계학습 기술을 변형하거나 새로운 기계학습 기술을 개발하여 고차원의 학습 능력을 유지하면서 설명 가능성을 향상시키는 것으로 심층 설명학습deep explanation, 해석 가능한 모델interpretable models 모델 귀납model induction 등의 전략을 통해 개발된다. 이때 설명 기능은 데이터세트에 있는 각 특징이 알고리즘 결과에 얼마나 영향을 주는가를 정량적으로 보여준다. 학습모델의 편향 등 시스템의 성능 저하 요인을 파악할 수 있다. 이를 토대로 지하 요인을 수정하여 인공지능 시스템의 성능을 향상한 수 있다. 이때 각 데이터 요소가 기계학습 모델에 영향을 주는 정도를 점수로 반영한다.

설명 인터페이스 개발은 인간-컴퓨터 상호작용HCI, Human-Computer Interaction 기술을 이용해 모델의 의사결정에 대한 설명을 사용자가 이해할 수 있는 방식으로 표현하는 방법에 대해 연구하며 설명 가능성과 정정 가능성이라는 두 가지 원칙이 충족되어야 한다. 설명 가능성은 구체적인 항목으로는 제시한 설명이 반복적일 것, 필요한 설명을 모두 포함하고 있을 것, 불필요한 설명을 포함하지 않을 것, 양이 적절할 것을 말한다. 그리고 정정 가능성은 설명이 유동적일 것, 사용자의 피드백을 존중할 것, 점진적인 변화를 주시할 것 등을 포함한다.

세 번째는 학습모델 간에 비교하는 방식이다. 이는 학습모델에 대한 세부 지식 없이 설명 가능한 타 모델과 비교하여 최종 결과를 설명하는 방식이다. 복잡한 모델을 활용하여 오분류율과 같은 잠재적인 정확성 지표의 달성 가능한 목표를 설정한다. 즉 설명 가능한 분류 모델과 타깃 분류 모델의 결과를 서로 비교하여 설정한 목표를 기준으로 더 해석하기 쉬운 모델 유형의 출력값을 비교함으로써 설명 가능한 분류 모델의 근거를 타깃 분류 모델에 적용한다. 설명 가능 모델의 이유를 설명 불가능 모델에 적용하여 유사한 결과가 나오는 경우 해당 설명을 사용한다. 이러한 방식으로 픽셀 기반 모델 비교나 범용적 모델 진단 기술 등에 활용할 수 있다. 하지만 아직 매우 기초적인 상황이므로 대부분의 연구 데이터세트는 기존에 공개된 데이터세트를 활용해 성과를 서로 비교 분석하고 있다.

빅데이터와 인공지능

빅데이터의 정의

현대 사회에서 인터넷과 과학기술이 발달함에 따라 자연스레 데이터의 양도 늘어나게 되었다. 특히 인공지능이 발전함에 따라 빅데이터라는 단어도 친숙해졌다. 빅데이터는 다양하게 정의를 내리고 있는데 매킨지 보고서는 '크기가 지나치게 커서 기존의 데이터베이스 도구로 캡처, 저장, 분석이 불가능한 데이터세트'로 정의하고 있다.

IT 분야 전문 컨설팅 기업인 가트너는 빅데이터의 특성을 '3V(규모Volume, 속도Velocity, 다양성Variety)와 1C(복잡성Complexity)'로 정의한다. 규모Volume는 데이터의 크기를, 속도Velocity는 데이터가 실시간으로 변할 수 있는 특성을 말하고 다양성Variety은 기존의 정형 데이터 뿐만 아니라 비정형 데이터도 다루어야 한다는 특성을 말한다. 복잡성Complexity은 빅데이터 접근 방식이 한 가지로 정해진 것이 아니라 경우에 따라 다른 접근 방식을 택해야 한다는 점을 시사한다. IDC는 '다양한 데이터로 구성된 방대한 양의 데이터로부터 고속 캡처, 데이터 탐색 및 분석을 통해 경제적으로 필요한 가치를 추출할 수 있도록 디자인된 차세대 기술과 아키텍처'라고 빅데이터 기술을 정의하고 있다.

빅데이터의 중요성이 부각되며 빅데이터 관련 시장도 큰 폭의 성장세를 보이고 있다. 국내 빅데이터 시장은 2023년까지 연평균 11.2%의 높은 성장률을 보이며 2조 5,962억 원의 규모에 달한 것으로 예상하고 있다. 빅데이터는 많은 분야에서 큰 영향을 끼치고 있으며 활용 방안이 다양하다. 예를 들어 제조 현장에서 센서와 기계, 장비 간의 방대한 데이터 수집에 활용할 수 있다. 현재 센서 기술의 발달로 제조 설비, 부품, 제품에 센서를 장착하여 제품이 생산되는 모든 과정을 모니터링할 수 있다. 그에 따라 이를 통해 방대한 데이터를 수집하고 분석하여 생산에 활용할 수 있다.

빅데이터와 인공지능의 관계

4차 산업혁명의 기반 기술로 불리는 인공지능 기술에 대한 관심 또한 급격하게 높아지고 있다. 인공지능 분야는 본질적으로 데이터 기반의 기술을 개발한다는 점에서 빅데이터 분석과 활용에 대한 수요가 이전보다 더욱 늘어나고 있다. 따라서 둘 중 하나에 국한할 게 아니라 두 요소를 결합한 전체적인 로드맵의 필요성이 강조되고 있다. 또한 설명 가능한 인공지능을 통해 판단의 근거를 토대로 잘못된 데이터를 바로 확인할 수 있게 되기를 기대하고 있다.

인공지능 기술은 지식을 확보하는 알고리즘을 연구하는 학습지능과 시각, 청각, 언어 등과 같은 한 종류의 입력만을 가지고 지식을 확보하는 단일지능, 여러 형태의 입력을 통합하여 이해하고 판단하는 복합지능 기술을 포함한다. 빅데이터 기술은 데이터 수집, 저장, 처리 등에 관련된 빅데이터 플랫폼 기술과 이와 연계한 빅데이터 분석 예측 기술을 활용하여 새로운 통찰과 비즈니스 가치를 창출하는 빅데이터 분석 활용 기술을 포함한다.

세계시장의 인공지능 기술은 수많은 분야에 적용될 수 있어 전체적인 시장규모를 측정하기가 어렵다. 대략 2017년 48억 달러에서 2023년 532억 달러 규모로 연 평균 49.2%의 높은 성장이 예상된다.

위드 인공지능 시대

인공지능의 역할

인공지능이 발전함에 따라 인공지능은 인간의 삶에 밀접한 곳에서 수많은 분야에 걸쳐 도움을 주고 있다. 이러한 위드with 인공지능 시대에 인간 삶의 방식은 인공지능으로 인해 많은 변화를 겪을 것이다. 그 변화들 중 첫 번째는 자율주행 자동차로 인한 변화다. 최근 지능형 센서와 인공지능 기술의 급격한 발전으로 인해 자율주행 자동차의 상용화가 본격화되고 있다. 각국의 완성차 업체가 글로벌 자율주행 자동차 시장에 적극적으로 진출하고 있다. 이에 따라 자율주행 자동차 시장의 규모가 급격히 성장할 것으로 예상된다. 최근 자동차에서 전기전자 시스템의 비중이 급격히 늘어나고 있고 기술 융합을 기반으로 한 진화가 가속화되고 있다. 다양한 기업에서 상용 수준의 인공지능 기반 서비스를 개발하여 운영하고 있는데 시간이 지남에 따라 더욱 발전할 것으로 기대된다.

테슬라는 완전자율주행FSD, Full Self-Driving 서비스를 전기 차량에 탑재하여 실제 도심에서 자율주행이 가능한 수준의 알고리즘을 제공하고 있다. 테슬라는 초기에 카메라뿐만 아니라 레이더도 인식에 함께 활용했다. 최근 순수 비전 기반의 알고리즘으로 완전히 전환했다고 발표했다. 그리하여 테슬라 차량에는 다수의 카메라가 장착되어 주변 환경 인식과 경로 계획을 위한 정보를 획득하고 이를 실시간으로 처리하여 자율주행을 실시한다.

웨이모Waymo 또한 실제 환경에서 자율주행이 가능한 플랫폼을 개발하여 운전자가 없는 완전 자동 택시인 로보택시Robotaxi를 시비스하고 있다. 웨이모의 플랫폼은 테슬라와 달리 다수의 카메라뿐만 아니라 라이다LiDAR 센서를 함께 활용하여 정확한 2D과 3D 정보를 획득하고 이를 활용하여 주변 환경을 인식한다.

자율주행 알고리즘의 첫 번째 필수 요소는 정확도와 신뢰도다. 단순한 오류가 큰 사고로 이어져 생명을 위협할 수 있기 때문에 엄격한 기준과 신뢰성을 바탕으로 판단을 내려 주행해야 한다. 자율주행의 필수적인 요소 중 하나는 객체 검출 능력이다. 주행 환경 주변의 보행자 인식뿐만 아니라 주변 차량, 횡단보도, 신호등, 장애물 등의 다양한 객체를 정확히 인식할 수 있어야 주행 경로를 계획하고 안전성을 확보할 수 있기 때문이다.

두 번째 필수 요소는 환경 변화에 대한 강인성이다. 실제 세계의 실내외 환경은 시간, 날씨, 조명, 장소 등의 다양한 요소에 따라 변화하고 이러한 환경 변화에도 안정적이고 정확한 알고리즘 성능이 보장되어야 실제 세계에서 사용할 수 있다. 자율주행 차량은 일반적으로 카메라, 레이더, 라이다 등의 다양한 센서가 장착되어 있어 이를 통해 환경에 대한 다양한 정보를 수집하여 종합적으로 판단한다. 카메라는 인간이 세상을 인식하는 것과 비슷한 방식으로 영상 정보를 획득하고 레이더나 라이다 센서는 전자기파를 이용해 물체의 속도, 거리 등의 정보를 획득한다.

세 번째 필수 요소는 대규모 학습 데이터다. 딥러닝의 경우 데이터를 기반으로 학습하고 판단하기 때문에 지도학습을 위해 대규모의 학습 데이터세트가 필요하므로 다양한 자율주행 환경에 대한 실제 데이터세트가 필요하다. 하지만 자율주행 플랫폼 구성의 어려움, 비용 문제, 대규모의 데이터세트 수집을 위해 요구되는 막대한 주행시간의 소요 등을 포함한 다양한 어려움이 있다.

인공지능으로 인해 겪을 두 번째 변화는 스마트 팩토리Smart Factory로 인한 변화다. 스마트 팩토리는 독일에서 시작된 인더스트리 4.0의 근간이 되는 개념으로 지능형 공장Intelligent Factory이라고도 불린다. 이에서 알 수 있듯 스마트 팩토리는 IT를 이용해 모든 제조공정을 통합하고 지능화하여 생산성을 극대화하고 고객 맞춤형 생산을 구현하는 것을 목적으로 한다. 산업용 장비나 인프라에 센서를 부착해 각종 데이터를 수집하고 분석하여 새로운 가치를 창출하려는 산업 사물인터넷도 스마트 팩토리와 유사한 개념이라고 볼 수 있다.

독일과 우리나라를 비롯한 제조업 경쟁력을 향상하려는 많은 국가들이 스마트 팩토리의 구현을 국가적 과제로 추진하고 있고, 글로벌 제조기업이나 IT 서비스 기업, 통신사들도 관련 시장에 적극적으로 뛰어들고 있다. 2019년 초 개최된 세계가전전시회CES와 모바일 월드 콩그레스MWC에서는 마이크로소프트, 알리바바, 화웨이 등 글로벌 기업들과 SK텔레콤, KT, LG유플러스 등 국내 통신사들이 5G 기반의 인공지능 비전, 실시간 원격 공장 모니터링, 공장 내 자율주행 물류 로봇 등을 선보여 스마트 팩토리를 통한 제조 혁신 실증 사례들을 선보였다. 또한 마켓츠앤드마켓츠Markets and Markets는 2019년 세계 스마트 팩토리 시장 규모가 1,537억 달러이며 연 평균 9.76%씩 성장해 2024년에는 2,448억 달러에 달할 것이라는 긍정적인 전망을 내놓기도 했다.

스마트 팩토리를 구현하기 위해서는 사물인터넷, 클라우드, 센서, 로봇 등 다양한 하드웨어·소프트웨어 기술들이 필요하지만 가장 핵심이 되는 기술은 인공지능이라고 할 수 있다. 공정 품질 결함 모니터링 및 예측, 설비 예방 정비, 로봇 자동화 등 대부분의 고도화된 스마트 팩토리 응용은 데이터 처리와 분석과 예측을 통해 이루어지는데 담당 기술이 인공지능이기 때문이다. 따라서 인공지능을 어떻게 활용하는지에 따라 기업들의 스마트 팩토리 적용 효과에 차이가 있을 수 있다.

그러나 모든 스마트 팩토리가 인공지능을 도입하는 것은 아니다. 중소벤처기업부 산하 스마트제조혁신추진단에 따르면 스마트 팩토리는 총 5단계로 구축할 수 있고 가장 높은 5단계인 고도화 단계에서 인공지능이 활용된다. 이 단계에서는 모니터링부터 제어와 최적화까지 모두 자율로 진행되고 고객 맞춤형 서비스를 구현하는 것도 가능하다. 2018년 누적 기준 우리나라 스마트 팩토리는 최하위 2단계에 5,599개, 중간 2단계에 1,415개가 보급되어 아직까지 대기업을 제외하면 고도화 단계를 구현한 제조 기업들이 많지 않다.

스마트 팩토리 내에서 인공지능을 이용한 이미지·영상 인식 및 분석은 제조 프로세스상의 실시간 품질 검사에 주로 활용된다. 사람이 품질 검사를 하는 경우는 검사자 간의 편차와 반복 업무 수행에 따른 정확도 저하 문제가 발생했으나 인공지능을 활용하면 판독률을 대폭 향상할 수 있다. 2019년 SK텔레콤은 5G 기반의 인공지능 머신비전을 선보였고, LG CNS는 인공지능 이미지 판독 기술을 제조 공장의 부품 불량 판정에 적용하여 난이도가 높은 공정에서 99.9%의 판독률을 달성했다고 발표했다. 실시간 품질 검사 외에 근무자들의 안전 모니터링 분야에서도 이미지·영상 인식 및 분석이 활발하게 적용되고 있다. 2019년 LG유플러스는 원격으로 공장 내 상황을 모니터링하는 솔루션을 선보였고, KT는 안전지갑을 착용하지 않은 근무자의 공장 출입을 제지하는 솔루션을 시연했다. 음성, 온도, 생체, 압력 등 각종 아날로그 신호와 고객 활동 데이터, 금융 데이터 등의 디지털 신호를 포괄하는 인공지능의 신호 인식 및 분석은 스마트 팩토리 구현에도 활용되고 있다. 미국의 스타트업인 코베리언트Covariant.AI는 강화학습, 모방학습, 메타학습 등 다양한 인공지능 알고리즘을 이용하여 컨베이어 벨트에서 불량품을 골라내는 로봇을 구현했다. 다수의 센서를 이용해 신호 데이터를 수집했다고 밝혔다. 현재 이 로봇은 독일의 오베타 공장에 도입되어 정상적으로 운영되고 있다.

스마트 팩토리에서 인공지능의 텍스트, 언어 인식, 분석이 활용되는 대표적인 응용 분야는 챗봇이다. 콜센터, 로보어드바이저, 법률자문 등에서 처음 활용된 챗봇은 스마트 팩토리에서 공장 내의 시스템과 근로자 사이의 인터페이스 역할을 담당한다. SK하이닉스는 2019년에 개최된 '매뉴팩처링 테크 컨퍼런스 2019'에서 업무별로 세분화된 챗봇이 스마트 팩토리에서 맞춤형 서비스를 제공하고 구성원과 시스템의 상호작용을 혁신하고 있다고 밝혔다. 비센트론은 공장 출하량 조회, 추가 주문 지시, 작업 내역 변경 등을 실행할 수 있는 챗봇을 개발하여 성공적으로 상용화했다. 빛킨은 카카오와 함께 공장 가동률 등 각종 생산 정보와 기기 상태 정보 등을 채팅 형태로 확인할 수 있는 챗봇을 개발하는 중이라고 밝히기도 했다.

인공지능의 중요성

현재 사회는 기존의 전통적인 기업의 활동 방식에서 벗어나 사물인터넷, 인공지능, 클라우드, 빅데이터 등의 첨단 정보통신기술 플랫폼이 등장하면서 디지털 전환이 가속화되기 시작했다. 코로나 팬데믹으로 인해 일상에서 온택트ontact와 언택트untact라는 새로운 개념의 디지털 콘택트Digital Contact 문화가 확산되기에 이르렀다. 이는 곧 인류가 이제껏 한 번도 경험해보지 못했던 새로운 기준에 대한 개념과 그에 따른 변화된 일상을 받아들여야만 하는 시대에 적응하도록 했다. 이러한 시대 변화는 산업계 전반에도 영향을 끼쳤다. 원격수업과 재택근무 등 온라인 이용이 늘면서 디지털 중심의 미래 정보통신기술 발전 속도가 가속화되고 있고 구글, 마이크로소프트, 애플, 넷플릭스, 테슬라 등 대표적인 글로벌 빅테크 기업이 성장했고 고객 데이터 기반의 확장성 높은 비즈니스 모델로 막대한 수익을 창출하고 있다.

이러한 상황에서 디지털 트랜스포메이션은 가장 우선적인 과제라고 볼 수 있다. 디지털 트랜스포메이션은 제한된 분야에 적용되는 단순한 기술 혁신과 달리 사회 전반에서 광범위하게 이루어짐과 동시에 비즈니스 모델을 혁신적으로 변화시킨다는 특징이 있으므로 간과할 수 없다. 또한 현재 진행 중인 4차 산업혁명 시대를 맞이해 인공지능, 빅데이터, 사물인터넷, 클라우드 등의 혁신 기술이 이미 성숙 단계에 이르렀고 접근 가능성이 높아 경제적 대안으로 크게 자리잡아가고 있다.

디지털 생태계는 디지털 기술에 의해 모든 관련 시스템을 연결하는 방식으로 기술 통합이 요구되므로 인공지능 기술이 디지털 혁신의 핵심이다. 인공지능 기술은 연구 수준에서 벗어나 성숙 단계로 진입했다고 볼 수 있을 뿐만 아니라 현재의 컴퓨팅 시스템의 한계를 극복하고 컴퓨터 환경을 획기적으로 변화시킬 것으로 예상된다. 이와 같이 변화하고 있는 인공지능 패러다임에 동참하기 위해 정부와 글로벌 대기업들의 주도하에 대대적인 지원과 다양한 연구개발이 진행되고 있다.

챗GPT라는 대규모 언어 모델LLM이 등장한 이후로 대규모 언어 모델 기술 또한 빠른 발전을 거듭하며 사회에 커다란 영향을 끼치고 있다. 대규모 언어 모델이란 기존 언어 모델보다 훨씬 더 큰 파라미터 사이즈를 가지는 모델들을 지칭한다. 이 거대한 파라미터를 충분히 학습시키기 위해 과거 언어 모델들보다 훨씬 더 큰 대규모의 코퍼스를 활용하여 학습시킨다. 현재 오픈AI, 구글, 딥마인드, 메타(전 페이스북)를 포함한 많은 글로벌 테크 대기업들과 그 외 연구기관들에서 서로 다른 전략과 접근을 기반으로 여러 초대규모 언어 모델들을 개발하고 있다.

우리나라에서는 대표적으로 네이버가 대규모 언어 모델과 그 응용에 많은 자원을 투입하고 있다. 대규모 언어 모델은 학습하는 데이터에 따라 발휘될 수 있는 능력이 다르며 오픈AI의 챗GPT-3의 경우 마이크로소프트로부터 많은 양의 깃허브github 데이터를 받아 학습을 수행하여 결과적으로 프로그래밍 코드에 대한 설명이나 주석만으로도 코드를 생성할 수 있게 되었다. 이러한 능력을 바탕으로 오픈AI는 깃허브 코드 데이터를 중심으로 학습하고 성능을 개량한 코덱스Codex라는 모델을 만들었다. 2023년 기준 코파일럿Copilot이라는 브랜드로 API 서비스를 수행하고 있다. 코드를 작성할 때 작성해야 할 코드를 생성하여 프로그래밍을 보조하는 툴로 많은 프로그래머의 생산성을 향상하는 데 크게 기여하고 있다. 네이버에서 공개한 초대규모 언어 모델인 하이퍼클로바HyperCLOVA는 블로그, 카페 등 네이버가 보유한 양질의 한국어 말뭉치를 학습한 모델이다. 개인정보 마스킹, 비속어·중복 문자 제거 등을 수행하여 말뭉치 품질을 향상했다.

현재 인공지능 기술은 사회 전반에 걸쳐 영향을 끼치고 있다. 인공지능 기반의 다양한 지능형 정보시스템을 통해 새로운 사회 가치를 창출하는 지능정보사회로 변화해가고 있다. 지능정보사회에서는 인공지능 기반의 지능형 정보시스템의 도입이 단순히 반복적인 업무를 넘어서 고차원의 질적, 창의적 의사결정 영역까지 확대되면서 노동시장에도 상당한 영향을 끼칠 것이라 예상된다.

최근 인공지능은 4차 산업혁명과 함께 학계의 담론을 넘어 첨단 기술의 혁신에 기반해 산업구조와 사회 변화를 이끌고 있다. 업무의 자동화와 로봇화로 인해 물리적인 단순 직무는 물론이고 고차원적인 전문 지식이 요구되는 근로나 창의적인 지적 영역까지도 인공지능이 대체할 가능성이 높아지고 있다. 이미 인공지능으로 인해 많은 단순 반복적인 일상 업무가 대체됐고 이를 통한 노동 비용 절감이 현실화되고 있다.

인공지능 기반의 지능정보사회에서는 제조업이 자동화되고 개방형 소통 플랫폼이 중요한 혁신 요소 중 하나로 사회적 네트워크 속에서 개방적인 혁신 성장을 지향하며 진화하고 있다. 이러한 환경 변화와 함께 지능형 정보 시스템이 기획, 분석, 의사결정 등과 같은 인간의 정신노동 영역을 보완하거나 대체하여 직무의 형태와 내용이 상당히 변화될 것으로 예상된다.

인공지능 기반의 디지털 사회

코로나 팬데믹, 인구 감소 등의 요인으로 인해 인공지능 활용 범위와 시장의 확대가 요구되고 있다. 메타버스 시대가 본격화되면서 디지털 존재의 중요성이 부각됨에 따라 인공지능은 지속적으로 발전할 것이다. 심지어 인공지능을 활용하여 메타버스 플랫폼의 제작을 원활하게 할 수도 있다. 생성형 인공지능은 가상 공간과 사물, 가상 인간 생성, 상호작용 촉진 등 메타버스의 제작과 운영에 핵심적인 역할을 수행할 수 있고, 가상과 현실이 융합된 시뮬레이션 공간을 제작할 수 있고, 메타버스 내의 실시간 통역과 번역, 사용자 감성 인지와 표현 등을 통해 현실 세계와 가상 세계 간의 상호작용을 촉진한다. 또한 메타버스 크리에이터의 생산과 가치 창출을 지원하는 도구 역할을 수행하는 것도 가능하다.

이러한 변화에 함께 디지털 존재에 대해 사람들이 친밀성을 느끼면서 디지털 휴먼에 대한 관심 또한 커지게 되었다. 디지털 존재와의 친밀성을 위해 본질에 대한 깊은 관심과 이해 기반의 감정 인식, 음성 인식 기술이 활발히 개발되고 있다. 현재 디지털 휴먼 제작에는 볼류메트릭Volumetric, 컴퓨터그래픽CG, Computer Graphics, 모션캡처Motion Capture, 인공지능 등 다양한 기술이 사용된다. 볼류메트릭 방식은 실제 사람을 디지털 카메라로 360도 촬영하여 빠르게 3D 디지털 휴먼 이미지를 생성하는 방식이다.

마이크로소프트사의 볼류메트릭 스튜디오에서는 106대의 카메라를 이용해 초당 60프레임을 촬영하여 3D 모델링이 가능하다.

컴퓨터그래픽을 활용한 디지털 휴먼 제작 방식은 3D 이미지를 만드는 렌더링에 상당한 시간과 비용이 소요되는 작업이지만 작업 중 결과물을 실시간으로 확인하고 수정할 수 있는 실시간 렌더링이 도입되면서 제작 효율성이 크게 개선되고 있다. 디지털 휴먼이 사람처럼 움직이는 모습을 구현하기 위해서는 모션캡처 기술이 사용된다. 모션캡처 기술은 센서와 적외선 등을 이용하여 인체나 물체의 움직임을 추적해 디지털 형태로 기록한다. 마커marker를 통해 움직임을 추적하는 마커 방식과 센서를 이용한 마커리스markerless 방식, 카메라를 통해 얻은 이미지에 기반하여 인공지능으로 움직임을 추정하는 이미지 기반 방식 등이 사용된다. 인간과 같은 생생한 감정 표현과 움직임을 구현하기 위해서 페이셜 캡처facial capture, 리깅rigging, 애니메이션 작업 등을 더하기도 한다.

이러한 방식 외에 인공지능을 활용한 디지털 휴먼 구현 방식도 있다. 국내 스타트업인 딥브레인AI는 인공지능 기술을 이용해 인공지능 휴먼을 개발하고 공급한다. 인공지능 휴먼은 기존의 디지털 휴먼과는 달리 실제 사람과 매우 유사하게 만들 수 있다. 딥브레인AI는 입 모양을 실시간으로 구현하는 어려움을 극복하기 위해 실시간 합성 기술을 개발해 디지털 휴먼의 품질을 높였다. 실시간 합성 기술은 사람의 음성에 따라 입 모양을 자연스럽게 변화시키는 기술로 입 모양을 높은 화질과 해상도로 구현할 수 있다. 이러한 실시간 합성 기술은 금융이나 콘택스센터와 같은 분야에서도 활용할 수 있다. 딥브레인AI는 이를 위한 서비스도 준비하고 있다. 딥브레인AI는 실시간 합성 기술을 갖춘 디지털 휴먼 제작 기업으로 특별한 위치에 있다고 평가받고 있으며 현재 국내 제1금융권,

방송사, 유통사 등에 이 기술을 공급했고 미국과 중국을 포함한 다른 국가들에도 제공하고 있다. 이러한 디지털 휴먼에 대한 관심과 구현 기술을 바탕으로 향후 인공지능 시장은 디지털 어시스턴트인 디지털 휴먼을 중심으로 형성될 것으로 예상된다.

7장

산업 디지털 전환
적용 사례와 디지털 트윈

옥희동

지멘스 부사장

한양대학교 공과대학 기계설계학과를 졸업하고 산업대학원 기계공학과를 졸업했다. 1988년 당시 금성사 생산기술연구소에 입사하여 C4추진 팀에서 전사 지원 업무를 수행했다. 특히 3차원 설계와 CAE 부문을 지원했다. 그 후 3차원 CAD와 CAE 전문회사인 CIES/ATES에서 기술영업 및 기술관리를 담당했다.

1999년부터 지멘스에서 마케팅, 기술영업 그리고 기술총괄을 거쳐 현재는 사업파트너와 공조한 교육서비스 사업과 고객 기술 관리 부문을 맡고 있다.

1.

디지털 전환의 정점은 디지털 트윈이다

산업계에서는 품질, 비용, 납기 단축을 개선하기 위해 혁신 활동을 지속하고 있다. 최근엔 4차 산업혁명에 대응하기 위해 혁신 활동의 정점으로 디지털 트윈으로의 디지털 전환이 큰 기조로 자리하고 있다. 정부에서도 디지털 전환을 적극적으로 지원하기 위해 산업통상자원부에서 「산업디지털 전환촉진법」을 2022년에 개정하여 시행하고 있다.

이번 장에서는 디지털 트윈의 개념에서부터 적용 사례까지 살펴봄으로써 디지털 전환을 추진하는 기업이나 취업을 준비하는 학생에게 도움이 되고자 한다.

산업계의 디지털 전환 흐름과 디지털 트윈

산업계는 1980년대부터 본격적으로 디지털 전환에 관심을 가지기 시작했다. 먼저 그간 진행되었던 디지털화의 흐름을 단계별로 살펴보겠다.

1단계: 제품 데이터 관리PDM, Product Data Management

산업계에서 디지털 전환을 추진하는 초기 단계에 급격한 기술 변화에 대응하기 위해 연구개발R&D과 설계 부문을 중심으로 디지털 전환이 먼저 시작되었다. 전환점으로는 1980년 말부터 시작되었던 수작업 도면 작업대인 드래프터를 PC로 교체함으로써 2차원 도면을 수작업에서 캐드CAD로 바꾸었던 과정이라고 볼 수 있다. 도면 작성 과정과 작성 도면의 활용성 등 디지털 데이터의 효과가 검증되면서 도면 중심의 산업계 디지털 데이터가 급속도로 증가하게 된다. 이러한 데이터는 관련 부서와의 연계성과 데이터의 정확성이 요구되면서 디지털 데이터 관리 및 운영의 중요성이 자연스럽게 대두되었다. 이와 같은 요구 조건을 충족하기 위해 도면 디지털 데이터와 관리 기능을 결합하여 제품 데이터 관리가 정착하게 되었고 산업계의 주요한 디지털 시스템으로 자리하게 된다.

2단계: 협업 제품 상거래CPC, Collaborative Product Commerce

정착된 제품 데이터 관리의 주요한 데이터인 도면은 관련 부서와 공유해야 한다. 사내 관련 부서뿐만 아니라 협력업체 등 사외 기업과도 공유할 필요가 있다. 이를 위해 협업 제품 상거래 시스템이

산업계의 디지털화의 변화

• 연구개발 및 엔지니어링 분야의 급속 변화
폐회로 디지털 트윈은 새로운 제품개발과 생산과 경제 활동을 지원

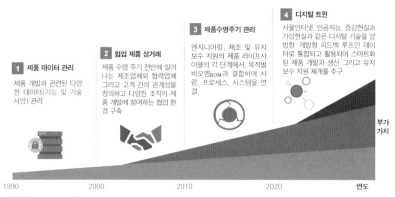

1 제품 데이터 관리
제품 개발과 관련된 다양한 데이터(기능 및 기술 사양) 관리

2 협업 제품 상거래
제품 수명 주기 전반에 일어나는 제조업체와 협력업체 그리고 고객 간의 관계성을 정의하고 다양한 조직이 제품 개발에 참여하는 협업 환경 구축

3 제품수명주기 관리
엔지니어링, 제조 및 유지보수 지원의 제품 라이프사이클의 각 단계에서, 목적별 비오엠BOM과 결합하여 사람, 프로세스, 시스템을 연결.

4 디지털 트윈
사물인터넷, 인공지능, 증강현실과 가상현실과 같은 디지털 기술을 양방향·개방형 피드백 루프인 데이터로 통합되고 활용되어 스마트화된 제품 개발과 생산 그리고 유지보수 지원 체계를 추구

부가 가치

1990   2000   2010   2020   연도

(출처: Accenture)

생겨나게 되고 데이터의 협업 프로세스도 포함하게 된다. 협업 제품 상거래 시스템은 제품 데이터 관리 시스템의 필요한 데이터를 넘겨받아 필요한 부서와 공유하는 단방향 통신 형태의 시스템 연결을 이룬다. 과거에도 프로세스와 데이터를 연결하기 위해 컴퓨터 통합 생산CIM, Computer Integrated Manufacturng, 동시병행설계Concurrent Engineering, 기계·기구 컴퓨터 응용 공학MCAE, Mechanical Computer Aided Engineering 등의 개념들이 생겨났고 부분적으로 디지털 시스템의 적용을 시도했다가 제품 데이터 관리와 협업 제품 상거래를 거치면서 연구개발과 설계를 중심으로 통합 디지털 시스템이 시도된다.

3단계: 제품수명주기 관리PLM, Product Lifecycle Management
제품 데이터 관리와 협업 제품 상거래 단계를 거치면서 검증된

효과를 바탕으로 연구개발과 설계 부문에서 생산 활동 부문 전반으로 적용 범위를 확대한다. 도면 정보를 중심으로 제조 단계별 엔지니어링 또는 시뮬레이션을 통해 최적화를 시도하게 된다.

4단계: 디지털 트윈DT, Digital Twin

제품수명주기 관리 단계에서 제품 전 주기를 관리하고 수행하는 단계별 디지털 시스템의 통합화가 필요해진다. 이 단계에서는 실제조 환경인 실제 세계Real World를 디지털 환경인 가상세계Virtual World로 구현하는 것을 목표로 한다. 기술적인 부문은 인공지능, 전사적 자원관리ERP, 제조 실행 시스템MES, 메타버스, 사물인터넷 등 디지털 기간 시스템이나 특화된 정보통신기술 시스템과도 통합화가 이루어진다. 이는 제품 전 주기를 관리하는 프로세스에 기반하며 단계별로 발생되는 데이터는 양방향으로 상호 교환되고 최신 정보로 업데이트되어 관리된다.

디지털 트윈은 제품의 기획 단계에서 설계, 제조, 유지보수 단계를 거치면서 필요한 정보를 단계별 시스템 간에 상호 교환하고 나아가 개선점을 보완해서 제품을 재탄생시키는 프로세스를 거친다고 하여 폐회로 디지털 트윈Closed Loop Digital Twin이라고도 한다.

디지털 트윈의 현실세계와 가상세계는 현재의 기술로는 완벽하게 일치하지는 않지만 통합화와 최적화 측면에서 완성도가 상당히 높아져 있으며 그 효과는 많은 기업체에서 검증하고 있다. 이에 대해서는 적용 사례 부분에서 좀 더 자세히 살펴보겠다. 산업계는 디지털 트윈을 통해 디지털화의 궁극적인 목표인 디지털 엔터프라이즈를 구현하게 된다.

디지털 엔터프라이즈 디지털 모델

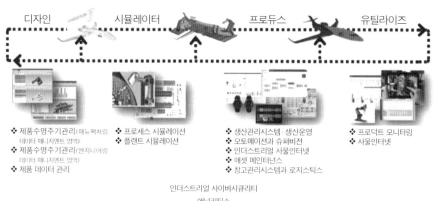

디자인   시뮬레이터   프로듀스   유틸라이즈

❖ 제품수명주기관리(매뉴팩처링 데이터 매니지멘트 영역)
❖ 제품수명주기관리(엔지니어링 데이터 매니지멘트 영역)
❖ 제품 데이터 관리

❖ 프로세스 시뮬레이션
❖ 플랜트 시뮬레이션

❖ 생산관리시스템·생산운영
❖ 오토메이션과 슈퍼비전
❖ 인더스트리얼 사물인터넷
❖ 애셋 메인터넌스
❖ 창고관리시스템과 로지스틱스

❖ 프로덕트 모니터링
❖ 사물인터넷

인더스트리얼 사이버시큐리티
애널리틱스
인공지능
매니지먼트 컨설팅
코스트 모델링
공급망 최적화

(출처: Engineering USA)

4차 산업혁명과 5차 산업혁명

(출처: IDTechEX)

    디지털 엔터프라이즈는 디지털 트윈을 통해 구현되며 완성된 디지털 시스템의 모습은 위의 그림과 같다. 디지털 트윈의 소프트웨어 구성요소이기도 하다. 이 모델은 첨단 디지털 기술로 끊임없는 혁신을 요구하는 4차 산업혁명과 개인화가 더욱 강조되어 전방위 디지털 개혁이 요구되는 5차 산업혁명에 대응하기 위해서 반드시

산업계의 디지털 전환 동향

준비해야 할 모델이다.

디지털 전환의 현재 동향

전 세계적으로 급변하는 제조 환경에 적극적으로 대응하기 위해 디지털 전환을 지속적으로 추진해왔다. 그러나 기업별로, 제품별로 특화된 디지털 시스템을 구현하기에는 효과적이지 못하기도 했다. 심지어 시스템 구축 후에 업무 적용률이 크게 떨어지는 경우가 많았다. 이는 이미 복잡해진 제품 구조, 생산 프로세스, 축적된 디지털 데이터와 급진적으로 발전하는 최신 디지털 기술을 기업에서 단독으로 추진하기에는 한계가 있다. 이로 인해 디지털 전환이 활발히 이루어지지 못하고 있다.

관련 기관에서는 활성화가 미흡한 이유로 구축된 시스템의 완성도 부족과 시스템 구축 후 유지보수 인력 부족 등을 들고 있다. 구축된 시스템의 완성도는 기업별, 제품별 특징을 반영하고 제공되는 솔루션의 기능 성숙도로 좌우된다. 기능 성숙도는 제공되는 솔루션 기능의 활용보다는 기능의 개발로 이루어지는 경우가 많아

산업 디지털 전환 지원 사업과 산업계의 디지털 전환 동향

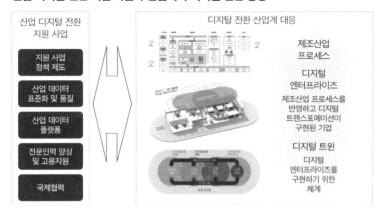

이후 유지보수가 불가능하거나 기능 구현에 제한이 많다. 사용상 만족도가 떨어져 결국 활용도가 떨어지는 문제가 발생한다. 이에 대한 보완책으로 선진 사례의 도입, 특화 솔루션 구현을 위한 분석, 솔루션의 플랫폼화가 요구된다. 시스템 구현에 어려움을 겪고 있는 부분에 대해서는 다시 좀 더 들여다보기로 하겠다.

시스템 구축 후 유지보수 인력 부족은 지역별로 인재 양성과 기술 지원 기업의 분산화가 필요하다. 인재 양성은 취준생이나 재직자의 특성을 고려하고 디지털 트윈의 소양 과목을 충분히 반영하는 과정으로 개설해서 운영해야 한다. 그리고 강사의 역할은 아무리 강조해도 지나치지 않을 정도로 중요하다. 구성되는 주요 교육 과목 중 하나는 제공된 플랫폼을 이용한 커스터마이제이션Customization이다. 이 과목은 다양한 분야별로 경험이 풍부한 전문 강사진이 진행해야 한다. 교육 이후에는 교육을 이수한 취준생이나 재직자들이 지역에서 지속적으로 근무할 수 있도록 기술 지원 기업을 지역으로 분산화하는 것이 절대적으로 필요하다.

산업통상자원부와 유관기관에서는 산업계의 디지털 전환이 미흡한 점과 개선할 점을 고려해서 디지털 솔루션의 플랫폼화, 선진 기술 도입, 인재 양성, 기업과 제품의 특성을 반영한 표준화를 기본으로 하는 「산업디지털 전환촉진법」을 시행하고 지원 사업을 추진하고 있다.

산업 디지털 전환 지원 사업을 통해 산업계가 제조 프로세스를 반영한 디지털 트윈을 구축함으로써 디지털 엔터프라이즈를 실현할 수 있으리라 기대한다.

디지털 트윈 구축 시 고려해야 할 점

앞에서도 언급했듯이 디지털 트윈 시스템 구축 이후에 적용률을 높이기 위해서 고려해야 할 점이 있다. 디지털 엔터프라이즈 디지털 모델(293쪽 그림)에서 디지털 데이터의 시작이면서 가장 중요한 시스템이 제품 데이터 관리 시스템이다. 제품 데이터 관리 시스템의 기초 데이터는 2D·3D 도면이다. 도면에는 부품명, 재질, 수량, 가공 정보 등 제품의 거의 모든 정보를 담고 있다. 그리고 이 정보들은 설계 단계부터 전사적 자원관리 시스템은 물론 나아가 생산공정관리 시스템과도 연동하여 발주, 원가 관리, 품질 관리 등과 연계된다.

설계 단계와 생산기술 단계에서 정의되는 생산 공정 정보는 부품 정보, 가공 정보와 함께 생산공정관리 시스템과 연동해서 통합 생산관리시스템을 지원하게 된다. 나아가 생산 완료된 제품은 재

제품 데이터 관리·제품수명주기관리·생산공정관리 시스템 연계도

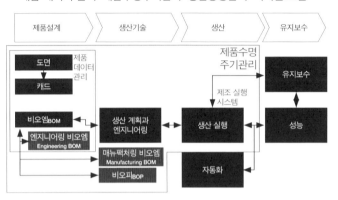

• 제품 데이터 관리·제품수명주기관리·생산공정관리·디지털 트윈

고, 형상 정보와 동작성 정보를 유지보수 시스템과 연결하여 관리를 지원한다. 전사적 자원관리, 생산공정관리, 제조실행시스템MES 등에서 발생하는 개선 정보 등 다양한 정보는 다시 제품 데이터 관리에 보내져 향상된 제품이나 새로운 제품 또는 유지보수 부품의 생산 활동에 사용하게 된다. 따라서 생산 활동에 연계된 시스템은 상호 통합화가 필수다. 통합화는 결국 디지털 전환을 통한 디지털 트윈과 디지털 엔터프라이즈 구현의 목적이 된다. 통합화를 이루려면 상호 연계해야 하므로 표준화된 체계가 필요하다. 이는 비오엠BOM, Bill of Material이 역할을 하게 된다. 비오엠BOM 정보는 생산 단계별로 구현되고 정의되어 사용된다. 비오엠BOM은 크게 설계 단계에서는 엔지니어링 비오엠Engineering BOM, 제조 단계에서는 매뉴팩처링 비오엠Manufacturing BOM로 구분한다.

디지털 트윈의 성공 요소는 통합화에 있다. 이를 위해 프로세스와 비오엠BOM의 정의가 중요한 요인으로 작용한다. 디지털 전환을

디지털 스레드

• 연결되고 통합화된 데이터를 통해 디지털 엔터프라이즈 추구

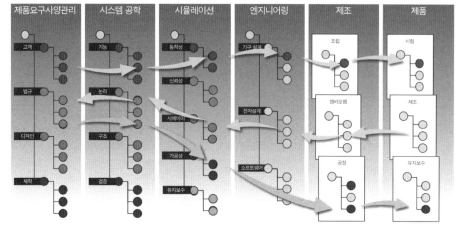

위한 시스템 구축 시에는 반드시 기업과 제품에 맞는 프로세스별로
비오엠BOM과 데이터 모델이 정의되어야 한다. 이를 디지털 스레드
Digital Thread로 표현하기도 한다. 정의된 내용을 중심으로 구축시스
템을 설계하고 커스터마이제이션을 진행하게 된다. 일반적으로 시
스템 구축 후 활용도가 떨어지는 원인을 찾아보면 가장 먼저 드러나
는 문제가 분석과 이를 통한 디지털 스레드의 미비다. 시스템을 성
공적으로 구축하기 위해서 체계적인 분석은 필수적이다.

디지털 트윈 구현 모델

생산 전 단계의 시스템이 통합된 디지털 트윈의 완성된 모델은
디지털 트윈 플랫폼을 제공하는 프로바이더Provider에서 제시하고

지멘스 디지털 트윈 모델

- 제품수명주기에서 디지털 환경과 실제 산업 환경의 통합하는 실질적이고 실현 가능한 디지털 엔터프라이즈 환경을 제공

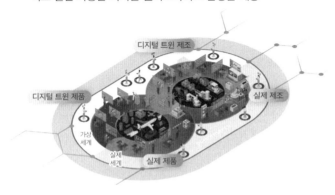

있다. 위의 그림은 지멘스의 디지털 트윈 모델로 실제 제조 환경과 가상 제조 환경이 상호 연동되는 환경을 잘 표현하고 있다. 그림에서도 나타나고 있지만 앞서 언급한 디지털 스레드를 통해 두 개의 생산 환경이 잘 연동되는 모습을 보여준다. 이를 통해 제품 개발과 제조 활동에서 시간과 비용을 크게 줄이고 더 많은 다양한 경우의 수를 사전 검증할 수 있어 제품의 품질을 향상하고 복잡하고 다양해지는 고객 요구 사항에 적극적으로 대응할 수 있게 된다.

다음 그림은 디지털 트윈이 구현된 사례다. 가상 환경에서 실제 환경의 로봇을 모델링하고 동작성을 평가한다. 많은 경우의 수를 평가해서 원하는 최적화 안을 찾아낸다. 찾아낸 최적화 안은 로봇의 제어 코드로 변경되고 실제 로봇에게 전송되어 작동하게 된다. 또는 실제 로봇의 동작을 개선해야 할 상황이 발생하면 사용된 제어 코드를 가상 환경으로 전송하여 문제가 있는 동작을 분석해서 개선점을 찾는다. 최적화 안은 다시 로봇에게 전송되어 반영된다.

디지털 트윈 사례

- 제조 분야의 디지털 트윈

실제 제조 환경과 가상 제조 환경은 상호 통합되어 양방향 통신이 가능

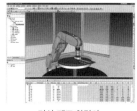

가상 제조 환경의
제조 공정 및 생산 시스템

실제 제조 환경의
제조 공정 및 생산 시스템

제품수명주기관리·전사적 자원관리·제조운영관리 시스템 연계

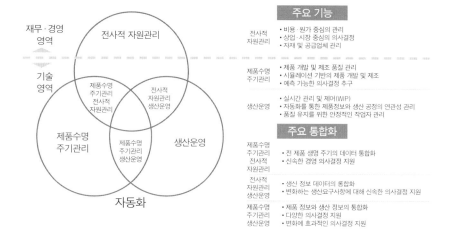

디지털 트윈을 구성하고 있는 주요 시스템으로는 제품수명주기관리(제품 데이터 관리 포함), 전사적 자원관리, 제조운영관리MOM(MES 포함)이 있다. 제조운영관리MOM, Manufacturing Operation Management는 제조실행관리MES, Manufacturing Execution System와 품질관리시스템 QMS, Quality Management System을 포함한 시스템이다. 앞의 그림은 주

요 기능과 상호 통합 시에 고려해야 할 사항을 정리한 것이다.

디지털화를 통한 디지털 트윈의 구현은 결국 3개 시스템의 구축으로 연결되고 데이터와 프로세스 통합화는 디지털 스레드를 통해 구현된다. 따라서 산업계에서 디지털 전환 시에는 주요 3개 시스템을 고려한 계획과 실행이 중요하다. 이는 디지털 트윈 플랫폼을 통해 실현 가능성을 가늠하게 된다.

디지털 트윈 구현을 지원하는 플랫폼

디지털 전환을 통한 디지털 트윈의 구현은 전 세계적인 흐름이며 혁신 과제로 꼽히고 있다. 이를 실현하기 위해 디지털 트윈 프로바이더는 보다 효과적이고 실질적인 구축을 지원하기 위하여 플랫폼을 지원하고 있다. 위의 그림은 지멘스의 디지털 트윈 플랫폼

지멘스 디지털 트윈 플랫폼

• 디지털 트윈 플랫폼

디지털 엔터프라이즈 구현 기폭제

디지털 트윈 플랫폼은 소프트웨어, 서비스, 앱 개발 플랫폼의 통합 포트폴리오로 디지털 전환을 가속화하고 강력한 산업 네트워크 효과를 실현하며,

전기, 기계 및 소프트웨어와 같은 기존의 독립형 엔지니어링 영역을 통합.

모빌식   개인 맞춤형   유연한
디지털 트윈   적용   개발형

디지털 트윈 플랫폼의 역할 및 디지털 엔터프라이즈 계층

• 디지털 트윈 플랫폼 - 액셀러레이터 데이터 허브

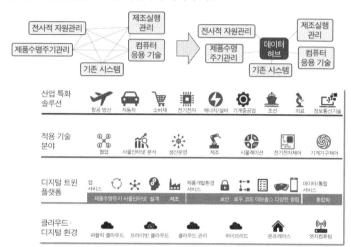

인 지멘스 엑셀러레이터Siemens Xcelerator를 설명한 것이다.

디지털 트윈 플랫폼은 시스템별 구축 완성도, 시스템 간 통합화와 융합화를 통해 최적화를 지원할 수 있어야 한다. 앞에서 설명한 디지털 전환의 시작이 연구개발과 설계 부문 중심이어서 지나치게 설계 부문에 편중되어 생산 전 주기 프로세스를 지원하지 못하는 플랫폼이거나 통합화를 위한 가장 주요한 기능인 오픈성에 제약이 있어 데이터 허브로서 역할을 하지 못할 수 있다.

산업계 디지털 엔터프라이즈의 구성 계층을 살펴보면 데이터가 모이고 관리되는 영역인 디지털 인프라 환경이 있다. 이 영역은 최근에 많은 관심과 활용도가 높아진 클라우드 환경도 포함하고 있다. 그 위에 디지털 트윈 플랫폼 영역이 있어 데이터를 상호 연결하고 통합한다. 일반적으로 널리 알려진 컴퓨터응용설계CAD·컴퓨터

응용가공CAM·컴퓨터응용공학CAE가 여기에 위치한다. 증강현실·가상현실, 인공지능, 메타버스 등도 포함된다. 그리고 이를 활용하는 적용 기술 분야가 있다. 마지막 상위 계층은 산업별, 제품별로 특화된 영역으로 기업별, 산업별, 제품별 특성을 충분히 고려한 솔루션이 포함된다. 이를 통해 업무 효율성이나 솔루션 적용성을 극대화한다. 이렇게 디지털 트윈 플랫폼은 디지털 전환과 향후 디지털 엔터프라이즈 구현을 지원한다.

디지털 트윈과 메타버스

디지털 트윈 개념을 좀 더 이해하기 위해 최근 정보통신기술 분야의 화두 중에 하나인 메타버스와 비교할 필요가 있다.

메타버스
- 산업 메타버스

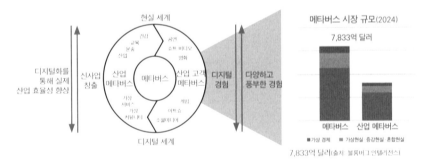

메타버스는 공유 가상 3D 세계·플랫폼으로 구성되어 있으며 상호작용적이고 몰입적이며 협력적이며 상품 및 서비스의 거래도 가능합니다. 현재 메타버스는 고객 중심 솔루션(예: 콘서트, 게임)에 중점.
산업 메타버스는 기계, 로직 컨트롤러 및 생산라인을 포함한 전체 생산 프로세스를 대상으로 디지털 환경과 작업 현장의 실시간 데이터로 지속적으로 동기화하고 최적화.

시빌 메타버스와 인더스트리얼 메타버스

시빌 메타버스

(출처: Fortnite)

인더스트리얼 메타버스

(출처: NVIDIA)

　메타버스는 가상현실을 이용한 상업적 공간이라고 할 수 있다. 사용되는 제품은 누구든지 제작과 상거래가 가능하다. 가상현실은 메타버스 플랫폼 기업이 가상의 형상으로 꾸민다. 적은 투자로 성공을 꾀할 수 있는 상업적 기회의 장으로 인식되면서 폭발적으로 활용되고 있다.

　디지털 트윈은 메타버스가 출현하기 전부터 활용되던 기술로 가상현실, 즉 가상 제조 환경과 실제 제조 환경을 동기화하는 부문이 다르다. 실제 제조 환경을 3D 정보로 표현하면서 대량의 디지털 데이터가 발생하게 되고 관리시스템의 높은 성숙도가 요구된다. 디지털 트윈과 메타버스는 가상현실을 다루는 부문이 유사해서 비교되는 경우가 많다. 둘을 구분하기 위해 디지털 트윈은 가상현실 활용 부분을 강조해서 산업용 메타버스 또는 인더스트리얼 메타버스Industrial Metaverse로 구분하고 메타버스는 커머셜 메타버스Commercial Metaverse 또는 시빌 메타버스Civil Metaverse로 구분하기도 한다.

2.

디지털 엔터프라이즈를 구현한다

디지털 트윈 플랫폼과 산업 제조 프로세스

디지털 트윈은 제품 생산의 전 과정을 대상으로 하고 있다. 산업계의 제조 프로세스는 단계별로 목적과 업무가 명확하게 구분되어 있지만 단계별 데이터의 상호 연계 또한 중요하다. 디지털 트윈은 이러한 산업 제조 프로세스와 데이터를 디지털화하여 디지털 엔터프라이즈를 구현한다. 따라서 디지털 트윈의 구성 요소는 산업 현장을 최대로 반영한다. 특히 상품 기획에서 제품 출하와 유지보수까지 제품의 전 주기 프로세스는 디지털 트윈에 그대로 적용되고 있다. 적용된 프로세스는 플랫폼을 통해 지원되고 통합된다.

산업 제조 프로세스는 산업별, 기업별, 제품별로 다시 세분화된다. 세분화된 프로세스는 디지털 트윈의 구현의 난이도를 대변한다. 또한 다양한 프로세스를 성공적으로 구축해야 함은 앞으로 진

디지털 트윈 프로세스

• 디지털 트윈 – 제품, 제조, 유지보수

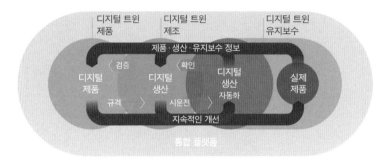

개되며 더욱 복잡성을 가질 5차 산업혁명의 지원 가능 여부의 척도로 여겨지기도 한다. 디지털 트윈 플랫폼 공급업체는 복잡한 프로세스를 효과적으로 통합 지원하기 위해 대분류를 통한 솔루션을 지원하고 있다.

이와 같은 통합된 디지털 트윈 프로세스는 크게 디지털 트윈 제품, 제조, 유지보수로 구분한다. 디지털 트윈의 제품 단계는 기획, 연구개발, 설계 과정 등이 포함된다. 디지털 트윈의 제조 단계는 디지털 생산 기술과 실제 제조 생산 관리 부분으로 구분된다. 디지털 트윈의 유지보수는 제품의 품질 관리, 출하 후 하자 관리, 생산 라인의 유지보수를 위한 성능 관리를 포함한다. 이렇게 구분된 분류는 시스템 구축 시에 세밀하고 다양한 분석을 통해 기업과 제품에 맞는 특화 시스템으로 설계된다. 시스템 분석과 설계 시에 주요한 부문은 앞에서도 언급한 디지털 스레드의 구현이다. 기업체에 따라 디지털 스레드의 적용 범위를 정의하고 분석과 설계를 진행한다. 디지털 스레드는 디지털 트윈 프로세스에서 가장 중요한 요소로 기업체마다 적용 범위가 상당히 다르다. 예를 들면 자동차 협력업체 등 제조만을 담당하는 기업체에서는 실제 제조 프로세스에서 발생되는 데이터와 프로세스 관리에 집중한다. 제품에 상관없이 자체 개발과 제조를 하는 기업체에서는 자동차 대기업에 준하는 프로세스를 가지고 있다.

디지털 트윈의 구성요소 중에서 디지털 트윈 플랫폼, 산업 제조 프로세스, 디지털 스레드를 알아보았다.

디지털 트윈 플랫폼과 소프트웨어

다음으로 알아볼 구성요소는 프로세스와 디지털 스레드 구현을 직접적으로 지원하는 플랫폼과 소프트웨어다. 디지털 트윈 플랫폼을 제공하는 공급자는 나름대로 소프트웨어를 프로세스별로 또는

디지털 트윈 소프트웨어

기능별로 구분해서 지원한다. 다음 그림과 같이 지멘스는 전 주기를 대상으로 프로세스별로 요구되는 기능을 분류하여 다양한 소프트웨어를 제공하고 있다.

- 제품수명주기관리, 협업 및 통합화
- 기구 설계
- 전기전자 회로 설계
- 소프트웨어 개발 주기 관리
- 해석 및 테스트
- 성능 분석
- 생산 운영
- 공장 자동화
- 제조 계획

플랫폼을 통해 각 소프트웨어는 상호 필요한 데이터를 공유하면서 통합되어 있다. 일반적으로 플랫폼 기반이 아닌 경우에는 소프트웨어 통합화에 많은 어려움을 겪기도 한다.

디지털 트윈의 또 다른 구성요소는 통합화를 위한 플랫폼과 이를 구성하는 다양한 소프트웨어다.

시스템 구축을 위해서는 인재 확보가 중요하다

마지막으로 알아볼 부문은 인재다. 디지털 트윈 시스템 구축은

디지털 트윈 시스템 구축 프로세스

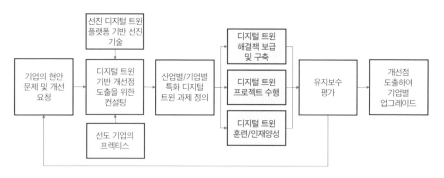

실제 제조 환경을 디지털화로 바꾸는 과정이다. 여기에는 고려해야 할 사항이 많다. 위의 그림은 전체 시스템 구축 시 프로세스를 간략히 설명한 것이다. 위 그림에서 색칠된 부문이 시스템 구축 프로젝트를 나타낸다. 이를 세부적으로 보면 분석 →설계 →개발 (커스터마이제이션) →시범 프로젝트 및 교육 →안정화 →유지보수 →시스템 개선과 업그레이드의 절차를 거친다. 디지털 트윈 플랫폼이 뛰어나더라도 시스템을 구축하는 인재가 부재하면 구축은 실패하게 된다. 따라서 디지털 트윈 시스템을 성공적으로 구축하기 위해서는 추진 인력의 확보가 중요하다.

추진팀은 역할에 따라 프로젝트 매니저PM, 프로젝트 리더PL, 개발자로 구분할 수 있다. 프로젝트 매니저는 프로젝트를 총괄 지휘, 관리하는 역할을 수행하고, 프로젝트 리더는 단위 과제 팀장의 역할을 맡고, 개발자는 주어진 과제의 커스터마이제이션 작업을 수행한다. 프로젝트 매니저와 프로젝트 리더는 프로젝트 초기 단계인 분석 및 설계 단계에서 중요한 업무를 진행한다. 관련 부서의 면담과 현재 운용 중인 데이터와 프로세스를 면밀히 분석하여 개선점을 찾아내고 시스템을 설계한다. 개발자는 플랫폼에서 제공하는 응용 프로그래밍 인터페이스를 이용해서 설계된 단위 과제를 중심으로 코딩 작업을 진행한다.

최근 산업계에 디지털 트윈 시스템을 구축하는 프로젝트가 늘어나면서 인재난을 겪고 있다. 개발자는 일반적으로 프로그래밍 랭기지를 습득하는 것은 물론이고 디지털 플랫폼 응용 프로그래밍 인터페이스, 산업계의 프로세스, 데이터도 이해할 수 있어야 하므로 인재 양성이 쉽지 않다. 이에 관련 기관의 적극적인 참여와 지원이 필요하다.

시스템 구축 후 안정적으로 정착하기 위해서는 약 1년 정도의 시간이 필요하고 이를 지원하는 유지보수 인력이 반드시 필요하다. 디지털 트윈 시스템은 제공되는 기본 기능 외에 기업체나 제품의 특성을 반영하기 위한 약 50% 정도 커스터마이제이션이 수행되어 개발된 코드의 버그 수정, 일부 기능의 개선 및 보완, 지속적인 근거리 헬프 데스크가 필요하다. 이를 위해 상주 형태나 아니면 비상주 형태의 유지보수팀이 필요하다.

그리고 주요한 인재는 산업 기업체의 대표이사와 플랫폼 제공 기업의 솔루션 개발 책임자다. 두 사람이 스폰서 역할을 수행하게 된다. 기업체 대표이사는 디지털 트윈 시스템 구축이 기업 전체의 프로세스와 데이터를 담는 디지털 엔터프라이즈 시스템, 즉 또 하나의 쌍둥이 회사를 설립하는 과정으로 인식하여 유관기관의 적극적인 참여를 독려해야 한다. 솔루션 개발 책임자는 기업의 특화된 부문을 구현하다 보면 커스터마이제이션의 한계에 도달하는 경우가 있다. 이때 솔루션 기능 추가 등 지원이 필요하다.

다시 말하지만 디지털 트윈 구성요소 중 인재는 아무리 강조해도 지나치지 않다.

3.

디지털 트윈은 어떻게 적용되는가

디지털 트윈은 세계적으로 사례가 많다. 산업 분야별로 선진 기업을 중심으로 지속적으로 소개되고 있다. 또한 다양한 전시회나 견학을 통해 사례를 공개하기도 한다. 소개되는 사례가 글로벌 대기업 중심으로 되어 있어 일부 국내 기업체에서는 현실감이 조금 떨어진다고 생각하기도 한다. 여기서는 선진 대기업이 아니라 글로벌 중소기업의 사례를 소개하고자 한다.

국내에서도 대기업은 세계적으로 견주어도 뒤지지 않을 정도로 시스템이 잘 구축되어 있거나 개선 작업이 한창 진행 중이다. 중소기업은 상대적으로 완성도가 떨어지고 활발한 디지털 전환이 이루어지지 못하고 있다. 산업디지털 전환촉진법도 이러한 현황을 개선하고자 나왔다고 볼 수 있겠다. 구성요소를 효과적으로 투자하고 지원함으로써 중소기업에서도 많은 디지털 트윈 성공 사례가 나올 것으로 기대한다.

글로벌 사례 모음

회사·국가	핸드릭 모터스포츠 미국	회사·국가	론신 중국	회사·국가	재규어 랜드로버 영국
적용 분야	레이싱카 제작 및 운영	적용 분야	조향장치	적용 분야	완성차 제조
디지털 전환· 디지털 트윈 솔루션	디지털 트윈 제품·생산·성능	디지털 전환· 디지털 트윈 솔루션	디지털 트윈 제품·생산·성능	디지털 전환· 디지털 트윈 솔루션	디지털 트윈 제품·생산·성능
문제점 또는 개선 요구 사항	• 개발 기간 단축 • 레이싱카 성능 향상	문제점 또는 개선 요구 사항	• 성능 향상 • 설계 및 테스트 통합화	문제점 또는 개선 요구 사항	• 파워 트레인 성능 향상 및 개발 기간 단축 • 배출량 감소를 위해 배기가스를 이용한 예열 시간 최소화
효과	• 공기역학 최적화 실현 • 엔지니어링 기간 85% 단축	효과	• 조향 장치의 성능 15% 향상	효과	• 엔진당 $500K 테스트 비용 절감 • 사전 시뮬레이션을 통해 기존 12일간 소요된 Engineering 기간을 4일로 단축

회사·국가	덴소 일본	회사·국가	컴퓨테이셔널 사이언스 엑스피츠 그룹 미국	회사·국가	재규어 랜드로버 영국
적용 분야	설계	적용 분야	자동차 엔지니어링 서비스	적용 분야	설계·제조·운영
디지털 전환· 디지털 트윈 솔루션	CAD/CAE 통합화	디지털 전환· 디지털 트윈 솔루션	디지털 트윈 제품	디지털 전환· 디지털 트윈 솔루션	설계 통합 관리 시스템
문제점 또는 개선 요구 사항	• 해석 시간을 최대한 단축	문제점 또는 개선 요구 사항	• 엔지니어링을 위한 해석 프로세스와 시간 단축	문제점 또는 개선 요구 사항	• 대기/수질/토양 규제 대응 • 부품축 단정성 증대 • 성능 향상 • 기존 데이터의 재활용
효과	• 설계와 해석간의 데이터 및 프로세스 통합화 • 기존 8일 소요기간을 1일로 단축	효과	• 시스템 해석을 접목해서 기존 해석 결과의 수를 500배 증대	효과	• 환경 규제 대응 • 구조 간략화 및 유지보수 향상 • 무게 2배 절감 향상 • 설계/생산 통합 데이터 관리

회사·국가	버지털 디지털 영국	회사·국가	SCS 인터내셔널 미국	회사·국가	Lumiscaphe 프랑스
적용 분야	디자인 측정기 및 서비스·엔지니어링	적용 분야	자동차 시트 제조	적용 분야	자동차 렌더링 디자인
디지털 전환· 디지털 트윈 솔루션	디지털 트윈 제품·생산·성능	디지털 전환· 디지털 트윈 솔루션	디지털 트윈 제품·생산·성능	디지털 전환· 디지털 트윈 솔루션	디지털 트윈 제품
문제점 또는 개선 요구 사항	• 설계 요구 사항에 대한 개선	문제점 또는 개선 요구 사항	• 설계 요구 사항에 능동적으로 대처할 수 있는 실제적 제조 시간	문제점 또는 개선 요구 사항	• 렌더링 디자인 데이터 실제 데이터 전환 대응 및 디자인 데이터 통합화
효과	• 규제 테스트 시간 레이싱카 제품 개발 기간 1/개월 중 2주 단축 기간	효과	• 시트 제품 개발 시간을 40% 단축 • 시트별의 디지털화	효과	• 렌더링 디자인 데이터를 실제 데이터로 전환하는 데 소요시간을 기존 시간에서 40배 단축

회사·국가	아머 메가 프랑스	회사·국가	조 깁스 레이싱 미국	회사·국가	푸조 시트로엥 프랑스
적용 분야	공작 기계	적용 분야	레이싱차 부품 유지보수	적용 분야	완성차 제조
디지털 전환·디지털 트윈 솔루션	디지털 트윈 제품·생산·성능	디지털 전환·디지털 트윈 솔루션	디지털 트윈 제품·생산·성능	디지털 전환·디지털 트윈 솔루션	디지털 트윈 제품·생산·성능
문제점 또는 개선 요구 사항	• 제품 설계 및 제조의 최적화 • 새로운 재질 제품 개발 검증	문제점 또는 개선 요구 사항	• 1주일 납기 준수	문제점 또는 개선 요구 사항	• 추가 비용 없이 세계 수준의 배터리팩 개발
효과	• 제품의 60% 설계 자동화	효과	• CAD/CFD/FEA 기술 적용 납기	효과	• 개발 기간 2배 향상

회사·국가	일렉트라 메카니카 미국	회사·국가	CEVT 중국	회사·국가	레드불 레이싱 영국
적용 분야	전기차 제작	적용 분야	완성차 제조, ZEEKR and Geely 계열사	적용 분야	레이싱카 제작 운영
디지털 전환·디지털 트윈 솔루션	디지털 트윈 제품·생산·성능	디지털 전환·디지털 트윈 솔루션	디지털 트윈 제품·생산·성능	디지털 전환·디지털 트윈 솔루션	디지털 트윈 제품·생산·성능
문제점 또는 개선 요구 사항	• 개발 기간 단축 • 비용 절감	문제점 또는 개선 요구 사항	• 완성차 디자인 납기 단축	문제점 또는 개선 요구 사항	• 복합재 차체 개발 개선 • 연관 시스템 통합화
효과	• 18개월 만에 완성차 개발	효과	• 디자인 시간을 50% 단축 • 시스템 엔지니어링을 자동화 • 엔지니어링 네트워크 통합화	효과	• 30% 제작기간 단축 • 로우 코드를 이용한 플랫폼 통합화

회사·국가	히타치 오토모티브 시스템스 일본	회사·국가	메르세데스 벤츠 독일	회사·국가	펀치 파워트레인 벨기에
적용 분야	완성차 제조	적용 분야	완상차 제조	적용 분야	자동차 파워트레인 제조
디지털 전환/디지털 트윈 솔루션	디지털 트윈 제품·생산·성능	디지털 전환/디지털 트윈 솔루션	디지털 트윈 제품·생산·성능	디지털 전환/디지털 트윈 솔루션	디지털 트윈 제품·생산·성능
문제점 또는 개선 요구 사항	• 소음 테스트 기간 절감 • 컴퓨터 기반 TPA	문제점 또는 개선 요구 사항	• 신차 콘셉트 개발 기간 단축 • 설계 해석 테스트 통합화	문제점 또는 개선 요구 사항	• 설계 해석 테스트를 통합 운영
효과	• 66% 테스트 시간 절감 • 테스트 품질 향상	효과	• 콘셉트 개발 기간 50% 단축 • 300개 이상 디자인 변수를 확인 가능 • 영업 및 마케팅 등 유관부서에서 데이터 활용	효과	• 개발 기반 50% 단축 • 신제품 개발 체계 구축

회사·국가	T.RAD 저편 일본	회사·국가	폴만 오스트리아	회사·국가	GM 미국
적용 분야	자동차용 열 교환기 제작	적용 분야	자동차 협력업체, 엔진, 전기전장	적용 분야	완성차 제조
디지털 전환·디지털 트윈 솔루션	디지털 트윈 제품·생산·성능	디지털 전환·디지털 트윈 솔루션	디지털 트윈 제품·생산·성능	디지털 전환·디지털 트윈 솔루션	디지털 트윈 제품·생산·성능
문제점 또는 개선 요구 사항	• 데이터와 프로세스 관리	문제점 또는 개선 요구 사항	• 생산 프로세스를 최적화 • DT Product/Production 적용	문제점 또는 개선 요구 사항	• 차량 열 공학 부문의 시간, 품질, 비용 개선 • 실제 해석 테스트 통합화
효과	• 관련 시스템 통합화와 표준화로 관리 부문 80% 인건비/기간 절감	효과	• 전극 설계 시간 35% 단축	효과	• 85% 열 공학 시간 단축 (주 > 일) • 온도 분포 사전 예측 품질 향상

회사·국가	신세라 엔지니어링 인도	회사·국가	LCN 메카니카 스페인	회사·국가	JK Machining 미국
적용 분야	자동차 및 항공기 부품 제조	적용 분야	자동차 부품 제조	적용 분야	자동차 협력업체
디지털 전환/디지털 트윈 솔루션	디지털 트윈 제품·생산·성능	디지털 전환/디지털 트윈 솔루션	디지털 트윈 제품·생산·성능	디지털 전환/디지털 트윈 솔루션	디지털 트윈 제품·생산·성능
문제점 또는 개선 요구 사항	• 제조 공정 생산라인 최적화	문제점 또는 개선 요구 사항	• 납기단축	문제점 또는 개선 요구 사항	• 금형 개발 기간 단축
효과	• 추가 투자없이 최적화 시뮬레이션을 통해서 30% 소요 인력 절감	효과	• CAD/CAM 통합화 • 84% 가격 프로그래밍 시간 단축	효과	• 개발 기간 45% 단축 • CAD·CAM 통합화

회사·국가	FCC (Fischer Advanced Composite Components) Austria	회사·국가	DAA (Design Automation Associates) 미국	회사·국가	Duqueine Group 프랑스
적용 분야	복합재 설계 제작	적용 분야	항공 컨설팅 엔지니어링 서비스 회사	적용 분야	복합재 제작
디지털 전환/디지털 트윈 솔루션	디지털 트윈 제품·생산·성능	디지털 전환/디지털 트윈 솔루션	디지털 트윈 제품·생산·성능	디지털 전환/디지털 트윈 솔루션	디지털 트윈 제품·생산·성능
문제점 또는 개선 요구 사항	• 제조 시간 단축 • 전 공정 통합화	문제점 또는 개선 요구 사항	• 해석 시간 최적화	문제점 또는 개선 요구 사항	• 납기단축 • 해석 시간 후공정 통합 처리
효과	• 제조 시간 15% 단축	효과	• 전체 해석 시간 단축 • 최초 납기 80% 단축 • 중간에 작업 시간 1일절반 1일단축	효과	• 제품 공법수 기하급 생산자재 시스템 전처리 전처리 통합 • 납기 30% 단축

회사·국가	ATK (얼라이언트 테크 시스템스) 미국	회사·국가	CUONICS 독일	회사·국가	Noise Control Engineering, LLC 미국
적용 분야	군용 무기 및 엔진 시스템 제조	적용 분야	전기전자 제품	적용 분야	항공기 엔진 소음 절감
디지털 전환·디지털 트윈 솔루션	디지털 트윈 제품·생산·성능	디지털 전환·디지털 트윈 솔루션	• DT Product/Production	디지털 전환·디지털 트윈 솔루션	DT Product
문제점 또는 개선 요구 사항	• 전 제조 과정에서 요구되는 문서 작업 개선	문제점 또는 개선 요구 사항	• 제품 정보의 추적성 실현	문제점 또는 개선 요구 사항	• 항공기 엔진 소음 저감을 위한 테스트 플랫폼 구축
효과	• 800여 소요 시간을 수시간 내로 단축, 약 40배 개선 • 사내 시스템 데이터 및 프로세스 통합	효과	• 전 제품 제조 과정의 추적성 100% 실현 • 품질 관리 및 설계·제조 변경 관리 강화	효과	• 5~7 데시벨 감소 • 테스트 품질 강화

회사·국가	Oerlikon Contraves 스위스	회사·국가	Natilus 미국	회사·국가	Fokker Services 네덜란드
적용 분야	군수 제품	적용 분야	UAV 스타트업 기업	적용 분야	항공기 제조
디지털 전환·디지털 트윈 솔루션	디지털 트윈 제품·생산·성능	디지털 전환·디지털 트윈 솔루션	디지털 트윈 제품·생산·성능	디지털 전환·디지털 트윈 솔루션	디지털 트윈 제품·생산·성능
문제점 또는 개선 요구 사항	• 납기 단축 • 설계 및 제조 프로세스 통합 관리	문제점 또는 개선 요구 사항	• 비용 절감 • 화물용량 최대화 • 증가하는 엔지니어링 인력 지원 및 관리	문제점 또는 개선 요구 사항	• 규제 강화에 대응할 시스템 필요 • 효율적인 설계 변경 관리 • 많은 기존 데이터 관리
효과	• 머시닝 시간을 1/3 단축 • CAM 프로그래밍 시간을 10% 단축	효과	• 50% 비용 절감 • 3개 모델 제작중 • 마진 3%에서 33%로 개선 • 50% 적재 공간 확대	효과	• 3만 5,000건 정도의 설계 변경 관리 • 연간 500건의 새로운 설계 변경 관리 • 250만 장의 페이퍼 문서를 제로화

회사·국가	리카르도 영국	회사·국가	Aeramic Aerospace 인도	회사·국가	ADG 모빌리티 남아프리카 공화국
적용 분야	완성차 제조	적용 분야	Aerospace Engineering Service	적용 분야	장갑차량 제조
디지털 전환·디지털 트윈 솔루션	DT 생산	디지털 전환·디지털 트윈 솔루션	디지털 트윈 제품·생산·성능	디지털 전환/디지털 트윈 솔루션	디지털 트윈 제품·생산·성능
문제점 또는 개선 요구 사항	• 항공기 배터리 냉각 시스템	문제점 또는 개선 요구 사항	• 설계 및 제조 통합화	문제점 또는 개선 요구 사항	• 장갑 차량의 성능 개선 • 설계 변경 관리 • 발주처에게 3차원 문서 제공 • 해석 데이터 및 프로세스 관리
효과	• 제품 개발 시간 30% 절감	효과	• 설계 및 제조 생산성 50% 개선 • 제조 데이터 관리	효과	• 배기 파이프의 압력 316% 개선 • 통합 설계 및 제조 관리 시스템 • 해석 시스템의 효율적 관리

회사·국가	제너럴 오토믹스 / 미국	회사·국가	DLR (German Aerospace Center) / 독일	회사·국가	GKN Aerospace Fokker Landing Gear / 네덜란드
적용 분야	무인 군수 항공기 제작	적용 분야	우주 항공 기술 지원 센터	적용 분야	군수 항공기 랜딩 기어
디지털 전환·디지털 트윈 솔루션	디지털 트윈 제품·생산·성능	디지털 전환·디지털 트윈 솔루션	DT Product	디지털 전환·디지털 트윈 솔루션	DT Product
문제점 또는 개선 요구 사항	• 모델 기반 설계 자동화 • 기존 데이터 재활용율 개선	문제점 또는 개선 요구 사항	• 우주 위성 해석 모델 포함 전체 모델 조합 시간을 4일 이내 • 실제 해석 데이터 프로세스 관리 시스템	문제점 또는 개선 요구 사항	• 납기 단축 • 성능 개선 • 다양성 모델 검증
효과	• 시제품 개발시 90% 비용 절감 • 구조설계 25% 개발 시간 단축	효과	• 4일 이내 전체 모델 조합 • 전체 모델중 80% 해석 모델 화	효과	• 개발 기간 30% 단축

회사·국가	Piper / 미국	회사·국가	Sansera Engineering / 인도	회사·국가	Zipline / 미국
적용 분야	인간 항공기 제조	적용 분야	항공기 부품 제조	적용 분야	드론 제작
디지털 전환·디지털 트윈 솔루션	디지털 트윈 제품·생산·성능	디지털 전환·디지털 트윈 솔루션	디지털 트윈 제품·생산·성능	디지털 전환·디지털 트윈 솔루션	디지털 트윈 제품·생산·성능
문제점 또는 개선 요구 사항	• 날개 부체 최소화 • 연료 입재량 및 비행 거리 확장 • 날개 설계 최적화	문제점 또는 개선 요구 사항	• 비용 및 납기 단축	문제점 또는 개선 요구 사항	• 납기 준수 • 드론의 원격 제어 • 인허가 대응 • 설계 제조 분양 시스템의 디지털화
효과	• 연료량 25% 개선 • 비행 거리 40% 개선 • 수불 하중 29% 개선 • 디지털 데이터 관리를 통한 고객 요구 사항에 대응	효과	• 플랜트 시뮬레이션을 통해 추가 투자 없이 30% 인건비 축소	효과	• 99.9% 분양 성사율

회사·국가	CEHTIA / 프랑스	회사·국가	Hispano-Suiza / 스페인	회사·국가	OKB Aerospace Systems / 러시아
적용 분야	에어버스 항공기 부품	적용 분야	항공기 엔진 제조	적용 분야	항공기 제조
디지털 전환·디지털 트윈 솔루션	DT 생산	디지털 전환·디지털 트윈 솔루션	디지털 트윈 제품·생산·성능	디지털 전환·디지털 트윈 솔루션	디지털 트윈 제품·생산·성능
문제점 또는 개선 요구 사항	• 데이터 시간 및 프로세스 단축	문제점 또는 개선 요구 사항	• 해석 프로세스 및 시간 단축	문제점 또는 개선 요구 사항	• 제품 개발 프로세스 개선 • 품질 향상 • 설계 변경 관리
효과	• 시뮬레이션 해석 및 설계 모델링 업데이트 및 시제 제작 시간 20% 단축	효과	• 시뮬레이션 해석 모델을 통해 80% 해석 검증 시간 단축	효과	• 설계 제조 프로세스 개선으로 설계 변경 프로세스 80% 시간 단축 • 품질 성과 대응

회사·국가	Kawaski Heavy Industries and B&B-AGEMA 일본·독일	회사·국가	Bronswerk Heat Transfer BV 네덜란드	회사·국가	B&B-AGEMA 독일
적용 분야	터보 기계·플랜트 컨설팅 서비스	적용 분야	열 교환 장치 제조	적용 분야	터보 기계·플랜트 컨설팅 서비스
디지털 전환·디지털 트윈 솔루션	디지털 트윈 제품·생산·성능	디지털 전환·디지털 트윈 솔루션	디지털 트윈 제품·생산·성능	디지털 전환·디지털 트윈 솔루션	디지털 트윈 제품·생산·성능
문제점 또는 개선 요구 사항	• 질소산화물 배출을 절감	문제점 또는 개선 요구 사항	• 냉각 시스템의 팬 성능 개선	문제점 또는 개선 요구 사항	• 터보 기계 수명 확대
효과	• 질소산화물 배출량 4배 감소 • CAD·CAE 통합화 • 설변 관리	효과	• 80% 성능 개선 • CAD·CAE 통합화	효과	• 균열 해석과 비파괴검사의 통합하고 최적 설계를 통해 최대 5,000배의 수명 연장
회사·국가	ArcelorMittal 멕시코	회사·국가	Siemens Turbo machinery 독일	회사·국가	Hager Group 독일
적용 분야	철강 제조	적용 분야	Turbo Machinery 제조	적용 분야	전기 설비 제조
디지털 전환·디지털 트윈 솔루션	디지털 트윈 제품·생산·성능	디지털 전환·디지털 트윈 솔루션	디지털 트윈 제품·생산·성능	디지털 전환·디지털 트윈 솔루션	디지털 트윈 제품·생산·성능
문제점 또는 개선 요구 사항	• 설비 철강의 수명 연장을 위한 최적화 방안 수립	문제점 또는 개선 요구 사항	• 납기 단축	문제점 또는 개선 요구 사항	• 개발 기간 단축
효과	• 부식 해석을 통해 30% 부식 감소 • CAD·CAE 통합화	효과	• 납기 50% 단축 실현 • 최적 생산 계획 수립 시스템과 생산 관리 시스템 통합화	효과	• 해석 모델 준비 시간 단축, 1,500만 격자로 구성된 해석 모델을 한시간 내에 준비 • CAD·CAE 통합화
회사·국가	Cabycal 스페인	회사·국가	Kiln Flame Systems 영국	회사·국가	Siemens Gas and Power 독일
적용 분야	자동화 설비	적용 분야	Combustion solutions and technology 공급업체	적용 분야	가스 터빈 및 발전 설비 제조
디지털 전환·디지털 트윈 솔루션	DT 생산	디지털 전환·디지털 트윈 솔루션	디지털 트윈 제품·생산·성능	디지털 전환·디지털 트윈 솔루션	디지털 트윈 제품·생산·성능
문제점 또는 개선 요구 사항	• 가시화를 통한 영업 시스템 및 설계 시스템과의 통합화	문제점 또는 개선 요구 사항	• 성능 향상	문제점 또는 개선 요구 사항	• 실배출 가스 절감
효과	• 신제품 개발에 25% 시간 단축	효과	• 질소산화물 60%의 배출 감소 • CAD·CAE 통합화	효과	• 수소 연료를 사용한 배출 가스 감소 실현 • 설계 시간 2배 감소 • CAD·CAE 통합화

8장

산업 디지털 전환
적용 사례와 제조산업

박정윤

인터엑스 대표·울산과학기술원UNIST 기술경영전문대학원 겸임교수

현대자동차, 토요타자동차의 생산기술 연구원으로 다양한 생산기술 관련 실무 경험과 울산과학기술원UNIST 4차 산업혁신연구소의 전문위원으로 독일, 일본, 미국 등 다양한 국가와 기업의 디지털 전환 관련 연구에 참여했다. 현재는 제조 인공지능 기술을 이용한 자율생산 솔루션을 만드는 스타트업 인터엑스의 대표를 맡고 있다.

울산과학기술원UNIST 기술경영전문대학원에서 제조업의 디지털 전환 전략과 제조혁신 고도화 전략을 가르치는 겸임교수로 강의하고 있다. 독일 IDTA, 미국 IIC의 정회원으로서 제조 디지털 전환에 대한 글로벌 협력을 하고 있다. "디지털 전환을 통한 제조업의 새로운 경쟁력을 어떻게 만들 수 있을까?" 관점에서 다양한 연구를 하고 있다.

주요 저서로는 『21세기 대전환과 융합기술경영』 등이 있다.

1.

디지털 제조 혁신이 시작됐다

제조업의 디지털 전환 개요

2019년 우버의 상장은 전 세계 금융시장뿐만 아니라 글로벌 자동차 시장까지 놀라게 하는 소식이었다. 우버의 기업가치는 1,000억 달러 수준을 기록하며 미국 3대 자동차 업체인 GM과 포드, 피아트-크라이슬러를 합친 것[1]에 육박했기 때문이다. 업력만 100년이 훌쩍 넘는 미국 전통의 자동차 업체들이 신생 업체 우버에게 밀리는 모습은 자동차 제조 중심의 기업들에게 시장의 경쟁구도가 완전히 새롭게 바뀌고 있다는 위기감마저 불러일으켰다.

끊임없이 변화하는 시장에서 경쟁에서 이기고 성장하기 위해 기업은 비즈니스 환경과 시장 요구를 충족할 수 있는 제품과 더 나은 서비스를 제공해야 한다. 디지털 전환은 기업이 당면한 새로운 변화에 능동적이고 빠르게 대처하기 위해 디지털 기술을 바탕으로

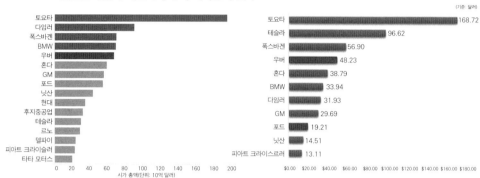

글로벌 자동차 제조사와 우버 시가총액 변화

(기준 달러)

토요타	168.72
테슬라	96.62
폭스바겐	56.90
우버	48.23
혼다	38.79
BMW	33.94
다임러	31.93
GM	29.69
포드	19.21
닛산	14.51
피아트 크라이스르러	13.11

시가 총액(단위: 10억 달러)

(출처: FACTSET, FORBES, 2015.12.3.; ycharts.com, 2020.3.31.)

전략과 비즈니스 모델, 제품과 서비스, 생산방식, 조직문화를 혁신적으로 변화시켜 나가는 과정이다.

자동차 산업 중심의 제조 강국 독일은 기존의 성장의 한계에서 벗어나 새로운 경쟁력 확보와 '제조업 부흥'을 위해 일찍이 인더스트리 4.0이라는 변화와 혁신의 바람을 일으켰다. 특히 디지털 제조 시장의 규모가 2017년 50조에서 2025년 1,500조 시장으로 폭발적인 성장이 기대되는 가운데 기술력과 품질의 임계점에 다다른 제조의 한계를 극복하기 위해 추진한 독일 정부의 정책과 선택은 주목할 만하다. 즉 새롭게 형성되고 있는 디지털 제조시장에서 압도적인 강국이 되기 위해 산·관·연이 빠르게 연계하여 산업 변화를 주도하고 표준을 제정하고 확산하는 동시에 새로운 시대에 맞는 인재를 양성하고 확산하고 있다.

미래의 제조기업은 낮은 인건비를 바탕으로 대량생산하여 전 세계에 판매하는 것이 경쟁력인 시대를 넘어서 적극적으로 고객과 소통하고 양질의 개인 맞춤형 제품을 최소의 자원(원재료, 에너지,

독일의 플랫폼 인더스트리 4.0 구성

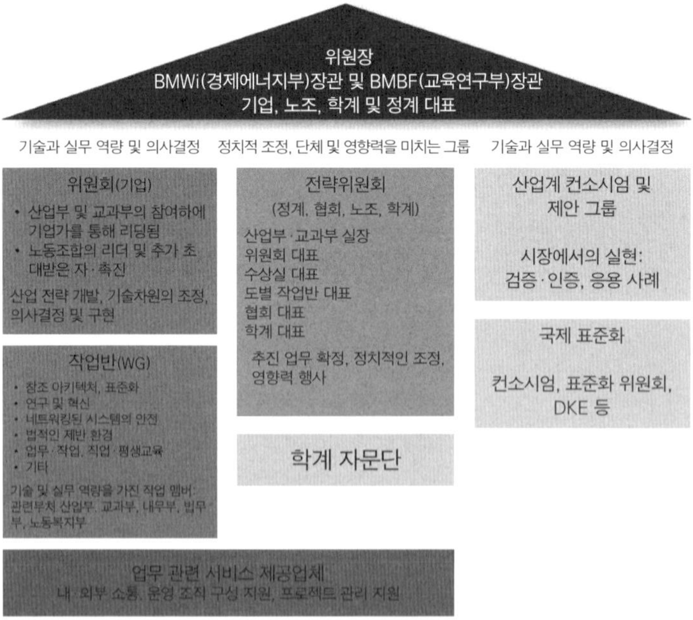

(출처: 경제에너지부, 2018. 7)

탄소 등)을 사용하여 신속하게 공급할 수 있어야 한다. 독일은 현재 세계 최고 수준의 경쟁력을 보유하고 있음에도 불구하고 지속적인 경쟁 우위를 차지하기 위해 4차 산업혁명의 디지털 전환을 통한 개인화 및 맞춤형 제품, 제품과 서비스의 융합 등 비즈니스 모델을 혁신하여 글로벌 시장의 게임 룰을 자국에 유리하게 바꿔나가려는 야심 찬 전략을 전개 중이다.

캐저 컴프레서 혁신 사례

사물인터넷 혁신 경로
캐저가 전략을 실행하기 위한 접근 방식은 무엇인가?

KAESER
KOMPRESSOREN

| 전략적 목적 | 장비 판매에서 공기 판매 서비스로의 전환을 통한 미래 비즈니스 개발 |

캐저 시그마 에어 유틸리티

혁신의 원동력

고객에게 좀더 가치있고 비용 절감 효과를 줄 수 있는 서비스 제공

간결한 공급망과 제품 디자인 파라미터 제공

최신의 기술과 비즈니스 모델을 통한 혁신

1. 제품 혁신
   • 제품과 솔루션에 인더스트리 4.0 적용
   • 제품과 솔루션 포트폴리오 확장
2. 프로세스 혁신
   • 물류 프로세스 정립
   • 탄력적 생산체계
   • 예지 정비 서비스 구축
3. 비즈니스 모델 혁신
   • 세그먼트 오브 원* 전략
   • 성능과 사용량 기반의 서비스 모델

*고객 세분화 전략을 보다 세밀화해 '당신 한 사람을 위한 서비스·상품'이라는 수준까지 고객 본위를 추구하는 것

(출처: SAP)

제조업의 디지털 전환 사례

캐저 컴프레서 혁신 사례

캐저 컴프레서는 선도적인 글로벌 공기압축 시스템 제조업체로서 디지털 기술을 이용하여 제품의 개발, 생산, 서비스에 이르는 전반적인 비즈니스 모델 혁신을 성공적으로 만들어가는 기업이다. 글로벌 압축공기 시스템 시장은 중국의 저가 공세 등 치열한 경쟁구도에서 새로운 경쟁력이 필요했다. 캐저 컴프레서는 기존의 장비 제조와 판매 방식에서 전략적으로 공기 판매 서비스로 전환하여 비즈니스 모델을 혁신했다.

고객이 사용한 압축공기량을 측정하여 비용을 청구하는 사용량 기반의 서비스 모델과 단순한 기계장비를 각종 센서와 서비스 기능을 추가하여 스마트 제품과 서비스로 혁신했다. 동시에 고객 주

아디다스의 스피드팩토리 혁신 사례

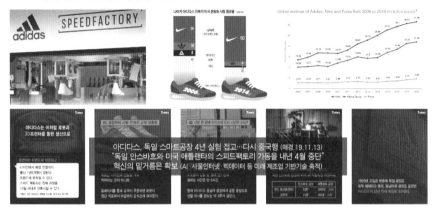

문에 탄력적으로 대응하기 위해 생산체계과 물류 프로세스도 혁신했고 장비 사용의 문제점을 사전에 예지 정비할 수 있는 서비스도 구축했다. 이로써 단순 압축공기 시스템 시장에서 새로운 방식의 경쟁구도와 경쟁력을 확보할 수 있었다.

아디다스 스피드팩토리 혁신 사례

아디다스의 스피드팩토리Speed Factory는 신발 생산 공장을 재구성하는 대담한 혁신을 실행했다. 유럽의 경우 독일과 같은 주요 시장에 더 가까운 곳에 위치한 스피드팩토리의 목표는 디자인에서 판매에 이르기까지 고객이 원하는 신발을 신속하게 생산해서 제공하는 것이었다. 이러한 근접성 혁신 덕분에 배송 기간이 단축되고 환경에 미치는 영향이 줄었다. 스피드팩토리의 중심에는 자동화와 로봇공학이 있어 생산자의 육체노동 의존도를 줄이고 생산노동을 높였다. 신속한 프로토타이핑 기능으로 새로운 디자인을 빠르게 테스트해서 수정한 후 출시할 수 있었다. 또한 공장의 디지털 도구는 설비 데이터를 수집하여 생산 조건을 효율적으로 제어할 수 있는 통찰을 제공했다. 이는 생산설비의 유연성과 결합하여 시장 동향에 신속하게 대응함으로써 경쟁 우위를 확보할 수 있었다. 또한 개인이나 지역 선호도에 따라 맞춤형 솔루션을 제공하는 등 맞춤화에 중점을 두었다.

그러나 이러한 혁신에도 불구하고 판매 실적이 저조하여 아디다스는 2020년까지 독일 안스바흐와 미국 애틀란타에 있는 스피드 팩토리 가동을 중단했다. 새롭게 개척한 기술과 프로세스를 아시아 공급업체에 이전하여 보다 광범위한 생산성 향상을 목표로 하기로 결정했다. 스피드팩토리는 비록 짧게 운영됐지만 신발 산업에서 혁신은 현지화되고 민첩하게 이루어지며 지속 가능한 제조의 미래에 대한 귀중한 통찰을 제공했다.

지멘스 스마트 팩토리 혁신 사례

구분	1989	2015
근로자 수	1,000	1,000
면적(m²)	10,000	10,000
연간생산량	150만 개	1,200만 개
품질	500PPM	12PPM

- 자동화: 자동화율 75%, 수작업율 25%
- 디지털화: 생산실행관리시스템MES을 통한 매일 5,000만 건 정보 수집
- 직원 아이디어: 2014년에 1만 3,000건의 아이디어 채택, 40% 생산성향상
- 공정정보연결: 공정 작업 내용을 다음 공정으로 전달하여 문제점 사전 예방
- 개별화 생산: 개별 요구를 수용하여 생산할 수 있는 능력

(출처: SAP와 지멘스)

지멘스 스마트 팩토리 혁신 사례

지멘스의 독일 암베르크 전자제품 공장은 인더스트리 4.0에서

스마트 팩토리 개념의 선구적인 공장이다. 시매틱 제어 장치를 제조하는 이 공장은 디지털 기술과 제조의 융합과 혁신을 잘 보여준다. 암베르크 공장은 생산 공정의 약 75%가 자동화되어 기계와 제품이 지능적으로 통신하기 때문에 원활한 생산을 보장한다. 디지털 트윈 기술을 적용했다는 것은 제품과 프로세스 모두 가상 모델이 있어 실시간 모니터링과 최적화가 가능함을 의미한다. 하루 100만 개 중 불량품이 12개 내외로 불량률이 매우 낮아 설비의 정확성을 입증하고 있다.

고객 변화에 적극적으로 대응하기 위해 설계된 암베르크 공장은 수요에 따라 신속하게 생산을 전환하고 광범위한 재조정 없이 다양한 제품을 생산할 수 있다. 생성된 방대한 데이터는 통찰력 있는 의사결정을 위해 활용되어 프로세스 개선으로 이어진다. 지속 가능성은 에너지 효율성과 폐기물 감소를 통한 생산 공장 운영에 기반을 두고 있다. 동시에 직원의 역할은 수동 작업에서 시스템 모니터링, 최적화, 유지관리의 전문 역할로 발전했다.

암베르크 공장은 첨단 디지털 기술을 제조에 통합하여 1989년 대비 2015년까지 근로자 수와 공장 면적은 그대로이나 생산량은 8배 성장하여 디지털 혁신의 잠재력을 보여주며 디지털 제조 혁신의 청사진을 제공했다.

존디어 혁신 사례

전통적인 농기계 산업의 기업인 존디어John Deere는 농업과 디지털 기술을 융합하는 포괄적인 디지털 변화 여정을 시작했다. 이 변화의 시작은 장비를 원격 모니터링할 수 있는 JD링크 서비스에서

존디어의 혁신 사례

농업 중장비 제조업
예지정비 서비스 목적

• 품질 보증 관련 비용 절감
• 신속한 자재 공급 계획
• 엔지니어링 개선을 위한 근본원인 분석

(출처: SAP)

시작됐다. 농기계의 상태, 위치, 작동에 대한 중요한 데이터를 제공하여 효율적인 유지관리를 촉진하고 가동 중지 시간을 줄이는 것이다. 농부들이 운영 데이터에 접근하고 해석하는 클라우드 기반 허브인 오퍼레이션 센터는 디지털 공간을 더욱 확대했다. 이 플랫폼은 수확량 패턴, 토양 건강 등에 대한 통찰을 제공하여 실시간으로 데이터 기반 의사결정을 수월하게 했다.

또한 블루리버테크놀로지를 인수하면서 기계학습과 인공지능이 존디어 툴키트에 도입됐다. 눈에 띄는 시앤드스프레이See & Spray 기술은 제초제 적용을 위해 잡초만 표적으로 삼고 식별하여 화학물질(농약) 사용을 줄임으로써 지속 가능한 농업을 촉진한다. 존디어의 디지털 혁신에 대한 포용적 접근 방식은 자사의 개방형 플랫폼 전략으로 타사 개발자를 초대하여 생태계에 기여하고 사용자가 사용할 수 있는 통합 솔루션의 범위를 확장했다. 보다 직관적으로 교육과 유지관리를 하기 위해 증강현실AR을 통합하여 실제 작업에 대한 실시간 데이터와 유지관리 지침을 활용한다. 농업 전문 소프트웨어 회사와 데이터 공유 파트너십을 구축하여 플랫폼 전반에서 데이터 사용의 원활한 통합과 유연성을 보장한다.

존디어는 디지털 전환을 통해 전통적인 농업과 현대 디지털 시대의 기능을 결합함으로써 농업을 발전시키는 전략을 취했다고 할 수 있다.

제조업의 디지털 전환 정의와 전략

제조업의 디지털 전환 정의

제조업의 디지털 전환이란 디지털 기술이 제조와 운영 등 프로세스 전반에 통합되는 패러다임의 전환을 말한다. 이러한 혁신적 변화의 목표는 사물인터넷IoT, 인공지능AI, 기계학습, 고급 데이터 분석과 같은 혁신을 채택하여 효율성, 적응성, 경쟁력을 높이는 것이다.

그리고 변화의 핵심은 단순히 기술을 채택하는 것이 아니라 제조업 전체의 포괄적인 혁신을 말한다. 여기에는 디지털 비즈니스 모델 혁신, 제품과 서비스 혁신, 생산 프로세스 혁신, 인력·조직문화 혁신이 포함된다. 예를 들어 생산라인의 사물인터넷 장치에서 수집한 실시간 데이터를 인공지능을 사용해 분석하여 유지관리 요구사항을 예측하고 생산 일정을 최적화하며 가동 중지 시간을 줄일 수 있다. 디지털 전환은 실시간 모니터링과 분석에 기반한 의사결정을 내릴 수 있어 공급망 탄력성과 적응성을 보장한다. 또한 제조업체는 보다 고객 중심적인 접근 방식을 채택할 수 있다. 디지털 채널과 데이터 분석의 통찰을 활용하여 고객 선호도를 더 잘 이해

디지털 전환에 대한 다양한 정의

구분	정의
베인앤드컴퍼니	디지털 엔터프라이즈 산업을 디지털 기반으로 재정의하고 게임의 법칙을 근본적으로 뒤집음으로써 변화를 일으키는 것
A.T.커니	모바일, 클라우드, 빅데이터, 인공지능, 사물인터넷 등 디지털 신기술로 촉발되는 경영·환경상의 변화에 선제적으로 대응하고 현재 비즈니스의 경쟁력을 획기적으로 높이거나 새로운 비즈니스를 통한 신규 성장을 추구하는 기업 활동
PWC	기업 경영에서 디지털 소비자 및 에코시스템이 기대하는 것들을 비즈니스 모델 및 운영에 적용하는 일련의 과정
마이크로소프트	고객을 위한 새로운 가치를 창출하기 위해 지능형 시스템을 통해 기존의 비즈니스 모델을 새롭게 구상하고 사람과 데이터, 프로세스를 결합하는 새로운 방안을 수용하는 것
IBM	기업이 디지털과 물리적 요소들을 통합하여 비즈니스 모델을 변화시키고 산업에 새로운 방향을 정립하는 것
IDC	고객 및 마켓(외부환경)의 변화에 따라 디지털 능력을 기반으로 새로운 비즈니스 모델, 제품, 서비스를 만들어 경영에 적용하고 주도하여 지속가능하게 만드는 것
세계경제포럼	디지털 기술 및 성과를 향상할 수 있는 비즈니스 모델을 활용하여 조직을 변화시키는 것

(출처: 가트너 앤 디지털 리테일 컨설팅 그룹)

하게 되어 시장 동향을 예측하고 그에 따라 제품을 고객별로 맞춤화할 수도 있다.

본질적으로 제조업의 디지털 전환은 기술에 관한 것만이 아니다. 빠르게 진화하는 시장 환경에서 지속 가능성, 경쟁력, 성장을 보장하면서 새로운 가치를 제공하도록 제조 방식을 전반적으로 재구성하는 것이다.

제조업의 고객 디지털 경험 전략

효과적인 고객 디지털 경험 전략을 수립하는 것은 오늘날의 디지털 기반 비즈니스 환경에서 중추적인 역할을 한다. 이 전략의 핵심은 대상 고객의 고유한 요구와 선호도를 이해하고 해결하는 것이다. 기업은 데이터 분석과 피드백을 사용하여 사용자 행동 및 고충에 대한 귀중한 통찰을 얻을 수 있으므로 그에 따라 디지털을 통한 상호작용을 조정할 수 있다.

제조업은 디지털 전환으로 인해 B2B와 B2C 요소를 통합하여 고객 디지털 경험 전략을 발전시키고 있다. 이 혁신은 고객 여정 전반에 걸쳐 모든 디지털 접점을 최적화하는 데 중점을 둔다. 제조업은 전자상거래 플랫폼을 수용하여 기존 방식을 넘어 범위를 확장하고 있다. 이러한 플랫폼은 즉각적인 견적, 포괄적인 제품 세부 정보, 사용자 리뷰를 제공한다. 그리고 제조업에서 고객경험도 개인화와 세분화가 중요해졌다.

제조업은 인공지능과 데이터 분석을 활용하여 개인 또는 특정 고객의 취향에 맞는 맞춤형 제품을 제안하거나 서비스를 제공한다. 디지털 트윈과 가상현실 기술을 이용하여 직접 방문하지 않고도 가상 제품 시연, 교육 과정, 유지관리 지원에서 고객경험을 풍부하게 할 수 있다. 옴니 채널 경험을 보장하는 것도 중요하다. 제조업은 디지털 전환을 활용하여 단순히 생산만 하는 것이 아니라

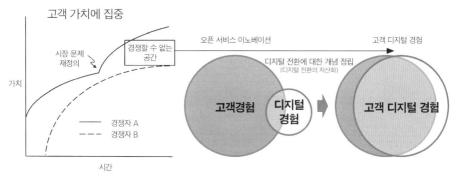

제조업의 고객 디지털 경험 전략

고객 가치에 집중

가치

시장 문제
재정의

경쟁할 수 없는
공간

오픈 서비스 이노베이션

고객 디지털 경험

디지털 전환에 대한 개념 정립
(디지털 전환의 자산화)

고객경험 · 디지털 경험 → 고객 디지털 경험

─── 경쟁자 A
----- 경쟁자 B

시간

(출처: The Innovation Lab)

고객 참여를 모든 프로세스로 확대하여 오늘날의 상호 연결된 디지털 생태계에서 B2B와 B2C 고객의 역동적인 요구를 충족하고 있다.

제조업의 디지털 전환의 효율성

제조업의 디지털 전환의 효율성은 다양한 영역에서 나타난다. 엔지니어링 및 제조 부분은 인공지능과 로봇공학과 같은 디지털 기술을 통해 즉각적으로 효율성이 향상되며 생산 속도가 높아지고 오류가 줄어들었다. 그리고 지능화된 조립 라인을 통해 기존의 방식보다 생산성과 품질이 향상됐다.

스마트 제품은 지능이 내장된 최종 제품으로 고객의 활용도가 높다. 스마트 제품으로는 인공지능 기반 기기 또는 스마트 온도 조절 장치 등이 있다. 플랫폼 및 분석 영역은 방대한 데이터를 활용하고 분석하여 비즈니스에 실행 가능한 통찰을 제공한다. 그 결과 정보에 입각한 의사결정과 운영 최적화가 이루어진다.

제조업의 디지털 전환의 효율성

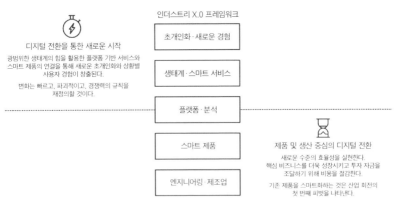

새로운 것은 어떻게 생겼을까?

인더스트리 X.0 프레임워크

디지털 전환을 통한 새로운 시작
광범위한 생태계의 힘을 활용한 플랫폼 기반 서비스와
스마트 제품의 연결을 통해 새로운 초개인화와 상황별
사용자 경험이 창출된다.
변화는 빠르고, 파괴적이고, 경쟁력의 규칙을
재정의할 것이다.

초개인화 · 새로운 경험

생태계 · 스마트 서비스

플랫폼 · 분석

스마트 제품

엔지니어링 · 제조업

제품 및 생산 중심의 디지털 전환
새로운 수준의 효율성을 실현한다.
핵심 비즈니스를 더욱 성장시키고 투자 자금을
조달하기 위해 비용을 절감한다.
기존 제품을 스마트화하는 것은 산업 회전의
첫 번째 피벗을 나타낸다.

(출처: Realizing digital value in industrial sectors, Eric schaeffer 2017)

스마트 서비스는 상호 연결된 서비스와 도구를 포괄하여 사용자 경험을 높이고 서비스 범위를 확장한다. 디지털 트윈 기술과 공급망 플랫폼이 이를 잘 보여준다. 개인맞춤형 서비스와 새로운 사용자 경험은 기존 사용자 데이터를 기반으로 맞춤형 서비스를 제공하여 고객 참여를 강화하고 충성도를 높인다. 이 부문의 제품과 서비스는 개인화된 추천과 인공지능 기반 제품 데모 등이 있다.

본질적으로 엔지니어링과 제조는 직접적인 운영 효율성을 달성하는 반면 플랫폼 및 분석은 장기적인 이익을 창출한다. 스마트 제품은 제품 가치를 높이고, 생태계는 서비스 범위를 확장하고, 초개인화는 고객 중심성을 보장한다. 이처럼 디지털 전환의 효율성은 다각적으로 나타난다.

2.

스마트 팩토리로의 전환이 필요하다

전통적인 제조업에 최신 디지털 기술을 적용한 디지털 전환은 다양한 범위와 접근 방법이 있다. 제조업의 디지털 전환을 위한 범위는 디지털 기술을 이용한 생산 공장의 혁신뿐만 아니라 디지털 기술을 어떻게 사업에 활용할 것인가에 대한 디지털 제조 전략 수립과 기존 수익모델에서 새로운 수익모델을 창출할 수 있는 디지털 비즈니스 모델 혁신을 포함한다. 디지털 제조 전략을 수립하고 새로운 비즈니스 모델을 개발하려면 기존 제품의 스마트화, 서비스 요소를 결합한 스마트 제품, 서비스 혁신, 생산 공장의 혁신을 위한 스마트 팩토리로의 전환이 필요하다.

이러한 디지털 전환이라는 혁신은 사람과 조직에 의해 이루어지는 일이므로 마지막으로 필요한 중요한 요소는 디지털 기술 활용과 새로운 도전을 잘할 수 있는 조직문화 혁신이다.

제조업의 디지털 전환의 범위

• 디지털 제조 전략	플랫폼 생태계	디지털화된 새로운 제조 생태계에 새로운 경쟁력을 위한 전략 수립
• 디지털 비즈니스 모델	새로운 가치	새로운 포지셔닝으로 새로운 가치 창출
• 스마트 제품과 서비스	경험과 연결	맞춤형 제품과 서비스 제공, 고객에게 새로운 경험과 가치 제공
• 스마트 팩토리	유연성과 자율화	연결된 오픈 밸류체인으로 생산 유연성과 자율공장 구축
• 조직문화 혁신	오픈과 융합	고객과 산업의 빠른 변화에 대응하거나 이를 이끌 수 있는 조직문화 확보

디지털 제조 전략

디지털 제조 전략은 디지털 기술을 제조 프로세스에 통합하여 새로운 가치와 경쟁력을 확보하는 전략을 말한다. 산업 사물인터넷IIoT, 인공지능, 클라우드 컴퓨팅과 같은 관련 디지털 기술을 식별하여 광범위한 비즈니스 목표에 부합하는 명확한 목표를 설정하는 것이다. 디지털 기술과 환경 변화에 대응할 수 있는 새로운 방식의 제조를 위해 비즈니스 모델, 제품과 서비스, 생산 공장, 조직 혁신을 포함한 디지털 제조 전략이 필요하다.

디지털 제조 전략은 제조 프로세스 전반에 대한 의사결정을 데이터 기반으로 진행하고 프로세스 최적화와 공급망 통합에 중점을 둔다. 이 전략은 고객 중심 접근 방식과 내부 프로세스 최적화 및 지능화를 우선한다. 디지털 전환에 성공하려면 이해관계자를 참여시키고 디지털 전환 핵심성과지표KPI를 통해 진행 상황을 측정하고 진화하는 기술과 비즈니스 환경에 지속적으로 적응하는 것이 필수적이다. 이는 제조업의 디지털 전환을 위한 역동적인 로드맵이 된다.

주요 국가별 제조업 디지털 전환 전략

국가와 기업은 비즈니스 환경에 따라 서로 다른 전략이 필요하다. 국가나 기업 모두 현재의 제조 환경과 미래의 변화하는 환경을 고려한 전략이 중요하다. 현재 제조 산업을 국가 주요 산업으로 운영하는 국가들은 다음 그림과 같이 서로 다른 전략을 제시하고 있다.

미국은 2012년 11월에 산업인터넷이라는 어젠다로 클라우드 중심의 제조 혁신 플랫폼 전략을 제시했다. 이는 공장 및 기계설비 등에서 발생하는 데이터를 클라우드 기반으로 수집하고 저장하고 활용하여 인공지능 처리와 빅데이터 분석을 할 수 있는 실시간 디지털 트윈 전략이 포함되어 있다.

독일은 2011년 11월에 인더스트리 4.0이라는 어젠다로 설비 및 단말기 중심의 플랫폼 전략을 제시했다. 이는 제조업 강국의 생태계를 살려 공정의 고성능 설비와 기기를 연결해 데이터를 공유하고 사이버물리시스템CPS을 이용한 디지털 전환 전략이 포함된다. 이러한 전략에 따라 플랫폼 인터스트리 4.0 협의체를 만들고 기존의 협회인 독일정보통신산업협회BITKOM, 독일기계공업협회VDMA, 독일전자전기산업협회ZVEI 등과 협력하여 운영하고 있다.

비즈니스 생태계의 변화

마이클 포터의 가치사슬 콘셉트

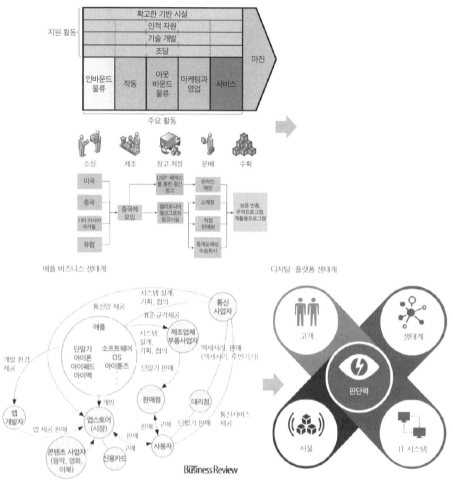

애플 비즈니스 생태계

디지털·플랫폼 생태계

(출처: https://research-methodology.net/apple-value-chain-analysis/)

일본은 2015년 1월에 로봇 중심 플랫폼 전략을 제시했다. 이는 로봇 기반 산업생태계 혁신과 사회적 과제 해결에 집중하는 전략이 포함된다. 로봇화를 기반으로 사물인터넷과 사이버물리시스템

CPS 혁신을 주도하겠다는 전략이다. 이를 위해 로봇혁명실현회의와 이니셔티브협의회를 구성하여 운영하고 있다.

중국은 중국제조 2025라는 어젠다로 노동 집약적 제조업을 기술 집약적 스마트 제조업으로 전환하고, 정보기술IT을 활용한 생산 스마트화로 제조 품질을 고도화하여 제조강국의 대열로 진입하겠다는 전략이 포함되어 있다.

우리나라는 2014년에 한국 제조업 혁신 3.0이라는 어젠다를 제시했다. 이는 융합형 신제조업 창출과 제조 혁신에 기반한 제조업 고도화 전략이 포함된다. 이를 실행하기 위해 2020년까지 중소기업 1만 개에 스마트 공장을 보급한다는 전략을 세웠다. 이 후 2018년에는 2022년까지 3만 개로 규모가 확대되었다.

제조 비즈니스 생태계의 변화

대부분의 제조 기업은 제조 비즈니스 형태로 내부 가치사슬 중심의 운영 방식을 채택하여 운영하고 있다. 이는 자동화에 기반한 대량생산 제조 생태계에서 내부 운영 효율에만 집중해도 많은 경쟁력을 확보할 수 있기 때문에 일어나는 현상이다. 그 후 애플을 비롯한 선진 제조기업은 제조 가치의 효율화를 위해 외부의 역량을 활용할 수 있는 글로벌 비즈니스 생태계를 구축하여 활용하는 방향으로 변화가 이루어지고 있다.

디지털 기술의 발전으로 많은 정보를 쉽게 취득하고 활용할 수 있는 환경으로 발전하면서 생산자, 고객, 공급자 등 제조 생태계에 참여하는 모든 플레이어가 서로 가치를 생산하고 교환할 수 있는 디지털 기반 플랫폼 생태계가 탄생하기 시작했다. 이는 전통적인

리앤펑의 디지털 플랫폼

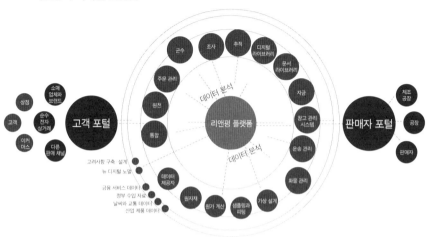

(출처: 유튜브, 리앤펑 디지털 플랫폼)

제조업에 새로운 기회와 위협이 동시에 발생할 수 있으므로 제조업의 디지털 제조 전략 수립에 매우 중요한 변화 중에 하나다.

디지털 기반 플랫폼 생태계 전략 사례

홍콩의 리앤펑Li & Fung은 현재 전 세계 1만 2,000여 개 공급자와 네트워크를 구축하고 이를 통해 글로벌 차원에서 가장 효율적인 생산 방법을 모색하는 대표적인 디지털 기반 플랫폼 생태계 전략을 실행하는 기업이다.

리앤펑은 생산 설비나 공장이 전혀 없는데도 2013년 매출 207억 달러를 달성했고 연간 20억 벌의 의류를 생산하고 공급하는 대기록을 세웠다. 이는 디지털 기술을 이용한 글로벌 공급망 비즈니스 플랫폼을 구축하고 관련 기업과 효율적으로 운영할 수 있는 능력이 매우 중요한 역할을 하고 있다. 그 외 협력업체와 적절한 관계를 유지하고 내부 조직을 유연하게 운영하는 것도 디지털 기반 플랫폼 전략에 성공할 수 있는 요소다.

디지털 비즈니스 모델

디지털 비즈니스 모델은 디지털 기술에 의해 새롭게 형성되는 시장에서 차별화된 방식으로 가치를 창출하고 제공하고 포착하는 것이다. 디지털 기술은 고객 행동을 재편하고 기존 산업의 생태계를 재구성하여 가치를 창출하고 교환하는 새로운 방법이다.

디지털 비즈니스 모델 혁신은 근본적으로 디지털 기술에 의해 구동되거나 활성화되도록 비즈니스 모델을 수정하거나 새롭게 구상하고 설계하여 구현하는 것이다. 디지털 비즈니스 모델 혁신에서 고려해야 하는 요소에는 디지털 도구와 플랫폼을 활용하여 개인화된 제안이나 데이터에 기반한 통찰과 같은 고유한 가치 제안을 할 수 있는 가치 창출의 재구성과 구독 모델, 부분 유료화 모델 또는 플랫폼 기반 수익 창출과 같은 대체 수익을 창출할 수 있는 새로운 수익원이 있다.

디지털 연결 기술을 이용하여 고객과 원활하게 실시간 상호작용하여 개인화된 고객경험을 제공한다. 이는 고객의 효율성을 개선하고 리스크를 줄이는 등 고객경험을 향상해야 한다. 디지털 프로세스와 자동화를 통합하여 비용을 절감하고 지능화를 통해 민첩성을 개선하며 운영을 최적화하는 운영 효율성을 고려해야 한다. 단순 제품 제조 관점에서 디지털 플랫폼 생태계의 앱(디지털 서비스)

디지털 비즈니스 모델 혁신 구조

개발자와 같은 제삼자가 가치를 기여할 수 있는 생태계 관점으로
이동할 수 있는 디지털 생태계와 플랫폼을 고려해야 한다.

소셜 미디어 또는 마켓플레이스 사이트와 같은 플랫폼에서 볼
수 있듯이 한 그룹의 참여 또는 사용 증가가 다른 그룹의 제품과
서비스 가치를 향상하는 네트워크 효과를 만들 수 있는 디지털 비
즈니스 모델이 되어야 한다.

마지막으로 물리적 경계에 관계없이 인터넷과 디지털 플랫폼을
활용하여 전 세계 고객 또는 협력자와 연결될 수 있도록 고려해야
한다.

디지털 비즈니스 모델 혁신 사례 – 애플의 아이튠즈

애플의 아이튠즈iTunes는 디지털 비즈니스 모델 혁신의 대표적인
사례다. 아이튠즈 이전에 음악 산업은 만연한 불법 복제와 CD와 같
은 투박한 디지털 음원 구매 시장으로 형성되어 있었다. 애플은 디
지털 음악 구매 프로세스를 간소화한 플랫폼인 아이튠즈를 도입하
여 혁신을 일으켰다. 그들은 전통적인 앨범 기반 판매 모델을 깨고
표준 가격으로 개별 노래를 구매할 수 있도록 했다. 아이팟iPod과
원활하게 통합된 아이튠즈는 아티스트와 음반사를 위한 새로운 수

애플의 디지털 비즈니스 모델 혁신

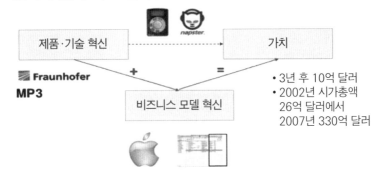

미국 고객 1인당 음원 구매 수량

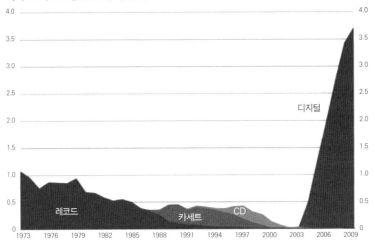

(출처: theunderstatement.com, Digital really does appear to have brought about the era of the single)

익원을 창출하는 동시에 고객에게 불법 복제 대신 사용하기 쉽고 합법적인 대안을 제공한 것이다. 이 혁신은 음원 서비스의 가치 제안을 변화시켰을 뿐만 아니라 디지털 콘텐츠 배포와 수익 창출에 대한 전체 음악 산업의 접근 방식을 재구성했다.

쿱 전기스쿠터 공유 플랫폼

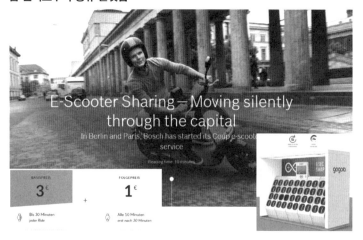

디지털 비즈니스 모델 혁신 도전과 실패 사례
- 보쉬의 전기스쿠터 공유

보쉬Bosch는 전통적인 제조 영역을 뛰어넘어 공유 모빌리티의 증가 추세를 활용하여 쿱 전기스쿠터Coup e-Scooter 공유 플랫폼을 출시했다. 쿱은 전기스쿠터를 대여하는 서비스로 앱 기반 시스템을 제공하여 환경 친화적이고 유연한 운송 대안을 제시했다. 이는 디지털 솔루션 통합에 대한 보쉬의 적응력뿐만 아니라 전통적으로 소수의 주요 업체가 지배하는 신흥 공유 모빌리티 시장에 새롭게 진출하려는 전략적 움직임이었다.

쿱은 주로 짧은 도시 여행을 위한 전기스쿠터 공유 서비스다. 사용자는 전용 스마트폰 앱을 사용하여 전기스쿠터를 찾고 예약하고 잠금을 해제하여 전체 프로세스를 원활하게 진행할 수 있고 가격도 저렴하게 구성되었다. 2016년 베를린에서 처음 출범한 쿱은 파리와 마드리드와 같은 다른 유럽 도시로 사업을 확장했다.

전기스쿠터는 보다 지속가능하고 환경 친화적인 운송 대안을 제공하여 보다 친환경적인 도시 모빌리티 솔루션을 향한 글로벌 트렌드에 부합한다. 보쉬는 쿱을 통해 빠르게 성장하는 공유 모빌리티 부문에 진출하여 전기스쿠터와 자전거를 공유하는 플랫폼들과 경쟁했다. 하지만 혁신적인 접근 방식에도 불구하고 장기적인 경제성 부족으로 지속 불가능하다는 이유로 2019년 말에 운영을 중단했다.

스마트 제품과 서비스

스마트 제품과 서비스는 디지털 기술, 연결성, 지능화를 제품과 서비스에 통합하여 기능이나 사용 방식 또는 고객에게 제공하는 가치를 변환한다. 스마트 제품과 서비스는 인터넷이나 기타 장치 또는 시스템과 연결되어 원격으로 접근, 제어, 데이터 교환이 가능하다.

예를 들어 스마트폰을 사용하여 원격으로 제어할 수 있는 스마트 청소기, 에어컨 등이 있다. 각종 센서와 데이터를 분석할 수 있는 알고리즘이나 인공지능을 통합하여 제품과 서비스가 자체 인식하고 적응하고 예측할 수 있어 제품과 서비스의 활용을 모니터링할 뿐만 아니라 데이터에 기반한 통찰과 권장사항을 제공할 수 있다. 상호작용을 위해 보다 몰입감 있고 동적인 사용자 경험을 제공하는 향상된 사용자 인터페이스를 갖추고 실시간으로 개별 사용자의 기본 설정이나 요구사항에 맞출 수 있는 개인 맞춤형 제품과

스마트, 커넥티드 제품의 세 가지 핵심 요소

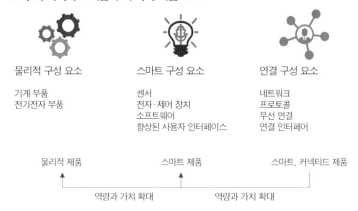

물리적 구성 요소

기계 부품
전기전자 부품

스마트 구성 요소

센서
전자 · 제어 장치
소프트웨어
향상된 사용자 인터페이스

연결 구성 요소

네트워크
프로토콜
무선 연결
연결 인터페어

물리적 제품　　　　　스마트 제품　　　　스마트, 커넥티드 제품

역량과 가치 확대　　　　역량과 가치 확대

서비스를 제공한다. 다양한 디지털 생태계나 플랫폼에서 원활하게 작동하도록 제품과 서비스를 설계하여 유용성과 가치를 향상한다. 디지털 기능을 활용하여 완전히 새로운 형태의 가치를 제공하거나 이전에 해결되지 않은 문제를 해결할 수 있는 새로운 가치를 제안할 수도 있다.

본질적으로 스마트 제품과 서비스 혁신은 디지털 기술의 잠재력을 활용하여 기존 제품과 서비스의 기능을 향상하거나 재발명하거나 확장함으로써 궁극적으로 최종 사용자에게 탁월한 가치를 제공한다.

스마트 제품과 서비스의 역량(기능) 단계

스마트 제품과 서비스의 역량 단계는 모니터링 단계, 분석 및 제어 단계, 최적화 단계, 지능 및 자율화 단계의 4단계로 구성된다. 1단계인 모니터링 단계는 물리적 제품과 서비스를 사용자가 어떻게 동

스마트 제품과 서비스의 역량(기능) 단계

지능·자율화

최적화

제어·통제

모니터링

① 센서 및 외부 데이터 소스를 통해 다음을 포괄적으로 모니터링
- 제품의 상태
- 외부 환경
- 제품의 작동 및 사용법

모니터링은 또한 변경사항에 대한 경고 및 알림 가능

② 제품 또는 제품 클라우드에 내장된 소프트웨어는 다음을 지원
- 제품의 기능 제어
- 사용자 경험의 개인화

③ 모니터링 및 제어 기능을 통해 제품 작동을 최적화하고 다음과 같은 용도로 사용할 수 있는 알고리즘을 구현 가능
- 제품 성능 향상
- 예측 진단, 서비스 및 수리 가능

④ 모니터링, 제어 및 최적화를 결합하여 다음과 같은 이점을 얻을 수 있다.
- 자율적인 제품 운영
- 다른 제품 및 시스템과의 자체 조정
- 자율적인 제품 향상 및 개인화
- 자기 진단 및 서비스

(출처: HBR(2014.11), How smart, connected products are transforming competition)

작하고 활용하는지 실시간으로 데이터를 수집하고 모니터링하는 단계다. 이 단계는 사용자에게는 제품의 현재 상태를 정확하게 인식하고 제품을 더 효율적으로 활용할 수 있는 서비스를 제공하고, 제품 공급자에게는 고객에게 제공된 제품이 잘 사용되고 있는지, 잘못 사용되거나 문제가 발생하면 즉시 확인할 수 있는 서비스를 제공한다.

2단계인 분석 및 제어 단계는 고객이 제품과 서비스를 어떻게 활용하는 분석하고 효율적으로 제어할 수 있는 다양한 경험을 제공할 수 있는 단계다. 고객의 제품과 서비스 사용 경험을 토대로 더 다양한 경험을 할 수 있도록 제품의 기능을 제어하고 통제할 수 있어 개인맞춤형 서비스가 가능하다.

3단계인 최적화 단계는 모니터링 및 제어 기능을 통해 제품과 서비스 작동을 최적화하고 제품의 최대 성능을 고객이 활용할 수 있

도록 지원한다. 또한 제품과 서비스의 문제 발생을 사전에 진단하고 미리 수리함으로써 고객의 불만을 최소화할 수 있다.

4단계인 지능 및 자율화 단계는 자율적으로 제품과 서비스를 고객에게 최적화하여 제공할 수 있는 단계다. 이 단계는 제품과 서비스가 스스로 자가 진단과 최적 운영 조건을 고객에게 제공하고 다른 제품 및 시스템과 통합 연결하여 더 다양한 서비스를 제공할 수 있는 단계다.

스마트 제품과 서비스 사례

스마트 청소 로봇은 집의 구조와 청소 환경을 감지하고 최적의 청소 경로를 파악하여 가족의 건강과 시간을 절약할 수 있도록 한다.

스마트 청소 로봇 사례

스마트 항공 엔진 사례

제트 엔진 제조업체는 터보 시스템에 센서를 장착하고 사용 데이터를 분석하여 수리와 유지관리 서비스를 사전에 구현한다.

스마트 팩토리

스마트 팩토리는 정보통신기술ICT과 사이버물리시스템CPS 기술 등을 이용하여 다양한 고객의 요구사항을 실시간으로 접수하고 연결된 생산설비와 자율화된 생산 및 운영 서비스를 이용하여 스스로 최적화된 생산성을 확보하고, 다른 공장과 연결되어 공장 간 자율적인 협업 생산이 지속적으로 이루어지는 생산 공장 체계를 말한다.

스마트 팩토리의 핵심 구성요소는 CNC 기계와 로봇 등의 자동화된 생산설비와 생산 프로세스에서 발생하는 데이터를 활용하여 분석 및 지능화를 할 수 있는 스마트 컴포넌트가 있다. 그리고 효율적이고 지능화된 자율 공장을 위해 고객 요구 정보와 실시간 연결하고 부품 공급망이나 설비 지원 업체와 연결할 수 있는 커넥티드 요소가 있다.

스마트 팩토리의 상호 연결성은 기계, 장치, 센서, 사람이 모두 연결되어 실시간으로 데이터 교환과 통신을 할 수 있는 기능이다. 데이터 분석은 다양한 소스에서 방대한 양의 데이터를 분석하여 통찰을 얻을 수 있는 기능이다. 이러한 통찰을 사용하여 프로세스를 최적화하고 문제를 예측하며 의사결정을 내릴 수 있다.

지능형 자동화는 전통적인 자동화를 넘어 적응형 및 자가 학습

스마트, 커넥티드 팩토리의 세 가지 핵심 요소

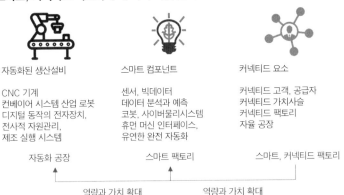

자동화된 생산설비

CNC 기계
컨베이어 시스템 산업 로봇
디지털 동작의 전자장치,
전사적 자원관리,
제조 실행 시스템

스마트 컴포넌트

센서, 빅데이터
데이터 분석과 예측
코봇, 사이버물리시스템
휴먼 머신 인터페이스,
유연한 완전 자동화

커넥티드 요소

커넥티드 고객, 공급자
커넥티드 가치사슬
커넥티드 팩토리
자율 공장

자동화 공장　　　　　　스마트 팩토리　　　　스마트, 커넥티드 팩토리

역량과 가치 확대　　　　　역량과 가치 확대

시스템을 활용하며 로봇공학과 인공지능을 통합하여 자율적으로 작업을 관리하고 인공지능을 통해 새로운 조건과 작업에 적응하여 최적의 성능을 보장한다. 가상현실VR과 증강현실AR은 교육, 유지관리, 제품 개발, 공장 배치 계획 등 다양한 작업에 사용된다.

스마트 팩토리의 유연한 생산 체계는 시장 요구 또는 특정 고객의 요구사항에 따라 제품과 프로세스를 신속하게 조정하고 맞춤화할 수 있다. 공장과 공정 단위의 분산형 의사결정 시스템은 수신한 실시간 데이터를 기반으로 스스로 결정을 내릴 수 있다. 시스템이 해결할 수 없는 문제에 직면하면 결정을 더 높은 수준에 위임할 수 있다. 스마트 팩토리의 향상된 안전 및 보안은 작업자를 위한 고급 안전 시스템과 잠재적인 디지털 위협으로부터 보호하기 위한 강력한 사이버 보안을 포함한다. 자원 효율성을 위해 자원 활용을 최적화함으로써 폐기물을 감소하고 지속가능한 제조 관행을 만들어갈 수 있다.

스마트 팩토리는 보다 전통적인 자동화에서 완전히 연결되고 유

스마트 제품과 서비스의 역량(기능) 단계

지능·자율화

최적화

제어·통제

모니터링

① 센서 및 외부 데이터 소스를 통한 공정 및 공장 상태 모니터링
- 공정의 생산 운영 상태
- 공정의 생산 환경
- 공정의 작동 및 생산조건

모니터링은 이상 이벤트 발생 시 경고 및 알림 가능

② 공정 또는 공정 클라우드(디지털 트윈)에 내장된 서비스는 다음을 지원한다.
- 공정의 기능 제어
- 공정 지식의 AI자산화
- 유사 공정의 비교 분석

③ 모니터링 및 제어 기능을 통해 공장 작동을 최적화하고 다음과 같은 용도로 사용할 수 있는 인공지능 모델 구현 가능
- 공정 성능 향상
- 문제 감지 및 원인분석
- 공정 조건 최적화
- 문제 예측 및 예방서비스

④ 모니터링, 제어 및 최적화를 결합하면 다음과 같은 이점을 얻을 수 있다.
- 자율적인 공정 운용
- 자율적인 공정 최적화
- 자기 진단 서비스
- 빠른 유연생산 환경 확보

연한 시스템으로의 전환이다. 디지털 기술을 활용하여 제조 프로세스를 최적화함으로써 급변하는 시장과 맞춤화 요구와 점점 더 복잡해지는 제품의 문제를 해결하는 것을 목표로 한다.

스마트 팩토리 기술의 역량(기능) 단계

스마트 팩토리의 역량 단계는 모니터링 단계, 분석 및 제어 단계, 최적화 단계, 지능 및 자율화 단계의 4단계로 구성된다.

1단계인 모니터링 단계는 공장에서 발생하는 데이터를 실시간으로 수집하고 모니터링하는 단계다. 생산자와 생산관리자가 공장의 생산 상태를 정확하게 인식하고 더 효율적으로 생산할 수 있는 서비스를 제공하고 문제가 발생하면 즉시 확인할 수 있다.

2단계인 제어·통제 단계는 생산에서 발생하는 여러 문제를 효율적인 다양한 방법으로 해결할 수 있도록 지원하는 단계다. 생산관리자가 기존의 생산 관리 경험을 토대로 더 다양한 경험을 할 수

완전 자동화 시스템

있도록 생산 공정 및 설비 기능을 분석하고 제어할 수 있다.

3단계인 최적화 단계는 모니터링 및 제어 기능을 통해 생산 공장을 최적화하고 생산 능력을 최대로 활용할 수 있도록 지원한다. 또한 공정 및 설비에 문제가 발생하기 전에 사전에 진단하고 미리 유지보수 및 조치를 함으로써 생산 중단을 최소화할 수 있다.

4단계인 지능·자율화 단계는 공장의 설비가 자율적으로 제품을 생산할 수 있는 최적화된 서비스를 제공하는 단계다. 생산설비가 스스로 자가 진단과 최적 운영 조건을 생산자에게 제공하고 다른 설비 및 공장과 통합 연결하여 더 다양한 서비스를 제공한다.

스마트 팩토리 주요 기술

스마트 팩토리를 위한 주요 기술 중 가장 먼저 필요한 기술이 자동화 기술이다. 자재 투입부터 가공, 조립, 검사, 포장, 물류에 이르는 제조 전 과정을 완전히 자동화할 수 있는 기술이다.

협동 로봇 코봇

(출처: 「UNIST 스마트 제조 혁신 전략 보고서」, 협동 로봇의 활용 사례)

협동 로봇은 코봇Cobot, Collaborative Robot이라고도 부른다. 공유 작업 공간 내에서 인간과 함께 작업하도록 특별히 설계된 로봇이다. 인간과 상호작용하지 않고 작동하는 기존의 산업용 로봇과 달리 코봇은 인간과 로봇의 직접적인 상호작용을 위해 설계되었다. 코봇은 센서와 소프트웨어를 사용하여 사람을 감지하고 사고를 예방하는 고급 안전 기능을 갖추고 있다. 또한 사용자 친화적이며 직관적인 프로그래밍 인터페이스를 제공한다. 유연성 덕분에 자동차 조립에서 의료 지원에 이르기까지 다양한 산업 분야의 다양한 작업에 활용되고 있다. 크기가 작기 때문에 광범위한 수정 없이도 기존 작업 공간에 원활하게 통합된다. 정밀 센서가 내장돼 있어 인간 동료 주변에서 섬세하게 작동할 수 있다. 로봇 자동화를 구현하는 코봇은 인간의 능력을 대체하는 것이 아니라 작업의 협력을 강화하는 데 초점을 맞추고 조화로운 작업 환경에서 인간과 기계의 강점을 결합한다.

지능형 물류 시스템Intelligence Logistic System은 첨단 기술을 통합

지능형 물류 시스템

(출처: 「UNIST 스마트 제조 혁신 전략 보고서」, 지능형 물류 시스템 활용 사례)

하여 창고 운영을 간소화하고 최적화한다. 주요 구성요소에는 상품을 효율적으로 취급하기 위한 자동 보관 및 검색 시스템과 피킹이나 포장과 같은 작업을 지원하는 로봇공학이 포함된다. 지능형 물류 시스템은 센서와 무선인식RFID 태그로 촉진되는 실시간 재고 관리는 정확한 재고 수준을 파악한다. 데이터 분석 및 인공지능은 수요를 예측하고 운영 전략을 개선한다. 사물인터넷 장치는 환경 매개변수를 모니터링한다. 정교한 창고 관리 시스템WMS은 입고에서 출고까지 모든 활동을 감독한다.

증강현실 기술은 작업자가 항목을 신속하게 찾고 처리하는 데 도움이 된다. 더 넓은 공간에는 감시와 빠른 재고 확인을 위해 드론과 감지 로봇을 배치할 수 있다. 스마트 선반은 재고를 자동으로 모니터링하고 라우팅 알고리즘은 창고 내에서 효율적인 이동을 안내한다. 이러한 기술 융합을 통해 기존 창고를 변형하여 오류 감소, 효율성 증가, 더 빠른 서비스 제공을 이뤄낼 수 있다.

그 외에 3D 프린터, 증강현실AR, 가상현실VR, 복합현실MR, 제조

디지털 문화의 일곱 가지 주요 요소

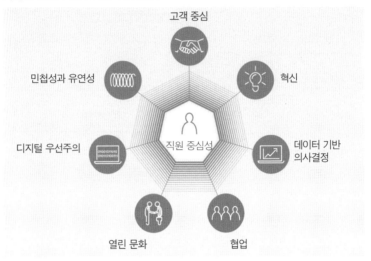

사물인터넷 서비스 플랫폼, 제조 빅데이터 분석, 인공지능 서비스 등이 있다.

조직문화 혁신

제조 분야의 디지털 혁신을 위한 조직문화 혁신은 기술 변화를 수용하기 위해 진화하는 사고방식과 행동에 중점을 둔다. 이러한 변화의 핵심은 도전이 기회가 되는 성장 마인드셋을 육성하는 것이다. 새로운 기술에 대한 교육과 함께 지속적인 학습이 강조된다. 부서 간 협업이 중요하며 리더는 역할 모델이 되어 이러한 디지털 노력을 주도해야 한다. 애자일 방법론을 수용하면 빠른 의사결정과 반복적인 진행이 가능하며 위험에 대한 허용 범위가 커진다. 애

디지털 조직문화 육성

How to Create &
Cultivate a Digital
Culture in your
Organization

투명성 수용, 협업 장려, 디지털 교육 제공
위험에 대한 불안 해소, 혁신적 영감 최우선

자일 방법론은 고객 요구는 끊임없이 발생하고 이를 유연하게 대응할 수 있는 방법을 제시한다. 외부 파트너십에 개방적이면 새로운 전문 지식을 습득할 수 있다. 디지털 전환 핵심성과지표KPI를 도입하면 전 임직원이 혁신 목표를 달성하기 위해 노력할 수 있다. 디지털 전환의 이론적 근거와 이점 그리고 장애물에 대한 투명하게 커뮤니케이션하는 것도 중요하다. 궁극적으로 디지털 전환은 기술에만 국한되지 않는다. 혁신, 지속적인 학습, 적응성을 옹호하는 조직문화가 필요하다.

새로운 변화의 핵심은 조직문화

디지털 비즈니스의 이점을 누리기 위해서는 리더들이 비즈니스 혁신에 대해 조직문화를 우선하는 접근 방식을 취해야 한다. 기업의 변화 속도, 협업, 방향, 비즈니스 가치에 큰 영향을 미치는 조직 문화 접근방식은 다음과 같다.

첫 번째는 의사결정 방법이다. 사업부나 어떤 부서 또는 기업의 일반적인 리더십 스타일 및 외부 유입에 대한 조직의 대응 속도에 미치는 영향으로 공감 의사결정, 데이터 기반(신뢰 근거) 의사결정이 중요하다. 두 번째는 참여 방법이다. 내외부에서 협업하여 목표를 달성하는 데 사용하는 방법으로 협업 성과에 대한 경험과 참여가 중요하다. 세 번째는 성과 측정 방법이다. 조직성과 지표와 그룹 노력의 방향 그리고 방향에 미치는 핵심 중심의 디지털 성과 지표를 잘 수립해야 한다. 마지막으로 네 번째는 작업 방법이다. 혁신이 어떻게 전개되고, 어떻게 문제가 해결되는지를 포함하는 애자일 방식과 같이 도전할 수 있는 작업 방식을 채택해야 한다.

조직문화의 혁신을 위해 중요한 것은 새로운 문화적 틀을 명확하게 전달하고 개인, 팀, 이해관계자를 위한 새로운 참여 규칙을 설정하는 것이다. 개인 브랜드의 개념을 사용하여 사람들이 새로운 정체성을 개발하고 표현하도록 지원할 필요가 있다. 리더십을 보여주고 개인적인 참여와 헌신을 유도하기 위해 동기를 부여하는 것도 중요하다.

9장

산업 디지털 전환
적용 사례와 장비산업

김성렬

한국공학대학교 ICT융합제조지능화진흥연구센터 연구교수

광운대학교 전기공학과를 졸업했다. 지멘스 디지털 인더스트리 부문에서 공장 자동화 관련 엔지니어링, 설계, 설치, 시운전 업무를 수행했다. 이후 기계·장비의 솔루션 공급 업무, 프로젝트 매니저, 비즈니스 매니저로 활동했다. 4차 산업혁명과 스마트팩토리 관련하여 제조업 디지털 전환 컨설팅을 수행했고 한국산업인력공단의 국가직무능력표준(NCS) 기계-스마트공장 분야 개발진으로 활동했다.

지멘스 정년퇴직 후에는 한국공학대학교 산업기술·경영대학원 스마트팩토리융합학과를 졸업했다. 경기과학기술대학교 전기공학과에서 설비엔지니어 양성을 위해 PLC, DCS, SCADA, 드라이브 강의를 진행했다. 현재는 한국공학대학교 ICT융합제조지능화진흥연구센터에서 연구개발 분야 관리업무를 맡고 있다.

1.

어떻게 장비산업에 융합되는가

장비 산업의 트렌드와 요구사항

정부가 추진하는 소재·부품·장비(소부장) 정책은 제조업 경쟁력 강화를 위한 정책이다. 4차 산업혁명, 환경보호 등 미래 신시장을 주도하기 위해 기술 혁신, 인프라 개선 등 경쟁적으로 정책을 추진함으로써 산업 생태계가 신속하고 유연하게 적응하도록 지원하며 각 분야가 협력하여 질적으로 도약하는 것을 추구한다.

디지털 혁신 기술이 장비산업에 융합되고 진화하는 과정을 장비산업의 관점에서 분석하고 이해하는 것은 제조업의 지속가능한 경쟁력을 확보하는 출발점이다. 최근의 디지털 기술은 초연결 산업 생태계를 만들어가고 있다. 또한 데이터에 기반한 비즈니스 모델로 혁명적 진화를 거듭하고 있다. 초연결은 물리적, 공간적 한계를 넘어서 개념적으로 확장하고 있다. 제품·장비·운영의 인간을 통해 제

소부장 산업 생태계

(출처: 산업통상자원부, 「K-소부장 새로운 역사를 쓰다」)

조업의 양방향 데이터 연결이 가능해지고 가치사슬 전체가 서로 피드백을 주고받으며 상호작용할 수 있는 패러다임이 구축되고 있다.

장비산업의 핵심 트렌드는 고객 중심의 맞춤화다. 개인화된 제품과 맞춤형 서비스로 시장이 이동하고 있으며 장비 회사는 제품 혼류 생산과 더 빠르고 빈번한 전환을 지원하는 장비를 설계하고 제작해야 하는 부담을 안고 있다. 고객 선호도 변화가 즉각적으로 반영되는 환경이기 때문에 신속하게 혁신하고 시장 출시 일정을 단축해야 한다.

장비산업에 영향을 미치는 3가지 메가트렌드와 그에 따른 도전 과제를 분류하면 다음과 같다.

3가지 메가트렌드	도전과제
1. 변동성이 큰 시장	• 변화하는 시장의 요구사항에 신속하게 대응하기 • 동일한 결과를 유지하면서 제품 품질을 유지하기 • 보다 유연한 제품을 제공하기
2. 디지털화	• 다양한 기계 및 공정 데이터를 수집하고 이해하기 • 급속히 발전하는 자동화와 IT 기술을 시스템에 적용하기 • 사이버 보안 조치를 구현하기
3. 노동시장 변화	• 고도로 훈련되고 숙련된 인력 부족을 해결하기 • 엔지니어의 반복 작업 수행을 최소화하기 • 고도화되고 반복적인 훈련을 지원하기

이러한 메가트렌드와 도전과제는 장비산업에서 효율적인 엔지니어링과 고도로 숙련된 엔지니어링팀의 중요성을 보여준다. 특히 다양한 산업 분야에서 고도로 차별화된 맞춤형 기계에 대한 수요를 주도하고 시장 트렌드를 따라잡기 위해서는 생산 프로세스를 변화시키고 디지털 기술을 융합 활용해야 한다.

일반적으로 장비를 설계하고 생산할 때 충족해야 하는 기능과 성능에 대한 요구사항은 다음과 같다.

- 목적 및 범위: 기계의 목적과 용도를 명확하게 정의한다. 기계가 설계되는 산업 또는 응용 분야를 지정한다.
- 기능적 요구사항: 기계가 갖추어야 할 주요 기능을 분류하고 구별한다. 절단, 성형, 드릴링, 조립, 기타 필요한 특정 작업이 포함된다.
- 성능 사양: 기계의 원하는 성능 특성을 결정한다. 속도, 정확도, 정밀도, 처리량, 효율성, 에너지 소비, 기타 성능 지표가 포

함된다.

- 안전 표준: 작업자와 사용자의 안전을 보장하기 위해 기계가 충족해야 하는 필수 안전 기능 및 규정 준수 사항을 지정한다. 산업별 안전 표준 및 규정 준수가 포함된다.
- 재료 및 구성요소 사양: 기계 구성에 사용해야 하는 재료, 구성요소, 하위 시스템의 유형을 정의한다. 필요한 재료, 내구성 표준 또는 호환성 요구사항을 지정하는 것이 포함된다.
- 환경 고려사항: 제조 공정 중에 고려해야 할 모든 환경 요인을 반영한다. 소음 감소, 배출 제어, 폐기물 관리 또는 지속 가능성 이니셔티브에 대한 지침이 포함된다.
- 유지보수 및 서비스 용이성: 기계의 유지보수, 서비스, 수리와 관련된 요구사항을 지정한다. 구성요소의 접근성, 문제해결 용이성, 예비 부품 가용성, 권장 유지관리 일정이 포함된다.
- 품질 보증 및 테스트: 제조 공정 전반에 걸쳐 구현해야 하는 품질 관리 조치와 테스트 프로토콜을 간략하게 설명한다. 검사 기준, 품질 표준, 모든 관련 인증 또는 테스트 절차가 포함된다.
- 문서 및 매뉴얼: 기계와 함께 제공되는 필수 문서, 기술 매뉴얼, 사용자 가이드를 정의한다. 이를 통해 장비에 대한 적절한 이해, 작동, 유지관리가 보장된다.

장비산업의 특정 요구사항은 산업, 장비의 복잡성, 최종 사용자의 특정 요구사항에 따라 크게 다를 수 있다. 요구사항은 엔지니어, 설계자, 생산 팀, 잠재적 사용자를 포함한 이해관계자와 협력해 신중하게 정의하고 기계의 설계 및 생산 프로세스에 통합되도록 해야 한다. 또한 정기적으로 검토하고 업데이트해 고객의 요구 또는 제조 팀의 역량 변화를 반영해야 한다.

산업 디지털 전환을 추구하는 많은 기업의 공통적인 어려움은 엔지니어의 반복 작업 수행, 긴 엔지니어링 프로세스와 시운전, 재사용 가능한 구성요소 제작, 다양한 엔지니어링 도구의 사용 등이 있다. 이러한 어려움을 극복하기 위해서 엔지니어링 프로세스의 자동화 및 표준화, 재사용 가능한 구성요소의 개발, 통합된 엔지니어링 도구의 도입, 엔지니어링 교육 및 인력 육성 등과 같은 노력이 필요하다.

- 엔지니어링 프로세스 병렬화: 표준화된 교환 형식과 공통 데이터베이스 활용은 팀 간에 조정 노력을 최소화하는 데 필수적이다.
- 자동화된 엔지니어링 작업 및 워크 플로: 표준화된 라이브러리를 사용하면 개별 구성요소를 수동으로 생성할 필요가 없다. 사전 테스트된 모듈 및 루틴을 기반으로 솔루션을 자동으로 생성하여 시뮬레이션과 테스트를 할 수 있고 엔지니어링 작업량과 오류 원인을 크게 줄일 수 있다.
- 표준화되고 재사용 가능한 구성요소 라이브러리 생성: 소프트웨어 품질을 높일 수 있고 유연한 모듈식 기계를 위한 효율적인 설계 프로세스를 구성할 수 있다. 검증된 다른 기능에 영향을 주지 않고 새로운 기능을 모듈로 추가할 수 있다.

산업 디지털 전환은 기업의 경쟁력 강화와 생산성 향상을 위한 필수적인 요소다. 이러한 어려움을 극복하고 성공적인 산업 디지털 전환을 달성하기 위해서는 기업의 지속적인 투자와 노력이 필요하다.

산업 분야별 장비 솔루션

장치산업과 조립가공산업

제조업은 제품을 생산하는 방식에 따라 장치산업Process Industries과 조립가공산업Discrete Industries으로 구분한다. 장치산업은 재료의 물리적, 화학적 성질을 변화시켜 제품을 생산하는 반면 조립가공산업은 부품을 가공 조립해 제품을 생산한다. 대표적인 장치산업은 석유화학, 정유, 제약, 식품 등이 있다. 조립가공산업은 자동차, 조선, 전자, 기계 등이 있다. 장치산업은 제품 설계, 공정 설계, 엔지니어링, 생산, 서비스의 가치사슬로 구성되며 각 단계에서 다양한 기술과 장비를 활용한다.

- 제품 설계: 제품 개발 단계로 실험실에서 아이디어를 바탕으로 제품 디자인을 시작한다.
- 공정 설계: 공정 설비와 시스템을 설계하는 단계로 공정배관계장도P&ID, Piping and Instrumentation Diagram와 같은 공정을 구성하는 장치, 파이프, 계측기의 상호 관계를 도식화하고 도표화한 엔지니어링 도면을 활용해 공정을 구체화한다.
- 엔지니어링: 상세한 공정 설계를 위해 전기 설계, 분산제어장

치DCS, Distributed Control System 자동화 설계, 파이프라인 설계, 3D 플랜트 디자인 등의 기술과 도구를 사용한다.

- 생산: 설계된 공정에 따라 제품을 실제로 생산하는 단계로 다양한 장비와 시스템을 활용해 생산한다.
- 서비스: 생산된 제품에 대한 유지보수, 품질 관리, 고객 지원 등을 포함하는 단계다.

장치산업에서 사용하는 대표적인 기술과 장비는 다음과 같다.

- 분산제어장치DCS: 화학 공장, 발전소, 등의 장치산업에서 프로세스를 제어하고 감시하기 위한 자동화 시스템이다. 분산제어장치DCS는 여러 제어 장치와 네트워크로 연결돼 복잡한 공정을 조작하고 감시하는 데 사용한다.
- 센서: 공정에서 측정된 데이터를 수집하는 장치로 온도, 압력, 유량, 무게, 농도 등을 측정하고 분석하는 계기 등이 있다. 센서는 공정의 안전성과 효율성을 유지하는 데 사용한다.
- 구동장치: 생산과정에서 펌프, 교반기, 밸브, 히팅, 쿨링 등의 구동장치를 사용한다. 이들 장치는 원자재의 이동이나 혼합 등 생산과정에 필요한 동작을 수행한다.

조립가공산업은 제품 설계, 생산계획, 엔지니어링, 생산, 서비스의 가치사슬로 구성된다. 각 단계에서 다양한 기술과 장비를 활용한다.

- 제품 설계: 디자인, 재료, 제조 가능성, 안전 및 품질 표준 등을 고려하여 설계 개념을 구성하고, 컴퓨터지원설계CAD, Computer-Aided Design와 컴퓨터지원공학CAE, Computer-Aided Engineering을 활용하여 설계 시각화와 설계 개념을 검증한다.
- 생산계획: 효율적이고 비용 효과적인 제조를 보장하는 데 매우 중요하다. 생산 능력, 생산 흐름 최적화, 인력 기계 장비의 효율적인 배치 등을 검증하고 계획한다. 다양한 공장 및 공정 시뮬레이션 도구와 모델링 소프트웨어를 활용한다.
- 엔지니어링: 생산계획에서 제시한 자료를 바탕으로 상세한 공정 설계와 기술적인 요소를 고려하여 다양한 기계 기능 구현, 셀 구성, 라인 자동화 등을 구축하는 과정이다. 이를 통해 생산 흐름을 최적화하고 품질을 확보할 수 있다.
- 생산: 설계된 제품과 생산계획에 따라 생산을 진행하는 단계로 다양한 기계와 장비를 활용해 제품을 제조한다.
- 서비스: 생산된 제품과 생산설비에 대한 유지보수, 품질 관리, 고객 지원 등을 포함하는 단계다.

조립가공산업에서 사용하는 기술과 장비는 다음과 같은 것들이 있다.

- 메카트로닉스 시스템과 디지털 동작의 전자장치PLC: 기계, 셀 및 라인 구성과 자동화 시스템에 사용한다. 메카트로닉스 Mechatronics 시스템은 기계, 전기, 제어, 컴퓨터를 융합한 기술이며, 디지털 동작의 전자장치PLC, Programmable Logic Controller

제조업의 프로세스 구분

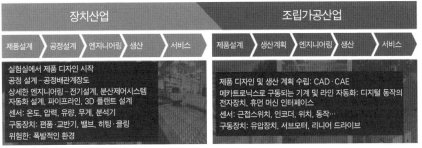

(출처: 지멘스 디지털 인더스트리)

는 프로그램 가능한 논리 제어 장치로 자동화 시스템을 제어
하는 데 사용한다.

- 센서: 공정에서 측정된 데이터를 수집하는 데 사용하며 근접
  스위치, 인코더와 같이 위치, 이동 거리 등의 동작을 측정하는
  데 사용한다. 이 센서들은 자동화 시스템에 필요한 정보를 제
  공한다.
- 구동장치: 생산과정에서 유공압, 서보모터, 리니어 드라이브
  등의 구동장치를 사용한다. 이 장치들은 기계와 생산라인의
  동작을 제어하고 생산을 원활하게 한다.

산업별 장비 솔루션

장비산업의 메가트렌드와 요구사항을 충족하기 위해서 모듈 및
기계 제작자는 장비 솔루션의 포트폴리오를 각 시장에 맞게 조정
하고 있다. 모든 장비산업이 고유한 방식으로 모듈 및 기계의 자동
화와 디지털 기술을 융합해 혁신하고 있다. 산업별 솔루션은 고유
한 환경과 특성이 있으며 그에 따라 다른 접근 방식과 해결책이 필

지멘스의 산업별 솔루션 예

(출처: 지멘스 디지털 인더스트리)

요하다.

- 최적화와 효율성: 산업별로 특화된 솔루션은 해당 산업의 프로세스와 요구사항에 최적화돼 있다. 최적화된 솔루션을 사용하면 작업의 효율성을 높이고 비용을 절감하며 생산성을 향상할 수 있다.
- 산업 특성에 대한 전문성: 특정 산업에 특화된 솔루션을 개발하는 경우 해당 산업에 대한 전문 지식과 노하우를 축적할 수 있다. 이러한 전문성이 있으면 문제해결과 지속적인 개선에 도움이 되며 산업 내에서 신뢰할 수 있는 파트너로 인정받을 수 있다.
- 기술적 요구사항의 차이: 각 산업은 특정 기술의 요구사항과 표준을 따른다. 특히 자동화와 사물인터넷 기술에 대한 솔루션

을 요구하며 제품에 따라서 서로 다른 허용 오차를 요구한다.

산업별로 솔루션을 나누어 개발하고 제공함으로써 각 산업에서 더 나은 비즈니스 결과를 얻을 수 있으며 산업별로 최적화된 혁신과 발전을 끌어낼 수 있다.

산업 전반에 걸친 공통의 솔루션 포트폴리오는 로봇, 적층 제조, 컨버팅, 핸들링 솔루션 등이 있다. 모듈 및 기계 제작자는 전체 수명 주기에서 표준화된 솔루션을 사용하여 산업 요구사항을 충족할 수 있다.

2.

맞춤형 기계를 효율적으로 제공한다

고객은 특정 요구사항을 충족하는 맞춤형 기계를 요구하므로 사용자 정의가 필요하다. 그러나 맞춤형 기계를 제공하려면 전통적으로 설계 주기가 길어지고 비용이 증가해 수익 마진과 시장 출시 시간에 영향을 미친다. 결과적으로 장비 제조업체는 경쟁력을 유지하면서 맞춤화를 수용할 수 있는 효율적인 방법을 찾아야 한다.

기계 설계와 엔지니어링 기술

소부장 산업 생태계에서 소재, 부품, 완제품의 엔드투엔드end-to-end 가치사슬은 장비를 기반으로 한다는 것을 보여주고 있다. 기계 제작자는 매우 유연하고 민첩하며 혁신적이고 연결된 스마트 기계를 만들어야 하지만 비용, 품질, 시장 출시 시간, 기능, 운영 등의 문제에 자주 직면한다. 변화하는 추세를 파악하고 이러한 문제를 극복하려면 프로세스를 개선하고 현대적인 고급 기계 엔지니어링 기능을 활용해야 한다. 고급 기계 엔지니어링 기능을 통해 기업 전체에서 데이터가 연결되는 디지털 스레드Digital Thread 접근 방식을 구현해 제품 수명 주기 전 과정에서 협력, 효율성, 정확성, 속도를 높일 수 있다.

디지털 스레드는 기계의 아이디어부터 제작, 생산, 폐기까지 기계 수명 주기를 통해서 데이터를 수집하고 사용해 기업 전체의 팀을 연결한다. 이 연결은 기계 개발 프로세스에서 더 큰 협업과 일관성을 제공한다.

고급 기계 엔지니어링AME, Advanced Machine Engineering[1]

비용을 최적화하면서 품질과 효율성은 높인 맞춤화 기계를 설계하고 시장에 출시할 수 있는 산업용 기계 제작자를 위한 솔루션이다. 디지털 스레드 접근 방식을 구현하는 솔루션의 주요 특징과 기능을 통해 기계 제작자는 프로세스를 최적화할 수 있다.

- 모듈식 설계 접근 방식: 기계 제작자가 다양한 기계 구성요소에 대한 표준화된 빌딩 블록을 만들 수 있도록 한다. 미리 정의된 모듈은 다양한 기계 설계에서 재사용할 수 있으며 중복 설계 노력을 줄이고 전체 설계 프로세스를 빠르게 한다.
- 통합 설계 및 시뮬레이션 도구: 엔지니어가 물리적 프로토타이핑 전에 기계 설계를 시각화, 검증화, 최적화할 수 있도록 하는 고급 설계 및 시뮬레이션 도구를 통합한다.

- 협업 및 커뮤니케이션 도구: 효율적인 협업은 성공적인 프로젝트 실행에 매우 중요하다. 실시간 통신 및 데이터 공유 기능을 활용해 연결된 여러 팀이 원활하게 협업할 수 있도록 한다.
- 제조 프로세스 통합: 제조 프로세스와 통합돼 설계에서 생산으로 원활한 전환이 되도록 한다. 맞춤형 기능과 사양은 정확한 제조 지침으로 변환돼 생산 단계에서 오류 및 불일치의 위험을 최소화한다.
- 출시 시간 단축: 설계 주기를 간소화하고 협업을 최적화함으로써 맞춤형 기계의 출시 시간을 크게 단축한다.
- 비용 절감: 시뮬레이션 기능과 모듈식 설계 접근 방식은 물리적 프로토타입 및 설계 반복의 필요성을 최소화해 비용을 절감한다.
- 향상된 사용자 정의: 기계 제작자가 고객별 요구사항과 특수 기능을 설계에 통합할 수 있도록 지원한다. 이러한 맞춤화를 통해 기계가 고유한 요구사항을 정확하게 충족하므로 고객 만족도와 충성도를 향상한다.

고급 기계 엔지니어링은 기계 제작자가 직면한 특정 문제를 해결하는 포괄적인 도구 세트와 기능을 제공한다. 설계 및 배포 주기를 간소화하고 사용자 정의를 효율적으로 지정할 수 있으며 비용 효율성을 높임으로써 기계 제작자가 경쟁 시장에서 앞서 나가고 사용자 정의가 효율적으로 지정된 고품질의 기계를 고객에게 제공할 수 있도록 지원한다.

NX 통합 플랫폼

전기·기계 설계
가장 생산적인 모델링 환경
생성 설계 및 통합 검증
산업화된 적층 제조
협업 디자인 관리
몰입형 시각화

(출처: 지멘스 디지털 인더스트리 소프트웨어)

설계 플랫폼과 데이터 연결

기계 설계를 효율적으로 진행하고 생산성을 높이기 위해 기계 설계 플랫폼과 데이터 연결을 활용하는 것이 중요하다. 이를 통해 설계 단계에서부터 생산과 유지보수까지의 과정을 더욱 통합적으로 관리하고 최적화할 수 있다.

- 컴퓨터지원설계CAD 통합: 컴퓨터지원설계 소프트웨어는 기계 설계를 위한 핵심 도구다. 컴퓨터지원설계 플랫폼에서 설계한 모델과 데이터를 다른 시스템과 연결해 자동화된 데이터 흐름을 구축할 수 있다. 예를 들어 컴퓨터지원설계 모델을 자동으로 시뮬레이션 소프트웨어로 전달하거나 컴퓨터응용가공CAM 소프트웨어로 제조 공정을 계획하는 등의 통합이 가능하다.
- 제품수명주기관리PLM 시스템과 통합: 제품수명주기관리 시

스템은 제품의 수명 주기를 관리하는 데 사용되는 솔루션이다. 설계, 생산, 유지보수, 폐기 등 제품의 수명 주기의 모든 단계를 포괄한다. 컴퓨터지원설계CAD 플랫폼과 제품수명주기관리 시스템을 연결해 설계 데이터를 통합하고 제조 정보와 연관시켜 효율적으로 협업과 제품 관리를 할 수 있다.

- 시뮬레이션과 통합: 설계 데이터를 시뮬레이션 도구와 연결해 제품의 성능, 강성, 특성 등을 미리 평가할 수 있다. 이를 통해 물리적 실험을 줄이고 제품 개발의 시간과 비용을 절감할 수 있다.

- 빅데이터와 인공지능 활용: 설계된 제품이나 생산 프로세스에서 생성되는 대량의 데이터를 수집하고 분석해 더 나은 의사결정을 할 수 있다. 인공지능 기술을 활용해 기계학습과 예측 모델을 구축하고 생산 공정의 효율성을 개선하는 등의 혜택을 얻을 수 있다.

- 클라우드 기반 플랫폼 활용: 설계 데이터를 클라우드 기반 플랫폼에 저장하고 관리함으로써 팀원 간 협업과 데이터 공유가 쉽다. 여러 장소에서 접근할 수 있으므로 현지 팀과 원격 팀이 실시간으로 협업하는 데도 효과적이다.

전통적으로 엔지니어링의 세부 설계는 기계 엔지니어링 그룹에서 시작한 다음 전기 사양으로 진행한다. 기계 작업이 진행되면 자동화 그룹이 기계 프로그램을 진행할 수 있다. 그러나 기계가 작업 현장에 설치될 때까지 프로그램을 확정하기는 어렵다. 이후 기계가 제작돼 설치된 후라야만 공장 승인 테스트를 시작할 수 있다.

설계 플랫폼과 데이터 연결을 통해 장비산업 가치사슬 전반에 걸쳐서 다분야 협업 디자인이 수월하고 다분야 전문가들이 함께 작업해 제품이나 프로젝트를 개발하는 접근 방식이 가능하다. 제품과 서비스의 복잡성이 증가할수록 다분야 협업은 혁신과 경쟁력을 위해 필수적인 요소다.

모듈식 앱 제작

모듈 기반 앱은 모듈식 구성요소를 중심으로 구조화되고 설계된다. 모듈은 독립적으로 개발, 테스트, 유지관리를 할 수 있는 독립적인 기능 단위를 나타낸다. 이러한 모듈은 잘 정의된 인터페이스를 통해 상호작용할 수 있으므로 유연성, 확장성, 재사용성이 높다.

모듈 기반 아키텍처의 기본 아이디어는 복잡한 앱을 더 작고 관리 가능한 조각으로 나누는 것이다. 각 모듈은 특정 기능에 중점을 두어 앱 전체를 더 쉽게 이해하고 개발하며 유지관리할 수 있도록 한다. 또한 모듈 기반 앱은 앱의 다른 부분이나 다른 프로젝트에서도 모듈을 재사용할 수 있으므로 프로그램 재사용성이 높다. 이러한 모듈 기반 앱의 주요 특징은 다음과 같다.

- 캡슐화: 모듈은 독립형으로 설계되며 특정 기능을 캡슐화한다. 내부 구현 세부 정보를 숨기고 필요한 인터페이스만 다른 모듈과 결합한다.
- 느슨한 결합: 모듈은 잘 정의된 인터페이스를 통해 상호작용

모듈식 앱 개념

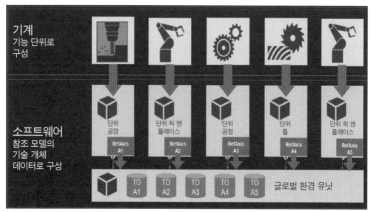

(출처: 지멘스 디지털 인더스트리)

해 느슨하게 결합된 아키텍처를 만든다. 한 모듈의 변경 사항
은 인터페이스가 일관성을 유지하는 한 다른 모듈에 영향을
미치지 않아야 한다.

• 확장성: 모듈 기반 앱은 변화하는 요구사항에 따라 모듈을 추
가하거나 제거해 쉽게 확장할 수 있다. 기존 모듈에 영향을
주지 않고 새 모듈을 통합해 새로운 기능을 도입할 수 있다.

• 기능의 분리: 각 모듈은 특정 고려사항이나 기능을 다루어 앱의
내용이 체계적이고 유지관리가 가능한 상태가 된다.

• 손쉬운 유지관리: 모듈은 독립적이고 응용 프로그램의 다른
부분에 거의 종속되지 않는다. 응용 프로그램을 유지관리하
고 업데이트하는 것이 간단하다.

• 코드 재사용성: 모듈은 앱 전체 또는 다른 프로젝트에서도 재
사용할 수 있어 개발 시간과 노력을 줄일 수 있다.

• 테스트와 디버깅: 모듈식 앱은 일반적으로 개별 모듈을 격리

컨버팅 프로세스

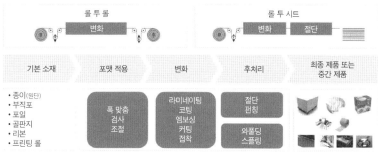

(출처: 지멘스 디지털 인더스트리)

하고 독립적으로 테스트할 수 있으므로 테스트와 디버깅이
더 쉽다.

- 유연성과 확장성: 모듈 기반 응용 프로그램은 새 모듈을 추가
하거나 기존 모듈을 업데이트해 새로운 기능으로 쉽게 확장
할 수 있다.

다음은 대표적인 모듈식 앱인 변환 툴박스Converting Toolbox를 소
개한다. 표준화되고 자동화된 패키지로 문서화되고 사전 테스트를
거쳐 검증된 노하우를 다양한 솔루션에 적용할 수 있다. 모듈 소프
트웨어 기능과 앱은 연속 재료 원단 처리를 위한 앱을 단순화한 모
듈로 구성돼 있다.

전반적으로 모듈 기반 앱 아키텍처는 유지관리성, 확장성, 유연
성을 포함해 여러 이점을 제공할 수 있다. 많은 장비산업에서 사용
되고 있다. 향후 표준화된 모듈로 발전해 나갈 것이다.

3.

기계 시뮬레이션이 다양한 산업에 적용된다

기계 시뮬레이션의 개념

기계 시뮬레이션은 기계장치, 기계 시스템, 기계 공정을 가상으로 모델링해 시뮬레이션하는 기술을 말한다. 이를 통해 기계의 동작, 성능, 안정성, 효율성 등을 사전에 평가하고 최적화하는 데 활용한다. 기계 시뮬레이션은 제품 설계 단계에서부터 제조, 운영, 유지보수 단계까지 다양한 분야에서 사용한다.

- 모델링: 기계 시뮬레이션의 첫 단계는 시뮬레이션을 할 대상인 기계나 시스템을 모델링하는 것이다. 이는 기계의 형상, 부품, 물리적 특성, 동작 원리 등을 수학적으로 표현하는 과정이다. 모델링은 단순한 3D 컴퓨터지원설계 모델에서부터 물리 기반 시뮬레이션까지 다양한 정밀도로 이루어질 수 있다.

- 물리 엔진과 시뮬레이션 툴: 기계 시뮬레이션에는 물리 엔진 Physics Engine이 필요하다. 물리 엔진은 기계의 동작, 물리적 상호작용, 운동 등을 계산하는 역할을 한다. 이러한 물리 엔진은 기계 시뮬레이션 툴에 내장돼 있거나 외부 라이브러리에 있다.
- 시뮬레이션 실행: 모델링과 물리 엔진 설정이 완료되면 시뮬레이션을 실행한다. 시뮬레이션은 주어진 입력 조건에 따라 기계나 시스템의 동작을 가상으로 재현한다. 예를 들어 기계의 부품이나 구성요소들의 움직임, 속도, 힘 등을 시각적으로 표현하거나 기록한다.
- 성능 평가와 최적화: 시뮬레이션 결과를 분석해 기계의 성능과 동작을 평가한다. 이를 통해 설계를 최적화하거나 성능 향상을 위한 개선 방안을 모색한다. 시뮬레이션은 실험과 비용이 많이 드는 프로토타입 제작 단계를 건너뛰고 초기 단계부터 여러 시나리오를 테스트하는 데 사용한다.
- 경제적 효과와 안전성 검토: 기계 시뮬레이션은 비용 측면에서도 이점이 있다. 제품의 성능을 사전에 예측하고 개선함으로써 생산비용을 줄일 수 있다. 또한 안전성과 위험 요소를 실제 시스템에 적용하기 전에 시뮬레이션을 통해 평가하므로 사고 예방에 도움이 된다.

기계 시뮬레이션은 자동차 산업, 항공우주 산업, 기계 제조업, 로봇공학 등 다양한 분야에서 활용한다. 더 나아가 기계학습과 결합해 더 정밀한 최적화나 예측을 수행하는 연구도 진행하고 있다.

기계 시뮬레이션 개념도

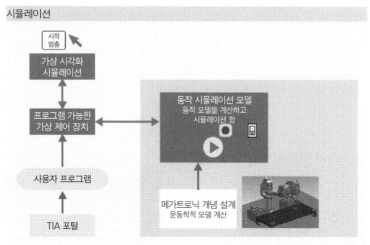

(출처: 지멘스 디지털 인더스트리)

모델링과 시뮬레이션의 가치

플랜트(공장) 모델링과 시뮬레이션은 다양한 분야에서 가치를 창출할 수 있다. 가치 창출 방법은 여러 가지가 있는데 주요한 몇 가지 측면을 살펴보겠다.

- 모델링: 모델은 컴퓨터를 사용해 해석할 수 있도록 속성과 동적 동작을 포함하는 기존의 물리적 시스템을 표현한 것이다. 모델은 특정 허용 오차 내에서 실제와 다르며 모듈화되고 표준화된 인터페이스를 갖춘 하드웨어와 소프트웨어를 나타낸다.
- 프로세스 최적화: 플랜트 모델링과 시뮬레이션은 공장의 운영 프로세스를 가상으로 시뮬레이션하고 최적화할 수 있게

한다. 이를 통해 생산라인의 효율성을 향상하고 생산량을 높이는 등 생산 과정에서 비용을 절감하고 생산성을 향상할 수 있다.

- 예측 및 시나리오 분석: 가상 시뮬레이션은 다양한 상황에서의 결과를 예측하고 다양한 시나리오를 분석하는 데 사용한다. 이를 통해 미래에 발생할 수 있는 문제를 사전에 파악하고 대응 방안을 마련함으로써 위험을 최소화하고 민첩하게 의사결정을 할 수 있다.

- 설계 및 개선: 새로운 공장을 설계할 때 플랜트 모델링과 시뮬레이션은 초기 설계 단계에서 여러 시나리오를 탐색하고 최적의 설계를 찾을 수 있다. 또한 기존 공장의 개선과 확장에도 활용해 새로운 장비나 공정을 도입할 때의 영향을 사전에 파악할 수 있다.

- 훈련 및 교육: 실제 공장에서 훈련은 비용과 위험이 따르지만 가상 환경에서 훈련과 교육을 시뮬레이션함으로써 안전하고 효율적으로 훈련을 할 수 있다.

- 유지보수와 안전성 향상: 플랜트 모델링과 시뮬레이션은 유지보수 작업을 최적화하고 안전성을 향상하는 데 활용한다. 실제 작업이 이루어지기 전에 작업 절차를 가상으로 시뮬레이션해 위험 요소를 사전에 파악하고 예방할 수 있다.

이러한 가치 창출을 통해 플랜트 모델링과 시뮬레이션은 생산성과 효율성 향상, 비용 절감, 안전성 향상 등 공장 운영에 많은 이점을 제공한다. 따라서 많은 기업과 산업 분야에서 이러한 기술을 적

디지털 트윈 기계의 사용 사례

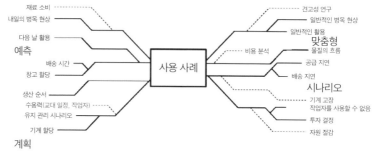

(출처: 지멘스 디지털 인더스트리)

극적으로 도입하고 있다.

적용 사례 MCD, SIMIT, PLC를 통한 가상 시운전[2]

자동화 관점에서 수년 동안 프로그램 가능한 논리 제어 장치PLC 프로그램과 휴먼 머신 인터페이스HMI를 시뮬레이션할 수 있었다. 기계 시스템이 자동화 시스템과 상호작용하는 로봇, 제조 셀, 생산 라인, 전체 공장의 시뮬레이션 사용 사례를 소개한다.

메카트로닉스 시스템의 성능을 모델링, 분석, 예측하는 데 사용되는 도구 세트를 사용해 전기, 유압, 공압, 열, 제어 시스템과 같은 다양한 엔지니어링 분야를 모델링하고 시뮬레이션할 수 있다. 이 기능은 복잡한 메카트로닉스 시스템의 동작을 연구하고 최적화하는 데 특히 유용하다.

프로그램 가능한 가상 제어 장치PLC-SIM Advanced 및 가상 휴먼 머신 인터페이스HMI를 사용하면 메카트로닉스 시스템의 구성요소

가상 시운전 개념도

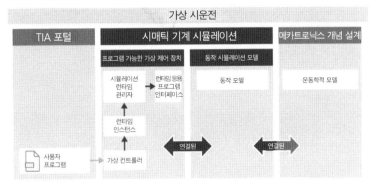

(출처: 지멘스 디지털 인더스트리)

가 어떻게 작동하는지 시뮬레이션할 수 있다. 밸브와 전기 부품 등의 기능 구성은 각각의 데이터세트로 표현된다. 프로그램 가능한 가상 제어 장치인 PLC-SIM Advanced는 전체 자동화 프로그램을 시뮬레이션한다. 런타임 응용 프로그래밍 인터페이스를 사용하면 모든 모델링 도구에 대한 고속 동기 통신이 가능하다. 또한 여러 프로그램 가능한 논리 제어 장치가 기계를 제어하는 경우 여러 런타임 인스턴스를 시뮬레이션할 수 있다.

기계 및 운동학적 모델 – 메카트로닉스 개념 설계MCD

메카트로닉스 개념 설계MCD, Mechatronic Concept Designer를 사용해 가상 환경에서 기계적인 구성요소를 시뮬레이션하고 테스트한다. 메카트로닉스 개념 설계MCD는 컴퓨터지원설계CAD 데이터를 물리 엔진과 함께 결합해 운동학적으로 만들고 다양한 기계적 구성요소의 자유도를 지정하여 모델의 운동학과 모션 시퀀스를 정의한다.

기계 및 운동학 모델

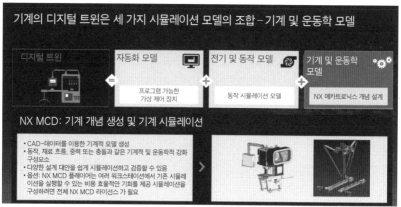

(출처: 지멘스 디지털 인더스트리)

- 그래픽 사용자 인터페이스GUI: 엔지니어가 모션 프로파일을 직관적으로 생성하거나 구성하고 운동학적 관계를 설정하고 모션 축을 정의할 수 있는 그래픽 사용자 인터페이스GUI, Graphical User Interface를 제공한다.

- 운동학적 시뮬레이션: 시스템에서 기계 구성요소의 동작을 모델링하는 운동학적 시뮬레이션을 수행할 수 있다. 이 시뮬레이션은 실제 구현 전에 모션 시퀀스를 검증하고 최적화함으로써 오류 위험을 줄이고 전체 시스템 성능을 개선하는 데 사용한다.

- 프로그램 가능한 논리 제어 장치PLC 통합: TIA 포털은 프로그램 가능한 논리 제어 장치PLC, Programmable Logic Controller의 엔지니어링 소프트웨어와 통합돼 모션 제어 시스템과 전체 자동화 시스템 간에 원활한 통신을 제공한다.

- 모션 축 구성: 엔지니어는 시스템의 각 축에 대해 모션 축을

구성하고 가속, 감속, 속도 및 위치 제한과 같은 필수 모션 매개변수를 정의한다.

- 외부 구성요소 시뮬레이션: 모션 제어 외에도 센서나 액추에이터와 같은 외부 구성요소와 장치의 시뮬레이션을 허용해 전체 시스템 동작을 더 포괄적으로 표현한다.
- 시각화 및 분석: 사용자가 모션 동작을 이해하고 잠재적인 충돌 또는 운동학적 문제 식별과 같은 분석을 수행하는 데 시각화 도구를 제공한다.
- 상호 운용성: 다양한 컴퓨터지원설계CAD 시스템과 호환되도록 설계돼 사용자가 기계 모델을 쉽게 가져오고 내보낼 수 있다.

동작 시뮬레이션 모델

동작 시뮬레이션SIMIT 소프트웨어는 복잡한 산업 프로세스, 제어 시스템, 기계의 가상 모델을 생성할 수 있으며 액추에이터(예: 드라이브 또는 밸브)의 동작을 매핑할 수 있다. 동작 시뮬레이션에서는 오류 시나리오를 시뮬레이션해 가상 공간에서 기계의 동작을 분석할 수 있다. MCD와 커플링을 통해 시뮬레이션의 설정값과 실젯값을 교환한다.

- 프로세스 시뮬레이션: 화학 프로세스, 발전소, 제조 라인 등과 같은 산업 프로세스의 동작을 복제하는 동적 프로세스 시뮬레이션을 생성한다. 엔지니어는 다양한 구성요소의 동작과 상호작용을 모델링해 전체 프로세스 성능을 분석한다.
- 프로그램 가능한 논리 제어 장치PLC 및 분산제어시스템DCS

전기 및 동작 시뮬레이션 모델

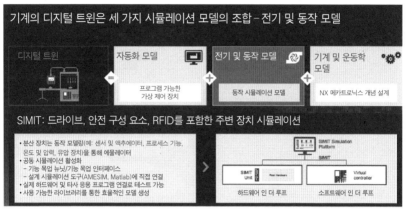

(출처: 지멘스 디지털 인더스트리)

테스트: 가상 환경에서 프로그램 가능한 논리 제어 장치PLC 와 분산제어시스템DCS의 테스트와 검증을 지원한다. 이 기능은 제어 논리가 올바르게 작동하고 자동화 시스템이 예상대로 작동하는지 확인한다.

- 운영자 교육: 가상 환경에서 운영자 교육에 사용한다. 작업자는 실제 생산에 영향을 미칠 위험 없이 복잡한 산업 공정과 제어 시스템의 작동을 연습하고 익힐 수 있다.

- HIL 시뮬레이션: 실제 컨트롤러(프로그램 가능한 논리 제어 장치 PLC, 분산제어시스템DCS)를 가상 모델에 연결해 시뮬레이션된 컨트롤러와 상호작용을 테스트하는 하드웨어-인-더-루프HIL, Hardware-in-the-Loop 시뮬레이션이 가능하다. 이는 실제 제어 시스템에 대한 보다 현실적이고 포괄적인 검증을 제공한다.

- 엔지니어링 도구와의 통합: PCS 7, TIA 포털 등과 같은 다양한 엔지니어링 도구와 통합해 시뮬레이션 및 테스트 프로세

스를 간소화한다.

- 모델 라이브러리: 다양한 산업 프로세스나 장비를 나타내는 사전 구축된 모델 라이브러리를 함께 제공한다. 이 라이브러리는 시뮬레이션 설정 프로세스를 쉽고 빠르게 완성한다.

자동화 모델 – 프로그램 가능한 가상 제어 장치

프로그램 가능한 가상 제어 장치PLC-SIM Advanced는 실제 하드웨어 없이 기계 프로그램을 시뮬레이션한다. 엔지니어는 PC 또는 노트북에서 실행되는 TIA 포털에서 SIMATIC S7-1500 및 S7-1200 프로그램 가능한 논리 제어 장치PLC의 동작을 구현하는 가상 환경을 생성한다. 사용자는 가상 환경을 사용하여 실제 하드웨어 없이 프로그램 가능한 논리 제어 장치PLC의 프로그램 및 구성을 테스트하고 검증한다.

- TIA 포털과 원활한 통합: 프로그램 가능한 가상 제어 장치 PLC-SIM Advanced는 TIA 포털 엔지니어링 소프트웨어와 직접 통합된다. 사용자는 프로그램 가능한 논리 제어 장치PLC 프로그램을 TIA 포털에서 프로그램 가능한 가상 제어 장치PLC-SIM Advanced로 쉽게 전송하고 시뮬레이션 및 테스트를 신속하게 수행할 수 있다.
- 오프라인 시뮬레이션: 엔지니어는 자동화 프로젝트의 오프라인 시뮬레이션을 수행할 수 있다. 즉 물리적 프로그램 가능한 논리 제어 장치PLC에 연결하지 않고도 제어 프로그램을 테스트한다. 이를 통해 가동 중지 시간을 줄이고 통제된 환경에서

자동화 모델

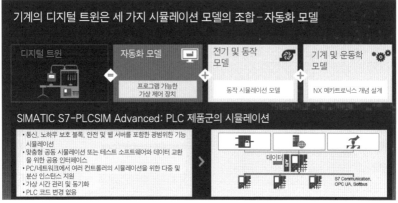

(출처: 지멘스 디지털 인더스트리)

안전한 테스트를 수행할 수 있다.

- 기능 테스트: 프로그램 가능한 가상 제어 장치PLC-SIM Advanced는 프로그램 가능한 논리 제어 장치PLC 프로그램의 기능 테스트를 지원해 사용자가 자동화 프로젝트의 논리와 동작을 단계별로 검증할 수 있도록 한다. 이는 시스템을 실제 환경에 배포하기 전에 오류나 예기치 않은 동작을 식별하고 수정하는 데 사용한다.

- 하드웨어-인-더-루프HIL, Hardware-in-the-Loop 테스트: 프로그램 가능한 가상 제어 장치PLC-SIM Advanced는 주로 오프라인 시뮬레이션에 중점을 두지만 하드웨어-인-더-루프HIL 테스트도 지원한다. 사용자는 HMI, 센서, 액추에이터와 같은 물리적 장치를 프로그램 가능한 논리 제어 장치PLC에 연결하고 보다 현실적인 방식으로 프로그램 가능한 가상 제어 장치 PLC-SIM Advanced 환경과 상호작용할 수 있다.

- 고급 디버깅: 사용자가 프로그램 가능한 논리 제어 장치PLC 프로그램을 효과적으로 분석하고 문제를 해결하는 데 도움이 되는 디버깅 기능을 제공한다. 사용자는 중단점을 설정하고, 변수를 모니터링하고, 프로그램 실행을 단계별로 진행해 동작을 이해한다.

- 분산 시스템 지원: 프로그램 가능한 가상 제어 장치PLC-SIM Advanced를 사용하면 단일 프로그램 가능한 논리 제어 장치 PLC뿐만 아니라 여러 대가 상호 연결된 프로그램 가능한 논리 제어 장치PLC가 있는 복잡한 분산 시스템도 시뮬레이션할 수 있다. 이는 대규모 자동화 프로젝트를 시뮬레이션하는 데 특히 유용하다.

- 상호 운용성: 산업 자동화에 사용되는 다양한 통신 프로토콜을 지원해 사용자가 가상 환경에서 프로그램 가능한 논리 제어 장치PLC와 다른 장치 또는 시스템 간의 상호작용을 시뮬레이션할 수 있도록 한다.

- 학습 및 훈련: 프로그램 가능한 가상 제어 장치PLC-SIM Advanced는 교육과 훈련 목적으로도 사용할 수 있다. 또한 학생이나 운영자가 프로그램 가능한 논리 제어 장치PLC 프로그래밍과 자동화 개념에 대해 배울 수 있도록 안전하고 통제된 환경을 제공한다.

10장

산업 디지털 전환 적용 사례와 물류

김대홍

SAP 코리아 파트너·CPIM·C.P.M

고려대학교 공과대학 산업공학과 학사, 경영전문대학원MBA 석사 과정
를 졸업하였다. 오라클 코리아 컨설팅본부에서 전사적자원관리, 구매공
급망관리, 물류 컨설팅 업무를 수행하였고, 이후 SCM 전문 회사인 JDA
소프트웨어에서 아시아 태평양 지역 물류 솔루션 총괄 이사를 담당하였
다. 현재 SAP 코리아에서 물류 솔루션 전문 컨설턴트로서 물류 분야의
기술 영업과 컨설팅을 담당하고 있다. 국내 주요 제조, 유통, 물류 기업
들을 대상으로 스마트 물류, 스마트팩토리, 창고 자동화, 운송 관리, 공
급망 가시성과 이력 관리 영역에서 솔루션 컨설팅을 수행하고 있다.

1.

물류 비즈니스의
핵심 요구사항은 무엇인가

물류 영역의 디지털 전환 기술은 이미 상당한 수준에 와 있다. 하지만 이러한 기술을 활용한 유스 케이스Use Case 개발은 여전히 발전이 필요하다. 물류 분야의 유스 케이스를 개발하기 위해서는 물류 비즈니스 요구사항과 주요 핵심 기술들에 대한 이해가 선행돼야 한다. '물류 비즈니스의 핵심 요구사항은 무엇인가'에서는 물류 업무 영역의 구분과 물류 영역에서 디지털 기술을 활용하여 지속적인 개선을 하는 방법, 물류 서비스 공급자의 역할과 디지털 역량을 결합하여 물류 비즈니스 모델의 변화 필요성, 물류 비즈니스 핵심 요구사항 등에 대해 살펴보도록 하겠다.

물류 업무 영역

물류 분야에서 디지털 기술을 활용하여 지속적인 개선 활동을 하기 위해서는 물류 업무 영역별 역할과 비즈니스에 미치는 영향도를 이해해야 한다. 물류 업무 영역은 크게 중장기 전략·운영 전략 계획, 물류 운영 실행, 정산 및 모니터링 3가지 영역으로 구분할 수 있다.

중장기 전략·운영 전략 계획 영역에는 물류 네트워크 설계,[1] 물류 운영 전략 수립,[2] 물류 능력 계획,[3] 물류 계약 구조 설계 및 계약 관리 등의 업무가 포함된다.

일반적으로 물류 네트워크 설계는 약 2~5년 주기로 수행되고 물류 운영 전략 수립과 계약은 약 1~2년 주기로 수행되는데 물류비용에 큰 영향을 미친다. 기업에서 물류비 절감을 위해 가장 신경써야 할 영역이다. 주로 네트워크 시뮬레이션, 운영전략 설계, 물류입찰 최적화 시뮬레이션 툴을 활용한다. 전체 물류비를 최소화하는 최적의 물류 거점 설계와 최적 가격을 제시하는 선사나 항공사를 선정하는 데 도움을 받을 수 있다.

물류 운영 실행 영역은 수립된 중장기 전략과 운영 전략을 계획대로 실행하도록 프로세스를 모니터링하고 통제하는 영역이다. 운송 관리, 창고 관리, 수출입·무역 규제 관리가 이에 해당된다. 운송 관리에서는 일일 배차 최적화로 운송비용을 절감하고, 품질이 우수한 운송사를 활용하여 정시 배송을 보장하는 업무를 수행한다. 창고 관리에서는 입고-이동-적치-피킹-포장-출하 등 창고 내 업무를 효율적으로 운영하는 업무를 수행한다. 이를 통해 고객 주문

물류 업무 영역 구분

중장기 전략· 운영 전략 계획	물류 네트워크 설계
	물류 운영 전략 수립
	물류 능력 계획
	전략적 소싱(입찰 및 계약, 요율 구조 설계)
물류 운영 실행	운송 관리
	창고 관리[5]
	수출입·무역 규제 관리
정산과 모니터링	물류비 검증 및 정산
	물류 가시성 관리
	물류 성과 관리

을 적시에 납품하고 창고 업무의 생산성을 향상하여 창고 운영비용 절감을 목표로 한다. 수출입·무역 규제 관리에서는 수출입을 위한 국제운송 관리,[4] 수출입 통관, 각 국가별 무역 규제 대응 등의 업무를 수행한다.

물류비 정산과 모니터링 영역은 물류비에 대한 대사 및 검증, 물류 원가 관리, 물류 가시성 관리, 물류 성과 분석 업무 등이 포함된다. 물류비 정산업무에서는 협력사의 물류비를 비용항목Charge Type별로 검증하여 오청구, 중복청구 등으로 인한 비용 누수를 방지한다. 정산관리 시스템을 활용하는 경우에는 차량별 비용항목별로 운송비 데이터를 상세히 수집할 수 있다. 이 데이터를 활용하여 운영전략계획 업무 영역의 계약 요율 구조 설계, 운송 권역 설계, 협력사 소싱 전략 수립 시 시뮬레이션을 할 수 있다. 물류 가시성 관리는 고객 서비스 수준 향상에 중요하다. 고객 주문에 대해 정확한 납기 약속, 예상 도착 시간ETA, Estimated Time of Arrival 정보 제공 등의 업무를 수행한다.

물류를 개선하기 위해서는 연속형Closed Loop PDCA(계획Plan-실행Do 및 데이터 축적-분석Check-개선 기회 발굴Action)의 지속적인 물류 프로세스 개선 활동이 필요하다. 예를 들면 전략 수립 단계에서 다착지 배송Multi-Stop Delivery을 위한 운영 전략을 설계하고, 실행 단계에서 다착지 배송을 통한 물량 콘솔Consolidation[6]이 제대로 수행되는지 모니터링하고, 분석 및 개선 기회 발굴 단계에서 다착지 배송을 방해하는 제약사항[7]을 파악하고 개선 방안을 마련해 다착지 배송 운영 전략에 반영해야 한다. 디지털 전환의 시작은 실행단계에서 가능한 상세한 수준의 데이터를 수집하는 것이라고 생각한다. 연속형 PDCA 프로세스에 따라 수집된 상세 데이터를 활용하여 더 개선된 물류 운영 전략과 계획을 수립할 수 있기 때문이다.

예를 들면 고객의 단일 주문[8]별로 납품 여부 정보만 수집하는 게 아니라 차량 단위[9]로 출발 및 도착 시간, 차량의 현재 위치, 온도, 습도, 충격, 탄소배출량, 운송거리, 비용항목별 운송비 정보를 확보한다면 이런 정보를 활용하여 납품 제품이 온도 상승이나 충격 등으로 인해 훼손되었는지, 차량의 공차 운송 거리와 탄소배출량은 얼마인지, 불필요한 차량 대기 시간과 운송비 지출은 없었는지에 대해 파악하고 개선 방안을 수립할 수 있다. 또한 고객에게 현재 차량 위치 정보를 활용하여 실시간 도착 예정 정보를 제공하여 고객 만족도를 높일 수 있을 것이다.

연속형 계획·실행·분석·조치 Closed loop PDCA[10]를 통한 물류 개선

단계(주기)	물류 영역	예시	기대효과
중장기 전략 수립 (1~3년)	물류 거점 및 권역 설계	• 물류거점 통폐합 • 거점별 담당 배송 권역 조정	• 운송비·창고비용 절감 • 운송비 절감 • 서비스 수준 향상
운영전략 수립 (분기~1년)	연속형 PDCA / 운영전략 및 정책 설계	• 다착지 픽업·배송 전략 • 오더 콘솔 전략 • 연계 운송 전략 • 통합 운송계획 • 스케줄 기반 운송 Scheduled Delivery 전략 • 운송요율 설계 • 운송 경로 Routing	• 운송비 절감 • 운영전략 활용도 향상
실행관리 (일)	운송 계획 및 실행 / 물류비 정산 및 분석	• 수립된 운영전략 실행을 통한 운송비 절감 실현 • 최적화를 활용한 운송계획 수립 (동적 운송 경로 Routing 계획 등) • 차량별 원 단위 비용 집계 • 차량별 물류비 대사 • 정산 업무 프로세스 자동화 • 물류 원가 분석	• 운송비 절감 • 운송계획 생산성 향상 • 차량 가동률 향상 • 오·중복 청구비용 절감 • 업무 자동화를 통한 생산성 향상

(출처: JDA Logistics solutions, 2011, Supply Chain Strategist, Transportation Modeler)

물류 서비스 공급자

대부분의 제조·유통사의 경우 물류 업무를 아웃소싱하고 있고, 물류 자산[11]의 투자와 운영은 상당 부분 물류 서비스 공급자가 담당하는 경우가 많다. 이런 이유로 물류 디지털 전환을 위한 설비·장비나 IT 시스템 등의 투자와 운영방식의 변화에서 물류 서비스 공급자의 역할은 매우 중요하다. 또한 비즈니스 환경 변화에 따라 화주사에서 기대하는 물류 서비스 공급자의 역할도 지속적으로 변화하고 있기 때문에 물류 서비스 공급자의 유형과 역할에 대한 이해가 필요하다.

물류 서비스 공급자 유형에는 4자물류 공급자4PL, Fourth Party Logisitcs, 선도 물류 공급자LLP, Lead Logistics Provider, 3자물류 공급자 3PL, Third Party Logisitcs 등이 있다. 4자물류 공급자는 통합 공급망 관리 역량을 포함해 비즈니스 프로세스 아웃소싱BPO 서비스 등을 제공한다. 선도 물류 공급자는 주로 화주사와 단일 계약의 주체가 되며 3자물류 공급자 그룹을 관리하는 서비스를 제공한다. 3자물류 공급자는 창고·보관 및 운송, 재고관리 등의 물류 서비스[12]를 제공한다. 유럽에서는 계약 물류Contract Logistics 서비스 공급자라고 부른다. 포워더는 화주와 운송 서비스 제공자 간의 중계 서비스를 제공한다. 물류 서비스 제공업체LSP, Logistics service provider는 트럭 캐리어Carrier, 택배사, 항공사, 선사, 철도 사업자 등이 있고, 일반적으로 물류 자산[13]을 보유하고 특정 물류 영역의 서비스를 전문적으로 제공한다.

최근에는 산업 간의 경계가 사라지고 공급망이 붕괴되고 재편되면서 화주사는 물류 실행뿐만 아니라 선진 기술을 접목한 공급망 전문 지식과 컨설팅 역량을 갖춘 공급망 통합자의 역할, 즉 4자물류 공급자의 역량을 요구하고 있다. 예를 들어 아마존은 제조사·화주사를 대신해서 상품의 주문 처리 과정 전반(예: 상품의 선별, 포장, 배송 업무와 교환, 반품 등 고객 응대 업무)을 대리하는 아마존 풀필먼트 FBA, Fulfillment by Amazon라는 물류 서비스를 통해 유통사업 외에도 물류 사업으로도 돈을 벌고 있다. 영국의 온라인 유통사인 오카도는 이커머스 물류 플랫폼인 오카도 스마트 플랫폼OSP, Ocado Smart Platform을 제공해 온라인 경험이 부족한 유통사들도 손쉽게 온라인 비즈니스를 시작하도록 서비스를 제공하고 있다.

물류 아웃소싱 서비스 제공자의 주요 특성

관계 및 가격 책정 모델	서비스 제공 방식	물류 아웃소싱	주요 특성
파트너십 가치 기반 모델	고급 서비스	4자 물류	• 전략적 관계 • 폭넓은 공급망 관리 전문성 • 지식·정보 기반의 리스크 공유 및 보상 • 선진 기술 역량 확보 • 적응력, 유연성, 협업 역량 높음
리스크 공유 계약 모델	화물 물류	선도 물류 공급자	• 프로젝트 관리·계약 관리 • 연락 단일 접점 • 3PL 기술의 통합자 역할
고정 및 변동비 기준 계약 모델	부가가치	3자 물류	• 선진 물류 역량 • 다양한 서비스 제공
상품 트랜잭션 기준	기본 서비스	물류 서비스 제공업체	• 원가 절감에 집중 • 틈새 서비스 제공

(출처: H. Skender, Petra Adelajda Mirković, I. Prudky(2017), The role of the 4PL Model in a contemporary supply chain)

물류 요구사항 이해

전통적으로 물류에서 가장 중요한 도전과제는 원가 절감, 가시성 확보, 이커머스 등 신규 비즈니스 대응이다. 예를 들어 운송 최적화 등을 통해 원가 절감을 모색하고, 재고 및 운송 가시성을 확보하여 적정 재고 수준을 유지해 재고 비용을 줄이고, 온라인 대응을 위한 피킹과 배송 체계를 마련하고, 고객경험을 향상하는 것 등이 주된 비즈니스 요구사항이었다. 하지만 최근에는 코로나 팬데믹이나 공급망의 붕괴와 재편 등으로 인해 공급망에 존재하는 여러 변수[14]로 발생하는 잠재적 이슈에 효과적으로 대응하는 탄력적인 물류 관리 역량과 공급망의 경쟁력 확보가 더욱 중요해지고 있다.

고객에게 가장 중요한 운송·물류 도전과제

"탄력적인 물류"는 운항 스케줄, 운송업체 가용 공간, 컨테이너 사용 여부, 경로 최적화 등 공급망의 여러 변수에 유연하게 대응할 수 있습니다.

"조정 가능성"은 기업의 "과잉 재고" 및 "선박의 최적화되지 않은 공간"과 같은 잠재적인 문제를 더 잘 처리하는 데 도움이 됩니다. 즉 시장 변동성에도 불구하고 기업은 더 안정적이고 경쟁력을 유지할 수 있습니다."

항목	비율
원가 절감	85%
가시성 확보	73%
데이터 관리	64%
운송 최적화	59%
고객 서비스·고객경험	57%
이커머스·옴니 채널 대응	44%
재고 관리	41%
협력사 관리	38%
보안	26%
리스크 관리	23%

(출처: Astrid Eira(2023), 14 Supply Chain Trends for 2022/2023: New Predictions To Watch Out For. FinancesOnline (https://financesonline.com/supply-chain-trends/))

2.

물류 분야에 적용된
디지털 기술을 주목하라

　디지털 기술의 발전은 물류 디지털 전환에 큰 영향을 미친다. 특히 디지털 기술의 성숙도, 적용 가능성, 기술 적용을 위한 투자비용, 향후 디지털 기술의 발전 방향을 이해하는 것은 현실적으로 적용 가능한 물류 디지털 전환 유스 케이스 개발에 필수적이다. '물류 분야에 적용된 디지털 기술을 주목하라'에서는 공급망 관리, 물류 분야에서의 주요 동향, 공급망 내 데이터 공유를 위한 협력 체계인 자동차 산업의 카테나-X 플랫폼과 미국 정부 주도의 '화물 물류 최적화 작업FLOW' 프로그램, 물류 분야에서 많이 활용되는 핵심 디지털 기술과 적용 분야와 발전 방향에 대해 살펴보도록 하겠다.

공급망과 물류 분야의 주요 동향

최근 공급망 관리의 주요 특징은 신냉전으로 인한 지정학적 갈등, 코로나 팬데믹, 보호무역주의, 미중 패권 경쟁으로 인한 공급망의 붕괴와 재편, 지속가능경영ESG[15]에 대한 높은 관심을 들 수 있다.

이러한 대전환의 시대에는 전통적인 사고방식에서 벗어나 새로운 환경에 부합하는 견고한 공급망 관리와 물류 전략을 지속적으로 개발해야 한다. 공급망의 붕괴와 재편 과정에서 전체 공급망을 탄력적이고 민첩하게 관리할 수 있는 통합자와 공급망 리스크 관리자의 역할이 중요해지고 있다. 예를 들면 코로나 팬데믹으로 인한 이커머스 시장의 급격한 성장에 대응할 수 있는 빠른 B2C[16] 물류 체계 구축을 들 수 있다. 또는 갑작스러운 공급망 붕괴 등에 빠르게 대응할 수 있도록 대체 협력사를 소싱하는 대안을 마련하거나 현 물류 서비스 업체들이 좀 더 유연한 서비스를 제공할 수 있

대전환의 시대, 공급망 관리의 방향

(출처: 정대영, 2022, 대전환의 시대, 공급망 관리의 방향, SAP 코리아)

도록 계약 조건의 재협상을 추진할 수도 있다.

전 세계적으로 환경 규제가 강화됨에 따라 기업에서는 지속가능경영에 대해 준비하고 있다. 단기적으로는 국제지속가능성기준위원회ISSB[17]에서 탄소배출량 등을 중심으로 기후 공시 표준안을 준비 중인데 2024년부터 적용될 예정이다. 유럽연합에서는 탄소배출량 감소를 위해 탄소국경세CBAM[18] 규제를 2026년부터 적용할 계획이다. 기업의 공급망 관리 차원에서 볼 때 제품 단위의 탄소배출량 정보를 수집하고 공유하기 위해 물류 업무가 복잡해질 수밖에 없어서 물류비가 증가하게 된다. 또 그린 물류에 대한 선호로 재생

유럽연합의 탄소국경조정제도

- 유럽연합 역내 탄소배출량을 2030년까지 1990년 대비 55% 감축을 목표*로 한 "유럽연합 기후 대응 법안 패키지"인 '핏 포 55'의 핵심 정책 수단으로 '탄소 누출' 방지가 주요 목적**

- 유럽연합 대비 이산화탄소 배출이 많은 국가에서 생산된 후 역내로 수입되는 탄소집약적 제품에 탄소 가격을 부여하는 일종의 탄소 국경세라는 세금을 부과**

- 총탄소배출량(생산과정 직접배출량+간접배출량) 측정*

- 과세 방식**

  - 과세는 유럽연합 배출권거래제ETS, Emissions Trading System와 연계: 적용 품목을 유럽연합에 수출하는 기업은 유럽연합 내 수입업자를 통해 수입품에 내재된 탄소배출량에 상응하는 CBAM 인증서를 구매해야 하며, 인증서 가격은 유럽연합 ETS 탄소배출권 주간 평균가를 적용

- 핵심 마일스톤**

  - 전환(준비) 기간(2023. 10. 1.~2025. 12. 31.): 제품별 탄소배출량을 유럽연합 당국에 보고할 의무만 먼저 부과

  - 본격 적용(2026. 1. 1.~): 유럽연합 역내로 수출하는 기업에 CBAM 인증서 구매의무 부과

(출처*: 민순홍, 2022, 이해관계자 자본주의 시대 중소기업이 나아가야 할 ESG, 연세대학교)
(출처**: ESG경영실, 월간 ESG 뉴스레터 2023년 5월호, EY한영)

2022·2023 공급망 동향 목록

❶ 그린 공급망 관리	❽ 공급망 관리 표준 인증 프로세스
❷ 순환 공급망이 미래	❾ 공급망의 투명성 향상
❸ 더 많은 공급망 통합자	❿ 블록체인 기술을 활용한 정보 처리
❹ 인력의 세계화 및 도전 과제	⓫ 사물인터넷의 광범위한 적용
❺ 서비스형 공급망 확대와 언제든 이용가능한 공급망 관리	⓬ 공급망의 로봇 자동화
❻ 더 빨라진 제품 수명주기의 영향	⓭ 인공지능, 증강현실, 가상현실을 통한 자동화
❼ 탄력적 물류의 부상	⓮ 보다 민첩한 공급망

(출처: Astrid Eira, 2023, 14 Supply Chain Trends for 2022/2023: New Predictions To Watch Out For, FinancesOnline, https://financesonline.com/supply-chain-trends/)

에너지나 재활용 포장재 등에 대한 시장 요구가 높아지고 있다.

위의 그림에 따르면 통합적이고 민첩한 공급망 관리와 탄력적인 물류 서비스에 대한 요구와 환경에 대한 관심이 높아짐에 따라 그린Green 및 순환Recycle 공급망 관리에 대한 준비가 필요하다. 또한 사물인터넷, 로봇, 클라우드, 인공지능 등 선진 기술을 접목한 보다 효율적인 공급망 관리가 요구되고 있다.

물류 가시성은 일반적으로 화물의 출발 시간, 도착 예정 시간, 사고 등에 대해 파악하는 것을 말한다. 화주사 입장에서 물류 가시성 확보에 대한 요구가 지속적으로 높아지고 있다. 이제는 물류 가시성이 있으면 좋은 것이 아니라 서비스 차별화 요소로 인식되고 있다.

타이브Tive의 2022년 설문조사[19]에 따르면 '화주사의 80%가 더 높은 수준의 연결성과 가시성을 요구'하고 있다. 가시성 정보 제공 수준 및 확인 방식과 관련해서 '응답자의 27% 정도만이 실시간으로 가시성 정보를 제공받고 있다. 응답자의 60%는 웹사이트나 이메일 등을 통해서 제공받고 40%는 아직도 전화로 확인 중'이라고 한다. 그리고 3명 중 2명은 '사물인터넷 센서에 회의적이며 기술에 대해 모르고 있다'라고 답했다. 설문조사 결과는 가시성을 확보하려면 공급망 내 정보 교환을 위한 협력 강화, 연결을 위한 노력, 사물인터넷 등 신기술에 대한 인식 개선과 접목을 통한 가시성 확대 시도가 필요함을 보여준다.

가시성 확보에 가장 어려운 부분 중 하나는 각 공급망 참여사가 보안상의 이유, 이해관계의 상충, 비용적인 이유 등으로 정보 공유에 적극적이지 않다는 점이다. 이런 문제를 해결하기 위해 최근에는 특정 산업의 공급망 참여사 주도로 또는 국가 주도로 공급망 내 데이터 공유를 위한 협력 체계 구축을 위한 노력이 활발히 진행되고 있다. 대표적인 예로 자동차 산업 네트워크로 기업들 간에 데이터를 공유하기 위한 플랫폼인 카테나-X_{Catena-X}와 미국 정부 주도로 국가 차원에서 공급망 내 데이터 흐름을 개선하는 협업 체계를 구축하기 위한 화물 물류 최적화 작업_{FLOW, Freight Logistics Optimization Works}을 들 수 있다.

카테나-X는 전체 자동차 생산과정에서 발생하는 정보를 한데 모아 활용하는 것을 목표로 메르세데스벤츠, BMW, 폭스바겐, 스텔란티스, 포드 등 글로벌 완성차 제조업체_{OEM}와 보쉬, 덴소 등 부품업계와 SAP, 지멘스 등 IT 회사 등 약 200여 개 기업이 참여해 2021년 설립한 자동차 산업 네트워크다.

카테나-X에서 진행하는 대표적인 활동은 기술과 네트워크를 활용할 수 있는 산업 유스 케이스 개발과 중립적이고 안전하고 상호

카테나-X 구성 업체와 유스 케이스

자동차산업 가치사슬 구성업체
122개 업체(2022년 9월 기준)

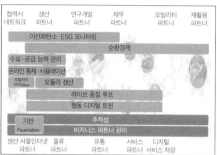

10대 비즈니스 핵심 E2E 유스 케이스
N차 ⇒ ⋯ ⇒ 2차 ⇒ 1차 ⇒ OEM ⇒ ⋯ ⇒ 재활용

(출처: Catena-X, 2023, Catena-X Overview)

호환이 가능한 방식의 데이터 교환을 위한 기술 및 네트워크 표준과 솔루션 개발이 있다. 산업 유스 케이스의 예로 차량용 반도체 등 원자재가 어떤 생산 단계에서 부족한지를 실시간으로 파악해 생산 차질에 선제적으로 대응하기 위한 자동차 공급망의 수요와 공급 계획 정보 공유를 들 수 있다. 환경과 관련하여 세계 각국이 자동차 산업의 탄소배출을 줄이기 위해 탄소발자국을 추적하도록 강제하는 움직임이 있다. 탄소발자국을 추적하기 위해 배터리, 원자재 등 모든 자동차 생산과정에서 발생하는 탄소 데이터를 모으고 모니터링하기 위한 이산화탄소·ESG 모니터링과 순환경제 등의 유스 케이스 등을 진행하고 있다.[20]

화물 물류 최적화 작업FLOW은 2022년 3월 미국 내 공급망 이해당사자 간에 정보를 교환하기 위해 미국교통부USDOT 주도로 시작한 프로그램이다. 화물 물류 최적화 작업FLOW에서는 운영 정보를 교환함으로써 국가의 화물 트래픽 수요와 인프라스트럭처 및 장비

화물 물류 최적화 작업 프로그램 참여사 목록

화주사(제조/유통사) (14):
- 앨버트로스
- 벡톤 디킨슨
- 코스트코
- GE 어플라이언스
- 홈디프
- 랜드 오레이크스
- 나이키
- 랄프 로렌
- 삼성
- 타깃
- 갭
- 트랙터 서플라이
- 트루밸류
- 월마트

복합 운송 장비 공급사(4):
- 콘솔리데이티드 섀시 매니지먼트(CCM)
- 다이렉트 섀시링크(DCLI)
- 플렉시밴
- TRAC 인터모달

물류 부동산 사업자(1):
- 프로로지스

항만 터미널 운영사(12):
- APM 터미널
- 에버포트 터미널 서비스
- 페닉스 마린 서비스
- 조지아주 항만청
- 글로벌 컨테이너 터미널스(GCT)
- 국제교통공사(ITS)
- 롱비치 컨테이너 터미널(LBCT)
- 뉴욕 컨테이너 터미널(PNCT)
- SSA 마린(SSA)
- 트라팩
- 웨스트 베이슨 컨테이너 터미널(WBCT)
- 유센 터미널 (YTI)

선사(5):
- CMA CGM
- 에버그린 운송 에이전시
- 하파크로이드
- 머스크
- 메디터레이니언 운송 회사(MSC)

3자 물류업체(3PL) (8):
- 센추리 서플라인 체인 솔루션스
- CH 로빈슨
- DHL
- 페덱스
- 제미니 쉬퍼스
- STG 로지틱스
- 선셋 트랜스포메이션
- UPS

육상 운송업체(7):
- C&K
- 걸프 윈즈
- IMC 컴패니스
- J.B. 헌트
- NFI 인터스트리스
- 로드원
- 베르너

철도 운송사(2):
- BNSF
- 유니언 퍼시픽

(출처: Bureau of Transportation Statistics, 2023, Freight Logistics Optimization Works(FLOW), https://www.bts.gov/flow)

의 공급을 측정해 공급망 내 자산 활용을 최적화하고 국가물류시스템NLS, National Logistics System의 유연성을 확보하기 위한 새로운 접근법이다. 예로 미국 교통부는 화물 물류 이해당사자들과 협력해 컨테이너 단위로 화물량의 수요 예측을 집계해 비식별화하고, 국가물류시스템NLS[21]의 공급망 접점별로 정확한 자산 공급 정보를 적시에 제공한다. 2023년 5월 기준 53개 기업이 화물 물류 최적화 작업FLOW 프로그램에 참여하고 있다. 참여사들이 자발적이고 안전하게 국가 차원의 화물 운영 정보를 교환하고, 화물 물류 최적화 작업FLOW 분석 정보는 본 프로그램에 참여한 이해당사자들에게 제공되며 참여사의 상업적 운영에 활용될 수 있다.[22]

물류 분야 주요 기술

　물류 디지털 전환 관련 유스 케이스를 개발하기 위해서 최근 공급망 및 물류 분야에서 활용되는 주요 기술들을 이해하는 것이 중요하다. DHL은 매년 물류 동향 레이더 보고서를 발행해 물류 영역의 기술 동향에 관해 설명하고 있다. DHL 6차 물류 동향 레이더 보고서에 따르면 로봇·자동화, 인공지능, 자율주행 차량, 사물인터넷 기술이 물류 산업과 접목해 지속적으로 발전하고 있다. 특히 실내형 이동 로봇과 실외 자율주행 차량, 스마트라벨, 대화형 인공지능, 컴퓨터비전 기술 영역이 발전할 것으로 전망하고 있다.

　물류 기술의 핵심 응용 분야로서 물류 자동화와 효율화, 고객경

DHL 6차 물류 동향 레이더 보고서 - 기술 동향

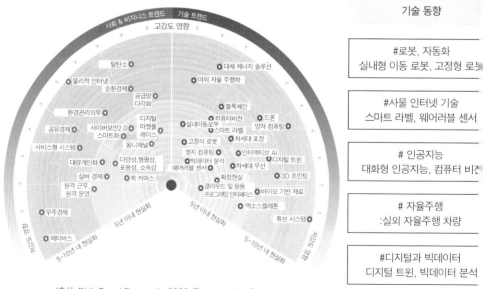

(출처: DHL Trend Research, 2022, The Logistics Trend Radar 6.0, DHL)

관점별 트렌드 항목

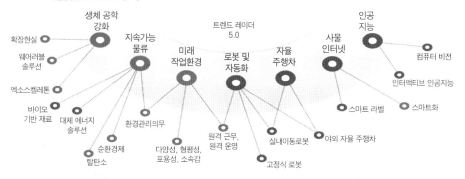

(출처: DHL Trend Research, 2022, The Logistics Trend Radar 6.0, DHL)

힘 관리, 환경 및 지속가능성 관리, 안전하고 건강한 미래 작업 환경 관리, 물리적 보안 또는 디지털 보안, 공급망 가시성과 회복력 향상 등에 집중할 것으로 보고 있다.

3.

물류 분야에서 디지털 전환은
어떻게 추진되고 있는가

물류 영역의 디지털 전환을 통해 기업 내부적으로는 무인화, 자동화, 공동 물류 등을 통한 운영 효율 향상, 센터 내부 및 전체 공급망에 걸쳐 향상된 물류 가시성 확보, 물류 효율성 증대에 따른 실행 원가 감소로 인한 수익성 향상을 기대할 수 있다. 고객 효용 측면에서는 고객에게 정확한 도착 예정 정보 제공과 적시 납품으로 신뢰도 향상, 물류 효율성 증대로 인한 경쟁력 있는 계약 단가 제공으로 매출과 수익성 증대 등의 효과를 기대할 수 있다.

물류 디지털 전환 추진 과제 선정 시 고려사항

물류 디지털 전환 추진 과제 선정 시 비즈니스 영향도 및 기대효과와 기술 성숙도와 비즈니스 모델의 적용 가능성을 고려해야

물류 영역에 적용 가능한 디지털 전환 추진 과제 예시

즉시 도입 검토 가능

① `효율` `수익성`
소프트웨어 로봇을 활용한 비생산 반복·수작업 경감
※ 프로세싱 로봇 기술 적용

② `효율` `수익성`
자동화·무인화된 센터 오퍼레이션
※ 사물인터넷 기반 자율 주행(무인·반자동) 장비 활용

③ `효율` `수익성`
센터 자원의 통합 생산성 관리 체계
※ 자원: 자동·수동 설비·장비·인력 등 포괄함

④ `효율` `수익성`
수요와 연계한 계획기반 오퍼레이션 체계
※ 예측 기반 수요 및 능력 계획

⑤ `효율` `수익성`
고도분석 역량 기반 대내외 공동물류 강화 및 수익성 향상
※ 분석 전문가·툴 활용한 공급망 관리SCM 컨설팅 역량

작게 시작 → 보완·발전

⑥ `효율` `수익성`
최적화를 활용한 운영 생산성 극대화
※ 최적화 알고리즘과 머신 러닝 활용

⑦ `효율` `가시성`
디지털 트윈 기반 센터 통합 운영관리
※ IT·현장 간 실시간 가시성 정보연동

⑧ `효율`
웨어러블 기술을 통한 센터 생산성 향상
※ 스마트 안경과 증강현실 작업환경 적용

⑨ `신뢰도` `수익성`
사물인터넷을 활용한 글로벌 가시성 관리수준 극대화
※ 주문납품 전 구간 가시성 향상

⑩ `신뢰도` `수익성`
블록체인 기반 제품 검증 및 운송 추적성 신뢰도↑
※ 제약·콜드 체인·국제운송 등 산업 요구 대응

(출처: 김선우, 2019, 차세대 IT 플랫폼의 10대 핵심 역량, SAP 코리아)

한다. 특히 기술 성숙도, 적용 가능성, 비용 등을 고려해 즉시 도입 가능한 추진과제와 장기적 추진과제로 구분해 투자의 우선순위를 정하는 것이 필요하다. 예를 들면 비즈니스에 영향도가 높고 해당 기술이 성숙돼 있고, 구현을 위한 비용이 적정하고, 비즈니스 모델 적용 사례가 존재하면 즉시 도입 검토 가능한 추진과제로 선정하고, 해당 기술의 완성도가 낮고 비즈니스 모델 적용 사례가 많지 않을 때는 신기술 선도를 위한 목적으로 단계적 보완 및 발전 과제로 선정해 장기적으로 접근할 수 있다.

위의 표는 물류 영역의 디지털 전환 추진 과제 선정 예시다. 대표적인 즉시 도입 가능한 추진과제로 ① 소프트웨어 로봇을 활용한 프로세스 자동화, ② 물류 센터의 자동화 및 무인화를 통한 생산성 향상, ⑤ 대내외 공동 물류 운영 체계 구축을 통한 물류비 절감 및 수익성 향상 등을 포함한다. 장기적 추진과제로는 ⑨ 사물인터넷을 활용한 글로벌 가시성 확보, ⑩ 블록체인 기반의 제품 검증 및 공급망 가시성 확보 등을 제시하고 있다. 기업마다 비즈니스 요구사항과 환경이 다르기 때문에 각 기업에 맞는 추진과제 선정과 접근 방법을 선택해야 물류 디지털 전환에 성공할 수 있다.

물류 디지털 전환 상세 사례

사례: 소프트웨어 로봇을 활용한 프로세스 자동화

비생산적이고 단순 반복적인 업무를 자동화하기 위해서 소프트웨어 로봇을 활용하는 영역으로 로봇 처리 자동화RPA[23]와 광학 문자 인식OCR[24] 등이 있다. 다음 그림과 같이 로봇 처리 자동화와 광학 문자 인식을 적용하여 수출입 물류 선적 문서[25]를 자동 인식해 문서 분류와 문서 보관을 자동화할 수 있다. 광학 문자 인식 기술을 통해 문서 내 텍스트 정보를 자동으로 인식하고 로봇 처리 자동화를 접목해 메일 첨부 문서 자동 식별, 정보 추출, 문서 분류와 보관 등의 반복적인 작업을 자동화 처리한다.

로봇 처리 자동화는 사람의 개입 필요 여부에 따라 두 가지 방식이 있다. 사람의 개입이 필요한 참석형 방식과 완전 자동화 방식인 비참석형 방식이다. 인공지능 기술을 로봇 처리 자동화와 접목해 로봇이 스스로 학습하고 고도화된 기능을 수행할 수 있다. 예를 들면 이미지 등 비정형 데이터를 처리할 때 인공지능을 활용해 이미지 셀프 러닝 역량을 접목하면 문자 인식률의 정확도를 향상할 수

선적 문서의 자동 인식을 통한 문서 분류 및 보관 자동화

로봇 처리 자동화와 광학 문자 인식을 통해 문서 텍스트 정보 인식과 유효성 점검
/ 메일 첨부 문서 자동 식별 및 정보 추출

실제 적용

목표: 선적문서의 자동 인식을
통하여 문서분류 및 문서보관
자동화

적용 대상 문서 예시:
수입서류 B/L, C/I, P/L, D/C
Note 등

주요 고려사항
- 로봇 처리 자동화 엔진:
  PDF를 엑셀·워드·텍스트
  형태로 변환
- 광학 문자 인식 엔진: 구글
  등 인고지능이 장착된 엔진
  을 고려하여 인식률 및 정확
  도 확대

화주/파트너/실행사 → PDF 문서 전송
업무 담당자 → 이메일 전달
로봇 처리 자동화 → 이메일 오픈 → 첨부파일 열기 → 읽을 수 있는 PDF 판단 → 문서 패턴 인식 → 키값 및 주요정보 발췌 → EDMS 상에 문서 첨부
OCR

이메일 / 이메일 / 아니오 → 문서 변환 / 예 / 오류

이메일 수신 및 수동등록

문서 패턴 인식 또는 정상적으로
문서가 등록되지 않으면
원본 이메일 및 첨부서류를
포함하여 오류사항과 함께 전달

(출처: 김성웅, 2022, RPA 자료, 유로지텍)

SAP 지능형 로봇 처리 자동화

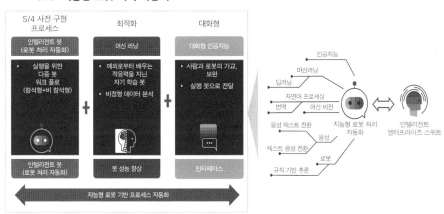

(출처: Pierre COL 블로그, 2019, How Does Robotic Process Automation Become Intelligent?, SAP Community)

있다. 로봇은 사람이 수행하는 반복 작업을 스스로 이해할 수 있

다. 심지어 로봇이 실행되고 있는 앱에서의 일부 사소한 작업 환경

변화에 스스로 적응하여 예외사항과 업데이트를 처리할 수도 있다. 또한 대화형 인공지능 기술을 활용해 사람과 로봇의 가교 및 보완 역할을 한다면 로봇 처리 자동화 로봇이 좀 더 좋은 수준의 서비스를 제공할 수 있다.[26]

사례: 창고 자동화·무인화 – 자율주행 무인운반로봇 구축
(라이온맥주 호주 공장)

무인운반로봇AGV**과 자율주행로봇**AMR[27] **도입 시 고려해야 할 사항**
스마트 물류와 관련해 자동화 장비를 도입하여 물류센터의 자동화를 많이 추진하고 있다. 자동화 장비 도입 시 투자 효과ROI, 안전한 작업환경, 목적에 맞는 적절한 장비 선택, 장비 유지보수, 장비 운영을 위한 소프트웨어 시스템 등을 복합적으로 고려해야 한다. 무인운반로봇 및 자율주행로봇 제조사들은 다양한 용도에 맞는 장비를 제공한다. 예를 들어 무인운반로봇으로는 이동에 특화된 화물 이송용 무인운반로봇(Load Transfer Vehicle AGV, Tugger AGV), 보관랙으로 적재·피킹·이송이 가능한 지게차 무인운반로봇(Forklift Vehicle AGV), 팔레트Pallet를 사용할 수 없는 화물을 집을 수 있는 클램프 무인운반로봇Clamp AGV 등이 있다. 자율주행로봇은 유통창고 내 상품 이동이나 생산라인에 자재를 동적으로 유연하게 공급하는 용도 등으로 많이 활용되고 있다.

장비 도입 시 최우선으로 작업자의 안전을 고려해야 한다. 무인운반로봇 및 자율주행로봇은 충돌 방지 센서, 레이저 스캐너, 충돌 모니터링 시스템, 응급 시 수동 정지, 화물 중량 및 밸런스 감지, 위험 시 알림 장치 등 여러 안전장치를 탑재하고 있다. 무인운반로

무인운반로봇, 자율주행로봇 유형 예시

화물 이송용
무인운반로봇*

토거
무인운반로봇*

자율주행로봇**

지게차
무인운반로봇*

클램프
무인운반로봇*

(출처*: Dematic 홈페이지, 2023, Automated Guided Vehicles - AGV Systems)
(출처**: 산업포털 여기에, 2023, 기업 탐방 - 미르MiR에 묻다, "AMR 리딩 기업은 무엇이 다른가?")

봇 및 자율주행로봇 도입 시 작업자의 안전을 확보하기 위해 작업자의 안전사고를 미리 예방할 수 있는 장치 및 프로세스 마련에 대해 충분히 고민해야 한다. 예를 들면 무인운반로봇만 작업하는 무인 작업장과 유인 작업장을 구분해서 적용하는 방안과 특정 작업 권역의 특정 시간대에는 무인운반로봇이 전담으로 이송과 같은 특정 작업을 수행하도록 창고 운영 전략을 설계해 안전사고를 예방할 수 있다.

빠른 배터리 충전과 사용 시간은 무인운반로봇 활용률과 도입 대수에 영향을 미친다. 무인운반로봇이 이동 중 또는 적치나 피킹 작업 중에 충전할 수 있는 기회 충전Opportunity Charging 기능이 있

무인운반로봇, 자율주행로봇 도입 시 고려사항

작업자 충돌 방지   작업 중 충전

자율 주행 차량과 자동 창고 연계   정확한 팔레트 인식 및 포크 위치 정확도

(출처: Dematic 홈페이지, 2023, Automated Guided Vehicles-AGV Systems)

다면 활용률을 높일 수 있다.

　무인운반로봇이 화물과 랙의 위치를 정확히 인식하는 것은 화물의 파손 예방과 안전사고 예방에 중요하다. 예를 들면 데마틱Dematic의 무인운반로봇AGV의 경우 창고 설비에 설치한 반사체, 무인운반로봇 위쪽에 위치한 레이저 스캐너, 주행 및 조향 모터에 탑재된 인코더를 통해 위치를 파악하고 중량감지 센서, 위치 탑재 센서, 레이저 이동 센서, 온매스트On-Mast 와이어 인코더 등의 기술을 통해 팔레트나 포크 위치를 파악한다. 데마틱의 자료에 따르면 데마틱의 무인운반로봇AGV 장비는 ±5밀리미터 작업 정확도를 제공한다고 한다.[28]

라이온맥주의 호주 공장 무인운반로봇 자동화 설비 도입 사례[29]

라이온맥주의 호주 공장은 하루 24시간 주 5일 근무로 운영되며 하루 12만 박스의 제품을 생산하고 있다. 기존에 사용했던 25년 된 팔레트타이저는 정확한 포장과 출하 컨베이어에 팔레트를 옮기기 위해 지게차 기사 또는 작업자의 개입이 필요했다. 포장 매니저의 관점에서 볼 때 작업자의 안전 위험 요인이었다.

라이온맥주는 안전한 작업장 구축과 수작업 활동을 완전 자동화하기 위해 무인운반로봇 솔루션과 로봇 팔레타이저Robot Palletizer 솔루션을 도입했다. 라이온맥주의 호주 공장은 1구역과 2구역으로 구분돼 있다. 1구역은 로봇 팔레타이저로부터 온 풀 팔레트Full pallet를 처리한다. 이 구역의 무인운반로봇은 한 번에 1개 팔레트 또는 2개 팔레트를 다룰 수 있는 장치를 갖고 있다. 무인운반로봇은 1구역에서 팔레트를 1개 또는 2개씩 피킹해서 2구역의 출하장으로 이동한다. 2개 팔레트 단위로 출하장으로 이동을 완료하면 차량과 연결된 롤온 롤오프Roll-on Roll-off 컨베이어로 이동해 차량에 상차한다.

이제 라이온맥주는 소위 말하는 예측 가능 물류 운영이 가능해졌다. 하루 단위, 교대 근무 단위, 연 단위로 만들어질 팔레트 양을 알 수 있다. 무인운반로봇AGV당 팔레트 2개의 동시 처리 용량을 기준으로 작업장에 필요한 대수를 산정할 수 있다.

차량의 정확한 위치를 파악하기 위해 창고 설비 내에 표준 반사체를 설치했다. 무인운반로봇AGV은 차량의 위쪽에 위치한 레이저를 통해 반사체 주변의 환경을 측정해 위치를 파악한다. 작업자의

무인운반로봇 활용 출고 프로세스(라이온맥주, 호주 공장)

1. 생산라인 마지막에 위치한
로봇 팔레타이저

2. 무인운반로봇을 통해 출하 팔레트를
피킹하여 출하장으로 이동

4. 차량과 연결된 롤 온 롤 오프
컨베이어를 통해 상차 자동화

3. 출하 컨베이어와 연결된 출하장에
팔렛트 하역

(출처: 데마틱 홈페이지, 2023, Lion Beer Australia future-proofs its Supply Chain with Dematic AGVs)

안전을 위해 360도 안전 스캐너를 차량의 앞뒤 쪽에 장착했고 차량의 속도 증감에 따라 차량에서 감지하는 안전 필드의 영역도 증가 및 감소하게 했다. 만약 작업자가 무인운반로봇AGV의 이동 경로에 진입하게 되면 차량을 즉각적으로 멈추게 된다. 각 무인운반로봇AGV은 개별 충전 스테이션을 갖고 있고 한 번 충전으로 교대 근무 시간 이상 작업이 가능하다. 또한 무인운반로봇AGV이 이동 중 또는 적치나 피킹 작업 중에 충전할 수 있는 기회 충전 기능도 있어 가동률을 높일 수 있다.

무인운반로봇AGV 관리 소프트웨어를 통해 모든 장비를 연결하고 팔레트 피킹에서 상차까지의 모든 데이터와 움직임을 관리한다. 라이온맥주 호주 공장은 무인운반로봇AGV을 도입하여 창고 작업을 자동화함으로써 작업자는 품질 체크 등 좀 더 중요한 업무에 집중할 수 있게 됐고 안전한 작업장을 확보했다.

사례: 창고 자동화·무인화 – 자동화 물류센터(롯데글로벌로지스 이천물류센터)

경기도 이천시에 위치한 롯데글로벌로지스의 이천물류센터 상온 창고에는 스태커 타입 셔틀형 자율주행로봇Stacker type shuttle AMR, 디팔레타이저Depalletizer, 로봇소터Robot Sorter 등 맞춤형 첨단 자동화 설비가 구현돼 있다.[30] 자동화 물류센터를 도입한 이유는 센터가 지방에 있어 작업자를 구하기 쉽지 않고 작업자의 고령화에 따른 인력 부족 때문이다. 현재 약 30여 명의 작업자가 근무하고 있는데 자동화 설비를 도입한 후 약 40%의 인력을 감축할 수 있었다.[31]

이곳은 롯데슈퍼의 서울과 수도권의 250여 개 점포 물류를 책임지고 있으며 2만여 개의 품목SKU을 취급하고 있다. 물류 특성상 대형마트는 박스 단위이고 편의점은 낱개 단위로 주문이 들어와 물류자동화가 쉬운 반면에 슈퍼는 박스상품과 낱개상품을 모두 취급하기 때문에 물류자동화가 상대적으로 어려웠다.[32]

주요 자동화 설비[33]

이천물류센터에서 취급하는 상품은 센터에 보관한 후 출하하는 DC 보관상품과 크로스도킹Cross Docking 방식으로 입고한 후 분류돼 바로 출하하는 TC 상품으로 구분된다. 자동화 설비는 박스상품을 분류하는 TC 존과 낱개상품을 보관·피킹·분류하는 DPS 존으

스태거 타입 셔틀형 자율주행로봇

(출처: 홍정표, 2023, [르포] 로봇이 입고부터 출고까지 '척척'…롯데이천물류센터 가보니, 데일리한국)

로 구분되어 있고, 각 업무에 특화된 설비를 구축했다. DPS 존에는 스태커 타입 셔틀형 자율주행로봇AMR,[34] GTP,[35] 오토라벨러 등을 사용했고, TC 존에는 팔레트 이송을 위한 자율주행로봇AMR, 디팔 레타이저 로봇팔, 상품 인식을 위한 비전 기술, 박스 분류를 위한 로봇소터 등의 장비가 활용됐다.

특히 스태커 타입 셔틀형 자율주행로봇AMR은 국내에서 최초로 구축돼 사용하고 있다. 스태커 타입 셔틀형 자율주행로봇AMR은 전용 토트 박스 외 일반 박스를 그대로 사용할 수 있기 때문에 입고 시 상품의 박스를 해체해서 토트 박스로 옮기는 부가적인 작업[36]을 줄일 수 있다.

스태커 타입 셔틀형 자율주행로봇은 멀티셔틀 ASRS[37] 대비 속도는 느리지만 창고 공간만 있으면 랙을 추가 설치하고 바닥에 QR 코드를 부착해 위치 설정만 하면 보관 공간 확장도 가능해 물량 변화에 유연하게 대처할 수 있다. 스태커 타입 셔틀형 자율주행로봇은 현재 29대가 설치돼 있으며 5미터 높이 8단으로 구성돼 있어한 번에 8개 박스를 피킹할 수 있다. 최대 속도는 초당 1.5미터이고 완충 시 6시간 운행 가능하며 40% 이하일 경우 자동 충전하도록 설정돼 있다.

DC 보관상품의 DPS 존 물류 프로세스[38]

DC 보관상품은 일반박스 입고 상품과 토트 박스 입고 상품으로 구분되며 입고 프로세스가 서로 다르다. DPS 존의 입고·물류 프로세스와 각 장비의 역할은 다음과 같다.

1. 일반박스 입고 상품인 경우 박스가 입고용 컨베이어에 올려지면 박스의 물류 바코드[39]를 스캔하여 입고 상품 정보를 인식하고 적치를 위해 박스당 고유 번호를 부여한 뒤 입고 상품 정보와 고유 번호를 매핑 처리한다. 오토 라벨러는 고유 번호의 QR바코드를 인쇄한 후 박스에 부착한다.
2. 토트 박스 입고 상품인 경우 작업자가 박스 내 상품의 제품 바코드[40]를 스캔한 후 상품 수량을 입력하고 토트 박스로 옮기는 디캔팅 작업을 한다. 그다음 토트 박스를 입고용 컨베이어로 투입한다.
3. 컨베이어의 스캐너가 박스의 QR바코드 또는 토트 박스 바코드를 스캔하면 이정보는 WCS[41]로 전달되고 WCS에서 적치 위치를 결정하여 스캔된 박스를 컨베이어를 통해 자율주행로봇이 피킹할 수 있는 적치 대기장으로 이동시킨다.
4. 셔틀형 자율주행로봇은 대기장의 입고박스를 피킹하여 적치

DC 보관상품의 DPS 존 물류 프로세스

입고 적치 프로세스			피킹 출고 프로세스		
1.디켄팅 작업	2.적치 대기 이동	3.이송 및 적치	4.보관 상품 피킹	5.GTP로 이송	6.출고 피킹(GTP)

3.4.5셔틀형 자율주행로봇(적치/피킹)

2.입고용 컨베이어

5.피킹용 슬라이딩 랙

5.피킹용 컨베이어

GTP 워크스테이션 컨베이어*

1.디켄팅 : 상품 바코드를 스캔하여,
수량 입력 후 토트 박스에 옮김**

6. DPS존 GTP 워크스테이션에서
출고 피킹*

(출처*: 홍정표, 2023, [르포] 로봇이 입고부터 출고까지 '척척'…롯데이천물류센터 가보니, 데일리한국)
(출처**: 물류매거진, 2023, 롯데글로벌로지스 이천물류센터/셔틀형 AMR. 로봇소터 등 첨단물류기술
로 물류자동화 역량 강화)

할 랙으로 이송하고 랙에 보관한다.

DPS 존의 출고 물류 프로세스와 각 장비의 역할은 다음과 같다.

1. WCS에서 출고 지시를 기반으로 출고 작업에 대한 스케줄링
   과 개별 자율주행로봇에 작업을 할당한다. 자율주행로봇이 박
   스 피킹을 시작한다. WCS는 자율주행로봇의 이동 동선을 최
   소화하기 위해 자율주행로봇으로부터 가까운 재고부터 피킹
   하도록 작업을 할당한다.

2. 이천물류센터에는 9개의 GTP 워크스테이션이 있고 워크스테

이션 뒤에는 점포별 분류를 위한 DAS[42] 장비가 구축돼 있다. 자율주행로봇이 피킹 후 슬라이딩 랙에 박스를 올려놓으면 피킹용 컨베이어를 통해 배송 매장이 할당된 각 워크스테이션으로 박스가 자동 이송된다.

3. GTP 워크스테이션 작업자는 이송된 박스(보관용)에서 상품을 피킹해 점포별 분류 박스(출하용)에 담아서 출고 피킹을 완료한다.

4. 출고 피킹을 마치고 남은 박스는 셔틀형 자율주행로봇을 통해 랙에 재적치된다.

기존에는 작업자가 랙으로 가서 피킹하고 매장으로 분류 처리를 했는데 GTP 시스템을 도입한 후로는 박스가 컨베이어를 타고 피킹 작업자에게 이동함으로써 작업자의 이동 동선이 대폭 줄어들었다.

TC 크로스도킹 상품의 TC 존 물류 프로세스[43]

TC 상품은 크로스도킹을 통해 보관 없이 입고와 동시에 매장별로 분류돼 출고 처리된다. 자율주행로봇, 디팔레타이저, 5면 인식 스캐너, 로봇소터 등 자동화 설비를 통해 입고에서 매장 분류까지 작업자의 개입 없이 자동으로 처리되며 동시에 232개점에 시간당 최대 2,400박스를 분류할 수 있다.

TC 존의 물류 프로세스와 각 장비의 역할은 다음 그림과 같다.

1. 팔레트 단위로 상품이 하역장에 입고되면 지게차 작업자는 자율주행로봇 이송을 위해 TC 존의 바닥 작업대[44]에 팔레트를

TC 크로스도킹 상품의 TC 존 물류 프로세스

장비	1.TC존 바닥 작업대	2.AMR	3.디팔렛타이저	4. 5면인식 스캐너	5.컨베이어	6.로봇 소터	7.작업자
역할	입고 하역 작업	하역장→디팔렛타이저 작업장 이동	휠소터로 박스 이동	상품인식·분류 점포 QR 바코드 부착	컨베이어 이동	점별 분류	분류 박스를 롤테이너 적재

(1 /2)TC존 바닥 작업대 : 작업대가 무게를 감지하고 자율주행로봇 호출(작업자가 발판을 누르면 자율주행로봇 호출)*

(3) 디팔렛타이저: 박스 크기를 파악하여 흡착해 휠소터 컨베이어로 이동**

(6) 로봇소터 : 박스 QR 코드를 인식하여 박스를 점포가 매핑된 플로우랙에 분류 (로봇 1대당 양 옆으로 2개씩 플로우랙 설치)*

(출처*: 물류매거진, 2023, 롯데글로벌로지스 이천물류센터/셔틀형 AMR. 로봇소터 등 첨단물류기술로 물류자동화 역량 강화)
(출처**: 홍정표, 2023, [르포]로봇이 입고부터 출고까지 '척척'…롯데이천물류센터 가보니, 데일리한국)

올려놓고 작업대에 설치된 발판을 눌러서 자율주행로봇을 호출[45]한다.

2. 호출 신호를 받은 자율주행로봇은 바닥 작업대로 이동하고 바닥 작업대 위의 팔레트를 피킹해 디팔레타이저 작업장으로 이송하는데 바닥에 부착된 QR코드를 통해 위치를 인식한다.

3. 디팔레타이저[46]가 자율주행로봇이 이송한 팔레트의 상품박스를 흡착[47]해 휠소터Wheel Sorter 컨베이어에 올려놓는다.

4. 박스가 컨베이어를 따라 이동하면 5면 인식 스캐너가 상품 바코드를 스캔해 상품 정보를 인식한 다음 납품 매장을 결정하고 매장 정보가 매핑된 QR코드를 부착한다.

5. QR코드가 부착된 박스는 분류 작업을 위해 로봇소터 존으로 이동된다. 로봇소터[48]는 박스의 QR코드를 인식해 점포가 매핑된 플로랙Flow Rack으로 박스를 이동한다.

6. 작업자는 플로랙에 분류된 박스를 점별 롤테이너에 적재해 출고장으로 이동한다.

사례: 사물인터넷 기술을 활용한 연결된 인트라로지스틱스
(보쉬, 트라운로이트 공장)

보쉬에서는 사내 물류의 효율성 향상과 안전한 작업 환경을 위해 연결된 인트라로지스틱스를 구축했다. 공장 내 물류 담당자들의 핵심 이슈는 사내 밀크런Milk Run 운송 시 공차로 이동하는 낭비가 많다는 것, 사내 차량의 위치와 가동률 등에 대한 가시성 확보가 부족하다는 것, 작업자와 충돌 등으로 인한 인명 피해 및 건물 파손 사고를 100% 방지해야 한다는 것, 정확한 자재를 적재적소에 납품하는 것 등이었다.[49] 이를 해결하기 위해 모든 내부 자재의 흐름을 추적, 통제, 예측하고 무인운반로봇과 지게차 등 이동체의 높은 가동률과 효율성을 확보하고 작업자와 이동체를 디지털화하여 연결함으로써 일상 작업에서 서로 지원할 수 있게 했다.

연결된 인트라로지스틱스는 다음 그림과 같이 재고 관리, 배송 관리, 차량 분석 모듈로 구성돼 있다. 재고 관리 모듈은 실제 자재 흐름과 디지털 자재 흐름을 연결한다. 물류 작업자들에게 생산 자재와 차량의 가용 정보, 실시간 위치 정보를 제공해 모든 필요한 자재가 적재적소에 도착할 수 있도록 지원한다. 무선인식 기술을 접목한 보관 선반은 인텔리전트 슈퍼마켓Supermarket이라 불리는

보쉬 - 연결된 인트라로지스틱스 구성도

(출처*: Bosch Connected Intralogistics 홈페이지(, 2023)
(출처**: BOSCH Connected Logistics, 2017, Smart Logistics Zenoway meets Bosch-
LogiMAT 2017, Skyward Production & Kaminari Design)

데 실시간으로 자재와 박스의 위치를 디지털화하여 파악한다. 작업자의 손목에 착용한 손목밴드를 통해 손에 든 박스 내 자재 정보를 자동으로 인식할 수 있다. 인텔리전트 슈퍼마켓의 적치라이팅시스템Put-to-light을 통해 작업자에게 박스를 보관할 위치를 정확히 표시해주고, 만약 작업자가 박스를 잘못된 위치에 적치 시 에러 불빛을 표시함으로써 적치 오류를 방지할 수 있다. 또한 보관 선반의 적치라이팅시스템Put-to-light 센서를 통해 박스 적치 완료와 동시에 자동으로 자재의 수량과 위치 정보를 업데이트해준다. 실시간 재고 정보를 파악해 자재를 보충해야 하는 필요 시점을 실시간으로 파악하고 자재 보충 수요 정보로 연계해 적시에 납품한다.[50]

배송 관리 모듈에서는 실시간 차량 정보를 기반으로 가까운 위치의 차량과 상태를 파악하고 최적의 차량에 자재 박스나 팔레트를 픽업하도록 할당함으로써 공차 운행거리를 줄일 수 있다. 배송 관리 모듈을 통해 밀크런 차량의 적재 용량, 속도, 현 위치, 적재 상태 등의 정보를 시스템에 보관해 계획 운송 주문을 기반으로 운송 이동체의 창고 내 최적 운송 경로를 동적으로 조정할 수 있다. 또한 무인운반로봇 운송 주문 모듈에서는 제조사에 독립적인 접속 방식으로 여러 제조사의 무인운반로봇을 중앙에서 통제하고, 접수된 운송 주문이 여러 제조사의 가용 차량에 최적으로 분배되도록 지원한다. 보충 및 납품 시간에 따라 운송 주문의 우선순위를 결정하고, 운송 주문에 대한 단계별 작업 지시를 생성해 각 무인운반로봇의 차량 통제 시스템으로 작업을 전송한다.[51]

차량 분석 모듈에서는 사물인터넷 기술을 활용해 이동체의 정보를 디지털화했다. 제노웨이Zenoway 플랫폼에서 이동체에 장착된 사물인터넷 센서 정보를 기반으로 이동체의 위치, 속도, 충격, 배터리 상태, 빈Bin 위치[52] 등의 정보를 수집해 SAP 차량 인사이트Vehicle Insight 플랫폼으로 데이터를 전송한다.[53] SAP 차량 인사이트 플랫폼에서는 수집된 정보를 기반으로 장비와 작업자의 가동률, 충격 위험 지역에 대한 히트맵Heatmap[54]과 원인 분석 등 창고 내부 운영 성과를 분석한다. 차량에 센서를 부착해 차량이 안전지대 통과 시 속도 초과에 대해 경보함으로써 충돌을 방지하고 안전사고를 예방할 수 있다. 제노웨이의 실시간 위치 기록 시스템과 스캔 기술을 활용해 작업자가 지게차로 피킹 및 적재 시 자동으로 위치를 기록하는 스캔리스Scanless 환경을 구축했다. 이를 통해 작업 생산성 향

상과 데이터 입력 오류를 사전에 방지할 수 있었다.[55]

사례: 자원 효율 극대화를 위한 조달 자재의 공동 물류(말레)
공동 물류의 필요성과 운영을 위한 주요 고려사항

물류 운영 담당자의 주요 성과지표 중 하나가 운영 자원[56] 가동률이다. 자원의 효율을 극대화할수록 단위 원가가 줄어들기 때문에 수익성을 향상할 수 있다. 이런 이유로 물류 자원의 효율을 극대화하기 위해 기업들은 여러 노력을 하고 있다.

자동화 물류센터의 기획에서 도입과 운영 과정을 살펴보면 기획 당시에 예상했던 주문량보다 적어서 창고 공간과 도입 설비의 효율이 초기 목표치보다 낮은 경우가 발생하기도 한다. 센터의 남는 공간, 소터Sorter, 차량 등 설비의 자원 효율을 높이기 위해 타 화주사의 화물을 함께 취급하기도 한다. 이때 소터 등 도입 설비를 공동 활용하기 위해 설비에서 처리가 가능한 유사 제품을 가지고 있는 화주사의 물량이나 배송 차량에 합짐을 해 적재율을 높이기 위해 고객사의 배송 경로 또는 권역이 유사한 화주사의 물량을 공동 물류로 운영하기도 한다.

수출이 많은 제조사나 수입이 많은 유통사 입장에서 국제 운송비는 큰 비중을 차지한다. 국제 운송비를 줄이기 위해 그룹 내 계열사들의 물량을 통합해 구매력을 높일 수 있다. 그러기 위해 계열사들의 물량을 통합해 3자물류, 포워더, 운송사 등과 통합계약을 한 다음 비용을 계열사에 분배 청구하는 물류 자회사를 설립하거나 주요 계열사 내에 통합물류 운영 조직을 만들기도 한다.

공동 물류는 IT 시스템의 도움 없이는 효율적인 운영이 어렵다.

IT 시스템은 공동 물류 적용에 필수적이라 할 수 있다. 공동 물류를 지원하는 주요 IT 요구 역량으로 물량 및 주문 편차에 대한 콘솔 역량, 내외부 자원을 포괄해 동적으로 할당하는 역량, 작업 부하 및 병목을 최소화할 수 있는 작업 스케줄링 역량을 들 수 있다. 물량 및 주문 편차에 대한 콘솔 역량에는 계열사·관계사·외부 화주 등의 수요, 주문에 대한 물량 편차를 줄일 수 있는 콘솔 최적화 기능, 자원의 통합 계획으로 출고·배송·설치 서비스에 대한 대응 시점을 매칭하는 기능을 필요로 한다.

내외부 자원을 포괄해 동적으로 할당하는 역량에는 보관 면적을 혼합 운영하기 위해 고정 구역에 적치하는 전략이 아니라 동적 적치 및 최적의 재고재배치 운영이 필요하다. 또한 잔여 가동 작업 설비 및 장비 등을 파악하고 가동률이 남는 자원에 작업을 우선 할당할 수 있어야 한다. 작업 부하 및 병목을 최소화할 수 있는 작업 스케줄링 역량에는 표준 작업에 대한 인력 및 장비의 공용화가 가능해야 한다. 공동 물류 입고 편수(횟수, 시간), 출하 및 반품 물류 운영 조건(배송 시간대, 횟수 등), 차량 동시 접안 등에 대한 효과적인 스케줄링 역량이 필요하다.

제조사는 조달 자재의 공동 물류를 통해 운송비를 줄이고 적시 납기를 높일 수 있다. 조달 자재의 공동 물류를 팩토리 게이트 프라이싱FGP, Factory Gate Pricing이라고 한다. 일반적으로 각 공급업체가 자재를 구매사에 납품하고 운송비를 자재비용에 포함해 청구한다. 반면 팩토리 게이트 프라이싱은 공급업체가 아니라 구매사가 공급업체의 공장 게이트에서부터 운송을 관리하고 납기와 운송비용에 대해 직접 책임을 진다. 조달 자재의 공동 물류 운영 시 다양

조달 자재의 공동 물류(팩토리 게이트 프라이싱 방식) 공급망 네트워크 예시

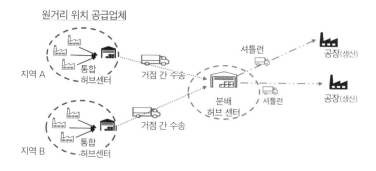

한 이점이 있는데 성공적으로 구현하고 운영하기 위해서는 다음의 전제 조건들을 고려해야 한다.

첫째, 공급업체가 적극적으로 참여하는 것이 가장 중요하다. 이를 위해 공급업체와 구매사가 서로 윈-윈 할 수 있는 전략을 세워야 한다. 팩토리 게이트 프라이싱 프로그램을 적용하면 구매사가 물류를 책임지기 때문에 공급업체의 납품 단가에서 물류비를 제외해야 한다. 그래서 공급업체는 물류 원가를 가능한 한 낮게 계산해서 납품 단가를 높이고자 할 것이고 구매사는 물류 원가를 높게 계산해서 납품 단가를 낮추고자 할 것이다. 그래서 양사가 합의하는 물류 원가를 결정해야 하고 공급업체가 프로그램 참여 시 부가적인 혜택을 함께 제공함으로써 공급업체가 적극적으로 참여하도록 유도해야 한다.

둘째, 지역 내 공급업체 간 거리가 가까울수록 콘솔 기회가 높아진다. 위 그림과 같이 원거리 공급업체들의 납품 물량을 구매사가 픽업해서 거점 허브 센터로 모아 물량을 콘솔한 다음 대형 차량을 활용한 장거리 운송으로 구매사 공장 근처의 분배 허브 센터로 수

송함으로써 운송비를 줄일 수 있다.

셋째, 공급업체의 성과 평가 방식을 바꿔야 한다. 정시 정량 납품률DIFOT, Delivered in Full on Time 등의 평가에 대해 구매사가 책임의 일부를 담당해야 한다.

말레의 조달 자재의 공동 물류 도입 사례[57]

독일의 자동차 부품 공급업체인 말레Mahle는 유럽 내에서 조달 자재의 공동 물류를 성공적으로 구축했다. 조달 자재의 공동 물류를 도입하기 전에는 각 공장에서 공급업체에 직접 납품 지시를 내리고 각 공급업체에서 공장으로 직접 배송했다. 공급업체마다 낮은 차량 적재율로 납품했기 때문에 운송비가 늘었다. 또한 복잡한 운송 네트워크로 운송 거리가 길어지고 조달 물류의 가시성 확보가 어려웠다. 조달 자재의 공동 물류를 위해 통합 물류센터를 구축해 물량을 콘솔했고 중앙에서 조달 물류를 통제했다. 각 공장에서 직접 납품 지시를 하는 대신 중앙에서 여러 공장의 자재소요계획MRP, Material Requirements Planning을 기준으로 통합운송계획Central Transportation Planning을 수립함에 따라 운송 콘솔 가능성도 커졌다. 통합 물류 센터에서 공장으로의 납품 주기가 짧아지고 많아졌으며 이로 인해 공장 내 공정 창고의 부품 재고와 결품이 줄었다.

조달 자재의 공동 물류를 위해 말레는 다음 그림과 같이 완전 자동으로 운송 네트워크를 통제하는 새로운 IT 시스템을 도입했다. 수요량 파악-통합운송계획-납품 및 운송 지시의 전 프로세스를 다음과 같이 자동으로 수행한다.

말레 – 자재 조달과 물류 통합 및 운송 계획 최적화: 개선 전과 후 모습

도입 전 현황

분산된 구매 및 납품   조달 운송에 대한 통제 없음

개선 후 모습

유럽향 제품의 조달물류 통합   수요와 운송 최적화 된 소싱

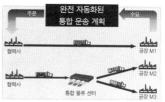

(출처: Mahle, 2018, Inbound Transport & Freight Cost Optimization with SAP TM at MAHLE, TADVISER)

1. 공장 단위의 자재소요계획MRP을 기반으로 수요량을 파악한다.

2. 운송관리시스템TMS, Transportation Management System에서 공장별 수요를 취합해 통합운송계획을 수립하고, 운송계획의 픽업일자·시간 기준으로 전사적 자원관리ERP, Enterprise Resource Planning 시스템의 납품 지시Call-offs 문서의 납품일자·시간을 변경한다.

3. 독일 자동차산업협회[58] 표준 방식으로 협력사에 납품 지시 정보를 전송하고 운송사에 운송 지시 정보를 전송한다.

4. 운송사에서 픽업일자·시간에 공급업체를 방문해 제품을 픽업하고 배송한다.

시스템을 구현한 모습

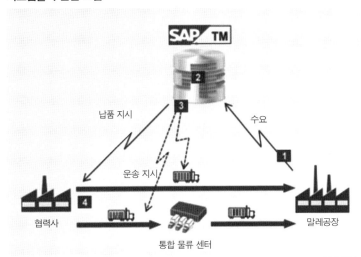

(출처: Mahle, 2018, Inbound Transport & Freight Cost Optimization with SAP TM at MAHLE, TADVISER)

말레는 조달 자재의 공동 물류 구축을 통해 물류비 22% 절감, 배송 횟수 40% 감축, 연간 탄소 배출량 약 7,200톤 감축, 차량 적재율 60% 향상, 운송거리 41% 감축, 프로세스 가시성 향상이라는 성과를 달성했다.

사례: 블록체인 기반 식품 이력 추적(범블비푸드)

상품에 대한 추적성과 투명성 요구

식품 안전, 공정무역 거래 상품, 지속가능한 방법으로 생산한 상품에 대한 고객의 관심이 점점 높아지고 있다. 고객은 상품에 대한 더 높은 수준의 추적성과 투명성을 기업에 요구하고 있다. 블록체인 기술은 분산원장 기술[59]을 활용해 데이터의 위조가 어렵다. 공급망 내 여러 참여자 간에 데이터를 투명하게 기록하고 공유할 수 있으며 우수한 추적성을 제공한다.

범블비푸드, 블록체인 기반의 식품 이력 추적

북미 최대 수산 업체이자 세계 3대 참치 제품 업체인 범블비푸드는 블록체인 기술을 활용해 공급망 내 황다랑어 상품 추적 정보를 고객에게 투명하게 제공함으로써 제품 브랜드 가치와 지속가능 경영을 향상했다.

다음 그림과 같이 고객이 스마트폰으로 상품 포장지에 있는 QR 코드를 스캔하면 참치 종류, 어획 시 참치 크기, 어획 장소, 어획 방법, 어획에서 매장에 도착하기까지의 전 과정에 관한 정보를 파악할 수 있다. 또한 진품 여부, 신선도, 식품 안전, 공정거래 어획 인증, 지속가능성 등을 검증할 수 있는 정보도 함께 알 수 있다.[60] 예를 들면 범블비 앱에서는 남획을 하지 않았는지, 소형 보트 손낚시를 통해 혼획Bycatch을 하지 않고 지속가능한 방식으로 어획했는지

범블비 앱

| 제품 정보 제공 | 어획 정보 제공 | 공정 거래 커뮤니티 스토리 제공 | 참치 조리법 제공 |

(출처: 범블비푸드 사례, 2023, SAP Logistics Business Network-Material Traceability, SAP SE)

에 관한 정보를 제공한다.[61]

범블비푸드는 "전통적인 데이터베이스를 사용해 고객과 소매업체가 패키지의 바코드나 참치 캔으로 추적할 수 있는 기능을 이미 제공하고 있었다. 하지만 내부 추적만 가능했기 때문에 고객에게 추적성을 완벽하게 제공하지 못했다."라고 한다. 그래서 블록체인 기술을 사용하여 인도네시아에서부터 소매 매장까지 물고기를 추적하여 고객에게 추적 정보를 제공하는 프로젝트를 추진했다.[62] 물고기의 어획에서부터 매장까지 전체 공급망의 접점에서 가장 안전하고 검증 가능한 방식으로 데이터를 기록하고 공유하기 위해 블록체인 기술을 활용했다.[63]

첫 번째 프로젝트는 범블비푸드의 아바노 내추럴 블루라는 황다랑어 참치 제품에 대해 인도네시아 어촌에서부터 근처 항구 도시의 생산 공장, 최종적으로 미국 내 매장까지 추적성을 확보하는 데 집중했다. 그 과정은 다음과 같다.

1. 전사적 자원관리ERP 시스템에서 바코드 번호가 지정된 고유 아이디ID를 생성한 후 바코드 태그를 어부들에게 전달한다. 어부들이 잡은 물고기에 바코드 라벨을 부착하고 바코드를 스캔한다. 시간, 위치, 온도 등 관련 정보가 전사적 자원관리와 연결된 입력 장비(스마트폰, 인텔리전트 바코드 리더, 컴퓨터 등)에 자동으로 수집되며 물고기 종류, 등급 등 필요 정보는 수기로 입력한다.
2. 물고기를 소분 포장하면 전사적 자원관리 시스템에 새로운 바코드가 생성된다. 신규 바코드 태그를 포장된 물고기에 부착

하고 소분 포장된 물고기가 최초 물고기의 부분임을 반영하기 위해 신규 바코드 정보를 블록체인에 기록한다. 소분 포장된 물고기의 등급 정보 등은 검수자가 수기로 입력하거나 실험 장비에서 자동으로 추가된다.

3. 완제품 공장은 전사적 자원관리 시스템을 통해 블록체인과 연계된다. 완제품 공장에서 참치를 캔에 포장하고 라벨을 부착한다. 라벨에는 고객 QR코드에 활용되는 배치 정보와 관련 제조일자와 출하 정보를 포함하고 있다.

4. 고객 QR코드를 포함한 완제품 정보들은 전사적 자원관리를 통해 블록체인에 기록되며 고객은 QR코드를 스캔해 상품의 정보를 파악할 수 있다.[64]

범블비푸드는 어획에서부터 매장까지 상품 이력을 추적하는 프로젝트를 통해 고객에게 더 나은 투명성을 제공함으로써 브랜드 자산 가치를 높였다. 또한 시장 성장이 예상되는 공정무역 거래 참치의 공급망 효율성을 향상하고, 공정무역 제품에 대한 시장 프리미엄을 촉진했고, 어획물에 대해 공정무역 프리미엄을 지불하고 지역 어업 공동체의 삶을 개선했다. 그리고 어류 구매 추세 등 데이터를 분석해 비정부기구NGO와 함께 어촌의 과거 실적을 파악하고 어획량을 개선할 수 있었다.[65]

4.

물류 디지털 전환 시
고려사항을 점검하자

　지금까지 물류 분야의 디지털 전환 유스 케이스와 적용 기술을 실제 사례를 통해 살펴보았다.

　물류 산업에서는 로봇, 자동화, 인공지능, 자율주행 차량, 사물인터넷 기술을 접목한 디지털 전환 적용 사례들이 지속적으로 발전하고 있다. 이 기술들을 활용한 대표적인 적용 사례로 로봇 처리 자동화·광학 문자 인식 등 소프트웨어 로봇을 활용한 주문 및 선적 서류 입력 프로세스 자동화 사례, 자율주행 무인운반로봇·자율주행로봇과 디팔렛타이저 로봇, 분류 로봇, GTP 시스템 등 첨단 자동화 설비를 도입해 자동화·무인화 물류센터 구축 사례, 사물인터넷 기술 등을 활용해 재고, 차량, 공간 등 모든 정보를 디지털화해 연결하고 최적화함으로써 사내 물류의 효율성 향상과 안전한 작업환경을 구현한 연결된 인트라로지스틱스_{Connected Intralogistics} 사례, 조달 자재의 공동 물류와 통합 운송계획을 통해 자원 효율을 극대화하고 물류비를 절감한 사례, 블록체인 기술을 활용해 투명한 식품 이력 추적 정보를 제공해 제품 브랜드 가치를 높이고 지속가능경영을 향상한 사례들을 소개했다.

10장에서 소개한 물류 디지털 전환 사례가 물류 현장의 비즈니스 요구사항, 적용 기술, 유스 케이스 구현 시 고려사항을 이해하는 데 도움이 되기를 바란다. 특히 유스 케이스 적용을 위해 필요한 여러 이해 당사자들의 참여를 유도하기 위한 전략과 협업, 센서 데이터 등 정보 수집이나 로봇·자동화 설비 도입 시 필수적으로 수반되는 오퍼레이션 운영 전략과 프로세스의 변화 사항, 유스 케이스를 구현하기 위한 장비·센서, 통신, 소프트웨어, 데이터 등 IT 시스템과 운영 프로세스와의 효율적인 조합 등에 대해 고민한다면 성공적인 물류 디지털 전환 유스 케이스를 개발하고 구축하는 데 도움이 될 것이다.

11장

산업 디지털 전환
적용 사례와 유통

김형택

디지털이니셔티브 그룹 대표

KT하이텔, 베타리서치앤컨설팅, 마이다스동아일보 등 다양한 실무 현장에서 전략기획, 신사업, 마케팅 전략 업무를 담당했다. 현재는 디지털 이니셔티브 그룹의 대표를 맡고 있다. 국내 주요 기업들 대상으로 디지털 트랜스포메이션 전략, 옴니 채널 및 D2C 플랫폼 구축, O2O와 온디맨드 비즈니스 모델 개발, 디지털 마케팅 등 기업의 디지털 트랜스포메이션 전략 추진에 필요한 컨설팅과 자문을 하며 금융연수원에서 겸임교수로 강의를 하고 있다.

주요 저서로는 『그들은 어떻게 디지털 트랜스포메이션에 성공했나』 『디지털 트랜스포메이션 어떻게 할 것인가?』 『디지털 트랜스포메이션 시대, 옴니 채널 전략 어떻게 할 것인가?』 등이 있다.

1.

유통산업은 어떻게 변화하고 있는가

고객, 채널, 커뮤니케이션의 변화

기업이 이제까지 상대했던 고객과 전혀 다른 고객이 등장하면서 기존 고객과의 커뮤니케이션과 마케팅 방식이 서서히 무너지고 있다. 지금의 고객은 언제 어디서나 순간순간 자신이 원하는 것Micro-moments이 있으면 온·오프라인을 넘나들면서 적극적으로 정보를 탐색하고 체험하면서 최종적으로 자신에게 잘 맞거나 개인의 문제를 해결해주는 제품을 구매하고 있다.

따라서 기업은 고객구매여정에서 순간순간 일어나는 고객의 니즈와 욕구를 분석해 고객이 원하는 것이 무엇인지 실시간으로 파악해야 한다. 또한 온·오프라인을 넘나들면서 끊김 없이 고객이 편리하게 상품을 탐색하고 체험할 수 있는 기반을 구축해야 한다. 다시 말해 이제 고객이 원하는 방식으로 원하는 상품을 구매할 수 있

구글의 마이크로 모멘트

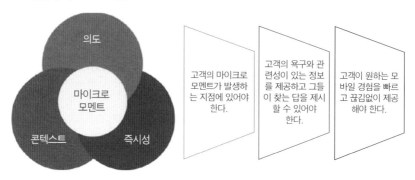

(출처: 구글)

도록 마케팅 커뮤니케이션이 변화되어야 한다.

이커머스의 성장

통계청 조사에 따르면 2022년 온라인 쇼핑 거래액이 역대 최고 치인 200조 원을 돌파했다. 온라인 쇼핑 거래액은 206조 4,916억 원으로 집계됐다. 이는 전년 대비 10.4% 증가한 것이다. 상품군별 로는 서비스 거래액이 55조 6,945억 원으로 전년 대비 25.7% 증 가했다. 세부적으로는 문화와 레저 서비스 거래액이 97.9%, 여행 과 교통 서비스가 93.5%, e쿠폰 서비스가 19.5% 순으로 늘어나 는 양상을 보였다. 2022년 이커머스 시장점유율에서 1위는 쿠팡 (24.5%)이고 2위는 네이버(23.3%)다. 쿠팡과 네이버의 격차는 불과 1.2%포인트밖에 차이가 나지 않는다.

이커머스 비즈니스 모델도 D2C, 라이브 커머스, 퀵커머스 등의

이커머스 비즈니스 모델

(출처: NH투자증권)

다양한 형태로 진화되고 있다. 코로나19로 인해 비대면 쇼핑이 증가하면서 판매자가 방송을 통해 실시간으로 제품을 소개하고 설명하고 고객들과 소통하면서 상품을 판매하는 라이브 커머스가 성장했다. 빠른 배송에 관한 니즈가 증가하면서 배달의민족 등의 음식 배달 업체가 기존의 배달 인프라를 활용해 1시간 이내에 배송하는 퀵커머스가 빠르게 성장하고 있다.

리테일 테크의 발전

전통적인 리테일 기반을 넘어서 고객 중심의 온·오프라인을 통합 연계하고 인공지능 같은 디지털 기술을 활용한 인텔리전트 리테일로 변화하고 있다. 더불어 매장, 이커머스, 물류에 기반한 효율적인 운영관리, 고객경험 강화, 데이터 분석 등을 위한 다양한 리테일 테크가 발전하고 있다.

더불어 효율적인 매장 관리를 위한 백엔드 시스템부터 다양한

인텔리전트 리테일로의 변화

1920 고객이 집에서 카탈로그를 받기 시작

1957 최초의 카테고리 킬러 토이저러스 오픈

1970 바코드 스캐너가 주요 소매점에 도입

2000 대부분의 선진 소매 시장에서 인터넷 보급률이 50% 이상을 차지함

2016 전통적인 대형 매장은 대량 폐점을 목격함

2018

| 백화점 | 대형 유통 매장 | 이커머스 | 옴니 채널 | 인텔리전트 리테일 |

1909 셀프리지는 필요 이상의 여가를 위한 쇼핑을 촉진함

1960 미국에 있는 쇼핑몰의 수는 4,500개에 달함

1962 최초의 월마트는 아칸소주 로저스에서 오픈함

1995 아마존이 사업을 시작함

2007 최초의 아이폰이 발표됨

2015 주요 모바일 결제 앱 출시

2017 최초의 무인 가게인 아마존 고 오픈

(출처: 마이크로소프트)

매장 리테일 테크 활용

(출처: Forrester Research)

고객 접점 채널에서 고객경험 강화를 위한 프론트엔드에 리테일 테크 활용도 늘어나고 있다.

2.

끊김 없는 고객경험을 제공해야 한다

리테일 기업의 디지털 전환 추진 범위

리테일 기업의 디지털 전환 추진 범위는 고객의 최종 구매에까지 이르는 고객여정 단계별 분석과 온·오프라인의 데이터 통합을 통한 끊김 없는 고객경험Seamless CX을 제공하는 것이다. 또한 상품, 고객, 물류, 매장 등 효율적인 운영관리를 위한 통합 플랫폼을 구축하는 것이다.

옴니 채널 기반 온·오프라인 채널 통합

옴니 채널Omni Channel은 모든 것을 의미하는 라틴어의 옴니Omni와 상품의 유통 경로를 의미하는 채널Channel을 합성한 용어다. 옴니 채

리테일 기업의 디지털 전환 추진 범위

(출처: 롯데정보통신)

널은 고객이 이용 가능한 온·오프라인의 모든 쇼핑 채널들을 대상으로 한다. 이러한 채널들이 통합되고 고객을 중심으로 유기적으로 연결되어 끊김 없는 일관된 경험을 제공한다. 즉 옴니 채널은 고객 중심으로 모든 채널을 통합하고 연결해 일관된 커뮤니케이션을 제공함으로써 고객경험을 강화하고 판매를 증대하는 채널 전략이다.

기존 유통채널 방식은 기업이 채널 운영의 효율성과 수익성 개선 측면에 따라 각 채널을 독립적으로 운영한다. 반면에 옴니 채널은 고객이 중심이 돼 고객경험 강화에 중심을 두고 채널들을 유기적으로 연결하여 시너지를 일으키는 게 핵심이다.

첫째, 고객의 구매 프로세스에 일관된 경험을 제공하도록 통합하고 연결해야 한다. 즉 비정형화된 패턴으로 일어나는 고객의 구매 프로세스에 맞춰 고객 인지→상품 탐색 및 비교→고객경험→구

멀티 채널에서 옴니 채널로의 변화

구분	채널 구성	채널 운영 전략
싱글 채널	온라인과 오프라인 매장 중에 하나의 채널만 운영	단일 채널에 집중하면서 효율적인 매장 관리와 원활한 고객 커뮤니케이션으로 대응함
멀티 채널	온·오프라인에 한 개 이상의 채널을 구축	채널을 확장하여 채널들의 경쟁을 유도하고 다양한 고객접점에서 고객 유입 강화와 매출 확대 기회를 제공함
옴니 채널	온·오프라인 채널 간의 통합과 연결	온·오프라인 채널들을 통합하고 연결하여 인지, 탐색, 경험, 구매, 배송 같은 고객의 구매 프로세스 전 과정에 일관된 고객경험을 제공함

(출처: 디지털이니셔티브 그룹)

매 및 결제→배송→사후 관리를 통합하고 연결해야 한다.

둘째, 고객 인지를 강화하기 위해서는 고객의 TPO(시간Time, 장소 Place, 상황Occasion)를 고려해 고객에게 관심상품, 쿠폰, 할인 등의 다양한 혜택을 제공함으로써 매장 방문을 유도해야 한다. 더불어 검색, 블로그, 소셜미디어 등의 고객 인지 채널에 광고와 관련 콘텐츠를 제공해 고객이 유입될 수 있게 해야 한다.

셋째, 고객이 쉽게 상품을 탐색하고 비교할 수 있는 다양한 리뷰, 검색, 비교 서비스를 제공해야 한다. 기본적인 상품 검색부터 온·오프라인 매장의 상품 탐색 정보와 가격 조회와 비교가 편리해야 한다.

넷째, 온·오프라인에서 다양한 상품 정보와 체험을 얻을 기회도 제공해야 한다. 온라인 매장의 경우 매장을 방문하지 않더라도 상품을 사전에 체험할 수 있는 인터랙티브한 고객경험 기술을 기반으로 보고 만지고 느낄 수 있는 경험을 전달해야 한다. 오프라인 매장 또한 고객의 몰입 경험을 강화할 수 있는 기술을 활용해 매장

온·오프라인이 통합된 고객경험 강화

(출처: A.T.커니)

탐색, 구매 편의, 제품 체험 등의 구매 경험을 강화해야 한다.

다섯째, 온·오프라인 구매 정보를 연동하고 다양한 결제수단과 혜택을 지원해 구매와 결제가 손쉽게 이루어지도록 해야 한다. 구매 시 구매 정보와 이력을 공유해 온·오프라인에서 동일한 가격과 혜택으로 주문할 수 있는 체계가 돼야 한다. 오프라인 매장에서도 온라인에서 받은 쿠폰과 모바일 결제도 간편하게 활용할 수 있도록 제공해야 한다.

여섯째, 언제 어디서나 주문한 상품을 자신이 원하는 방식과 장소에서 받을 수 있는 배송 서비스를 제공해야 한다. 온라인에서 주문한 상품을 오프라인 매장에서 찾아갈 수 있는 클릭앤드콜렉트 Click & Collect 서비스나 가장 가까운 매장이나 편의점 등에서 받을 수 있는 다양한 배송 연계 서비스 기반을 구축해야 한다.

일곱째, 반품 처리 및 고객 문의를 원활하게 대응할 수 있도록 지원해야 한다. 더불어 재구매를 유도한 실시간 맞춤형 상품 추천이나 재방문을 유도한 혜택 제공을 다양한 채널과 연계해야 한다.

D2C 판매 체계 구축

D2C는 제조업체가 백화점이나 마트 등의 중간 도소매를 거치지 않고 자체 판매 채널을 통해 고객에게 직접 제품을 판매하는 방식이다. PR커뮤니케이션 대행사 디퓨전Diffusion의 조사에 따르면 미국인 40%가 중간도매상을 거치지 않고 고객에게 직접 제품을 판매하는 D2C 브랜드 제품을 구매한 것으로 조사됐다. 제품 카테고리는 건강 및 뷰티(35%), 의류(34%), 테크 및 가젯(26%)에서 전통적인 제품보다 D2C 브랜드를 선호하는 것으로 나타났다. 기존 매장보다 D2C 제품을 선택하는 이유로는 저렴한 비용(48%)과 빠른 무료배송과 쉬운 반품(43%) 때문이다.

전통적인 제조업이 성공적인 D2C 전략을 추진하기 위해서는 네가지가 필요하다. 첫째, 전통적인 제품 개발과 판매 프로세스에서 벗어나 기획, 디자인, 생산, 판매, 마케팅, 물류, 운영관리의 전 과정

D2C 판매 방식

(출처: 디지털이니셔티브 그룹)

D2C 추진 시 필요 역량

고객 인사이트	플랫폼 구축	디지털 마케팅	판매관리
• 고개과 쇼핑객에 대한 통찰력을 창출하기 위한 고급 분석	• 온라인을 중심 요소로 하는 브랜드 전략	• 디지털 고객 획득 전략	• 고객경험 설계
• 소셜 청취와 검색 스크랩	• 콘텐츠 개발과 관리	• 고객과 쇼핑객에 대한 통찰력을 창출하기 위한 고급 분석	• 고급 분석 (SKU 소진 예상, 제품 추천 등)
• 시험과 배움 능력	• 개인화를 위한 예측 분석	• 소매업체와의 기술 통합	• 이커머스 운영 (예: 품목 수준 보충)
	• 고객경험 설계		

(출처: nexusfx)

이 스피드하면서 유연하게 이루어질 수 있는 플랫폼 체계를 갖춰야 한다.

둘째, 트렌드와 고객 데이터를 수집해 제품 기획과 연구개발에 반영하고 빠르게 소량의 제품을 출시해 고객 반응을 기반으로 제품 기능 및 디자인을 개선해 최적화할 수 있도록 린 스타트업 방식의 기획-테스트-피드백-출시-판매의 선순환 구조가 이루어질 수 있는 기반을 구축해야 한다.

셋째, 웹사이트 또한 단순하게 제품을 판매하는 채널 역할이 아니라 브랜드 커뮤니케이션, 고객 데이터 확보, 제품 판매, 고객과의 상호작용을 효율적으로 수행할 수 있는 플랫폼으로 역할을 정의하고 운영할 수 있어야 한다.

넷째, 중간 유통 단계를 거치지 않고 제품을 직접 판매하기 때문에 마케팅과 고객 관리가 중요하다. 마케팅 전략은 브랜드 인지도 강화, 타깃 고객 확보, 매출 증대, 고객 로열티 창출에 중점을 두고 추진해야 한다.

3.

월마트, 로레알, 나이키의
디지털 전환에서 배워라

월마트의 디지털 전환 추진 전략

월마트는 2014년에 CEO로 더그 맥밀런Doug McMilon이 새롭게 취임하면서 기존 이커머스 중심의 전략에서 벗어나서 디지털 퍼스트 전략을 본격적으로 추진하기 시작했다.

아마존닷컴과 경쟁하고 모바일 기반의 이커머스 환경에 대응하기 위해 리테일 테크를 강화하는 데 중점을 두었다. 기존 온라인 상품 검색과 구매 중심의 모바일 앱을 개편해 개인화, 검색 및 가격 비교, 제품 추천, 결제 등의 서비스 기능을 추가했다. 특히 월마트의 핵심 역량인 최저가를 보상하는 세이빙 캐처Saving Catcher뿐만 아니라 매장 방문을 유도하기 위해 매장 재고 확인, 상품 위치, 가격 검색 등 매장 검색 기능을 강화했다. 또한 매장 내에서도 바코드 스캐너를 통해 온라인에서처럼 손쉽게 상품 정보, 가격, 리뷰,

월마트의 디지털 전환 전략 추진

2014~2017	2017~
디지털 퍼스트 전략 추진	오프라인 매장 중심 옴니 채널 전략

- 모바일 기반 이커머스 강화
- 모바일 앱 개편
- 최저가 보상(세이빙캐처)
- 매장 재고 및 가격 검색 기능
- 테크 스타트업 인수(제트닷컴)

(출처: 디지털이니셔티브 그룹)

- 풀필먼트 센터 확대
- 매장을 리모델링 물류거점 확보
- 클릭앤드콜렉트 서비스 강화
- 모바일 앱 통합
- 매장 내 신기술 도입

평점을 볼 수 있는 매장 스캐너 서비스 등을 제공해 오프라인 매장의 방문을 유도하는 전략도 함께 추진했다.

2017년부터는 기존 웹사이트와 모바일 앱을 강화하는 이커머스 전략에서 벗어나 월마트의 핵심 역량이면서 아마존닷컴과 차별화할 수 있는 오프라인 매장을 중심으로 옴니 채널을 강화하는 방향으로 전략을 수정했다. 이를 위해 11억 달러를 들여 미국 5,000여 개 매장을 새롭게 리모델링해 매장 디지털화를 했고 물류거점으로 활용할 수 있도록 매장을 혁신했다.

이를 기반으로 온라인에서 주문한 상품을 매장에서 손쉽게 받아볼 수 있는 클릭앤드콜렉트와 같은 다양한 배송 서비스를 확대했다. 매장 내 자동화 서비스를 도입해 매장 운영 효율성을 높이고 배송 시간을 단축해 고객경험을 강화했다. 더불어 기존에 온라인과 오프라인이 분리돼 있던 백엔드 조직을 통합해 고객여정을 중심으로 상품, 가격, 배송, 서비스 등을 온·오프라인에서 일관되게 진행할 수 있게 했다. 고객이 원하는 채널에서 원하는 방식으로 제품을 구매하고 빠르게 상품을 받아볼 수 있게 조직을 고객 중심으로 통합했다.

그동안 아마존닷컴에 밀려 고전을 면치 못한 월마트는 디지털이라는 혁신 DNA를 이식하려면 무엇보다 기존과 다르게 플랫폼에서 경쟁해야 함을 인식했다. 과감하게 스토어를 버리는 파괴적 혁신을 감행해 상품 구성부터 매장 운영, 물류 배송, 판매 마케팅, 고객 접객, 직원 교육 등 기존 월마트의 기반이 되는 모든 것을 디지털로 전환하고 있다.

온라인에서의 고객 구매 경험을 향상하기 위해 구매의 최종 단계인 배송과 물류 서비스를 강화하기 위한 다양한 서비스와 투자를 확대했다. 월마트는 미국 인구의 90%가 월마트 매장에서 16킬로미터 이내에 거주하는 강점을 활용해 기존 매장을 물류 거점으로 활용했다. 온라인에서 제품을 구매한 고객이 오프라인 매장에서 제품을 픽업할 수 있는 다양한 클릭앤드콜렉트 서비스와 매장 내에서 고객의 주문을 바로 처리할 수 있는 물류 기반을 갖춘 풀필먼트 센터로 활용해 빠른 배송이 가능하게 했다.

매장 내 디지털 기술을 도입해 온·오프라인의 끊김 없는 구매 경험을 제공하고 업무 효율성과 쇼핑 편의성을 높이기 위한 노력을 지속하고 있다. 고객경험을 향상하기 위해 IT 기업과 제휴하여 다양한 혁신 기술을 적극적으로 도입하고 활용하고 있다. 마이크로소프트와 제휴하여 마이크로소프트의 인공지능과 기계학습 기술을 활용해 판매 데이터 분석에 기반한 개인화된 맞춤 서비스를 제공하고 자동결제 기술에 기반한 무인 매장 서비스를 개발하고 있다.

아마존닷컴의 음성 쇼핑에 대응하기 위해 구글의 음성 비서 서비

월마트 매장 내 신기술 도입

월마트의 매장 로봇 배치 계획

온라인 주문 상품 자동 수령 기기인 픽업 타워 900대 신규 배치

재고 관리용 로봇 선반 스캐너 오토-S 300대 추가 배치

상품 트럭 하차 및 자동 분류기인 패스트 언로더 1,200대 이상으로 확대

자동 바닥청소 로봇 오토-C 1,500대 배치

(출처: 동아일보)

스인 구글 어시스턴트에서 월마트의 상품을 구매할 수 있게 하고 고객 편의성을 강화하여 다양한 부가 서비스를 받을 수 있게 했다. 또한 구글의 자율주행 자동차 회사인 웨이모와 제휴하여 월마트 홈페이지에서 상품을 구매하면 웨이모 자율주행차를 타고 매장을 방문해 구매한 상품을 집으로 가져가는 서비스도 제공하고 있다.

IBM과는 블록체인 기술을 활용한 식품 유통 이력 추적 시스템을 구축했다. 신선식품의 공급망 관리와 식품 안전 관리를 통해 고객들에게 안전한 먹거리를 제공하기 위해 실시간으로 농장에서 마트까지 식품 이력을 추적한다.

월마트의 블록체인 기술 활용

복잡한 단계(산지, 가공, 물류, 유통 등)

위생문제 추적 애로, 장기간 소요

안전에 대한 고객 신뢰 향상
(산지, 설비, 보관온도 등 이력 공유)

문제 발생시 즉시 추적
(2.2초 이내)

Walmart　Dole　Nestlé　Tyson

Ⅲ.　Kroger　McLANE

(출처: IBM)

로레알의 디지털 전환 추진 전략

　로레알은 뷰티 산업에 부는 변화 트렌드를 인지하고 디지털 혁신에 대대적으로 투자해오고 있다. CEO 장 폴 아공Jean-Paul Agond은 2010년 로레알을 디지털 뷰티 기업으로 재정의하고 공급망 관리, 제품 생산, 마케팅, 고객 서비스에 이르는 모든 영역을 디지털 환경에 맞게 혁신했다.

　디지털 인재를 확보하기 위해 전문 인력을 2,500명 이상 채용했다. 외부 인재 채용과 더불어 내부 직원들의 디지털 역량을 향상하기 위해 업스킬 프로그램을 도입했다. 기존의 리서치, 생산, 판매, 마케팅 등의 여러 기능 부서 직원들을 대상으로 디지털 기술 활용, 데이터 분석, 디지털 마케팅 관련 교육을 진행했다. 전 세계 직원들이 언제 어디서나 온라인으로 편하게 들을 수 있게 교육 플랫폼

로레알의 디지털 전환 전략 추진

1

디지털 트랜스포메이션
역량 확보

- 최고디지털책임자 영입
- 디지털 관련 전문 인력 확보
- 디지털 업스킬 프로그램 진행
- 애자일 기반 조직문화
- 사내 인큐베이션 프로그램

2

제조단계 혁신

- 기존분산된 연구정보통합
- 상품개발단계 3D 프린팅 활용
- 생산공정에 로봇 도입
- 물류유통단계에 무선인식 도입

3

고객경험강화

- 모디페이스 인수(증강현실)
- 맞춤형 화장품 개발

(출처: 디지털이니셔티브 그룹)

인 마이러닝을 제공했으며 디자인 싱킹 워크숍, 스타트업과의 협업, 리버스 멘토링 등의 다양한 방법들을 활용했다. 이러한 결과 2014년 시작 당시 300명에 불과했던 디지털 전문 인력이 2020년에 3만 3,000명으로 확대됐다.

로레알은 기존 제조업을 벗어나 고객들에게 다양한 고객경험과 디지털 서비스를 제공하기 위해 2018년에 모디페이스를 인수했다. 모디페이스는 가상 메이크업, 모발 색, 피부 진단 서비스를 제공하는 기업이다. 로레알이 기존 화장품 브랜드가 아니라 테크 기반의 회사를 인수한 것은 모디페이스가 처음이다. 모디페이스의 안면 매핑 기술을 활용해 고객이 가상으로 로레알 화장품을 체험하고 구매하는 데까지 연결할 수 있는 메이크업 지니어스 서비스를 출시했다.

메이크업 지니어스는 고객의 얼굴을 스캔하고 60가지 이상의 특성을 분석한 다음 다양한 제품과 음영을 혼합하여 사용해 실시간으로 다양한 메이크업 방법을 제시하고 있다. 사용자는 앱에서

메이크업 지니어스 서비스

(출처: 로레알)

선호하는 모습을 선택하고 버튼을 눌러서 곧바로 제품을 주문할수 있다. 로레알은 메이크업 지니어스를 통해 2,000만 명이 넘는고객에게 맞춤형 서비스를 제공하고 있다. 또한 가상현실 기술을활용해 미국 내 30개 오프라인 교육장을 방문하지 않아도 헤어디자이너 교육을 받을 수 있는 서비스를 진행하고 있다.

최근에는 메이크업뿐만 아니라 증강현실 기술을 활용해 다양한헤어스타일을 얼굴에 구현해보는 '스타일 마이 헤어', 네일 시술 전가상으로 손톱에 색상을 칠해보는 '버추얼 네일 살롱' 등 다양한뷰티 분야에 활용하고 있다. 또한 구글, 페이스북, 인스타그램, 유튜브, 스냅챗, 위챗 등의 다양한 소셜미디어 플랫폼과 연계해 사용자들이 모디페이스를 활용해 가상으로 메이크업과 모발 색을 체험하는 서비스를 제공하는 등 영역을 확대하고 있다.

로레알은 더 나아가 집에서 고객이 직접 자신만의 화장품을 만들 수 있는 화장품 제조 디바이스까지 출시했다. 맞춤형 화장품을제조하는 인공지능 기반의 디바이스인 페르소Perso는 그동안 쌓아

로레알의 페르소

(출처: 로레알)

온 로레알의 디지털 기술의 결정체라고 볼 수 있다.

페르소는 모디페이스의 얼굴 인식 기술을 활용해 피부 상태를 인식하고 기후, 자외선, 온도, 노화 상태 등을 진단하는 다양한 인공지능 알고리즘으로 피부 상태를 분석해 컴파운더로 맞춤형 화장품을 제조할 수 있게 구성돼 있다. 맞춤형 화장품은 4단계를 거쳐 제조된다. 1단계는 스마트폰 카메라로 얼굴을 촬영해 모공, 주름 등의 사용자의 피부 상태를 분석한다. 2단계는 사용자의 위치를 분석해 기후, 온도, 자외선 등 사용자의 주위 환경을 측정한다. 3단계는 잔주름, 피부 색소, 모공 크기 등의 자신의 피부 관리 사항을 입력해 제품 선호도를 평가한다. 4단계는 수집된 사용자 정보를 기반으로 포뮬러에서 즉석으로 맞춤형 화장품을 제작한다. 페르소는 스킨케어 제품뿐만 아니라 맞춤 립스틱과 파운데이션도 제조할 수 있다.

로레알의 전체 매출 중 이커머스 비중은 2015년에 6%에 불과했지만 2020년 11월 기준 25%를 차지하고 있다. 로레알은 현재 고객직접판매D2C 채널, 구독 서비스, 소셜 커머스, 라이브 커머스 등 일곱 가지 형태의 채널을 운영하고 있다. 또한 이커머스 매출 증대를 위해 지난 5년 동안 3,000명의 인력을 추가 고용했고 전체 마케팅 비용 중에 62%를 디지털 마케팅에 투자하고 있다. 구매 습관에 따른 맞춤 샘플 제공, 생일을 위한 선물 포장, 다양한 결제수단, 당일배송 등의 여러 가지 배송 옵션을 통해 개인화 서비스도 강화하고 있다.

오프라인 매장 판매가 어려웠던 코로나 팬데믹 기간에 다양한 언택트 서비스를 발 빠르게 출시해 이커머스 기반 고객 접점 확보 및 마케팅 커뮤니케이션을 강화했다. 최고디지털책임자CDO인 루보미라 로셰는 "이커머스에서 3년 정도 걸릴 일을 단 8주 만에 우리는 달성했다."라고 말했다.

아마존닷컴, 티몰 등과 제휴해 15개 사이트에서 가상 체험 서비스를 활용해 모발색과 메이크업을 테스트할 수 있게 했다. 또한 집에서 뷰티 전문가와 화상으로 일대일 상담을 통해 피부 진단과 화장품 추천을 받을 수 있게 했다. 뷰티 전문가와 인플루언서와 협력해 라이브 쇼핑을 진행해 고객에게 할인된 가격으로 제품을 구매할 기회를 제공했다. 라이브 쇼핑을 강화하기 위해 2020년 12월에 뷰티 전문가와 인플루언서들이 라이브 쇼핑을 통해 상품을 판매할 수 있는 소셜커머스 플랫폼인 레플리카 소프트웨어Replika Software 에도 투자했다.

나이키의 디지털 전환 추진 전략

2017년에 나이키는 빠르게 변화하는 디지털 시대에 고객 중심의 혁신 전략을 강화하기 위해 컨슈머 다이렉트 오펜스Consumer Direct Offense 전략을 발표했다. 이 전략 추진을 위해 트리플 더블 전략 Triple Double Strategy과 멤버십 프로그램을 새롭게 개편했다. 트리플 더블 전략은 디지털 기반의 고객직접판매D2C에 대응해 더 개인화 되고 빠르게 고객에 대응할 수 있는 체계를 구축하기 위해 혁신, 스피드, 다이렉트 3개 분야에 비즈니스 핵심 역량을 2배 이상 투자하여 집중하겠다는 것이다.

기존 제품 생산 주기를 절반으로 단축시켜 고객들이 원하는 제품을 빠르게 출시했다. 또한 기존 오프라인 매장 중심의 판매 전략에서 벗어나 나이키 멤버십과 나이키닷컴의 온·오프라인 채널을 유기적으로 연결해 고객에게 더 나은 경험을 제공하기 위한 고객 직접판매D2C 전략 추진을 목표로 하고 있다. 고객직접판매D2C 전략 강화를 위해 온·오프라인 판매 조직을 최고디지털책임자CDO가 이끄는 나이키 다이렉트 조직을 신설했다.

자라Zara 같은 패스트 패션 기업처럼 최신 유행을 반영해 빠르게 제품을 제작하고 유통하기 위해 새로운 생산 시스템인 익스프레스 레인Express Lane도 도입했다. 기존의 상품 기획-제조·생산-물류센터-도매업체-온·오프라인 매장-고객으로 이어지는 느리고 복잡한 공급자 중심의 제조·생산 및 판매 체계를 고객 중심으로 혁신한 것이다. 실시간 판매 데이터를 기반으로 고객이 원하는 상품을 기획하고 고객 피드백을 반영해 트렌드에 맞는 상품, 소재, 색상을

나이키의 디지털 전환 전략 추진

2017~2019	2020~
컨슈머 다이렉트 오펜스	컨슈머 다이렉트 액셀러레이션 전략

- 2배 혁신, 스피드, 다이렉트
- 맞춤형 상품 출시
- 다이렉트 채널 중심 개편
- 나이키+멤버십 통합 마케팅
- 디지털 테크 인수합병

- 마켓 플레이스 구축
- 엔드 투 엔드 기술 기반 강화
- 테크 기반 비즈니스 모델
  (메타버스, NFT 등)

(출처: 디지털이니셔티브 그룹)

홀세일 채널 축소

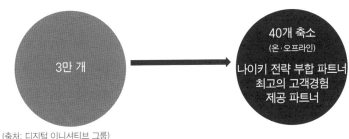

3만 개 → 40개 축소 (온·오프라인) 나이키 전략 부합 파트너 최고의 고객경험 제공 파트너

(출처: 디지털 이니셔티브 그룹)

빠르게 제공해 상품이 매장에 진열되는 시간을 단축했다.

고객직접판매D2C에 집중하기 위해 3만 개에 달하는 판매채널을 40개로 과감하게 축소했다. 2019년 11월에는 아마존닷컴에서 모든 상품을 철수했고 2020년에는 미국 내 주요 9개 유통채널에서도 상품을 판매하지 않기로 했다. 아마존닷컴처럼 매출 가능성은 크지만 다양한 브랜드를 판매하기 때문에 브랜드 관리가 어렵고 나이키 자체의 브랜드 경험을 제공하는 데 한계가 있는 유통채널

나이키 멤버십 혜택

 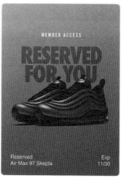 

- 제품구매우선권 부여
- 다양한 이벤트 및 서비스 제공
- 전문가 개인 코칭

(출처: 나이키)

은 과감하게 정리한 것이다. 대신 나이키 제품을 중심으로 차별화된 경험 제공과 고객관계가 가능하다고 판단되는 유통채널은 관계를 더 강화했다.

나이키는 온·오프라인을 연계한 고객경험과 고객직접판매D2C를 강화하기 위해 나이키플러스 멤버십 프로그램을 개선했다. 멤버만 구매 가능한 제품과 최신 상품을 먼저 구매할 수 있으며 독점 이벤트를 제공했다. 매장을 방문해 나이키 소속 전문가에게 개인이 선호하는 운동에 따라 제품과 스타일을 추천받고 운동 방법에 관한 다양한 조언도 들을 수 있다. 나이키는 2017년에 회원제 앱으로 개선한 후 현재까지 1억 8,500만 명 이상의 회원을 확보했다.

제품 판매를 위한 고객 지원 서비스 이외에 멤버십 가입자들을 위한 팬 중심의 커뮤니티를 구축하기 위해 다양한 브랜드 커뮤니티 서비스들도 함께 제공하고 있다. 브랜드 커뮤니티 서비스를 통

나이키 스니커즈

해 언제 어디서나 다양한 스포츠를 즐기고 소셜미디어처럼 고객들이 필요로 하는 운동 정보를 공유할 수 있게 했다.

　스니커즈 운동화에 관심 있는 마니아와 수집가를 위한 팬 커뮤니티로 나이키 스니커즈Nike SNKRS 서비스도 운영하고 있다. 한정판 운동화의 제작 과정이나 숨겨진 뒷이야기 등의 정보를 얻을 수 있으며 좋아하는 모델과 색상 등을 지정하면 관련 신제품이 출시될 때 알람을 보내 한정판 스니커즈를 우선 구매할 수 있는 응모 기회를 제공한다. 또한 스니커즈를 좋아하고 관심 있는 사람들끼리 관련 정보를 공유할 수 있게 해 커뮤니티도 활성화하고 있다. 현재 나이키 스니커즈는 온라인 매출의 20%를 차지할 만큼 많은 기여를 하고 있다.

　오프라인 매장에도 디지털 기술을 접목하고 고객 데이터를 활용해 멤버십 강화와 차별화된 경험을 제공하기 위해 다양한 형태의 혁신적인 매장 포맷을 시도하고 있다. 나이키 라이브Nike Live는 나이키 멤버십 사용자들의 데이터를 분석해 지역 내 고객에게 적합

나이키 라이브 매장

(출처: 나이키)

한 제품과 서비스를 제공하는 새로운 콘셉트 매장이다.

매장 디스플레이와 재고는 고객 구매 데이터를 기반으로 구성하고 있다. 멜로즈Melrose 매장은 고객 구매 데이터를 분석한 결과 50명 중 1명은 나이키 코르테즈Nike Cortez 모델을 구매한다는 사실을 발견하고 이를 바탕으로 상품을 구성했다. 롱비치Long Beach 매장은 여성에 초점을 맞춰 여성 회원들이 선호할 만한 제품 큐레이션, 체험 프로그램, 개인화된 코칭 서비스를 제공하고 있다.

나이키는 고객직접판매D2C 추진에 필요한 기술과 데이터 분석 능력을 강화하기 위해 인공지능 및 관련 테크 회사들을 꾸준히 인수했다. 2018년 3월에는 고객 취향과 행태 분석 등의 광범위한 데이터를 분석해 고객에게 맞춤형 서비스 및 개인화된 마케팅을 제공하기 위해 데이터 분석 회사인 조디악Zodiac을 인수했다. 4월에는 컴퓨터 비전 및 3D 기계학습을 활용해 맞춤형 신발을 제작할 수 있는 인버텍스Invertex를 인수했다. 2019년 8월에는 인공지능에 기반한 수요 예측 및 재고 관리 회사인 셀렉트Celect를 인수했다. 2021년 12월에는 NFT 기반의 가상 의류를 제작하는 RTFKT를 인수해 사용자가 가상 운동화, 의류, 액세서리 등 디지털 수집품을 교환할 뿐만 아니라 제작과 판매를 할 수 있도록 했다.

12장

산업 디지털 전환
적용 사례와 서비스업

김용진

서강대학교 경영대학 교수·금융위원회 비상임위원

서울대학교 경영학과를 졸업했다. 서강대학교에서 경영학 석사학위를 받았고 뉴욕주립대학교(버팔로 캠퍼스)에서 박사학위를 받았다. 뉴욕주립대학교(빙햄튼) 조교수를 거쳤다. 『계간 경영정보시스템MIS Quarterly』 『ACM 커뮤니케이션즈Communications of the ACM』 등 세계적인 학술지에 60여 편의 논문을 게재했다. 스마트핀테크연구센터장, 한국경영정보학회장, 경영학연구 편집위원장, 중소기업정책심의회, 혁신금융심사위원회 민간위원, 면세점특허심사 위원장, 자동차산업학회장, 국가과학기술심의회 첨단융합 분야 전문위원을 역임했다.

주요 관심사는 디지털 전환, 비즈니스 모델 혁신, 기업가정신, IT 가치평가이다. 주요 저서로『온디맨드 비즈니스 혁명』『사람 중심 기업가정신』 등이 있다.

1.

서비스 산업이 새로운 성장 엔진이 돼야 한다

서비스 산업 현황

우리나라 서비스 산업의 부가가치 비중은 지난 10년간 60% 수준에서 정체 중이다. 서비스가 발달한 미국은 79.8%, 영국은 79.7%로 우리와 약 20%포인트의 격차를 보이고 있다. 제조업이 강한 일본(69.6%)과 독일(68.7%)의 서비스업 부가가치 비중을 비교해도 우리나라의 서비스업이 만들어내는 부가가치는 낮은 것으로 평가된다.

부가가치 비중만이 아니라 서비스 산업 고용 비중도 우리나라가 2012년 이후 70% 내외인 반면 미국 79.9%, 영국 82.5%, 일본 72.8%, 독일 74.5%로 상당한 격차를 보이고 있다. 특히 서비스업 고용 부문에서 우리나라는 도소매·음식숙박 등 생활밀착형 업종의 비중이 높은 반면 전문·과학·보건 등 고부가업종 서비스 분야의 고용 비중이 낮아서 전형적인 개발도상국형 고용 구조를 가지

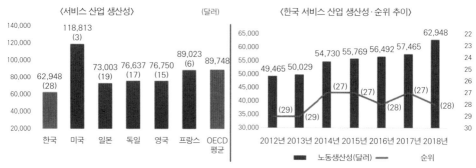

우리나라 서비스업 생산성과 그 추이

〈서비스 산업 생산성〉 (달러)　　　〈한국 서비스 산업 생산성·순위 추이〉

※ 자료: OECD stats(2018년 기준), 구매력평가지수(PPP) 적용, 괄호 안은 OECD 내 순위
※ 구매력평가지수(PPP): 2010년 기준(2012~2017년), 2015년 기준(2018년)

(출처: 전경련, 2021. 4, 서비스 산업 국제경쟁력 비교)

고 있다.

　생산성 측면에서 살펴보면 우리나라의 서비스 산업 취업자 일인당 노동생산성(2018년 기준)은 6만 2,948달러로 경제협력개발기구 **OECD** 33개국 중 28위이며 평균인 8만 9,748달러의 70.1% 수준에 그치고 있다. 제조업 노동생산성 대비 서비스 산업 노동생산성 수준은 50.3%로 경제협력개발기구 33개국 중 32위를 차지하고 있다. 위의 그림은 세계 주요 국가들과 비교한 우리나라의 서비스 산업 생산성과 추이를 보여주고 있다.

　서비스 산업의 경쟁력을 나타내는 또 다른 지표인 서비스 수지 또한 긍정적이지 않다. 서비스 관련 무역 자체는 세계 경제의 글로벌화에 따른 교역 확대로 증가 추세를 보이고 있다. 그러나 서비스 수지는 지속적인 적자추세를 나타내고 있다. 우리나라의 서비스 산업의 수출입 규모는 1980년 86.6억 달러에서 2019년 2,264억 달러로 지난 40년 동안 약 26배가 성장한 반면 서비스 수지는

우리나라 서비스업 규모와 수지 추이

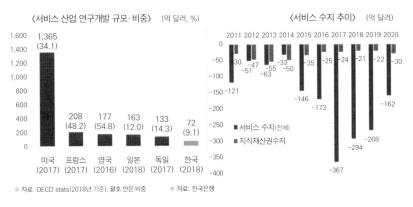

〈서비스 산업 연구개발 규모·비중〉 (억 달러, %)

〈서비스 수지 추이〉 (억 달러)

※ 자료: OECD stats(2018년 기준), 괄호 안은 비중 ※ 자료: 한국은행

(출처: 전경련, 2021. 4, 서비스 산업 국제경쟁력 비교)

1990년 적자로 전환된 이후 1998년을 제외하고는 지속적인 적자를 유지하고 있다. 위의 그림은 서비스 수지를 보여주고 있다.

근본적으로 우리나라의 서비스 분야는 저생산성과 저부가가치 분야에 많이 몰려 있고 지식 서비스를 중심으로 하는 고부가가치 영역에 진입한 경우는 거의 없다고 볼 수 있다. 다음 페이지의 그림은 우리나라 서비스 산업의 고용 비중과 생산성을 유럽연합과 비교해서 보여주고 있다.

서비스 산업의 중요성

21세기 들어 지식 기반 경제로의 전환이 가속화되면서 서비스 산업이 제조업을 대신해 경제를 견인하는 새로운 성장 엔진으로서 부각되고 있다. 과거 서비스는 비생산적이고 저생산성이어서 경제 성

한국의 고용 비중과 생산성

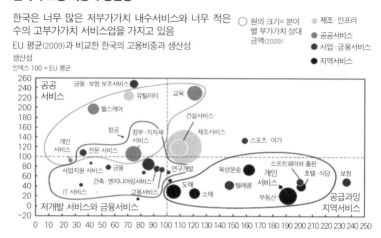

한국은 너무 많은 저부가치 내수서비스와 너무 적은 수의 고부가치 서비스업을 가지고 있음

EU 평균(2009)과 비교한 한국의 고용비중과 생산성

○ 원의 크기= 분야별 부가가치 상대 금액(2009)

● 제조·인프라
● 공공서비스
● 사업·금융서비스
● 지역서비스

생산성
인덱스 100 = EU 평균

(출처: EU KLEMS, OECD STAN (ISIC Rev 4), McKinsey Global Institute Analysis)

장의 발목을 잡는 방해물 정도로 간주됐다. 생산과 직접적으로 연관성이 없는 경제의 사회적, 물리적 인프라를 지원하는 형태로 인식돼 왔다. 또한 서비스 혁신은 제조 기업의 기술적 발달에 힘입은 수동적인 것으로 이해됐다. 그러나 1960년대 이후 서비스 자체가 고객의 수요를 끌어내는 동력이 됨을 인지하면서 서비스 활동의 범위가 확대됐다. 최근에는 상품의 서비스화Servicization 또는 서비스의 상품화Encapsulation 등의 개념으로 확대되고 있다. 이러한 인식의 전환은 서비스 혁신을 통한 서비스 생산성의 향상이라는 측면에서 중대한 의미가 있다.

세계 경제 전반에서 서비스에 대한 의존성이 증가하는 현상은 크게 두 가지로 설명할 수 있다. 하나는 서비스 산업 자체의 성장이고 다른 하나는 제조업 등 서비스 산업 외에 기업들의 서비스에 대한 의존성 증가다. 이 중 서비스 산업 자체의 발전은 서비스 중심의 경제성장을 위한 동력으로 작용해 서비스 산업에 종사하는 인력이 급격히 증가하게 된다. 세계 10개 국가를 선정해 각 국가의 노동시장을 분석한 한 연구 결과는 각국에서 서비스 산업에 종사하는 노동인력이 급격히 증가함을 보여준다. 이러한 현상은 선진국뿐만 아니라 개발도상국인 중국과 인도에서도 동일하게 나타나고 있다.

한편 제조업 등과 같은 서비스 산업 외의 영역에서도 서비스에 대한 의존성이 증가하고 있다. 이는 기업들의 가치 창출에서 제조 부문보다 연구개발, 마케팅, 재무 등 서비스 분야의 공헌도가 높아지고 있음을 나타낸다. 즉 제품을 생산하는 일 자체가 가치를 창출하는 것이 아니라 제품이 고객에게 주는 본질적인 서비스의 제공과 이의 사용이 가치를 창출함으로써 기업의 성장동력으로 작동하고 있다는 것이다. 이러한 현상은 제조업에서 선두 기업으로 알려진 미국의 IBM과 GE가 서비스 분야에서 막대한 수익을 거두는 현상에서도 알 수 있다.

서비스 산업의 성장 및 제조업에서 서비스 영역의 성장은 경제적 패러다임이 제품 기반product-based에서 서비스 기반service-based으로 전환되고 있음을 명료하게 보여주고 있다. 1776년 아담 스미스의『국부론』이래 제품을 만드는 것은 가치를 창출하는 생산적인 활동으로 국가의 부를 증대하는 것으로 인식돼 왔으나 서비스는 그 외 기타 또는 나머지와 같은 비생산적인 것으로 인식돼 왔다. 따라서 기업들의 주요 관심은 제품 생산에서 효율성을 높이는 데 있었다. 이는 제품 자체가 고객이 원하는 가치를 제공한다는 사고에 기반하고 있다. 이러한 생각은 기업들이 수익을 창출하는 데 제품을 만들어 팔고 애프터서비스를 제공하는 일에만 집중하도록 만들었다. 심지어는 고객 지향적인 접근이 강조되던 1980년대에도 말로는 고객 중심을 외치면서 실제로는 고객의 니즈를 충족시킨다는 미명하에 자신들의 관점에서 만들어진 제품의 판매에 열중하는 기업들이 대부분이었다. 이러한 사고는 제품 지배 논리라고 정의할 수 있다. 제품 지배 논리는 경제활동이 가치교환의 기본 단위인 제품의 생산에 집중돼 있기 때문에 서비스는 가치를 창출하는 경제활동이 아니라 나머지 보조적인 활동 모두를 포괄하는 의미로 간주됐다.

그러나 경제 환경의 변화와 함께 1990년대부터 지속적으로 서비스 산업이 성장하면서 기존의 제품 지배 논리에 대한 한계가 나타났다. 더 많은 정보와 지식으로 무장된 고객들은 더 이상 주어진 제품 자체를 구매하기보다는 자신들의 니즈를 충족시키기 위해 제품이 제공하는 본질적 가치, 즉 서비스를 기업과 공동으로 만들어 가기를 원하는 것으로 밝혀졌다. 이러한 상황에서 고객들에게 가치는 제품이나 서비스를 사는 순간 실현되는 것이 아니라 실제로 그 제품이나 서비스를 사용하면서 발생하게 된다.

이러한 접근을 서비스 지배 논리라고 정의한다. 서비스 지배 논리하에서 제품이나 단순한 서비스는 본질적 서비스를 제공하기 위한 전달매체로 인식된다. 서비스 기반 경제에서 경제활동의 핵심이 되는 자원에 대한 해석 또한 제품 기반 경제에서와는 달라지고 있다. 제품 기반 경제에서 주요 자원은 토지, 노동, 자본으로 구성돼 있으며 제품을 생산하기 위해 투입된다.

그러나 이러한 자원은 고정적이고 한계가 있으며 경쟁우위를 창출하는 데 제한적인 역할을 수행한다. 따라서 경제주체들이 지속적으로 활용할 수 있고 경쟁우위를 창출할 수 있는 자원, 즉 지식, 스킬, 역량 등에 관심을 갖게 됐다. 이러한 자원들은 제품이 아니라 제품이 가진 본질적인 서비스를 창출하는 데 사용된다. 이것이 서비스 기반 경제의 핵심 내용이다.

국내 제조업은 이미 고용 없는 성장을 이어가고 있다. 최근 제조업의 매출 증가 10억 원당 직·간접 취업 유발은 4.9명에 불과한 형편이다. 따라서 고부가가치형 서비스 산업의 확대는 고용의 양적 성장뿐만 아니라 좋은 일자리 창출을 통해 노동시장의 유연성과 안정성을 향상할 수 있다. 이러한 예는 독일 등 선진국의 예에서 찾아볼 수 있다. 독일은 1990년대 초부터 서비스 산업의 글로벌화를 위해 지식 서비스 산업을 중심으로 수출 지원 프로그램과 혁신 지원 프로그램을 마련하고 상당한 성과를 거두고 있다. 또한 미국은 1980년대에 극심한 불황을 겪었으나 구조 조정과 함께 지식 서비스 산업의 발전으로 이를 극복하고 신경제로 진입에 성공한 바 있다. 하지만 우리는 그동안 제조업은 세계적 수준으로 발전했으나 소프트웨어, 디자인, 컨설팅 등 지식 서비스 산업은 여전히 취약하며 지식 서비스 산업 중 성장 잠재력이 가장 큰 사업 서비스업은 미국의 생산성 대비 29%에 불과한 형편이다.

따라서 다양하고 급속하게 일어나는 산업 변화의 흐름 속에서 서비스 생산성을 높이고 고객의 니즈를 만족시킬 수 있는 혁신을 효과적으로 수행하는 것은 경제의 지속적이고 안정적인 성장뿐만 아니라 기업의 지속적인 성장을 위해서도 필수적이라 할 수 있다. 서비스 혁신에 대한 기존의 많은 연구들은 서비스 혁신이 새로운 상품을 개발하는 데 필요한 리드타임lead time을 줄이고 시장에 진입하는 속도를 높이고 이를 통해 기업이 산업에서 일고 있는 새로운 기술을 좀 더 빨리 적용할 수 있게 해 기업 성과에 긍정적인 영향을 준다고 주장한다. 또한 이런 서비스 혁신은 기업이 비전과 목표를 명확히 설정할 수 있도록 함으로써 전체적인 비즈니스 전략에 올바르게 접근하는 데 도움이 되고 기업이 경쟁기업들보다 효율적으로 기존의 아이디어를 이용해 새로운 상품을 더 향상하는 데 이용될 수 있다고 주장하고 있다.

2.

제품의 서비스화와 서비스의
제품화가 핵심이다

서비스의 정의

전통적인 경제 논리에서 서비스는 제품과 대치된 개념으로서 무형성Intangibility, 비분리성Inseparability, 비동질성Heterogeneity, 소멸성Perishability을 가진 경제활동으로 정의돼왔다. 경제학의 아버지로 불리는 애덤 스미스는 저서 『국부론』에서 제조업은 가치를 창출하는 생산적인 활동으로 정의하고 서비스는 그 외 기타 또는 나머지와 같은 비생산적인 것으로 정의했다. 그 후 서비스는 늘 제품과 대비되는 경제적 활동을 의미하게 됐다. 하지만 이처럼 무형성과 비동질성 등에 초점을 맞춘 서비스의 정의는 디지털 기반 경제하에서 서비스에 대한 특징을 반영하지 못하고 있다.

다시 말해 디지털 혹은 스마트 제품을 기반으로 이루어지는 서비스나 네트워크를 통해 이루어지는 서비스 등 새로운 형태의 서비스를 포괄하지 못해 고객이 경험하는 서비스 품질이나 가치를 측정하기도 어려울 뿐만 아니라 서비스와 제품의 통합을 통해 나타나는 서비스를 반영하지도 못한다. 따라서 디지털 전환 시대 서비스는 기업이 가진 자원과 프로세스를 사용해 고객의 문제를 해결하는 것으로 정의돼야 한다. 이미 제품 자체가 서비스화돼 있고 서비스가 제품화돼 가는 특성을 반영하기 위함이다.

기존의 서비스에 대한 정의를 살펴보자. '결과물이 유형적 제품이나 구조가 아닌 모든 경제적 활동' '어떤 한 경제주체의 상태 및 환경이 다른 주체에 의해서 바뀌는 것' '어떤 사람이 상대방에게 제공할 수 있는 활동이나 혜택으로 무형적이며 소유될 수 없는 것이며 물리적 생산물과 결부될 수도 있고 그렇지 않을 수도 있는 것' '공동 생산자로서의 역할을 가지고 고객을 위해 수행되는 소멸성의, 그리고 무형성의 경험' 등이 그것이다. 이러한 서비스의 특징은 생산과 소비의 동시성simultaneity, 서비스 결과의 무형성intangibility, 서비스 간의 이질성heterogeneity 등이다. 제품과 비교했을 때 서비스는 생산되는 즉시 소비돼야 하므로 저장할 수 없고 제품과는 달리 만질 수도 없다. 서비스를 받는 사람마다, 제공되는 서비스마다 다르다.

이런 전통적인 서비스의 정의는 서비스 자체의 특수성에만 초점을 맞추고 있다. 그렇기 때문에 디지털 기반 경제에서 핵심적으로 사용되는 메커니즘으로서 서비스를 이해하는 데 중요한 몇 가지 측면들을 간과하고 있다. 첫째는 실질적으로 모든 상품과 서비스가 유형과 무형의 특성을 지니고 있으며 상대적인 비중이 다를 뿐이라는 점이다. 즉 서비스는 무형적인 요소를 많이 내포하고 있는 반면 제품은 유형성이 많다. 따라서 서비스와 제품을 별개로 볼 것이 아니라 고객 가치 창출을 위한 하나의 묶음으로 이해해야 한다. 둘째는 서비스가 고객의 문제들을 해결하는 솔루션을 제공하는 일련의 활동이며 고객의 이익을 위해 모든 역량을 사용하는 것이라는 사실을 간과하고 있다. 솔루션이나 역량이라는 용어에는 제품과 서비스가 서로 다른 형태로 존재하는 것이 아니라 물리적 자원, 제품, 지식 등의 형태로 묶여져 고객의 문제를 해결하는 데 사용된다는 의미가 포함돼 있다. 이러한 의미에서 사용되는 용어들이 제품의 서비스화와 서비스의 제품화다.

제품의 서비스화와 서비스의 제품화는 제품과 서비스의 융합이라는 틀로 설명된다. 제품과 서비스의 융합은 단순히 제품이나 서비스를 판매하는 것이 아니라 비즈니스 가치를 창출하기 위해 서비스화가 된 제품이나 제품화가 된 서비스를 제공하는 것을 말한다. 기업 관점에서는 물건을 만들어서 판매하는 일반적인 비즈니스 형태가 아니라 제품과 서비스를 통합해 솔루션으로 제공함으로써 고객이 해결하기 원하는 본질적 문제들을 다루는 서비스 비즈니스로의 전환을 의미한다. 다음 페이지의 그림은 이러한 개념을 도식화한 것이다.

어떤 제품이나 서비스든 유·무형의 성격을 가지고 있고 고객의 문제를 해결하기 위한 것이다. 하지만 제품은 고객이 원하는 시점 이전에 기업들이 디자인해서 만들어놓은 것임에 반해 서비스는 고객이 원하는 시점에 자원들을 통합해 내놓는다는 것이 가장 큰 차이점이다.

제품과 서비스의 본질

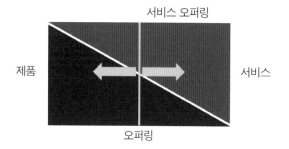

서비스 유형 분류

현재 국제표준산업분류에서는 서비스 산업이라는 항목이 따로 존재하지 않는다. 전체 산업 중 농림어업, 광업, 제조업, 전기, 가스, 증기 및 공기조절 공급업, 수도사업 및 하수·폐기물 처리, 원료재생, 환경복원업, 건설업을 제외한 도소매, 물류·유통, 정보통신, 금융, 부동산, 사업서비스, 교육, 사회서비스 등 15개 부문을 서비스로 인식하고 있다. 다만 유틸리티(전력, 가스, 수도 등), 건설과 운수, 통신 등의 활동은 서비스 산업에 포함되는지 아니면 제외되는지에 대해 오랫동안 논란이 돼왔다. 참고로 경제협력개발기구OECD는 전체 서비스Total Services와 비즈니스 분야 서비스Business Sector Services 항목을 마련해 서비스 산업 전반에 관한 통계를 공표하고 있다.

우리나라도 서비스 산업을 특정 항목으로 관리하고 있지 않다. 따라서 서비스 분류 체계를 이해하려면 우리 정부가 시행하고 있는 통계 조사를 확인할 필요가 있다. 우리나라의 서비스 산업 전체를 파악하는 통계로는 경제총조사, 서비스업조사, 서비스업동향조

서비스 산업 분류

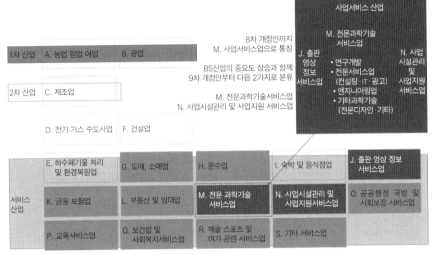

(출처: 한국표준산업분류 9차, 2008. 2. 1, 개정안)

사가 있다. 경제총조사의 서비스업 대상 항목(KSIC 8차 개정 기준)
은 도매·소매업, 숙박·음식점업, 통신업, 금융·보험업, 부동산·임
대업, 사업서비스, 교육서비스, 보건·사회복지사업, 오락, 문화·운
동 관련 서비스, 기타 공공, 수리·개인서비스에 운수업과 공공행정,
국방·사회보장행정이 포함돼 있다. 업종별로는 도매·소매업, 운수
업, 전문·과학·기술 서비스업, 정보통신산업, 콘텐츠산업, 금융산
업, 보험산업, 광고산업 등이 조사되고 있다. 특히 산업 분류에 기
초한 업종(G, I, H, M)과 특수 분류로 승인된 업종(정보통신, 콘텐츠,
관광, 물류, 저작권 등)에 대한 통계조사가 이루어지고 있다. 위의 그
림은 전체 분류를 나타낸다.

앞서 언급한 대로 이러한 분류는 현재 진행되는 산업의 변화를

서비스 대상과 형태를 중심으로 한 서비스 유형 분류

서비스 대상		
사람	사물	정보
대인직접서비스 -미용, 이발, 음식점 -운동치료 -의료, 사회복지 -도·소매	**대물직접서비스** -창고·보관업 -유지보수 -세탁, 조경 -수의업	**직접정보서비스** -법률, 회계 -교육 -디자인 -컨설팅
대인간접서비스 -은행, 숙박 -온라인 교육 -방송, 영화, 박물관	**대물간접서비스** -보안 -보험 -건설 -화물수송	**간접정보서비스** -정보서비스 -홈쇼핑 -소프트웨어 개발 -컴퓨터 설계

(좌측 세로축: 서비스 형태·기반 / 직접·사람 / 간접·장비)

반영하지 못한다는 단점이 있다. 그 때문에 연구자들이 서비스 산업에 대한 개념 정의와 함께 다양한 관점에서 서비스 산업을 분류하고자 시도하고 있다. 이들 연구자는 산업의 발전 정도, 제공되는 시장과 수요, 기술의 활용 수준과 혁신 정도 등을 주요한 분류 기준으로 사용해 서비스 산업을 분류하고 있다. 이러한 추세와 함께 국제표준산업분류도 새로운 시장 환경의 변화를 반영해 서비스 산업 분류 체계를 지속적으로 개정해왔다. 이 글에서는 서비스 대상과 제공되는 서비스 형태 혹은 서비스 제공 기반을 중심으로 제안된 서비스 분류 기준을 제시하고자 한다. 위의 그림은 이 두 가지 축을 중심으로 분류된 서비스 유형을 보여주고 있다.

먼저 서비스 대상을 중심으로 분류할 경우 서비스 공급자가 자신의 역량을 사용해 사용자의 니즈를 충족시키는 것이나 서비스를 받는 대상의 상태를 변화시키는 것을 서비스라고 보면 서비스 대상은 사람, 사물, 정보로 구분할 수 있다. 서비스 대상을 사람이라고 특정하는 경우 서비스는 사람의 물리적 상태, 심리적 상태, 공간적 상태를 바꾸는 것이라고 볼 수 있다. 서비스의 대상을 사물이라고 하는 경우 서비스는 사물의 물리적 상태, 사물의 속성, 사물의 공간적 상태를 바꾸는 것으로 볼 수 있다. 서비스의 대상을 정보라고 할 경우 서비스는 정보의 취합, 생성, 전달, 사용, 변경 등 정보의 상태를 바꾸는 것과 활용하는 것으로 구분할 수 있다.

두 번째 분류 기준은 서비스 제공자 또는 제공 기반의 관점에서 볼 수 있다. 서비스가 사람이 직접 제공하는 것인지, 아니면 장비나 장치에 의존해서 제공하는 것인지에 따라 사람이 직접 제공하는 분야와 장비를 사용해서 간접적으로 제공하는 분야로 나눌 수 있다. 이는 서비스 생산(제공)에 필요한 핵심 투입요소를 반영한다.

첫째, 서비스를 제공하는 기반이 사람인 경우는 사람이 직접 서비스를 제공하는 것으로 볼 수 있다. 이 기준은 세부 분류 시 서비스 인력의 전문성 정도에 따라 단순 서비스나 전문 서비스로 구분할 수 있어 일자리 창출과 인력 양성 등의 정책 추진과 연계하거나 업종별로 효과적인 대안을 제시할 수 있다. 둘째, 서비스가 시설이나 설비 등 물적 기반에 의존해 이루어지는 경우는 간접적으로 서비스가 제공되는 것으로 볼 수 있다. 이 기준에 따르면 금융, 통신, 운수업 등과 같이 대부분의 간접적으로 제공되는 서비스는 정보 네트워크나 물적 기반을 필요로 한다. 이에 근거해 자본 집약적 서비스인지 노동 집약적 서비스인지를 구분하는 것도 소규모 창업 유도나 자금 지원 정책과 연계를 모색하는 데 정책적 시사점을 줄 수 있다.

결론적으로 서비스의 대상이 사람인지, 사물인지, 정보인지에 따라 세 가지 유형으로 구분한다. 서비스 제공 방법이 사람이 직접 하는 것인지, 장비를 통해 간접적으로 하는 것인지에 따라 두 가지 유형으로 구분해 다음과 같이 총 여섯 가지 서비스 유형으로 분류할 수 있다.

- 대인직접서비스: 사람이 사람에게 직접적인 서비스를 제공하는 것으로 서비스를 받는 사람의 상태가 변화하는 것이 최종 서비스의 결과물이다.
- 대인간접서비스: 장비나 시설을 이용해 사람에게 간접적인 서비스를 제공하는 것으로 서비스를 받는 사람의 상태가 직접적으로 변화하는 것은 아니지만 감정적 상태나 장소의 변화를 수반한다.
- 대물직접서비스: 사람이 사물에 대해 직접적으로 서비스를 제공하는 것으로 결과는 사물의 상태가 변화하거나 사물의 위치가 변화하는 형태로 나타난다.
- 대물간접서비스: 장비나 시설을 이용해 사물에게 간접적인 서비스를 제공하는 것으로 결과가 사물의 상태를 직접적으로 변화시키는 것은 아니지만 사물의 유지나 복원 등의 변화를 수반한다.
- 직접정보서비스: 사람이 직접적으로 정보를 만들거나 가공해 활용할 수 있도록 하는 서비스를 말하며 결과가 정보의 생성, 가공, 수정, 전달, 활용의 형태로 나타난다.
- 간접정보서비스: 정보의 생성, 가공, 수정, 전달, 활용이 장비

나 설비를 이용해 간접적인 형태로 이루어지는 서비스를 말한다. 이 경우는 특히 정보를 생성하거나 유통하기 위한 기본적인 수단을 만들거나 활용하는 형태로 나타난다.

3.

맞춤화된 제품 – 서비스
통합 시도가 필요하다

서비스 융합

디지털 전환은 과거와 같이 상품이나 서비스를 구분해 비즈니스 모델을 정의하는 이분법적 접근을 무력화한다. 그러다 보니 기업들은 시장의 불확실성에 대응하고 생존을 확보하기 위해 새로운 경쟁규칙을 따를 것을 강요받고 있다. 이러한 추세를 가장 잘 반영하는 것이 최근에 나타난 제품-서비스 융합 모델이다. 제품-서비스 융합 모델은 기업 생존의 대안으로 주목받고 있으며 제품의 서비스화나 서비스의 제품화와 같은 형태로 나타나고 있다.

먼저 제품의 서비스화는 제조업이든 농업이든 심지어 전통적 서비스업이든 제공하는 제품이나 서비스가 고객의 문제를 해결하기 위한 것이라는 이해를 바탕으로 그 본질에 초점을 맞추는 것이다. 예를 들어 건설회사에서 가장 중요한 것은 건축물을 제시간에 짓는 것이다. 그러기 위해서 건설사들은 건설장비들을 구매해 보유한다. 하지만 많은 경우 건설장비들이 고장을 일으키면서 공기가 지연되는 문제가 발생한다. 이러한 문제는 기업의 목표 달성을 방해한다. 따라서 계획된 기간에 공사를 마무리하기 위해서는 건설장비를 소유하는 것이 중요한 게 아니라 필요한 시점에 공사에 투입할 수 있도록 준비해두는 것이 필요하다. 건설장비 회사들이 서비스 회사로 변신하는 중요한 이유다. 자동차 판매의 경우도 고객은 자동차를 소유하기 위해 사는 것이 아니라 이동이라는 서비스를 사용하기 위해 구매한다는 점을 이해해야 한다. 이러한 이해를 근간으로 자동차 구매와 관련된 재무적 지원, 컨설팅, 유지보수 등과 같은 각종 서비스를 통합 제공함으로써 자동차를 사는 고객들의 이동성 문제를 해결해야 한다.

이러한 비즈니스 모델 전환의 예가 최근 들어 급격하게 증가하고 있다. 구글이 자동온도조절기 네스트를 제품이 아니라 서비스로 제공하기로 한 것이라든지, 삼성전자가 스마트TV를 판매한 후에 다양한 콘텐츠 서비스를 제공하는 것이라든지, 어도비가 포토샵이나 일러스트레이터 등 단일 소프트웨어 제품을 서비스화해 크리에이티브 클라우드란 이름으로 제공하는 것 등이 그것이다. 제품의 서비스화는 지향점에 따라 제품 지향적 서비스(유지운영 계약, 컨설팅 등), 사용자 지향적 서비스(제품의 리스나 공유 등), 결과 지향적 서비스(이동성과 같은 최종 목표에 초점을 둠)의 3가지 유형으로 구분된다.

그다음으로 서비스의 제품화란 기존에는 표준화되지 않은 형태로 제공되던 서비스를 소프트웨어 등과 같은 제품의 형태로 제공하는 것을 의미한다. 기존의 서비스가 제공하는 사람, 시간, 장소에 따라 달라지는 문제를 해결하기 위한 것이다.

예를 들어 인튜이트Intuit의 터보택스TurboTax는 전통적으로 회계사가 제공하는 무형의 세무 서비스를 제품화했다. 과거 회계사에 의존해 세금정산을 했던 고객들에게 스스로 해결할 수 있는 새로운 방법을 제시함으로써 사업을 확장했다. 일반적으로 회계사가 처리할 경우 129~229달러의 비용을 지불해야 하지만 터보택스 소프트웨어는 30~50달러만 주면 구입할 수 있다.

또 다른 예로 온라인 서점으로 출발한 아마존은 전자책e-book 킨들을 제공하고 있다. 기존의 물리적 형태의 책이 가진 다양한 문제, 예를 들어 보관이 불편하다든가, 가지고 다니기 어렵다든가, 찾기 어렵다는 문제를 해결하면서 신규 시장을 창출했다. 카카오는 고급 외제차를 기반으로 카카오T블랙이라는 서비스 앱을 출시해 고급 승객운송 서비스 경험을 제공하고 있다. 이와 같은 서비스의 제품화에서 제품은 제공되는 서비스의 물리적 표현으로 서비스 자체에 포함되는 특징이 있다.

이상의 두 가지 개념은 제품과 서비스의 통합 방식이 새로운 사업 기회를 제공할 수 있다는 점을 알려준다. 하지만 제품이나 서비스 중 어느 쪽이 더 중요한 역할을 할 것인지, 어떤 방식으로 성장에 기여하는지를 제시하기에는 추상적이다. 제품이나 서비스 가운데 한쪽의 역할과 기능이 지나치게 강조되면 변화하는 고객 욕구에 유연하게 대처하기 어렵고 새로운 가치 창출 활동을 제약할 수도 있다. 따라서 이와 같은 문제를 해결하고 4차 산업혁명 시대에 보다 지속가능한 비즈니스 모델을 만들기 위해서는 고객 관점에서 접근하는 맞춤화된 제품-서비스의 통합에 대한 시도가 필요하다.

제품-서비스의 통합 방법은 표준화와 맞춤화라는 두 가지 기준점으로 구성된다. 표준화는 제품의 소재, 부품, 제품을 만드는 방식 혹은 서비스를 생산하는 방식을 얼마나 표준적인 형태로 규정하고 관리할 수 있는가 하는 것이다. 표준화는 고객의 요구에 능동적으로 대응하기 위한 모듈화의 근원이 된다. 맞춤화는 개별 고객이 가진 문제를 해결하기 위해 제품이나 서비스를 얼마나 쉽게 변형할 수 있는가 하는 문제다. 통합 영역은 맞춤화나 표준화를 서비스 생산 영역에서 실행할 것인지, 그렇지 않으면 소비 영역에서 실행할 것인지를 결정하는 것이다. 물론 서비스의 생산과 소비 모두를 맞춤화의 대상으로 할 수 있지만 고객에게 제공하는 서비스의 속성에 따라 생산 영역이 더 중요한 경우와 소비 영역이 더 중요한 경우가 있어 전략적 의사결정이 필요하다.

이와 같은 기준에 따라 제품-서비스 통합을 통한 성장 전략 프레임워크를 다음 그림과 같이 나타낼 수 있다. 맞춤화 생산은 제품과 서비스가 고객의 필요에 따라 유연하게 통합될 수 있는 자원과 프로세스를 갖추고 서비스를 제공함으로써 고객들이 가진 문제를 해결하는 것이다. 표준화 생산은 표준화된 제품이나 서비스를 제공하지만 고객들이 유연하게 사용할 수 있도록 하는 특징을 가진 제품이나 서비스(예를 들면 마이크로소프트 윈도)를 만드는 것이다. 맞춤화 소비는 제품과 서비스를 통합함으로써 고객들이 서비스 사용 과정에서 자신들이 원하는 형태로 유연하게 변경하고 수정할 수 있도록 하는 것이다. 표준화 소비는 서비스를 표준화 혹은 패키지화함으로써 고객들이 서비스를 사용하는 과정을 보다 쉽게 하는

제품-서비스 통합 프레임워크

것이다.

제품-서비스의 통합은 기본적으로 소유보다는 사용이라는 관점에 초점을 맞추고 있어 새로운 비즈니스 모델들의 출현을 촉진한다. 공유경제Sharing economy나 구독경제Subscription economy가 대표적인 형태다. 공유경제는 제품이나 서비스를 소유하는 것이 아니라 이용하는 데 초점을 두는 것으로 우버나 에어비앤비와 같은 모델이 대표적이다. 구독경제 또한 소유보다는 이용에 초점을 두는 것이다. 일정한 금액을 서비스료로 지불하고 스트리밍 서비스를 즐기는 넷플렉스가 대표적이다.

이러한 통합 트렌드에 더해 서비스가 정보통신기술과 융합되면서 가장 중요해진 것이 데이터화Datafication다. 서비스와 정보통신기술과의 융합이라는 측면에서 제품화Productization는 재고 관리, 창고 관리, 영업 관리 등과 같이 기존에는 사람이 직접 운영하거나 서비스를 제공하던 형태에서 정보통신기술을 활용해 자동화하거나 표준화하는 서비스 분야의 정보통신기술과 융합을 말한다.

서비스화Servitization는 자산 관리 서비스, 클라우드 컴퓨팅 서비스, 에어비앤비의 사례에서처럼 기존에는 특정 개인이나 기업만이 독점적으로 사용하던 자산을 정보통신기술과 융합하여 유동화함으로써 서비스 형태로 제공하는 서비스 분야의 정보통신기술과 융합을 말한다.

데이터화는 법률 정보 서비스, 의료 정보 서비스, 신용 정보 서비스 등의 사례와 같이 많은 정보들을 모아서 새로운 서비스를 제공하는 서비스 분야의 정보통신기술과 융합을 말한다. 데이터화에 대한 논의가 많고 실제 마이데이터 서비스와 같은 정책도 시행되고 있으나 국내에서는 데이터화와 관련해 많은 문제점을 드러내고 있다.

첫째, 국내 시장 규모가 과소하다는 점이다. 우리나라에서는 데이터나 지적자산에 대한 가치를 인정하고 가격을 지불하려는 의도가 매우 약해서 데이터를 집적해 새로운 서비스를 할 경우에도 가격을 지불하고 사용하는 기업이나 개인이 많지 않다. 심지어는 공공기관에서조차 데이터의 가치를 인정하지 않는 경우가 많아 시장이 형성되기에는 부적합한 조건이다.

둘째, 시장의 불확실성이다. 데이터를 집적해 사업을 전개하는 경우에도 시장이 존재하지 않거나 시장을 만드는 데 오랜 시간이 걸린다. 중소기업들이 시장을 만들어도 대기업이 진출하면 순식간에 시장이 사라져버리는 경우가 많다.

셋째, 수익모델이 없다는 점이다. 데이터 중심의 비즈니스 모델은 데이터를 제공하는 서비스 자체로 부가가치를 창출하는 경우가 많지 않다. 따라서 집적된 데이터와 분석 역량을 중심으로 서비스 모델을 만들고 이를 중심으로 수익모델을 만들어야 하는데 역량 있는 인력이 부족해 다양한 시행착오를 거치지 않고는 수익모델을 만들기가 쉽지 않다. 문제는 이러한 시행착오 기간에 기업들이 자금력 부재로 사라져버리는 경우가 많다는 것이다.

넷째, 빅데이터에 대한 인식 부족이다. 국내 기업들이나 개인들은 데이터 또한 자산의 경우와 같이 공유한다는 개념보다 소유한다는 개념이 강하다. 개인 또는 기업 신용정보보호에 대한 강력한 법 규정으로 인해 빅데이터에 활용할 수 있는 데이터 자체가 빈곤하다.

서비스의 진화

최근의 디지털 기술이 발전하면서 서비스가 기존과는 완전히 다른 형태로 바뀌고 있다. 과거에는 대부분 사람에게 의존해 서비스를 제공했다. 하지만 인공지능과 자동화를 중심으로 고객 서비스 기술이 진화하면서 고객을 중심에 놓고 자동화된, 선제적인, 고객 여정에 맞는 자율 서비스를 제공하는 형태로 급격하게 진화하고 있다. 다음 그림은 디지털 기술의 발달로 인한 서비스의 진화 방향을 보여준다.

과거에는 서비스를 제공하기 위해 반드시 사람이 대면으로 서비스를 제공해야 했다. 그러나 이제는 챗봇, 소셜미디어, 가상현실, 증강현실, 모바일 등 기술의 등장으로 일대다 지원(종업원 1명이 많은 고객을 지원) 서비스로 진화하는 것이 첫 번째 진화 방향이다.

정보통신기술을 이용한 일대다 지원 서비스는 디지털 기술을 활

디지털 기술에 의한 서비스 진화 방향

대면서비스	전통적인 서비스로 서비스를 제공하기 위해서는 반드시 사람이 일대일로 대면 서비스
기술 기반 서비스	소셜미디어, 모바일, 인터넷 등 기술의 발전으로 한 사람이 동시에 여러 명의 고객에 대한 서비스를 제공할 수 있게 됨
역량 있는 고객에 의한 셀프 서비스	웹과 모바일의 발전으로 서비스 담당자와의 상호작용 없이 고객이 스스로 잔고 확인과 지급결제 등 단순업무를 처리할 수 있게 됨
자율 서비스	챗봇, 자율배달 서비스, 자율 컴퓨팅 등 기술의 발달로 고객의 요구를 학습 기반 인공지능이 사람의 도움없이 스스로 처리

용할 수 있는 역량 있는 고객들이 많아지면서 고객 자신에 의한 셀프 서비스로 진화하고 있다. 고객관계관리CRM 기술의 발달로 다양한 채널을 사용하는 개별고객에 대한 데이터 수집, 추적, 분석, 이해가 훨씬 쉬워졌다. 고객이 은행 잔고 확인, 지불, 주소 변경 등 스스로 자기 일을 처리하는 셀프 서비스가 활성화되는 추세다. 하지만 이러한 셀프 서비스의 경우에도 복잡한 업무들은 여전히 종업원들이 해결해야 하는 상황이다.

지원 서비스와 셀프 서비스를 기반으로 더 스마트하고 역동적인 자율 서비스가 등장하고 있다. 이는 완전히 다른 채널을 통해 마치 종업원이 직접 응대하는 수준과 동일한 정도의 서비스를 제공하는데 주로 인공지능과 로봇의 발달에 기인한다.

온디맨드화

온디맨드화Demandization는 고객이 원하는 장소에서, 고객이 원하는 시간에, 고객이 원하는 형태로 제품이나 서비스를 사용할 수 있도록 하는 것이다. 지금까지는 사용에 중심을 두고 고객의 문제를 해결하기 위해 만들어 온 제품의 서비스화와 사람에 의해 제공되어 온 서비스를 소프트웨어로 변환해 제공하는 서비스의 제품화라는 두 축을 중심으로 서비스의 진화가 이루어져 왔다. 하지만 인공지능과 로봇 등 디지털 기술의 발달로 인해 보다 고객이 요구하는 형태로 제공하는 방향으로 진화하고 있다. 다음 그림은 온디맨드화 개념을 보여준다.

온디맨드화는 기존의 서비스 생태계에 많은 변화를 가져올 것이다. 지금까지의 서비스(금융, 유통, 숙박, 렌털, 음식점, 이·미용 등)가 고객이 찾아가서 사용하는 것이었다면 온디맨드화는 찾아오는 서비

온디맨드화 개념

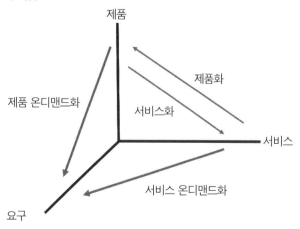

스를 말한다. 제품화와 서비스화가 추구하는 종착역을 온디맨드화로 볼 수 있기 때문이다.

기존 시장에서 성공을 거두었던 기업들은 자신들의 성공을 지원했던 프로세스를 가지고 있고, 자원 배분 규칙을 만들어왔고, 이에 맞는 역량을 구축해왔기 때문에 변혁적 시도를 거부하는 경향이 강하다. 하지만 기존의 성공방정식에 안주하지 않고 디지털 전환을 통해 고객 제공물을 제품 중심에서 서비스 중심으로, 그리고 온디맨드화로 성공적으로 변혁할 수 있는 역량을 가진 기업이 생존하고 성장할 가능성이 높다.

4.

온디맨드서비스가 디지털 전환의
목적이다

디지털 전환의 정의

디지털 전환은 특히 가치-비용 딜레마Value-Cost Dilemma의 해결
이라는 측면에서 중요하다. 기업이 생존하고 성장하기 위해서는
두 가지가 필요하다.

첫 번째는 기업이 고객으로부터 받는 가격이 반드시 기업이 제
품이나 서비스를 생산하기 위해 투입하는 원가보다 커야 한다(기
업의 생존 법칙: 가격 〉 원가). 만약 가격이 원가보다 낮다면 단기간
기업이 성장할 수는 있으나 장기적으로는 도산하게 된다. 따라서
기업이 고객으로부터 받는 가격은 반드시 자사 제품이나 서비스를
만들기 위해 투입한 원가보다 반드시 커야 한다. 이것을 기업의 생
존 법칙이라고 한다.

두 번째는 고객이 기업의 제품이나 서비스로부터 얻는 가치는

반드시 고객이 지불하는 가격보다 커야 한다(기업의 성장 법칙: 가치 > 가격). 만약 고객이 얻는 가치가 자신들이 지불한 가치보다 낮다면 고객은 외면할 것이고 기업은 성장을 멈추게 된다. 따라서 기업이 성장하기 위해서는 고객이 기업의 제품이나 서비스로부터 얻는 가치가 반드시 자신이 지불한 가격보다는 커야 한다. 이것을 기업의 성장 법칙이라고 한다. 여기서 가치는 고객이 기업이 제공하는 제품이나 서비스를 활용해 자신의 문제를 해결할 때 생긴다. 가치를 극대화하기 위해서는 고객 개인들이 처한 상황과 문제를 이해하고 개인화된 솔루션을 제공하면 된다.

하지만 전통적인 산업구조에서 고객에게 개인화된 솔루션을 제공하는 것은 거의 불가능하다. 물론 가능은 하겠지만 개인화된 솔루션을 제공하기 위해서는 생산 프로세스를 포함한 모든 업무 프로세스를 바꿔야 하기 때문에 비용이 기하급수적으로 증가하게 된다. 즉 가치-비용 딜레마에 빠지는 것이다. 전통적인 산업구조에서 기업이 이러한 문제를 해결하는 방법은 비즈니스 포트폴리오를 만드는 것이었다. 기업은 새로운 솔루션인 스타를 키우기 위해 현재 시장에서 수익성이 좋은 사업인 캐시카우로부터 벌어들인 이익을 투자한다. 캐시카우는 시장점유율은 높지만 성장성이 낮기 때문에 대량으로 생산해서 원가를 낮추고 경쟁우위를 가지는 전략을 써서 가능한 한 많은 이익을 만들어야 한다. 스타는 시장점유율도 높고 성장성도 좋지만 현재는 투자하는 단계라 이익을 만들어내지 못한다.

하지만 시장의 니즈가 급격하게 변화하는 지금의 상황에서는 비즈니스 포트폴리오가 적절한 대안이 되기 어렵다. 디지털 전환은 전통적 비즈니스가 가진 가치-비용 딜레마를 기술적으로 해결한다. 디지털 전환은 물리적 자원과 프로세스를 표준화하고 모듈화해 디지털로 재구조화하는 것이기 때문에 개인화된 솔루션을 낮은 가격에 만들어낼 수 있다.

디지털 전환과 관련해 산업 분야에서는 IBM, IDC, A.T.커니 등이 다양한 정의를 내려왔다. 2011년 IBM은 디지털 전환을 '기업이 디지털과 물리적인 요소들을 통합해 비즈니스 모델을 변화시키고 산업에 새로운 방향을 정립하는 전략'으로 정의했다. 2015년 IDC는 '기업이 새로운 비즈니스 모델, 제품과 서비스를 창출하기 위해 디지털 역량을 활용함으로써 고객과 시장(외부 생태계)의 파괴적인 변화에 적응하거나 이를 추진하는 지속적인 프로세스'로 정의했다. 2016년 A.T.커니는 '모바일, 클라우드 컴퓨팅, 빅데이터, 인공지능, 사물인터넷 등 디지털 신기술로 촉발되는 경영 환경상의 변화 동인에 선제적으로 대응함으로써 현행 비즈니스의 경쟁력을 획기적으로 높이거나 새로운 비즈니스를 통한 신규 성장을 추구하는 기업 활동'으로 정의했다. 이들은 공통적으로 기업을 디지털 전환의 주체로 보고 기업들이 최신 디지털 기술을 활용해 역동적인 환경 변화에 적응하고 경쟁우위를 확보하려는 노력으로 디지털 전환을 이해하고 있다.

하지만 산업계에서 내린 디지털 전환에 대한 정의들은 아주 중요한 것을 놓치고 있다. 디지털 전환의 목적이 고객들이 가진 문제를 고객들이 원하는 시간에, 원하는 장소에서, 원하는 형태로 해결해야 한다는 것임을 간과하고 있다. 결국 디지털 전환은 기업이 고객의 문제를 요구되는 시점과 장소 형태로 해결하기 위해 기업이 가진 소재, 자원, 프로세스를 표준화, 모듈화, 디지털화하고 온라인과 오프라인을 통제할 수 있도록 조직 전체를 변혁하는 것을 말한다.

기업에 디지털 전환은 하루아침에 일어난 것이 아니라 인터넷 등 정보통신기술의 발전과 더불어 긴 기간 진행돼온 진화 프로세스와 같은 것이다. 기업의 디지털 전환이 일어났던, 일어나고 있는, 그리고 일어날 영역은 크게 제품과 서비스의 디지털화, 전달 프로세스의 디지털화, 생산·운영 시스템의 디지털화, 거래의 디지털화 등 네 가지로 구분할 수 있다. 여기에 제시된 디지털화의 각 유형은 서로 유기적인 관계를 맺고 있으나 반드시 순차적으로 이루어지는 것은 아니다. 개별적인 변혁만으로도 고객의 문제를 해결할 수 있으며 필요에 따라 모든 부분이 동시에 발생할 수도 있다. 또한 영역별로 사용되는 디지털 기술의 유형과 성격 또한 매우 다양하다.

디지털 전환의 역할

디지털 전환이 가져오는 변화의 핵심은 인류가 아주 오랫동안 꿈꿔왔던 것들이다. 즉 원하는 시간에, 원하는 장소에서, 원하는 형태로, 원하는 제품과 서비스가 제공될 수 있도록(온디맨드 서비스), 기술이 개발되고 체계화돼 활용되는 것(시스템)이다. 이를 온디맨드 서비스 시스템이라고 한다.

가장 대표적인 온디맨드 서비스로는 온디맨드 이동 서비스가 있다. 고객이 장소를 이동하기 위해 필요한 교통수단을, 필요한 장소에서, 필요한 시점에, 필요한 형태로 제공하는 서비스를 말한다. 때로는 버스로, 때로는 기차로, 때로는 비행기로, 때로는 드론으로, 때로는 날아다니는 자동차로, 혹은 이 모든 것들의 적절한 조합으로 고객의 장소 이동 문제를 해결할 수 있다.

온디맨드 지식 서비스는 고객이 뭔가를 하다가 문제에 부딪쳤을 때 필요한 지식을 고객이 이용하기 가장 좋은 형태로 제공하는 것을 말한다. 온디맨드 음식 서비스는 고객이 배가 고픈 시점에, 고객이 음식을 먹고 싶어하는 장소에서, 고객이 먹고 싶어하는 형태로 음식을 제공하는 서비스다. 온디맨드 금융 서비스는 고객이 금융과 관련해 필요한 행위를 할 때, 즉 돈을 빌리거나 투자할 때 필요한 시점에, 필요한 장소에서, 원하는 형태로 금융 문제를 해결하는 서비스다.

온디맨드의 주요 확산 배경은 고객들의 요구 변화이기도 하고 고객의 문제를 조금 더 효율적이며 효과적으로 해결하려는 공급자의 노력이기도 하다. 국내 온디맨드 시장의 고객 규모는 2017년 1,200만 명 수준에서 2025년에는 1,900만 명 정도로 증가할 것으로 전망된다. 거래액은 2017년 4조 6,000억 원에서 2025년 7조 6,000억 원 정도로 약 1.7배가 증가할 것으로 추정된다.

기존의 대량생산 방식은 고객들의 니즈 변화에 따라 제품의 다양성이 증가하고 공급망이 복잡해지면서 수요와 공급의 불일치, 재고비용의 증가라는 문제를 안게 됐다. 이러한 가치와 비용의 딜레마를 해결하려는 노력으로 나타난 것이 디지털 전환이다. 디지털 전환의 목적은 단순히 기업의 모든 제품, 서비스, 생산·운영 체제를 디지털로 바꾸는 것이 아니라 기업들이 온디맨드 서비스를 제공할 수 있도록 하는 시스템을 구축하는 것이다. 따라서 디지털 전환을 효과적으로 그리고 원활하게 달성하기 위해서는 고객의 문제를 이해하고 그에 대한 솔루션을 만들어낼 수 있는 역량을 가지고 있어야 한다. 고객의 문제를 이해하고 발생하는 원인, 상황, 형태 등을 이해할 수 있는 역량이 없다면 아무리 좋은 최첨단 기술이 많아도 쓸모가 없다.

그렇다면 기업들은 어떻게 온디맨드 서비스를 할 수 있도록 기술, 자원, 프로세스를 체계화할 수 있을까? 일반적으로 기업들은 시장에서 경쟁하기 위해 자사만의 사업목표, 사업영역, 자원과 프로세스를 가지고 있다. 온디맨드 경제에 적응하기 위해서 기업들은 자사의 사업목표와 자원과 프로세스를 디지털로 전환해야 한다. 디지털 전환에서 중요한 것은 디지털 전환 전략, 고객 인터페이스 전략, 그리고 생산운영시스템 구축 전략이다. 디지털 전환 전략은 기존의 제품이나 서비스가 가지는 본질적 가치가 무엇인지를 고민하고 그 중심으로 시장을 재정의하고 비즈니스 모델을 다시 만드는 것을 말한다. 우리는 디지털 경제에서 어떤 영역에서 어떤 형태로 경쟁해야 하는지를 결정해야 한다는 것이다. 앞서 언급한 온디맨드 서비스 중 하나를 전략적으로 선택하고 그 서비스를 제공하기 위해 필요한 자원과 프로세스를 설계하며 필요한 기술과 인력을 확보하는 것을 디지털 전환 전략이라고 할 수 있다.

다만 기존에 투자된 모든 것을 디지털로 바꾸는 것은 쉽지 않기 때문에 현실적으로 가용한 기술의 활용과 장기 전략 계획을 세우는 것이 중요하다. 고객 인터페이스 전략은 디지털 기술들이나 그에 기반한 서비스는 기존의 제품이나 서비스와 많이 다르기 때문에 고객이 쉽게 수용할 수 있는 형태로 만드는 것이 매우 중요하다. 고객이 당황하지 않고 자연스럽게 수용할 수 있도록 만드는 방법이 무엇인가에 대한 고민이 매우 중요하다. 고객 수용성이 부족해 실패한 디지털 솔루션들은 수도 없이 많다.

생산운영시스템에서 디지털 전환이 구현되기 위해서는 프로세스들이 표준화되고Standardization, 필요한 상황에 대응할 수 있도록 유연성이 있으며Fexibility, 전체 시스템이 유기적으로 연결돼 고객 문제를 해결할 수 있도록 통합돼야 한다Integratability. 이를 다시 기업의 자원, 프로세스, 통제, 복구 관점으로 구분해 평가할 수 있다.

자원의 디지털 전환은 고객 문제해결 관련 자원 및 제반 정보가 디지털화돼 있는 정도를 나타낸다. 프로세스의 디지털 전환은 자원의 흐름과 고객 문제해결 절차가 디지털화돼 있는 정도를 나타낸다. 통제의 디지털 전환은 디지털 시스템의 거버넌스 구조가 잘 구축돼 서비스가 매끄럽게 제공될 수 있도록 하는 정도를 나타낸다. 복구의 디지털 전환은 디지털 시스템의 실패에 대한 관리 및 복구가 디지털화돼 있는 정도를 나타낸다. 특히 통제 시스템의 디지털 전환은 기업이 생산하는 제품과 제공하는 서비스에 대한 명확한 정의가 존재하고 그것이 가지는 목표를 달성하기 위해 필요한 의사결정 체계, 조직 구조, 기능별 책임과 역할 규정, 모니터링 시스템, 성과의 측정과 반영 등이 제대로 디지털로 구현돼야 함을 말한다.

간략하게 얘기하면 온디맨드 서비스 시스템은 고객의 문제를 잘 이해할 수 있는 역량과 기술, 이러한 이해를 바탕으로 솔루션을 만들 수 있는 체계, 솔루션을 효과적으로 생산하고 전달할 수 있는 체계를 통합한 시스템이다. 이 시스템이 작동하는 방식은 다음과 같다. 디지털 디자인을 통해 사용자의 의견을 듣고, 디지털 트윈을 통해 새로운 솔루션과 기술의 완전성과 신뢰성을 테스트하고 파트너들과 공유하고, 결과와 대비해 개선 방향을 도출한다. 디지털화된 생산·운영 프로세스를 통해 시설이나 스마트 기계들을 통제해 자유롭게 제품과 서비스를 생산한다. 이 과정에서 축적된 데이터를 통해 고객의 문제를 조금 더 심층적으로 분석해 솔루션을 도출하고 생산 프로세스의 문제점을 분석해 생산성을 높인다.

디지털 전환 기술

기존의 연구들이 제시한 기술들 중에서 디지털 전환을 위한 핵심 기술은 AICBMM(인공지능AI, 사물인터넷IoT, 클라우드 컴퓨팅Cloud Computing, 빅데이터Bigdata, 모바일Mobile, 소재Material)으로 정리할 수 있다.

첫 번째, 인공지능AI은 컴퓨터가 사고, 학습, 자기계발 등 인간 특유의 지능적인 행동을 모방할 수 있도록 하는 컴퓨터 공학 및 정보기술의 한 분야다. 인공지능은 인간과 비슷한 판단력과 학습 능력을 컴퓨터에 탑재하는 기술로서 기계학습이라고도 불린다. 최근에 화두가 되고 있는 딥러닝은 그 유형 중 하나다. 딥러닝은 사람의 뇌가 사물을 구분하는 것처럼 컴퓨터가 데이터를 사용해 사물을 분류할 수 있도록 학습시키는 것으로 뉴럴 네트워크Neural Network 알고리즘을 사용한다. 프로 바둑기사 이세돌과 대결했던 인공지능 알파고는 프로 바둑기사들의 기보를 바탕으로 학습하고 시뮬레이션을 통해 이길 확률이 가장 높은 수를 두었다. 이처럼 딥러닝 기술로 학습한 알파고가 완승을 거두면서 컴퓨터가 바둑과 같이 복잡한 게임에서도 최고의 바둑기사를 이길 수 있다는 것을 보여주었다.

최근에는 인공지능을 우리 생활 속에서도 쉽게 발견할 수 있다. 인공지능 스피커, 챗GPT 등이 대표적이다. 인공지능 스피커를 통해 쇼핑, 검색, 금융, 교통, 교육, 날씨에 관한 정보를 받을 수 있다. 여기에 사물인터넷과 연결하여 집의 가전제품뿐만 아니라 환경 자체를 통제할 수 있다. 인공지능 기술의 활성화는 기업이나 개인의 생산성을 높이고 의사결정 효율을 높일 수 있으며 자원 배분에도 긍정적인 영향을 미칠 것이다.

두 번째, 사물인터넷IoT은 상호 연결된 사물과 다양한 플랫폼을 기반으로 사물(제품, 서비스, 장소 등)과 인간, 사물과 사물 간에 실시간으로 정보를 주고받는 기술을 말한다. 사물인터넷은 사람의 개입 없이 상호 간 정보를 직접 주고받으면서 필요 상황에 따라 정보를 해석하고 스스로 작동하는 형태를 취한다. 사물인터넷에 장착된 스마트 센서들은 제조공정, 물류, 집, 의류, 도시, 운송망, 에너지, 환경 등 다양한 분야에 활용될 수 있다. 따라서 사물인터넷은 사물은 물론 현실과 가상 세계에서 정보를 상호 교환하는 개념으로 볼 수 있다. 사물인터넷의 세부 기술로는 센싱 기술, 유무선 통신 및 네트워크 인프라 기술, 사물인터넷 서비스 인터페이스 기술 등이 있다. 이와 연계된 개념으로 사이버물리시스템CPS, Cyber Physical System이 있다. 이는 로봇, 의료기기 등 물리적인 실제의 시스템과 사이버 공간의 소프트웨어 및 주변 환경을 실시간으로 통합하는 시스템을 말한다. 기존 임베디드 시스템의 외연을 확장해 미래 지향적이고 발전적인 형태로 만든 것으로 제조시스템, 관리시스템, 운송시스템 등 복잡한 인프라 등에 널리 적용할 수 있다.

세 번째, 클라우드 컴퓨팅Cloud Computing은 소프트웨어나 서버 등 실질적인 컴퓨팅 기반 없이도 컴퓨팅 기능을 수행할 수 있는 기술을 의미한다. 즉 컴퓨터라는 물리적 실체가 없어도 컴퓨팅이라는 목적을 달성할 수 있도록 하는 서비스 기술이다. 클라우드 서비스는 작업 유형에 따라 서비스형 소프트웨어SaaS, 플랫폼형 서비스PaaS, 서비스형 인프라IaaS로 구분된다.

네 번째, 빅데이터Bigdata는 단순한 대량의 정보가 아니라 다양하고 복잡한 대량의 정형·비정형 데이터를 수집해 가치 있는 부분을 추출하고 결과를 분석해 활용하는 기술이다. 제조환경이나 작업환경, 서비스 프로세스, 산업환경이 디지털화되면서 다양한 데이터들이 끊임없이 그리고 기하급수적으로 생성된다. 이러한 데이터들은 규모가 방대하고 생성 주기가 짧을 뿐만 아니라 업데이트가 잘 돼 있다. 따라서 사람들의 행동 패턴 등을 분석해 솔루션을 찾아냄으로써 가치를 높이거나, 산업 현장의 문제를 분석해 시스템의 최적화나 효율화 등에 사용할 수 있다. 빅데이터는 디지털 전환이 급격하게 진전되고 모바일 기술의 활용이 일상화되면서 기하급수적으로 생성되는 데이터를 관리하고 효율적으로 이용하기 위해 필수 불가결한 기술이 되고 있다.

다섯 번째, 모바일Mobile은 노트북이나 전화처럼 이동이 가능하면서도 온라인으로 연결된 기술을 의미한다. 과거에는 컴퓨터 기기나 전화가 온라인으로 연결돼 있지 않아 단순한 작업만을 지원했다면 지금은 인터넷이 결합되고 다른 기기들과 상호작용하는 기능이 강화되면서 개인의 일상생활뿐만 아니라 비즈니스의 전 영역을 지원할 수 있게 됐다. 특히 스마트폰의 광범위한 보급은 사람들이 언제 어디서든 인터넷에 접속해 원하는 일들을 수행하거나 원하는 서비스를 요구할 수 있도록 하고 있어 온디맨드 서비스 시스템 구현에 중요한 기반을 제공하고 있다.

여섯 번째, 소재Material는 생산이나 제조에 쓰이는 원재료나 부품을 의미하며 화학적 공정을 통해 결합되거나 분리될 수 있다. 최근에는 나노 기술의 발달로 두 개 혹은 그 이상의 물질을 결합하여 각각의 물질보다 더 좋은 물성을 나타내는 복합소재를 많이 개발하고 있다. 특히 3D프린팅이 제조 영역을 완전하게 맞춤화 생산으로 변혁할 것으로 예상된다. 3D프린팅에 사용될 복합소재의 개발에 기업들이 많은 투자를 하고 있다. 온디맨드 제조를 위해서는 반드시 모듈화, 표준화, 그리고 유연 생산을 가능하게 할 소재의 개발이 필요하다. 소재 분야에서 경쟁력을 가지는 기업이 향후 디지털 전환을 주도할 것으로 예상된다.

5.

어떻게 온디맨드 서비스할 것인가

온디맨드 서비스 유형

온디맨드 서비스는 디지털 전환이 추구하는 궁극적인 목적으로 고객이 원하는 시점에, 원하는 장소에서, 원하는 형태로 고객이 가진 문제를 해결하는 것을 의미한다. 온디맨드 서비스는 기본적으로 고객의 문제를 이해하고 이에 대한 솔루션을 개발하는 것으로부터 시작한다. 고객의 문제를 이해하는 것은 사실은 아주 쉽다. 기본적으로 인류는 더 편안한 삶, 즉 누군가가 내가 하는 일들을 대신해주는 삶을 선호하기 때문이다. 우리 주변의 생활을 잘 들여다보면 고객의 문제를 해결할 수 있는 다양한 솔루션들을 생각해낼 수 있다. 다만 문제는 이것들을 어떻게 개념화하여 온디맨드 형태로 솔루션을 만드느냐다. 다음 그림은 다양한 형태의 온디맨드 서비스를 보여준다.

온디맨드 비즈니스 유형

1	모빌리티 온디맨드 Mobility On Demand	공간이동의 제약을 뛰어넘는 서비스
2	익스프레션 온디맨드 Expression On Demand	사용자의 자기표현과 의견공유를 시공간적 자원의 제약을 해소함
3	지식 온디맨드 Knowledge On Demand	사용자가 필요로 하는 지식·교육을 사전에 감지하고 제공함
4	의료 온디맨드 Medicine on Demand	사용자에게 필요한 의료서비스를 사전에 감지하고 미리 제공함
5	안전 온디맨드 Safety On Demand	사용자가 위험에 처했을 때 이를 감지하고 제공함
6	에너지 온디맨드 Energy On Demand	사용자가 필요로 하는 에너지를 필요한 형태로 필요한 시점에 제공함
7	금융 온디맨드 Finance On Demand	사용자가 필요로 하는 금융서비스를 필요한 시점에 필요한 장소에서 제공함

　여기 나와 있는 개념들은 우리가 살아가면서 늘 경험하는 문제들을 해결하기 위한 개념적인 유형들이다. 이 이외에도 고객 문제의 개념화 정도에 따라 다양한 온디맨드 서비스를 만들 수 있다.

　기업들의 온디맨드 서비스의 성숙도를 파악하는 방법으로는 전략, 공간, 시간, 형태라는 네 가지 척도를 중심으로 평가하는 방법이 있다. 전략, 공간, 시간, 형태가 없는 기업의 서비스는 온디맨드 서비스 성숙도가 0이므로 새로운 비즈니스 모델과 서비스 연구개발을 많이 해야 한다. 서비스 성숙도를 높이기 위해서 기업들은 비즈니스 모델 개발에서 시작해서 제품-서비스 융합 연구개발, 프로세스 연구개발, 운영시스템 혁신 등을 끊임없이 추구해야 한다. 만약 전략, 공간, 시간, 형태를 모두 갖춘 기업이 있다면 온디맨드 서비스 성숙도는 5에 해당한다.

온디맨드 서비스 사례

모빌리티 온디맨드

모빌리티 온디맨드MOD, Mobility on Demand 서비스는 고객이 어딘 가로 이동하고 싶을 때 고객의 상황에 맞는 교통수단을 고객이 원 하는 시간과 장소에서 제공하는 서비스를 말한다. 모빌리티 온디 맨드 서비스를 제공하기 위해서는 자동차, 모터사이클, 드론, 비행 기, 기차, 버스, 자전거 등 다양한 이동수단들이 준비돼 있어야 하 고, 위치가 확인돼야 하고, 사용 방식과 과금 방식이 결정돼 있어야 한다. 자동차형 이동수단의 예로는 혼자서 타고 다니는 세그웨이와 같은 교통수단, 둘이서 타는 차, 날아다니는 오토바이, 날아다니는 차, 교통용 드론, 날아다니는 보드, 물속을 다니는 차 등이 있다.

기존에는 땅 위로 가는 이동수단들이 주로 사용됐다면 이제는 조금 더 빠르고 편안하게 이동하기 위해 하늘을 나는 이동수단들 이 많이 개발되고 있다. 하늘을 나는 자동차인 플라잉카Flying Car 영역에는 크게 기존의 자동차 회사, 드론 개발회사, 항공기 제조사 들이 진입하고 있다. 테라푸지아Terrafugia는 플라잉카 전문 회사로 목적지를 입력하면 날아서 목적지에 도착하는 자율주행 방식의 수 직 이착륙이 가능한 플라잉카를 만들고 있다. 좌우에 있는 날개를 이용해 비행을 하고 비행모드 시 최고 시속 320킬로미터까지 가 능하며 목적지에 다다르면 헬기처럼 수직으로 착륙할 수 있다.

네덜란드의 팔-VPal-V는 비행거리가 500킬로미터로 최고 속도 는 시속 160킬로미터이며 도로주행거리는 1,300킬로미터로 최고 속도는 시속 180킬로미터다. 슬로바키아의 2인승 플라잉카인 에어로모빌AeroMobil은 비행거리는 700킬로미터로 최고 속도는 시속 200킬로미터이다. 도로주행거리는 875킬로미터로 최고 속도는 시속 160킬로미터다.

개인이 소유하고 운전할 수 있는 플라잉카 대신 택시처럼 이용할 수 있는 서비스도 있다. 이탈리아의 팝업Pop.UP은 드론, 캡슐, 자율주행 가능 전기차가 모듈로 구성돼 있다. 승객이 타는 곳은 캡슐인데 다양한 종류의 자율주행차 중의 하나를 탑재해 최적의 교통 코스를 제공한다. 우버 또한 자율주행 플라잉카를 활용한 에어택시 서비스를 조만간 미국의 캘리포니아에서 현대자동차와 함께 시작할 것이라고 발표했다. 이처럼 다양한 장소에서 다양하게 이용 가능한 플라잉카는 자율주행과 함께 떠오르고 있다.

자동차 말고도 변화하는 것이 있는데 바로 선박이다. 노르웨이의 야라인터내셔널Yara International ASA는 전기로 움직이는 무인 자율운항 선박을 운행한다고 발표했다. 전기로 움직이기 때문에 환경에 피해를 주지 않을 뿐만 아니라 유지비용이 적게 든다. 이 선박은 지구위치측정시스템GPS, 적외선 카메라, 운항 관련 센서, 고성능 통제시스템 등을 활용한다. 2019년까지는 원격제어로 운영되지만 조만간 100% 무인화될 것으로 예상된다.

자율운항 선박은 다양한 나라에서 추진하고 있다. 일본의 해운업체인 NYK와 중국의 CSSC도 자율운항 선박을 개발하고 있다. NYK는 2019년에 북미 쪽으로 시험운항을 했다. 중국 CSSC는 선박 생애 데이터를 축적하고 분석해 자율운항 선박을 고도화하려고 한다.

모빌리티 온디맨드 서비스는 자동차 혹은 이동수단의 디지털화와 혁신적인 변화와 더불어 시작됐고 제품의 서비스화 개념으로도 실현될 수 있다. 예를 들면 우버는 회사 자체가 소유한 차량이 아니라 운전자들이 가지고 있는 자동차를 고객들과 연결하는 서비스를 통해 모빌리티 온디맨드 서비스를 실현하고 있다. 이와 유사하게 우리나라에서는 카카오T가 택시를 승객과 연결해 온디맨드 모빌리티 서비스를 제공한다. 카카오T는 승객이 원하는 위치에서 택시기사를 호출하면 가장 가까운 위치에 있는 택시기사에게 전달한다. 그럼으로써 승객이 오래 기다리지 않고도 택시를 이용할 수 있고, 택시기사는 돌아다니지 않고도 승객을 확보할 수 있도록 한다.

개인이 소유한 차량이나 택시를 이용해서 모빌리티 서비스를 제공하는 것 이외에 차량 공유 서비스를 이용한 온디맨드 모빌리티 서비스가 있다. 최근의 차량 공유 서비스는 이용 가능한 차량을 물색하고 요금을 지불한 후에 최종 목적지 근처에서 차량을 주차하면 되도록 서비스를 제공한다. 이 모든 프로세스는 모바일 기기를 통해 처리된다.

이동수단의 소유 없이도 원하는 자전거, 자동차, 기차, 버스 등의 이동수단을 사용해 움직일 수 있는 서비스도 있다. 이를 실현하고자 하는 곳이 핀란드 헬싱키다. 헬싱키는 승용차 없는 도시를 만들기 위해 노력하고 있다. 개인들이 자동차를 소유하지 않고도 생활할 수 있는 환경을 조성할 계획이다. 해당 서비스는 앱 휨Whim을 이용해 원스톱 이동 서비스로 제공될 예정이다. 휨은 월정액제로 운영되는데 대중교통, 자동차 공유, 자전거 렌털, 택시 호출 등을 이용해 원하는 곳에 도착할 수 있다.

이러한 모빌리티 서비스의 변화는 주차공간을 찾는 데 필요한 시간과 교통정체 속에서 소모하는 모든 시간을 포함해 도로 위에서 보내는 시간을 절약할 수 있게 한다. 이로 인해 개인의 생활반경이 기존보다 훨씬 넓어질 것이며 같은 비용을 지불하고서도 갈 수 있는 범위가 증가할 것이다.

모빌리티 온디맨드 서비스가 가져오는 변화가 대세가 되면 이를 수용하기 위해 도로의 형태와 건물의 형태가 바뀌는 것은 물론 도시 공간 자체가 바뀌게 된다. 사회의 구조가 바뀌는 것은 시간문제다. 이렇게 바뀌는 기술, 제품, 공간에 대응하기 위한 도시의 노력이 선제적으로 이루어져야 사람들의 삶이 더 원활하고 윤택해질 것이다.

버드시스, A.S.컬러, 버버리

디지털 전환은 대량생산의 약점을 극복하고 대량 맞춤화Mass Customization를 넘어 개인화Personalization를 가능하게 한다. 미국의 버드시스Bidseis는 세상에서 하나밖에 없는 봉제인형을 적정한 가격에 만들기 위해 패턴 제작, 샘플 제작, 염색, 재단 등의 과정을 모두 디지털화하고 봉제만 사람이 하는 프로세스를 만들었다. 여기에는 디지털 디자인, 인공지능, 디지털 프린팅 등 다양한 디지털 기술들이 사용됐다. 이렇게 함으로써 한 어린아이가 그린, 세상에 하나밖에 없는 인형을 100달러에 만들 수 있었다. 버드시스는 개인화된 솔루션을 제공해 가치는 극대화하고, 디지털 기술을 활용해 비용은 적정선을 유지하는 혁신을 통해 가치-비용 딜레마를 해결했다.

호주 기업인 A.S.컬러는 인공지능에 기반한 가상의 스타일리스트를 제공하는 스마트 윈도 디스플레이 서비스를 시작했다. 현재

고객이 입은 옷의 색상과 최신 패션 트렌드를 고려해 그 고객에게 가장 잘 맞는 의상을 추천하는 서비스다. 고객에게 가장 잘 맞는 색상을 과학적으로 평가해 추천함으로써 만족도를 높이고 매장의 매출도 늘리는 효과를 가져왔다.

버버리는 럭셔리 패션업계 최초로 언제 어디서나 고객이 버버리 브랜드를 경험하고 편리하게 쇼핑하며 소통할 수 있는 웹사이트를 구축해 전 세계 45개 국가에 6개 국어를 지원하고 있다. 이 사이트는 하루 24시간 제품에 대한 문의와 주문을 할 수 있는 서비스를 제공한다. 여기에 더해 버버리는 비스포크bespoke라는 맞춤 제작 서비스도 출시했다. 고객이 원하는 스타일의 트렌치코트를 직접 디자인하고 주문할 수 있도록 실루엣, 원단, 컬러, 디자인 등을 고객이 직접 선택할 수 있는 개인맞춤형 서비스로 120만 개의 조합을 제공하고 있다. 이러한 서비스가 가능하도록 디자인-생산-전달-유통-거래를 디지털화했다.

고객점유율과 그랩

과거의 비즈니스 포트폴리오에서 기업의 경쟁력을 나타내는 가장 중요한 단어는 시장점유율market share이었다. 시장점유율은 판매된 전체 상품 중 특정 회사가 판매한 제품의 비중을 말한다. 대량생산 체제의 유산이라고 볼 수 있다. 문제는 이 개념이 전체 고객 혹은 세분시장 고객만을 고려하고 있고 개인 고객은 고려하지 않는다는 점이다. 어떤 개인 고객이 얼마나 샀는지, 얼마나 가지고 있는지는 중요하지 않다. 앞으로 기업의 경쟁력을 나타내는 핵심 단어는 시장점유율이 아니라 고객점유율customer share이 될 것이다. 고객점유율은 고객 한 사람이 소비한 전체 금액 중 한 기업이 가져가는 금액의 비중을 말한다. 디지털 시대에는 개인화된 서비스를 통해 고객과 커뮤니케이션을 해야 하기 때문에 개별 고객이 곧 시장이 된다. 이러한 고객점유율의 개념은 포털 서비스 혹은 플랫폼 서비스들이 가장 잘 활용하고 있다.

동남아의 대표적인 모빌리티 회사인 그랩은 현재 모빌리티 서비스, 금융 서비스(전자화폐 서비스 포함), 그랩푸드를 통한 음식배달 서비스, 그랩익스프레스를 통한 택배 배송, 콘텐츠 서비스를 제공하고 있다. 미래에는 대규모 투자를 통해 온디맨드 비디오 서비스, 디지털 헬스케어 서비스, 보험 서비스, 호텔 예약 서비스 등 개별 고객이 일생 동안 사용할 모든 서비스를 제공할 예정이다.

6.

고객의 문제를 예측하고
대안을 제시해야 한다

스마트 서비스 정의

스마트 서비스는 초연결성과 초지능성을 바탕으로 고객의 문제를 예측하고 선제적으로 대안을 제시하는 서비스를 말한다(김은·김용진, 2021). 다음 페이지의 그림은 스마트 서비스를 개념적으로 표현한 것이다.

스마트 서비스가 전통적인 서비스와 가장 다른 점은 이동과 저장이 가능하다는 것이다. 스마트 서비스를 보완하는 스마트 제품이 기존 제품과 가장 다른 점은 똑똑하다는 것이다. 즉 소프트웨어를 기반으로 개인 맞춤이 가능하다는 것이다. 스마트 서비스는 소유 대신 이용을 중심으로, 고객 맞춤으로 제공되기 때문에 고객에 대한 이해가 필수적이다.

스마트 서비스가 확산되고 있는 이유는 크게 3가지를 들 수 있

스마트 서비스 개념도

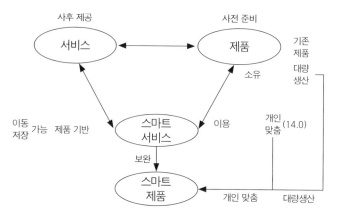

(출처: 소프트웨어정책연구소, 2021. 11. 8, 디지털 혁신을 주도하는 스마트 서비스)

다. 첫 번째 이유는 시장의 변화다. 시장의 변화는 고객의 행태 변화를 말한다. 고객은 더 이상 제품을 가지는 것에 만족하지 않고 자신의 문제를 해결하는 제품과 서비스의 사용에 초점을 둔다. 또한 고객은 더 이상 제품이나 서비스의 소비자로 머무르지 않고 자신들이 원하는 형태로 제품이나 서비스가 만들어지도록 적극적으로 요구하고 개입한다. 이러한 변화를 나타내는 표현이 온디맨드(고객이 원하는 시점에 원하는 장소에서 원하는 형태로 고객의 문제를 해결하는) 경제다. 스마트 서비스는 경제주체, 시간, 장소에 따라 개별 맞춤이 가능하도록 스마트 제품을 보완한다. 모든 비즈니스가 그것이 B2C든 B2B든 간에 온디맨드 서비스 방식으로 전환되고 있는 이유다.

두 번째 이유는 기술의 변화다. 고객이 원하는 개인맞춤형 서비스를 제공하기 위해서는 원가가 기하급수적으로 증가한다. 다시 말해 고객마다 원하는 서비스가 다르고 충족하기 위해서 생산이나 운영 방식을 바꾸면 복잡성이 기하급수적으로 증가해 원가가 크게 상승한다. 이러한 가치-원가 딜레마의 문제는 다양한 디지털 기술을 이용해 해결할 수 있다. 디지털 기술은 크게 프로세스 기술, 데이터 기술, 제품 기술로 구분된다. 여기서 제품 기술은 물리적 제품의 소프트웨어화 기술을 말한다. 제품의 소프트웨어화는 모듈화와 인터페이스 표준화에 기반해 이루어진다. 모듈화는 개인 맞춤 서비스를 제공하기 위해 제품의 구성요소를 가능하면 작고 다양하게 만들어서 필요에 따라 다양한 조합이 가능하도록 하는 것을 의미한다. 다양한 모듈을 조합해 하나의 제품과 서비스를 구성하기 위해서는 모듈 간의 접점 문제를 해결해야 한다. 이를 위해서는 상호운용성이 가능하도록 접점이 표준화돼야 한다. 또한 제품의 소프트웨어화로 인해 제품 운영과 관련한 데이터의 수집과 제품의 원격 제어가 가능해진다.

세 번째 이유는 비즈니스 모델의 변화다. 고객들은 다양한 디지털 기술을 이용해 더 편리한 구매와 더 높은 수준의 가치를 제안해 주기를 기대한다. 기업들은 더 창의적이고 사용자 중심적인 비즈니스 모델을 개발하고 가치를 창출할 필요성이 높아졌다. 스마트 제품을 보완하는 스마트 서비스가 활성화되면서 기존의 소유 기반 판매 방식의 비즈니스 모델이 아니라 새로운 비즈니스 모델들이 나타난다. 예를 들어 개인 맞춤형 임대나 사용량만큼만 이용료를 지불하는 비즈니스 모델이 그것이다. 대표적인 비즈니스 모델은 구독 경제, 공유 경제, 플랫폼 경제 등의 단어로 표현되는 구독 서비스 모델, 공유 서비스 모델, 플랫폼 서비스 모델 등이다.

디지털 인프라 계층 모델

스마트 서비스는 제품 중심에서 고객 중심으로의 패러다임 전환을 요구한다. 스마트 서비스는 디지털 플랫폼상에서 자사의 스마트 제품과 타사의 서비스, 타사의 스마트제품과 자사의 서비스 등이 고객의 필요에 따라 실시간으로 조합되면서 제공된다. 디지털 플랫폼은 기업들에게 네트워크 효과를 제공한다. 디지털 플랫폼이 제공하는 네드워크 효과는 기술 차원에서 데이터를 통합하고, 경영 차원에서 다양한 고객들을 연계하면서 더 확장된다(Acatech, 2017. 6). 이러한 플랫폼이 갖추어야 할 기본 기능은 서비스 관련 정보 교환, 서비스 취합 및 전달, 스마트 제품에 대한 유지보수, 제공한 서비스에 대한 비용 결제, (제공한 서비스에 대한 내용 혹은 기능, 서비스를 받는 경제주체에 대한 확인을 포함한) 보안 문제해결 능력 등이다. 다음 그림은 스마트 서비스를 가능하게 하는 디지털 인프라 계층을 보여준다.

각 계층에 대한 설명은 다음과 같다(김은·김용진, 2021).

• **스마트 공간 및 기술 인프라**

스마트 공간은 지능형 환경을 의미하는데 여기서 디지털로 연결 가능한 스마트 제품들이 네트워크로 연결된다. (예를 들어 5G 네트워크와 같이) 성능 좋은 기술 인프라가 기반이 된다.

• **스마트 제품 및 네트워크로 연결된 물리적 플랫폼**NPP, Networked Physical Platform

스마트 서비스를 가능하게 하는 디지털 인프라 계층

(출처: Acatech, 2015 및 Henning Kagermann, 2016을 기반으로 저자들이 수정)

스마트 제품은 통신 가능한 객체(제품, 기계, 설비)를 의미하는 동시에 자신의 가상 이미지를 뜻하기도 한다. 제품은 자신의 제조 및 사용 이력을 알고 변화에 능동적으로 대응할 수 있기 때문에 스마트해질 수 있다. 스마트 제품들은 기술 인프라 계층 위에서 서로 연결돼 네트워크로 연결된 물리적 플랫폼을 구성한다.

- **스마트 데이터 및 소프트웨어로 정의된 플랫폼**SDP, Software Defined Platform

NPP에서 생성된 데이터는 다음 상위 계층인 소프트웨어로 정의된 플랫폼에서 통합되고 추가로 처리된다. 여기서 데이터는 복잡한 알고리즘을 통해 수집되고 조합되고 평가되어 스마트 데이터로 정제된다. 소프트웨어로 정의된 플랫폼은 이기종의 물리적 시스템 및 서비스를 제공하기 위한 기술적인 통합 계층이 된다.

- **스마트 서비스 및 서비스 플랫폼**SP, Service Platform

스마트 데이터는 스마트 서비스 공급자에게 제공된다. 스마트 데이터는 가상화를 통해 서비스 플랫폼이 물리적 객체와 특정 제조업체의 스마트 제품에 묶이는 것에서 자유롭게 한다. 스마트 데이터는 서비스 플랫폼 계층에서 스마트 서비스에 활용되면서 고부가가치화된다. 스마트 데이터는 새로운 서비스를 제공하는 체계적인 개발 방법인 서비스 엔지니어링을 통해 스마트 서비스와 결합된다.

- **스마트 인재 및 디지털 생태계**Digital Ecosystem

스마트 서비스 공급자들은 서비스 플랫폼에서 디지털 생태계와 연결되며, 서비스 플랫폼은 비즈니스 관점에서 통합 계층 역할을 한다. 다시 말해 서비스 플랫폼은 관련자들 간에 마찰 없이 계속해서 자동으로 진행되는 법적으로 안전한 협업, 지식 교환, 제품과 서비스와 데이터의 유통을 위해 필수적인 인프라를 제공한다. 새로운 비즈니스 모델은 복잡한 스마트 제품과 스마트 서비스가 조합되고 스마트 인재에 의해 전체가 조율되고 조직화될 때 비로소 성공적으로 작동된다.

요약하면 디지털 경제에 적응하기 위해서 기업들은 자사의 사업 목표, 자원, 프로세스를 디지털로 변혁해야 한다. 디지털 전환에서 중요한 것은 디지털 전환 전략, 고객 인터페이스 전략, 그리고 생산운영시스템 구축 전략이다. 자사의 환경과 상황에 가장 잘 맞는 방식으로 디지털 전환을 추구해야 효과를 극대화할 수 있다. 또한 디지털 전환이 단순한 프로세스 효율화를 추구하는 것이 아니고 기업의 사업 방식 자체를 바꾼다는 점과 온디맨드 서비스 경제로의 전환을 촉진한다는 점에서 스마트 서비스, 스마트 제품, 그리고 디지털 인프라에 대한 이해를 높이고 준비하는 것은 필수적이다.

미주

2장 산업 디지털 전환 실전 실행 방법

1. 경제협력개발기구OECD와 유럽연합 통계청이 공동 출간한 「오슬로 매뉴얼」은 OECD가 「과학·기술·혁신 활동의 측정The Measurement of Scientific, Technological and Innovation Activities」이라는 제목으로 출간한 일련의 측정 매뉴얼 시리즈 중 핵심 매뉴얼 이다.

2. 경영 프로세스Business Process는 기업이 상품을 생산하기 위해 수행하는 모든 핵심 활동들을 비롯해 모든 부속 활동과 지원 활동이 포함된다.

3. '디지털 혁신 영역'이 프로세스와 혁신 영역 관점에서 디지털 전환을 평가한다면, '디지털 기술과 솔루션'은 기술 관점에서 디지털 전환을 평가한다.

4. 한국생산성본부의 역량모델은 문항별 정량평가가 가능하도록 세분화돼 있다. 하지 만 이 책에서는 5점 척도의 정성평가 방식을 따른다.

5. 한국생산성본부의 디지털 전환 실행 모델은 다양한 비즈니스 모델 혁신의 유형을 분류하고 있으며, 이를 포함하는 것은 본서의 범위를 벗어나므로 별도로 참고하기 바란다.

6. 알렉산더 오스터왈더Alexander Osterwalder와 이브 피뉴르Yves Pigneur 교수가 제안했다.

7. 고객여정지도는 현재 제품 또는 서비스에 대한 고객경험을 분석할 수도 있다. 새로 운 제품 또는 비즈니스 모델의 경우 우리 기업이 설정한 여정에 따라 고객이 행동할 수 있도록 하는 데도 유용하게 활용할 수 있다.

4장 산업 디지털 전환 플랫폼 전략 방법

1. Agile Elephant(2015. 2. 15.), What is Digital Transformation?

2. Kretschmer, T., Leiponen, A., Schilling, M., & Vasudeva, G. (2022). Platform ecosystems as meta-organizations: Implications for platform strategies. Strategic Management Journal, 43(3), 405-424.

3. 사전적으로 플랫폼은 '기차역에서 승객이 열차를 쉽게 타고 내릴 수 있도록 지면보 다 높이 설치한 평평한 장소'를 의미한다.

4. Feld, H. (2019). The case for the Digital Platform Act: Market structure and regulation of digital platforms. Roosevelt Institute.

5. Baldwin & Clark 2000

5. 제조업의 플랫폼 전략(2018. 8), Deloitte

6. 삼정 KPMG, 플랫폼 비즈니스의 성공전략(2019. 통권 제67호)

7. Bresnahan, T. F., & Greenstein, S. (1999). Technological competition and the structure of the computer industry. The Journal of Industrial Economics, 47(1), 1-40.

8. Gawer, A., & Cusumano, M. A. (2014). Industry platforms and ecosystem innovation. Journal of product innovation management, 31(3), 417–433.

9. Hein, A., Schreieck, M., Riasanow, T., Setzke, D. S., Wiesche, M., Böhm, M., & Krcmar, H. (2020). Digital platform ecosystems. Electronic Markets, 30(1), 87–98.

10. 기존 기술의 수준이나 혁신의 수준보다 더 효과적이며 영향력 있게 혁신을 유도하는 역량

11. Earl, J., & Kimport, K. (2011). Digitally enabled social change: Activism in the internet age. Mit Press.

12. 리소스, 작업 또는 노동력을 주문형으로 신속하고 능동적으로 확보할 수 있게 하는 역량

13. 참여자가 자신에게 필요하거나 자신이 제공할 수 있는 것에 따라 이합집산이 가능하도록 알고리즘 또는 디지털 기술이 필터링, 평가, 검색 등을 제공하여 프로세스를 최적화하는 역량

14. 참여자들이 더 많은 리소스, 더 다양한 종류의 리소스, 더 멀리 떨어진 리소스, 이전에 접근할 수 없거나 유휴 상태였던 리소스에 도달할 수 있도록 지원하는 역량

15. 거래, 대금 결제 및 보유, 보안, 기록, 물류 등을 제공하거나 처리하는 중개 역량

16. 생태계 내의 참여자 간 중개 및 중재의 전 과정에서 신뢰를 구축하는 역량

17. 집단성의 장려를 통해 더 큰 사회적 자본으로 성장시키는 역량

18. Sutherland, W. Jarrahi, M,H. (2018) "The Sharing Economy andDigital Platforms: A Review and Research Agenda," International Journal ofInformation Management, Volume 43, December 2018, Pages 328–341.

19. 최근 가우어와 쿠스마노의 연구에서는 기술 기반 플랫폼과 서비스 기반 플랫폼에서 참여자 간 상호작용의 행태, 보완자가 얻을 수 있는 효익, 플랫폼 소유자가 지향하는 플랫폼 전략의 유형도 각각 차이를 보일 수 있음을 지적한 바가 있다. 기술과 시장의 특성은 산업별로 상이해서 플랫폼이 속한 산업의 특성이 플랫폼의 성격 규정은 물론이고 플랫폼 참여자들 간의 상호작용 패턴에도 영향을 주기에 이에 대한 추가 연구가 필요하다. 또한 디지털 플랫폼 생태계의 혁신 특성에서 혁신의 개방성openness으로도 표현되는 보완자와 같은 제3자의 혁신의 유발성, 생성성, 그리고 기능과 서비스의 모듈성 등과 같은 생소한 개념들은 기존의 산업과 기업의 혁신론에서 중요하게 다루지 않았던 특성이라서 사례와 실증 분석이 필요할 것으로 보인다. 이는 플랫폼 소유자와 보완자 그룹 간에 전개되는 일종의 가치 창출과 상호작용의 거버넌스Governance에 관한 이슈이기도 하다. 그리고 최근 플랫폼의 생태계가 양면시장에서 다면시장으로의 융합형 진화를 가속화하고 있어 이질성 수준이 높은 보완자와 사용자 그룹의 등장에 따른 복합적이며 중첩적인 거버넌스 간의 동태적인 운영 효율성을 높이는 것도 그간 다루어지지 않은 디지털 플랫폼 생태계 차원에서 중요한 이슈가 될 것으로 보인다.

20. Van Alstyne, M. W., Parker, G. G., & Choudary, S. P. (2016). Pipelines, platforms, and the new rules of strategy. Harvard business review, 94(4), 54–62.

21. Davidsson, P., Recker, J., & von Briel, F. (2020). External enablement of new venture creation: A framework. Academy of Management Perspectives, 34(3), 311-332.

22. Gawer, A. (2020). Digital platforms' boundaries: The interplay of firm scope, platform sides, and digital interfaces. Long Range Planning, 102045.

23. Rong, K., Lin, Y., Shi, Y., & Yu, J. (2013). Linking business ecosystem lifecycle with platform strategy: a triple view of technology, application and organisation. International journal of technology management, 62(1), 75-94.

24. Teece, D. J. (2017). Dynamic capabilities and (digital) platform lifecycles. In Entrepreneurship, innovation, and platforms. Emerald publishing limited.

25. Kretschmer, T., Leiponen, A., Schilling, M., & Vasudeva, G. (2020). Platform ecosystems as meta-organizations: Implications for platform strategies. Strategic Management Journal.

26. 이근(2010), 『한국인을 위한 경제학』, 박영사.

27. 『반독점 패러독스The Antitrust Paradox』의 저자인 로버트 보크는 독점기업을 우세한 시장 지위를 이용해 경쟁을 억압하는 기업으로 여겨서는 안 되며, 기업이 소비자에게 부과하는 가격을 부당하게 인상할 때 독점이 발생한다고 설명했다. '지배적인 영향력을 가진 기업이라도 가격을 인상하지 않으면 독점이 아니다'라는 그의 주장은 독점에 대한 미국 대법원 판결의 기초가 됐다.

28. CBS노컷뉴스(2019. 4. 22.), "큰 돈 들여 스마트 공장 지었더니 AS도 안 돼"

29. 매일경제(2019. 10. 2.), 기업 임원 88% "디지털 전환 목표는 업무 효율 증대"

30. 조선일보(2021. 5. 21.), 공공데이터 활용, 여전히 '속빈 강정'

31. 데일리팜(2021. 2. 24.), 강병원 의원 질의사항에 대한 보건복지부 서면 답변

6장 산업 디지털 전환 인공지능과 데이터 활용 방법

1. IRS글로벌 편집부, IRS Global(2022), 다양한 산업 분야에 활용될, 맞춤형 인공지능 설명 가능한 인공지능(XAI) 혁신 기술 트렌드 및 향후 전망

2. 유안타증권 리서치 센터, 메타버스 산업분석 보고서(2021)

3. Foederer, marcel. (2020). Knowledge Byte: The Three Models Of Digital Transformation And IT Transformation. IT Preneurs. https://www.itpreneurs.com/blog/knowledge-byte-the-three-models-of-digital-transformation-and-it-transformation/

4. Deloitte center for Integrated Research(2020), "The spatial Web and Web 3.0, What business leaders should know about the next era of computing"; Acceleration Studies Foundation (2006), "Metaverse Roadmap, Pathway to the 3D Web" 기반 SPRi Analysis

5. Enaohwo, owen Mcgab . (2022, March 27). Your Complete Guide to Achieving Digital Transformation. SweetProcess. https://www.sweetprocess.com/digital-transformation/

6. Pine ii, J. B., & Gilmore, J. H. (1998, July). Welcome to the Experience Economy. Harvard Business Review. https://hbr.org/1998/07/welcome-to-the-experience-economy

7. Al-khouri, A. (n.d.). Building the Arab Digital Economy – A Strategy Blueprint. Dubai Policy Review. https://dubaipolicyreview.ae/building-the-arab-digital-economy-a-strategy-blueprint/

8. We Could Be Spending an Hour a Day in the Metaverse by 2026. But What Will We Be Doing There? (2022 3). World Economic Forum. https://www.weforum.org/agenda/2022/03/hour-a-day-in-metaverse-by-2026-says-gartner/

9. Gartner Identifies 5 Top Use Cases for AI in Corporate Finance. (2022, Spring 10). CIO AXIS. https://www.cioaxis.com/just-in/gartner-identifies-5-top-use-cases-for-ai-in-corporate-finance

10. Information services and omnichannel retailing strategy choices of e-commerce platforms with supplier competition – Scientific Figure on ResearchGate. Available from: https://www.researchgate.net/figure/Omnichannel-retailing-of-an-e-commerce-platform_fig1_360029829 [accessed 6 Sep, 2023]

11. Srivastava, S., Singh, R., Nagarajan, R., Tauckoor, H., Vonikakis, V., Yi, L., & Chang. (2022 3). Trustworthy AI with MLOps on AWS. IBM Developer. https://developer.ibm.com/articles/trustworthy-ai-with-mlops-on-aws/

12. Sethi, B. K. (2022, Summer 2). How AI and ML Will Shift Digital Customer Experience to the next Level? KELLTON. https://www.kellton.com/kellton-tech-blog/how-ai-and-ml-will-shift-digital-customer-experience

13. Rovito, M. (Ed.). (2021, February 22). 스마트 제조: 제조의 미래는 디지털이다. Redshift by Autodesk. https://redshift.autodesk.co.kr/articles/smart-manufacturing-kr

14. 스마트 팩토리의 목적과 과제. (2023, March 30). IRS Global. https://www.irsglobal.com/bbs/rwdboard/17091

15. 스마트 팩토리 시장 동향과 전망에 따른 시사점. (n.d.). Dali Works. https://www.daliworks.net/insights-blog/smart-factory-market-trends-in-2023/

16. 제조 분야 인공지능 활용 동향과 도입 고려사항 (월간 SW 중심사회 5월호 동향)

17. 이은서, 배희철, 김현종, 한효녕, 이용귀.(2020). 미래 스마트 제조를 위한 인공지능 기술동향.[ETRI] 전자통신동향분석, 35(1), 60-70.

18. 케빈 쉬. (2022, February 21). 머신 비전이란 무엇인가? ADLINK. https://blog.adlinktech.com/kr/2022/02/21/머신비전이란/

19. 한국 IBM 주식회사. (2013, December). IBM 예지장비 솔루션 DM. https://www.ibm.com/downloads/cas/D94BN4KK

20. 노상도 (n.d.). 03 –사이버물리시스템(Cyber Physical System). 기술과 혁신. http://webzine.koita.or.kr/201803-specialissue/03-사이버물리시스템Cyber-Physical-System

21. 김용운 (2021). 디지털 트윈의 개념과 기술 및 산업 분야별 활용 사례 (No. 31; Vol. 1, Issue 창간). ICT 플랫폼학회. https://ictps.or.kr/49

22. 심재석 (Ed.). (2019, October 1). 세계에서 가장 진화한 스마트팩토리 '지멘스 암베르크 공장.' Byline Network. https://byline.network/2019/10/1-1114/

23. 박동진 (2018). 디지털 엔터프라이즈: 지멘스가 바라본 Industry 4.0 전략. 기계저널, 58(5), 30-34.

24. 한보형 (2019), 딥러닝의 한계와 해결책

25. 설명 가능한 인공지능(XAI)이란? (2022, May 13). IRS Global. https://www.irsglobal.com/bbs/rwdboard/15501

26. IRS global, 맞춤형 인공지능, 설명가능한 인공지능 혁신기술트렌드 및 향후전망, 2022

27. EXplainable AI. (2023, February 28). 기술보증기금. https://tb.kibo.or.kr/ktbs/board/tech-trend/tech_trend.do?mode=download&articleNo=638&attachNo=1519

28. 이만재 (2012), 빅데이터 어낼리틱스와 공공 데이터 활용

29. 이은지, 조철호 (2021), 빅데이터 분석을 활용한 스마트팩토리 연구 동향 분석

30. 권순선 (2020). 인공지능과 빅데이터 기술동향. 한국정보통신기술협회 TTA저널, 187, 38–43. https://www.tta.or.kr/intro/reportList.jsp?kind_num=1&nowpage=268&order=hosu&by=asc

31. 연규봉 (2021), 자율주행 자동차용 지능형 센서와 인공지능 반도체

32. 박진선 (2022), 상용 수준의 자율주행 및 자동화를 위한 인공지능 기술 소개

33. 양희태 (2020), 인공지능 기반 스마트팩토리 활성화를 위한 정책 개선방안

34. 국경완 (2019). 인공지능 기술 및 산업 분야별 적용 사례. 정보통신기획평가원 주간기술동향, (1888), 15-27.

35. 이주경, 이영규, 배성주 (2023), 생성형 인공지능을 활용한 국방 메타버스 플랫폼 구현 방안

36. 서영호(2023), 디지털 휴먼의 제작 기술과 현황

37. 엄효진, 이명진 (2022), 인공지능(AI) 기반 지능정보사회 시대의 노동시장 변화: 경제 사회학적 접근을 중심으로

38. 이상우, 이기창, 하정우 (2023), 초대규모 언어 모델과 네이버의 최근 연구

8장 산업 디지털 전환 적용 사례와 제조산업

1. 2018년 기준 GM(559억 달러, 약 63조 5,100억 원), 포드(372억 달러, 약 42조 2,966억 원), 피아트-크라이슬러(226억 달러, 약 25조 7,100억 원)임

9장 산업 디지털 전환 적용 사례와 장비산업

1. Siemens Digital Industries Software에서 용어 도입

2. 지멘스 디지털 인더스트리

10장 산업 디지털 전환 적용 사례와 물류

1. 예: 물류 센터의 위치와 물류 흐름(네트워크), 처리 능력, 특정 센터별 서비스 권역 설계 등

2. 예: 전략적 운송 경로 설계, 다착지 배송 및 오더 콘솔 전략 설계 등

3. 예: 물류 인소싱Insourcing 혹은 아웃소싱Outsourcing 여부 결정

4. 포워더, 선사, 항공사에 부킹을 위한 선적계획, 부킹, B/L(Bill of Lading, 선하증권) 관리 등의 업무

5. 운영 레벨의 운송계획 및 실행

6. 소량 화물을 컨테이너에 혼적하는 작업

7. 다착지 배송 제약사항 예시: 고객사에서 타고객사 화물과 혼적 금지 요구, 혼적 가능한 제품 종류 제약(예: 냉동식품은 상온차량에 실으면 안 됨), 차량의 혼적을 위한 이동 거리 제약(예: 반경 10킬로미터 내 화물만 혼적 등)

8. PDCA는 Plan, Do, Check, Action의 머릿글자를 딴 약어

9. ERP 시스템에서는 납품지시Delivery Oder 문서에 해당됨. (출처: SAP)

10. ERP, 운송관리 시스템에서는 운송지시Freight Oder 또는 Shipment 문서에 해당됨. (출처: SAP)

11. 창고, 차량, 선박 등 운송자산, 자동화 설비, IT시스템, 인적 자원 등을 포함하는 개념으로 사용함

12. W&D(Warehouse & Distribution) 서비스

13. 예: 트럭, 선박, 항공기 철도 등

14. 예: 파업으로 인한 운송기사/트럭 가용성 이슈, 팬데믹으로 인한 공급망 중단, 컨테이너 확보 어려움 등

15. 기업의 비재무적 요소인 환경Environment, 사회Social, 지배구조Governance를 의미한다.

16. Business to Consumer

17. International Sustainability Standard Board

18. EU Carbon Border Adjustment Mechanism. 소위 '탄소국경세'라고 불린다.

19. Market Update Report(2022), Businesses See Real-Time Visibility As A Service Differentiator And It's Time The Industry Responds, tive

20. 유창옥(2023), "데이터 공유해야 車산업 난제 해결 가능…韓기업 참여 기대", 서울경

제, (https://www.sedaily.com/NewsView/29LSBSQS1T)

21. 화물 물류 최적화 작업(FLOW) 참여사가 제공한 정보는 국가물류시스템(NLS)의 공통 화면을 통해 공유된다.

22. Bureau of Transportation Statistics(2023), Freight Logistics Optimization Works(FLOW) (https://www.bts.gov/flow)

23. Robot Processing Automation

24. Optical Character Recognition

25. 선적 문서 예시: 수입 서류, B/L(Bill of Lading), C/I(Commercial Invoice), P/L(Packing List), D/C Note(Debit/Credit) 등

26. Pierre COL 블로그(2019), How Does Robotic Process Automation Become Intelligent?, SAP Community, (https://blogs.sap.com/2019/03/27/how-does-robotic-process-automation-become-intelligent/)

27. AGV: Automatic Guided Vehicle, AMR: Autonomous Mobile Robot

28. Dematic 홈페이지(2023), Automated Guided Vehicles - AGV Systems (https://www.dematic.com/en-us/products/agv/)

29. Dematic 홈페이지(2023), Lion Beer Australia future-proofs its Supply Chain with Dematic AGVs (https://www.dematic.com/en-us/products/agv/)

30. 2022년 9월 가동

31. 홍정표(2023), [르포] 로봇이 입고부터 출고까지 '척척'⋯롯데이천물류센터 가보니, 데일리한국 (https://daily.hankooki.com/news/articleView.html?idxno=971715)

32. 물류매거진(2023), 롯데글로벌로지스 이천물류센터/셔틀형 AMR. 로봇소터 등 첨단 물류기술로 물류자동화 역량 강화 (https://m.blog.naver.com/ulogistics05/223008231432)

33. 앞의 기사

34. Autonomous Mobile Robot

35. Goods To Person. 상품박스를 피킹 작업자 앞으로 이동하는 설비

36. 디켄팅(Decanting) 작업

37. Automated Storage & Retrieval System. 자동창고시스템

38. 물류매거진(2023), 롯데글로벌로지스 이천물류센터/셔틀형 AMR. 로봇소터 등 첨단 물류기술로 물류자동화 역량 강화 (https://m.blog.naver.com/ulogistics05/223008231432)

39. 물류바코드는 상품의 포장단위로 부여되며, 상품의 박스 내 상품과 상품 포장 수량 정보를 관리함. 동일 상품 박스의 경우 동일 물류 바코드를 사용함.

40. 회사의 제품 코드별로 부여되며, 유통업계에서는 유통바코드/88코드라고 부르기도 함

41. 창고제어시스템WCS, Warehouse Control System. WCS는 창고 내 여러 장비를 통

제하는 역할을 수행함

42. Digital Assorting System. 디지털 분류 장비

43. 물류매거진 취재진(2023), 롯데글로벌로지스 이천물류센터/셔틀형 AMR. 로봇소터 등 첨단물류기술로 물류자동화 역량 강화 (https://m.blog.naver.com/ulogistics05/223008231432)

44. 물량을 감안해 15개 바닥 작업대를 설치했다.

45. 작업대가 무게를 감지해 무인운반로봇(AMR) 자동 호출이 가능하나, 안전 강화를 위해 작업자가 발판을 눌러서 호출하는 방식으로 구축했다.

46. 2대의 디팔레타이저가 설치됐고, 시간당 650박스를 처리한다.

47. 3D 인공지능 비전 및 모션 플래닝 기술로 다양한 크기의 박스를 파악하고 흡착되는 위치를 판단한다.

48. 총 4대 설치됐고, 1개 로봇이 시간당 600박스를 분류한다.

49. IOT MOVING ASSETS FOR FORKLIFT FLEET OPTIMZATION, Robert Bosch GmbH.

50. Bosch Connected Intralogistics 홈페이지(2023) (https://www.bosch-connected-industry.com/de/en/nexeed-portfolio/nexeed-industrial-application-system/intralogistics#%20)

51. Bosch Connected Intralogistics 홈페이지(2023)

52. 빈 위치는 창고에서 식별 가능한 최소 단위의 공간이며 상품이 저장되는 곳(출처: SAP)

53. IIC Journal of Innovation. 2017. Outcomes, Insights, and Best Practices from IIC Testbeds: Track and Trace Testbed. Industrial Internet Consortium.

54. 충돌이 발생한 위치와 발생빈도를 그래픽으로 표시하는 방법

55. BOSCH Connected Logistics(2017), Smart Logistics Zenoway meets Bosch - LogiMAT 2017, SkywardProduction & Kaminari Design (https://www.youtube.com/watch?v=n4rrwcDWztc)

56. 센터 공간, 설비(소팅, 보관 등), 유·무인 장비(지게차/AGV 등), 수·배송 차량, 협력사(3PL, 포워더 등), 직·간접 인력 등 물류 운영에 필요한 모든 자원을 포함하는 포괄적 개념

57. Mahle(2018), Inbound Transport & Freight Cost Optimization with SAP TM at MAHLE. TADVISER (https://tadviser.com/index.php/Project:MAHLE_Logistics_GmbH_(SAP_Transportation_Management_(SAP_TM)))

58. 독일 자동차산업협회(VDA, Verband der Automobilindustrie)

59. DLT, Distributed Ledger Technology. 분산 네트워크 참여자가 암호화 기술을 사용해 거래 정보를 검증하고 합의한 원장을 공동으로 분산하고 관리하는 기술로 데이터의 위조가 어려운 장점이 있다. (출처: IT용어사전, 한국정보통신기술협회)

60. SAP News(2019), Bumble Bee Foods and SAP Create Blockchain to Track Fresh Fish from Ocean to Table (https://news.sap.com/2019/03/bumble-bee-foods-sap-create-blockchain-track-fish/)

61. Bumble Bee 사례. 2023. SAP Logistics Business Network-Material Traceability. SAP SE

62. Lucas Mearian|Computerworld(2019), '참치 유통망 추적'…… 수산업체 범블비의 블록체인 활용법, CIO Korea

63. George Lawton(2019), How Bumble Bee is using SAP blockchain for food traceability, TechTarget (https://www.techtarget.com/searchsap/feature/How-Bumble-Bee-is-using-SAP-blockchain-for-food-traceability)

64. George Lawton(2019) How Bumble Bee is using SAP blockchain for food traceability, TechTarget (https://www.techtarget.com/searchsap/feature/How-Bumble-Bee-is-using-SAP-blockchain-for-food-traceability)

65. Bumble Bee 사례. 2023. SAP Logistics Business Network-Material Traceability. SAP SE

참고문헌

1장 산업 디지털 전환의 의미와 추진 방향

김승원, "[인문 다이제스트] KTX 역에는 왜 '개찰구'가 없을까?", 나침반 36.5도, 2019년 10월호

김은, "[독일의 제조분야 디지털 트랜스포메이션] 8부 - 보쉬의 미래 공장 비전", ZD-NET Korea, 2019. 10. 31

삼성전자, "삼성전자, 차세대 'N-ERP' 글로벌 도입 완료", 삼성 뉴스룸, 2022. 4. 10

정대영, "매스 커스터마이제이션: 21세기 고객맞춤경영", 엠플래닝, 2008

Bosch Climate Solutions, https://bosch-climate-solutions.com/en/services, 2023/08/05

Henning Kagermann, "Digital Transformation of Manufacturing Powerhouse Germany," Seoul, December 17, 2019

Joseph Pine II, "Mass Customization: The New Frontier in Business Competition", Harvard Business School Press, 1992

Joseph Pine II and James H. Gilmore, "The Experience Economy", Harvard Business School Press, 1999

McKinsey & Company, "B2B sales: Omnichannel everywhere, every time", 2021, 12

Mark W. Johnson, Clayton M. Christensen, and Henning Kagermann, "Reinventing Your Business Model," Harvard Business Review 86, no. 12, December 2008

Plattform Industrie 4.0, "Digital business models for Industrie4.0," 2019. 03. 27

Robert Bosch Manufacturing Solutions GmbH, "NEXEED – software and services for production and logistics," 2018. 4

Tseng MM, Jiao RJ, Merchant ME, "Design for mass customization," Annals of CIRP, Vol 45, No. 1, pp 153-156, 1996

3장 산업 디지털 전환 비즈니스 모델 방법

김용진(2020), 온디맨드 비즈니스 혁명: 오직 한 사람에게로, 샘앤파커스

구본진 외 (2021), 디지털 전환에 따른 미래사회 위험이슈 발굴 및 대응전략 연구, KISTEP 보고서

과학기술&ICT정책·기술동향(2020. 2. 14.) 160호

Casadesus-Masanell, R and Ricart, J.E, (2011) How to Design a Winning Business Model, Harvard Business Review

Eyring, M., Johnson, M. W., and Nair, H., (2011), New Business Models in Emerging Markets, Harvard Business Review

https://www.e4ds.com/sub_view.asp?ch=1&t=0&idx=10994

https://www.reliableplant.com/Read/31897/digital-twins-ai

https://semiengineering.com/advancing-ic-and-systems-design-with-the-digital-twin/

https://www.mdpi.com/1424-8220/21/6/2004/htm

https://www.wipo.int/wipo_magazine/en/2013/06/article_0003.html

https://www.alamy.com/stock-photo-m-pesa-mobile-phone-money-transfer-service-in-kenya-52527932.html

IDC (2015), "Transforming manufacturing with the Internet of Things", IDC Manufacturing Insight.

Johnson, M., Christensen, C. and Kagermann, H., (2008), Reinventing Your Business Model, Harvard Business Review.

Lee, E. A. and Seshia, S. A. (2011), Introduction to Embedded Systems: A CyberPhysical Systems Approach, 1st ed. http://leeseshia.org, 2011.indova

Martins, L., Rindova, V. and Greenbaum, B., (2015), Unlocking the hidden value of concepts: A Cognitive Approach to BUuniness Model Innovation, Strategic Entrepreneurship Journal, 9: 99－117

Sawhney, M. (2006) Going Beyond the Product: Defining, Designing, and Delivering Customer Solutions. In: Lusch, R.F. and Vargo, S.L., Eds., The Service-Dominant Logic of Marketing: Dialog, Debate, and Directions, Routledge, New York, 365-368.

4장 산업 디지털 전환 플랫폼 전략 방법

국회입법조사처(2018. 11. 29.), 산업융합플랫폼의 현황 및 개선방안

데일리팜(2021. 2. 24.), 강병원 의원 질의사항에 대한 보건복지부 서면 답변

매일경제(2019. 10. 2.). 기업 임원 88% "디지털 전환 목표는 업무효율 증대"

삼정 KPMG, 플랫폼 비즈니스의 성공전략(2019. 통권 제67호)

이근(2010), 『한국인을 위한 경제학』, 박영사

조선일보 (2021. 5. 21.) 공공데이터 활용, 여전히 '속빈 강정'

제조업의 플랫폼 전략(2018, 8), Deloitte

Agile Elephant(2015. 2. 15.), What is Digital Transformation?

Bresnahan, T. F., & Greenstein, S. (1999). Technological competition and the structure of the computer industry. The Journal of Industrial Economics, 47(1), 1-40.

CBS노컷뉴스(2019. 4. 22.), 큰 돈 들여 스마트 공장 지었더니 AS도 안돼

Davidsson, P., Recker, J., & von Briel, F. (2020). External enablement of new venture creation: A framework. Academy of Management Perspectives, 34(3), 311-332.

Earl, J., & Kimport, K. (2011). Digitally enabled social change: Activism in the internet age. Mit Press.

Feld, H. (2019). The case for the Digital Platform Act: Market structure and regulation of digital platforms. Roosevelt Institute.

Gassmann, Oliver; Frankenberger, Karolin & Csik, Michaela (2014)

Gawer, A., & Cusumano, M. A. (2014). Industry platforms and ecosystem innovation. Journal of product innovation management, 31(3), 417-433.

Gawer, A. (2020). Digital platforms' boundaries: The interplay of firm scope, platform sides, and digital interfaces. Long Range Planning, 102045.

Hein, A., Schreieck, M., Riasanow, T., Setzke, D. S., Wiesche, M., Böhm, M., & Krcmar, H. (2020). Digital platform ecosystems. Electronic Markets, 30(1), 87-98.

https://www2.deloitte.com/content/dam/Deloitte/kr/Documents/energy-resources/2018/kr_erni_issue-highlights_20180827.pdf

Koren, Yoram (2010)

The Global Manufacturing Revolution: Product-Process-Business Integration, 2010

Kretschmer, T., Leiponen, A., Schilling, M., & Vasudeva, G. (2020). Platform ecosystems as meta-organizations: Implications for platform strategies. Strategic Management Journal.

Kretschmer, T., Leiponen, A., Schilling, M., & Vasudeva, G. (2022). Platform ecosystems as meta-organizations: Implications for platform strategies. Strategic Management Journal, 43(3), 405-424.

Pauli, T., Fielt, E., & Matzner, M. (2021). Digital industrial platforms. Business & Information Systems Engineering, 63, 181-190.

Rong, K., Lin, Y., Shi, Y., & Yu, J. (2013). Linking business ecosystem lifecycle with platform strategy: a triple view of technology, application and organisation. International journal of technology management, 62(1), 75-94.

Sutherland, W. Jarrahi, M.H. (2018) "The Sharing Economy andDigital Platforms: A Review and Research Agenda," International Journal ofInformation Management, Volume 43, December 2018, Pages 328-341.

Teece, D. J. (2017). Dynamic capabilities and (digital) platform lifecycles. In Entrepreneurship, innovation, and platforms. Emerald publishing limited.

The Business Model Navigator: 55 Models That Will Revolutionise Your Business, 2014

Van Alstyne, M. W., Parker, G. G., & Choudary, S. P. (2016). Pipelines, platforms, and the new rules of strategy. Harvard business review, 94(4), 54-62

5장 산업 디지털 전환 기업 혁신 전략 방법

Gassmann, Oliver; Frankenberger, Karolin & Csik, Michaela (2014)

The Business Model Navigator: 55 Models That Will Revolutionise Your Business, 2014

Koren, Yoram (2010)

The Global Manufacturing Revolution: Product-Process-Business Integration, 2010

6장 산업 디지털 전환 인공지능과 데이터 활용 방법

국경완 (2019) 인공지능 기술 및 산업 분야별 적용 사례. 정보통신기획평가원 주간기술동향, (1888), 15-27.

권순선 (2020) 인공지능과 빅데이터 기술동향. 한국정보통신기술협회 TTA저널, 187, 38 - 43. https://www.tta.or.kr/intro/reportList.jsp?kind_num=1&nowpage=268&order=hosu&by=asc

김용운 (2021) 디지털 트윈의 개념과 기술 및 산업 분야별 활용 사례 (No. 31: Vol. 1, Issue 창간). ICT 플랫폼학회. https://ictps.or.kr/49

노상도 (n.d.) 03 - 사이버물리시스템(Cyber Physical System). 기술과 혁신. http://webzine.koita.or.kr/201803-specialissue/03-사이버물리시스템Cyber-Physical-System

박동진 (2018) 디지털 엔터프라이즈: 지멘스가 바라본 Industry 4.0 전략. 기계저널, 58(5), 30-34.

박진선 (2022) 상용 수준의 자율주행 및 자동화를 위한 인공지능 기술 소개

서영호(2023) 디지털 휴먼의 제작 기술과 현황

심재석 (Ed.) (2019, October 1). 세계에서 가장 진화한 스마트팩토리 '지멘스 암베르크 공장.' Byline Network. https://byline.network/2019/10/1-1114/

양희태 (2020) 인공지능 기반 스마트팩토리 활성화를 위한 정책 개선방안

엄효진, 이명진 (2022), 인공지능(AI) 기반 지능정보사회 시대의 노동시장 변화: 경제사회학적 접근을 중심으로

연규봉 (2021) 자율주행 자동차용 지능형 센서와 인공지능 반도체

월간 SW 중심사회 (2021) 제조 분야 인공지능 활용 동향과 도입 고려사항 (월간 SW 중심사회 2021년 5월호 동향)

유안타증권 리서치 센터 (2021) 메타버스 산업분석 보고서

이만재 (2012) 빅데이터 어낼리틱스와 공공 데이터 활용

이상우, 이기창, 하정우 (2023) 초대규모 언어 모델과 네이버의 최근 연구

이은서, 배희철, 김현종, 한효녕, 이용귀.(2020) 미래 스마트 제조를 위한 인공지능 기술동향.[ETRI] 전자통신동향분석, 35 (1), 60-70.

이은지, 조철호 (2021) 빅데이터 분석을 활용한 스마트팩토리 연구 동향 분석

이주경, 이영규, 배성주 (2023) 생성형 인공지능을 활용한 국방 메타버스 플랫폼 구현 방안

케빈 쉬 (2022, February 21) 머신 비전이란 무엇인가? ADLINK. https://blog.adlinktech.com/kr/2022/02/21/머신비전이란/

한국 IBM 주식회사 (2013, December) IBM 예지장비 솔루션 DM. https://www.ibm.com/downloads/cas/D94BN4KK

한보형 (2019) 딥러닝의 한계와 해결책

Al-khouri, A. (n.d.) Building the Arab Digital Economy – A Strategy Blueprint. Dubai Policy Review. https://dubaipolicyreview.ae/building-the-arab-digital-economy-a-strategy-blueprint/

Dali Works (2023) 스마트 팩토리 시장 동향과 전망에 따른 시사점. (n.d.). https://www.daliworks.net/insights-blog/smart-factory-market-trends-in-2023/

Deloitte center for Integrated Research (2020) "The spatial Web and Web 3.0, What business leaders should know about the next era of computing"; Acceleration Studies Foundation (2006), "Metaverse Roadmap, Pathway to the 3D Web" 기반 SPRi Analysis

Enaohwo, owen Mcgab . (2022, March 27) Your Complete Guide to Achieving Digital Transformation. SweetProcess. https://www.sweetprocess.com/digital-transformation/

EXplainable AI. (2023, February 28) 기술보증기금. https://tb.kibo.or.kr/ktbs/board/tech-trend/tech_trend.do?mode=download&articleNo=638&attachNo=1519

Foederer, marcel. (2020) Knowledge Byte: The Three Models Of Digital Transformation And IT Transformation. IT Preneurs. https://www.itpreneurs.com/blog/knowledge-byte-the-three-models-of-digital-transformation-and-it-transformation/

Gartner Identifies 5 Top Use Cases for AI in Corporate Finance. (2022, Spring 10) CIO AXIS. https://www.cioaxis.com/just-in/gartner-identifies-5-top-use-cases-for-ai-in-corporate-finance

Information services and omnichannel retailing strategy choices of e-commerce platforms with supplier competition – Scientific Figure on ResearchGate. Available from: https://www.researchgate.net/figure/Omnichannel-retailing-of-an-e-commerce-platform_fig1_360029829 [accessed 6 Sep, 2023]

IRS global (2022) 맞춤형 인공지능, 설명가능한 인공지능 혁신기술트렌드 및 향후전망, 2022

IRS Global (2022), 다양한 산업 분야에 활용될, 맞춤형 인공지능 설명 가능한 인공지능(XAI) 혁신 기술 트렌드 및 향후 전망, IRS글로벌 편집부

IRS Global (2022. 5) 설명 가능한 인공지능(XAI)이란? (2022, May 13). https://www.irsglobal.com/bbs/rwdboard/15501

IRS Global (2023. 3) 스마트 팩토리의 목적과 과제. (2023, March 30). IRS Global. https://www.irsglobal.com/bbs/rwdboard/17091

Pine ii, J. B., & Gilmore, J. H. (1998, July) Welcome to the Experience Economy. Harvard Business Review. https://hbr.org/1998/07/welcome-to-the-experience-economy

Rovito, M. (Ed.). (2021, February 22) 스마트 제조: 제조의 미래는 디지털이다. Redshift by Autodesk. https://redshift.autodesk.co.kr/articles/smart-manufacturing-kr

Sethi, B. K. (2022, Summer 2). How AI and ML Will Shift Digital Customer Experience to the next Level? KELLTON. https://www.kellton.com/kellton-tech-blog/how-ai-and-ml-will-shift-digital-customer-experience

Srivastava, S., Singh, R., Nagarajan, R., Tauckoor, H., Vonikakis, V., Yi, L., & Chang. (2022 3). Trustworthy AI with MLOps on AWS. IBM Developer. https://developer.ibm.com/articles/trustworthy-ai-with-mlops-on-aws/

World Economic Forum (2022) We Could Be Spending an Hour a Day in the Metaverse by 2026. But What Will We Be Doing There? (2022 3). World Economic Forum. https://www.weforum.org/agenda/2022/03/hour-a-day-in-metaverse-by-2026-says-gartner/

8장 산업 디지털 전환 적용 사례와 제조산업

김은 (2019) [독일의 제조 분야 디지털 트랜스포메이션] 3부 - 인더스트리 4.0 추진 연혁 및 조직

디지털 리테일 컨설팅 그룹 (2017) 왜 지금 디지털트랜스포메이션(Digital Transformation)인가?

BRM (2023) Apple Value Chain Analysis

Eric schaeffer (2017) Realizing digital value in industrial sectors

Eric schaeffer (2017) Realizing digital value in industrial sectors

FACTSET, FORBES (2015); Numbers are billions Figures are as of December

Gartner (2015) Use Three Lenses to View Digital Business Opportunity

HBR (2014), How smart, connected products are transforming competition

PTC (2020) 효과적인 디지털 트랜스포메이션 전략을 위한 7가지 원칙

SAP (2019) Innovative Service Offerings made possible by SAP S/4HANA & SAP Data Hub KAESER Kompressoren SE

SAP (2019) Case Study - Siemens Smart Factory

SAP (2019) Case Study - John Deere Smart Product & Ecosystem

theunderstatement.com (2011) Digital really does appear to have brought about the era of the single

UNIST 4차 산업혁신연구소 (2019)「스마트 제조 혁신 전략 보고서」

ycharts.com (2020); Numbers are billions Figures are as of December

9장 산업 디지털 전환 적용 사례와 장비산업

산업통상자원부·K-소부장 새로운 역사를 쓰다, 2021년 8월 발간등록번호 : 11-1450000-000167-01

10장 산업 디지털 전환 적용 사례와 물류

김선우. 2019. 차세대 IT 플랫폼의 10대 핵심 역량. SAP 코리아.

김성웅. 2022. RPA 자료. 유로지텍

물류매거진 취재진. 2023. 롯데글로벌로지스 이천물류센터/셔틀형 AMR. 로봇소터 등

민순홍. 2022. 이해관계자 자본주의 시대 중소기업이 나아가야 할 E SG. 연세대학교

여기에. 2023. 기업 탐방 – 미르(MiR)에 묻다, "AMR 리딩 기업은 무엇이 다른가?". 산업 포털 여기에. (https://blog.naver.com/yeogie1/222993376731)

유창옥. 2023. "데이터 공유해야 車산업 난제 해결 가능…韓기업 참여 기대". 서울경제. (https://www.sedaily.com/NewsView/29LSBSQS1T)

정대영. 2022. 대전환의 시대, 공급망 관리의 방향.S AP 코리아.

첨단물류기술로 물류자동화 역량 강화. 물류매거진. (https://m.blog.naver.com/ulogistics05/223008231432)

홍정표. 2023. [르포] 로봇이 입고부터 출고까지 '척척'…롯데이천물류센터 가보니. 데일리한국. (https://daily.hankooki.com/news/articleView.html?idxno=971715)

Bosch Connected Intralogistics 홈페이지.2023. Intralogistics. Robert Bosch GmbH. (https://www.bosch-connected-industry.com/de/en/nexeed-portfolio/nexeed-industrial-application-system/intralogistics#%20)

BOSCH Connected Logistics. 2017. Smart Logistics Zenoway meets Bosch – LogiMAT 2017. SkywardProduction & Kaminaris Design. (https://www.youtube.com/watch?v=n4rrwcDWztc)

Bumble Bee 사례. 2023. SAP Logistics Business Network–Material Traceability. SAP SE

Bureau of Transportation Statistics. 2023. Freight Logistics Optimization Works (FLOW) (https://www.bts.gov/flow)

Dematic 홈페이지. 2023. Lion Beer Australia future-proofs its Supply Chain with Dematic AGVs. Dematic. (https://www.dematic.com/en-us/products/agv/)

Dematic 홈페이지. Automated Guided Vehicles —AGV Systems. Dematic. (https://www.dematic.com/en-us/products/agv/)

DHL Trend Research. 2022. The Logistics Trend Radar 6.0, DHL

Eira, Astrid. 2023. 14 Supply Chain Trends for 2022/2023: New Predictions To Watch Out For. FinancesOnline (https://financesonline.com/supply-chain-trends/)

ESG경영실. 2023년 5월호. EY 한영 월간 ESG 뉴스레터. EY한영

IIC Journal of Innovation. 2017. Outcomes, Insights, and Best Practices from IIC Testbeds:Track and Trace Testbed. Industrial Internet Consortium.

JDA Logistics solutions (Supply Chain Strategist, Transportation Modeler, Transportation Management System)

Lawton, George. 2019. How Bumble Bee is using SAP blockchain for food traceability.

MAHLE. 2018. Inbound Transport & Freight Cost Optimization with SAP TM at MAHLE. TADVISER. (https://tadviser.com/index.php/Project:MAHLE_Logistics_GmbH_(SAP_Transportation_Management_(SAP_TM)))

Market Update Report. 2022. Businesses See Real-Time Visibility As A Service Differentiator And It's Time The Industry Responds. tive Catena-X. 2022. Catena-X Overview

Mearian, Lucas. Computerworld. 2019. '참치 유통망 추적'… 수산업체 범블비의 블록체인 활용법, CIO Korea.

MUELLER, ANDREAS . IOT MOVING ASSETS FOR FORKLIFT FLEET OP-TIMZATION, Robert Bosch GmbH.

Pierre COL. 2019. 블로그: How Does Robotic Process Automation Become Intelligent?. SAP Community. (https://blogs.sap.com/2019/03/27/how-does-robotic-process-automation-become-intelligent/)

SAP News. 2019.Bumble Bee Foods and SAP Create Blockchain to Track Fresh Fish from Ocean to Table. SAP SE. (https://news.sap.com/2019/03/bumble-bee-foods-sapcreate-blockchain-track-fish/)

Skender,Helga . Mirkovic,Petra .Prudky, Ivan. 2017. The role of the 4PL Model in a contemporary supply chain

TechTarget. (https://www.techtarget.com/searchsap/feature/How-Bumble-Bee-is-using-SAPblockchain-for-food-traceability)

11장 산업 디지털 전환 적용 사례와 유통

김진영·김형택·이승준. 2017.『디지털 트랜스포메이션 어떻게 할 것인가』. 서울: e비즈북스

김형택·이승준. 2021.『그들은 어떻게 디지털 트랜스포메이션에 성공했나』. 서울: 윌컴퍼니

김형택. 2018. 『디지털 트랜스포메이션 시대, 옴니채널 전략 어떻게 할 것인가?』. 서울: e 비즈북스

디지털이니셔티브 그룹 홈페이지 https://digitaltransformation.co.kr

박용. 동아일보(2019.3.11) '美최대고용 기업 월마트, '로봇직원' 대거 투입'

이지영. '2021년 K-Online 테마를 찾아라', NH투자증권

이종철. 바이라인네트워크(2018.4.2) '블록체인이 실제로 세상을 바꾸고 있는 8가지 이야기'

Forrester Research. 2017년 'Analyze This: Web Style Analytics Enters The Retail Store'

L'Oréal https://www.loreal.com

MicroSoft. 2019년 'Enabling Intelligent Retail'

Michael Hu. AT Kearney(2016) 'Winning Supply Chain in Omnichannel'

nexusfx, 2019 'How to Start Building Your D2C Channels'

Nike https://www.nike.com/

Think with Google https://www.thinkwithgoogle.com/consumer-insights/consumer-journey/micro-moments/

Walmart https://www.walmart.com/

12장 산업 디지털 전환 적용 사례와 서비스업

김용진, (2020), 온디맨드 비즈니스혁명, 샘앤파커스

김은, 김용진, (2021), 디지털 혁신을 주도하는 스마트 서비스, 소프트웨어정책연구소 https://spri.kr/posts/view/23331?code=data_all&study_type=industry_trend

전국경제인연합회, (2021.4), 서비스산업 국제경쟁력비교, 보고서

Acatech (2015) (독) Arbeitskreis Smart Service Welt/acatech (Hrsg): Smart Service Welt: Umsetzungsempfehlungen für das Zukunftsprojekt Internetbasierte Dienste für die Wirtschaft. Abschluss- bericht, Berlin, März 2015.

https://www.vehicleservicepros.com/service-repair/battery-and-electrical/article/21195658/securing-the-connected-car

https://www.businessmaas.com/apps/mobility-service-overcoming-issues-get-critical-maas/

https://venturescanner.medium.com/the-state-of-financial-technology-in-15-visuals-b7cbea4b2a

https://img1.daumcdn.net/thumb/R1280x0/?scode=mtistory2&fname=https%3A%2F%2Ft1.daumcdn.net%2Fcfile%2Ftistory%2F26446D5058BBF0D50C

https://www.expatgo.com/my/2016/01/29/myteksi-now-known-grab/

산업 디지털 전환: 대전환 시대의 성공 요건

초판 1쇄 인쇄 2023년 12월 7일
초판 1쇄 발행 2023년 12월 14일

책임편집 배유석 주영섭 김은
지은이 배유석 주영섭 김대홍 김성렬 김용진 김준연 김형택 박정윤 옥희동 정대영 최성현
펴낸이 안현주

기획 류재운 **편집** 안선영 김재열 **브랜드마케팅** 이승민 **영업** 안현영
디자인 표지 정태성 본문 장덕종

펴낸 곳 클라우드나인   **출판등록** 2013년 12월 12일(제2013 – 101호)
주소 우) 03993 서울시 마포구 월드컵북로 4길 82(동교동) 신흥빌딩 3층
전화 02 – 332 – 8939 **팩스** 02 – 6008 – 8938
이메일 c9book@naver.com

값 29,000원
ISBN 979 – 11 – 92966 – 46 – 5 03320